올바른
소프트웨어 설계

올바른 소프트웨어 설계

ISBN 978-89-314-7727-6

독자님의 의견을 받습니다.

이 책을 구입한 독자님은 영진닷컴의 가장 중요한 비평가이자 조언가입니다. 저희 책의 장점과 문제점이 무엇인지, 어떤 책이 출판되기를 바라는지, 책을 더욱 알차게 꾸밀 수 있는 아이디어가 있으면 팩스나 이메일, 또는 우편으로 연락주시기 바랍니다. 의견을 주실 때에는 책 제목 및 독자님의 성함과 연락처(전화번호나 이메일)를 꼭 남겨 주시기 바랍니다. 독자님의 의견에 대해 바로 답변을 드리고, 또 독자님의 의견을 다음 책에 충분히 반영하도록 늘 노력하겠습니다.

주 소 : (우)08507 서울특별시 금천구 가산디지털1로 128 STX-V 타워 4층 401호

이메일 : support@youngjin.com

※ 파본이나 잘못된 도서는 구입처에서 교환 및 환불해드립니다.

STAFF

저자 유발 로이 | **번역** 남기혁 | **총괄** 김태경 | **진행** 박지원, 김연희

표지디자인 강민정 | **내지디자인** 김효정 | **편집** 박수경

영업 박준용, 임용수, 김도현 | **마케팅** 이승희, 김근주, 조민영, 김민지, 김도연, 김진희, 이현아

제작 황장협 | **인쇄** 예림

올바른
소프트웨어 설계

유발 로이 저 | 남기혁 역

YoungJin.com Y.
영진닷컴

추천사

아키텍트 마스터 클래스와 프로젝트 디자인 마스터 클래스에 참석하기 전까지, 우리 팀은 아무리 노력해도 성공적인 결과로 이어지지 않는 이유를 모른 상태로 이어지는 죽음의 행군을 멈출 방법을 고민하고 있었습니다. 마스터 클래스를 통해 소프트웨어 개발 역시 다른 엔지니어링 분야와 비슷한 관점으로 접근하면서 보다 전문가답고 예측 가능하며 신뢰할 수 있는 방식으로 주어진 일정과 예산에 맞게 고품질 소프트웨어를 개발할 수 있게 됐습니다. 마스터 클래스를 통해 매우 값진 지식을 얻었습니다. 끝없이 변하는 사용자 요구사항으로부터 견고하고 바람직한 아키텍처를 만드는 방법 뿐만 아니라, 프로젝트를 계획하고 성공적으로 마무리하는 방법까지, 모든 내용을 저자의 프로다운 실력을 바탕으로 설명하고 있습니다. 저자로부터 배운 모든 내용이 실전에서 검증된 만큼, 소프트웨어 아키텍트를 지향하는 사람이라면 누구나 막강한 지식을 갖출 수 있을 것입니다.

– 로센 토테브(Rossen Totev), 소프트웨어 아키텍트/프로젝트 리드

프로젝트 설계 마스터 클래스 덕분에 제 경력을 획기적으로 바꿀 수 있었습니다. 마감일과 예산이 제대로 지켜지지 않는 환경에 익숙한 제게 유발(Juval)의 강의는 신의 축복과 같았습니다. 그를 통해 프로젝트를 제대로 설계하기 위한 부품과 도구를 배웠고, 그 결과 현대 소프트웨어 개발의 역동적이면서 혼란스럽기도 한 비용과 일정을 통제할 수 있게 됐습니다. 유발은 납기 초과와 비용 초과라는 적과 싸우는 전쟁에서 우위에 설 수 있다면서, 마치 칼싸움에 총을 든 기분을 받게 될 거라고 했습니다. 엔지니어링 기초와 제조 원칙을 그대로 소프트웨어에 적용하는 것에 불과한 것 같지만, 실제로는 엄청난 능력을 갖추게 될 것입니다.

– 매트 로볼드(Matt Robold), 소프트웨어 개발 매니저, 웨스틴 고바나 서비스 그룹

놀라운 경험이었습니다. 소프트웨어 개발을 대하는 내 자세가 완전히 바뀌었습니다. 그동안 내가 생각했던 설계와 코딩에 대한 원칙이 옳다고 생각했지만 제대로 표현할 수 없었는데, 이제 제대로 말할 수 있습니다. 소프트웨어 설계뿐 아니라 다른 종류의 설계에 대한 생각에도 큰 영향을 받았습니다.

– 리 메식(Lee Messick), 리드 아키텍트

제가 맡은 소프트웨어 프로젝트는 수년 동안 빠듯한 마감일에 쫓겼습니다. 소프트웨어 개발 방법론과 적절한 프로세스를 이해하려는 노력을 헛수고처럼 느꼈습니다. 왜냐하면 고객의 불합리한 요구를 충족시켜야 할 뿐만 아니라, 변화를 거부하는 경영진과도 싸워야 했기 때문입니다. 마치 두 전선에서 동시에 전쟁을 치르는 듯한 절망감을 느꼈습니다. 마치 로닌이 된 것 같았죠. 하지만 마스터 클래스를 통해 예전에는 느끼지 못했던 명쾌함을 경험했습니다. 내가 정말 알고 싶던 내용을 정확히 알려줬습니다. 여기서 배운 뛰어난 원칙은 소프트웨어 프로젝트 운영에 대한 내 생각을 크게 바꿨습니다. 이제는 끊임없이 변화하는 요구사항이란 격랑을 헤쳐 나가면서 프로젝트를 효율적이고 효과적으로 운영해 나갈 도구를 갖추게 됐습니다. 이 강의는 혼란의 시대에 질서를 가져다 줬습니다. 저는 IDesign에게 무한한 감사를 드립니다. 제 인생은 이전과 완전히 달라졌습니다.

– 애런 프리드먼(Aaron Friedman), 소프트웨어 아키텍트

인생을 바꿀 만한 강의입니다. 수십 년 동안 방치되어 먼지 쌓인 피아노를 튜닝한 기분입니다.

– 조던 잰(Jordan Jan), CTO/아키텍트

엄청난 강의였습니다. 제 경력에서 가장 강렬하면서도 도움 되는 경험이었습니다.

– 스토일 판코브(Stoil Pankov), 소프트웨어 아키텍트

유발 로이에게 배운 뒤로 제 삶이 달라졌습니다. 다른 분야에 적용되던 엔지니어링 원칙을 소프트웨어 설계뿐만 아니라 제 경력에도 적용하면서 단순한 개발자에서 진정한 소프트웨어 아키텍트로 거듭났습니다.

— 코리 토거슨(KORY TORGERSEN), 소프트웨어 아키텍트

아키텍트 마스터 클래스는 설계와 기법에 대한 제 인생 강의였습니다. 그래서 두 번이나 수강했습니다. 처음 들었을 때는 제 삶을 바꿀 정도여서 이 분야에 들어선 지 십여 년이 지나는 동안, 진작 듣지 않았던 것을 아쉬워했습니다. 두 번째 들을 때도 그 내용이 매우 깊이가 있어서 25% 정도만 이해할 수 있었습니다. 사고방식을 바꿔야 하는 것은 정말 힘들었지만, 동료들과 함께 다시 들어야겠다고 생각했습니다. 마침내 저는 매일 유발이 가르쳐 준 내용을 되새기면서 팀원과 함께 아무리 사소한 것을 구현하더라도 그 원칙을 적용하려고 했고, 그 결과 전문 엔지니어라고 불릴 수 있게 됐습니다.
P.S. 두 번째 배울 때 기록한 노트는 100페이지가량 됐습니다.

— 제이수 제야찬드란(JAYSU JEYACHANDRAN), 소프트웨어 개발 매니저, 닐센

업계에서 수많은 실패를 보고 겪은 후 좌절했거나, 에너지나 의욕이 떨어졌다면 이 수업을 통해 다시 힘을 얻게 될 것입니다. 이 수업은 여러분을 한 단계 더 높은 수준의 전문가로 성장시키고 희망과 자신감을 줍니다. 프로젝트 디자인 마스터클래스를 마치면 새로운 마음가짐과 소프트웨어 프로젝트에 실패할 변명의 여지가 없는 귀중한 도구를 충분히 습득하게 될 것입니다. 직접 실습하면서, 통찰을 얻고, 경험을 쌓을 수 있습니다. 또한 이해관계자에게 프로젝트의 비용, 시간, 위험을 알려야 할 때, 보다 정확하게 표현할 수 있게 됩니다. 회사에서 이 수업에 보내줄 때까지 기다리지 마세요. 자신의 커리어에 신경 쓴다면 서둘러 이 수업이나 다른 IDESIGN 마스터 클래스를 수강하기 바랍니다. 여러분이 할 수 있는 최고의 자기 투자가 될 것입니다. 소프트웨어 산업이 탄탄한 엔지니어링 분야가 될 수 있도록 지속적으로 노력하는 IDESIGN의 모든 훌륭한 팀에게 감사드립니다.

— 루시안 마리안(LUCIAN MARIAN), 소프트웨어 아키텍트, 미라벨

비교적 경력 초기에 접어든 당시 20대 후반인 저는 이 과정을 통해 제 삶과 커리어 경로를 바라보는 시각이 달라졌다고 자신 있게 말할 수 있습니다. 제 인생에서 가장 중요한 계기가 될 것이라 확신합니다.

- 알렉스 카르포비치(Alex Karpowich), 소프트웨어 아키텍트

제 인생을 바꾼 한 주를 보낼 수 있어서 감사드립니다. 보통 저는 수업의 절반 이상은 제대로 참여하지 않는 편입니다. 지루하거나 배울만한 내용이 없거나 이미 알고 있는 내용을 가르쳐주기 때문입니다. 아키텍트 마스터 클래스에서는 하루에 9시간씩 앉아서 수업을 들었는데도 전혀 지루하지 않았습니다. (아키텍트는 그저 소프트웨어를 설계하는 사람이라고만 생각했는데) 아키텍트로서 무엇을 책임져야 하는지, 소프트웨어의 엔지니어링 측면, 정시 납품뿐 아니라 예산 및 품질의 중요성, 아키텍트로 '성장' 하는 것만 생각하지 말고 경력을 관리해야 한다는 것, 이전에는 직감에 의존한 것을 정량화하고 측정하는 방법을 배웠습니다. 이 강의를 통해 훨씬 많은 인사이트를 얻었고 상당 부분을 제 머리에 새겼습니다. 다음 마스터 클래스에 빨리 참석하고 싶습니다.

- 이타이 졸버그(Itai Zolberg), 소프트웨어 아키텍트

나의 아버지,

토마스 찰스 로이(Thomas Charles Löwy)에게 바칩니다.

목차

2부 프로젝트 설계

6장 동기부여   184

7장 프로젝트 설계 개요   190

11장   실전 프로젝트 설계   311

서문

소프트웨어 개발 분야에 강제로 끌려온 사람은 없을 것입니다. 대부분 프로그래밍을 정말 사랑해서 직업으로 삼게 됩니다. 하지만 소프트웨어 개발에 대해 이상적으로 생각했던 것과 암울하고 슬픈 현실 사이에는 엄청난 간격이 존재합니다. 소프트웨어 산업은 전반적으로 심각한 위기에 처해 있습니다. 그 정도가 심한 이유는 소프트웨어 개발의 전반적인 측면에서 문제가 발생하기 때문입니다.

- **비용**: 프로젝트에 책정된 예산과 실제 시스템 개발에 소요되는 비용 사이에는 상관관계가 적습니다. 비용 문제를 해결할 생각조차 하지 않는 경우가 많은데, 단순히 방법을 모르기 때문일 수도 있고, 시스템을 감당할 수 없다는 사실을 인정하기 싫기 때문일 수도 있습니다. 새로운 시스템의 초기 버전에 들어간 비용까지는 인정하더라도 잘못된 설계와 변경 사항을 외면한다면, 시스템 생명 주기 동안의 비용은 예상보다 훨씬 높아질 것입니다. 유지보수 비용은 시간이 지남에 따라 감당할 수 없을 정도로 증가합니다. 그래서 매번 시스템을 다시 처음부터 새로 만들기로 결정하지만, 얼마 지나지 않아 그 전과 비슷하거나 오히려 더 많은 비용이 드는 상황에 빠져 버립니다. 다른 업계에서는 경제적 타당성을 이유로 처음부터 다시 만드는 경우는 없습니다. 항공사는 점보 제트기를 수십 년 동안 유지보수하고, 주택도 100년 넘게 관리합니다.

- **일정**: 마감일은 임의로 정하거나 미리 예측할 수 없는 경우가 많습니다. 시스템을 실제로 개발하는 데 드는 시간을 통제하기 힘들기 때문입니다. 개발자에게 마감이란 그저 형식에 불과합니다. 개발팀이 주어진 일정을 맞춘다면 다들 놀랄 것입니다. 대부분 지연되기 때문입니다. 시스템 설계가 잘못되어 수정 작업과 새로운 작업이 발생하여 시스템 전체에 파급 효과를 발생시키고 앞서 완료한 작업을 무용지물로 만들기 때문이기도 합니다. 게다가 여러 활동 사이의 의존성을 무시하고, 시스템 구축을 위한 가장 안전하고 빠른 방법을 무시하는, 매우 비효율적인 개발 프로세스 때문이기도 합

니다. 전체 시스템을 시장에 인도하는 시간이 매우 오래 걸릴 뿐만 아니라, 어느 기능 하나를 만드는 데 드는 시간도 증가합니다. 프로젝트 일정이 어긋나면 타격을 받습니다. 게다가 이렇게 지연되는 것을 경영진이나 고객이 볼 수 없다면 더욱 심각한 문제가 발생합니다. 프로젝트의 현재 상태를 아무도 모르기 때문입니다.

- **요구사항**: 개발자는 엉뚱한 문제를 푸는 경우가 많습니다. 최종 고객이나 중재자(예, 마케팅 부서)와 소통이 제대로 이루어지지 않는 현상은 항상 발생합니다. 또한 개발자는 요구사항을 제대로 파악하지 못하는 문제를 해결하지 못합니다. 요구사항이 완벽히 전달됐다 해도 시간이 지나면 바뀌기 마련입니다. 그러면 기존 설계도 바꿔야 하고 그동안 구현한 것도 망가지게 됩니다.

- **인력 충원**: 아무리 사소한 소프트웨어 시스템이라도 사람의 머리로 완벽히 파악하는 데는 한계가 있습니다. 내부 및 외부 복잡도에 의해 시스템 아키텍처에 문제가 발생할 수 있습니다. 그러면 유지보수와 확장, 재사용이 힘든, 굉장히 난해한 시스템이 되어 버립니다.

- **유지보수**: 소프트웨어 시스템을 개발한 팀이 유지보수도 담당하는 경우는 거의 없습니다. 새로 배치된 인력은 기존 시스템의 작동 방식에 대해 제대로 파악하지 못하고 있기 때문에 기존 문제를 해결하다가 새로운 문제를 발생시키는 경우가 많습니다. 이렇게 되면 유지 보수 비용과 시장 출시 기간이 급격히 증가해서, 처음부터 다시 만들거나 프로젝트를 취소하는 결과를 초래하게 됩니다.

- **품질**: 소프트웨어 시스템에서 가장 문제가 많이 생기는 영역은 품질입니다. 소프트웨어에는 버그가 발생하기 마련이고, "소프트웨어"란 말 자체가 곧 "버그"라는 뜻과 같습니다. 개발자에게 버그 없는 소프트웨어 시스템이란 상상할 수조차 없습니다. 문제를 해결할수록 오히려 문제가 늘어나는 경우가 많습니다. 새로운 기능을 추가하거나 정기적인 유지보수 과정에서도 그런 일이 발생합니다. 시스템 아키텍처가 테스트하거나, 이해하거나, 유지보수하기 힘들게 되어 있으면 품질이 떨어지게 됩니다. 또한 핵심적인 품질 관리 활동을 하지 않고, 모든 활동을 완벽하게 마칠 수 있도록 충분한 시간을 할당하지 않는 것도 문제입니다.

수십 년 전, 소프트웨어 업계는 세계적인 문제를 해결하기 위한 목적으로 소프트웨어를 개발했습니다. 요즘은 소프트웨어 개발 활동 자체가 세계적인 문제입니다. 소프트웨어 개발에 대한 문제는 주로 기술 외적인 부분(예, 스트레스가 많은 업무 환경, 높은 이직률, 번아웃, 신뢰 부족, 낮은 자존감, 질병 등)에서 많이 발생합니다.

소프트웨어 개발 과정에서 발생하는 문제 중에 완전히 새로운 것은 없습니다. 실제로 지금까지 개발자로 일하면서 아무런 문제 없이 소프트웨어가 개발된 경험을 한 번도 해 본 적 없는 사람도 있습니다. 이런 사람은 성공적인 소프트웨어 개발이란 결코 불가능하다고 믿게 됩니다. 그래서 문제가 발생해도 "원래 그런거야"라며 해결할 노력을 하지 않게 됩니다. 심지어 소프트웨어 개발 프로세스를 개선하려는 노력에 반발하기까지 합니다. 불가능한 목표라고 단정 짓고서는 결과를 개선하려는 이들보고 불가능에 도전하는 어리석은 짓이라고 흉보기도 합니다.

성공적인 소프트웨어 시스템 개발이 실제로 가능하다는 것은 제 경력을 통해 반증할 수 있습니다. 제가 맡은 프로젝트는 모두 제시간에, 주어진 예산 안에서, 아무런 문제 없이 완료했습니다. 이러한 기록은 고객에 대한 약속을 지켜주도록 도와주는 회사인 IDesign을 설립한 이후로도 계속 이어졌습니다.

이처럼 성공 사례를 꾸준히 이어 나갈 수 있는 것은 우연이 아니었습니다. 저는 물리 시스템뿐만 아니라 소프트웨어 시스템에 대한 시스템 공학을 배웠기 때문에 둘 사이의 공통점을 쉽게 찾을 수 있었습니다. 다른 공학 분야에서 상식으로 알려진 개념과 원칙은 소프트웨어 설계에도 효과적이었습니다. 소프트웨어 개발을 공학적으로 접근하지 않거나, 설계나 계획 없이 소프트웨어를 개발한다는 것은 상상조차 할 수 없었습니다. 이러한 제 신념을 포기할 이유가 전혀 없었습니다. 그렇게 하는 것이 효과적일 뿐만 아니라, 그렇게 하지 않을 경우에 발생하는 끔찍한 결과가 명백했기 때문입니다. 저는 운 좋게도 위대한 멘토를 만난 덕분에 적재적소에 배치되어 무엇이 효과 있고 무엇이 그렇지 않은지를 직접 경험하고, 중요한 대규모 프로젝트에 일찍부터 참여할 수 있었으며, 탁월한 문화의 일원으로 일하는 경험을 했습니다.

최근에는 이러한 업계의 문제가 더욱 심각해지는 것 같습니다. 실패하는 소프트웨어 프로젝트가 더 많아지고 있습니다. 이러한 실패로 인해 시간과 비용 측면에서 치러야 할 대가가 커지고 있습니다. 게다가 이미 완료한 프로젝트도 본래 목표와 다르게 변질되는 경향이 있습니다. 이러한 위기가 더욱 심해지는 이유는 시스템 규모가 갈수록 커질 뿐만 아니라, 마감이 촉박하거나 변경 빈도가 높기 때문인 것 같지는 않습니다. 근본 원인은 소프트웨어 시스템을 설계하고 개발하는 방법의 중요성이 점점 낮아지기 때문이라고 생각합니다. 예전에는 후배들에게 멘토가 되어 그들에게 부족한 지식을 전수해 주는 베테랑 개발자가 팀마다 존재하는 경우가 많았습니다. 하지만 최근에는 이런 멘토가 이직하거나 은퇴하고 있습니다. 이러한 환경에서는 정보에 대한 접근성은 높지만 지식은 전무한 경우가 많습니다.

프로세스나 개발 방법론, 도구, 기술 등과 같이 어느 한 가지 해결 방안만으로 이러한 소프트웨어 위기를 해결할 수 있다면 좋겠습니다만, 아쉽게도 다차원적인 문제를 해결하려면 해결 방안도 다차원적이어야 합니다. 이 책에서는 '올바른 소프트웨어 설계'라는 통합된 처방을 제공합니다.

제가 제시하는 해결책을 한 마디로 요약하면, 소프트웨어를 설계하고 개발하는 데 공학 원칙을 적용하는 것입니다. 다행인 것은 이러한 원칙을 새로 만들 필요가 없습니다. 다른 공학 분야에 적용된 원칙도 충분히 효과적이기 때문에, 그중에서 핵심적인 개념을 소프트웨어에 적용하기만 하면 됩니다. 이 책은 소프트웨어 공학의 제1원칙뿐만 아니라, 소프트웨어 시스템과 프로젝트에 적용할 수 있는 방대한 도구와 기법을 소개합니다. 성공적으로 적용하기 위해서는 공학적인 관점을 가져야 합니다. 소프트웨어 시스템이 유지보수 가능하고, 확장 가능하고, 재사용 가능하고, 적절한 비용으로 구축할 수 있고, 시간과 위험 측면에서 용이하다는 것을 보장하는 활동은 모두 공학적인 측면이지, 세부 기술적인 측면이 아닙니다. 이러한 공학적 측면은 시스템과 프로젝트 설계에 직접적으로 연결됩니다. 소프트웨어 엔지니어란 단어는 주로 소프트웨어 개발자를 의미하기 때문에, 프로젝트에서 설계에 대한 모든 사항을 담당하는 사람을 지칭하는 용어로 '소프트웨어 아키텍트'란 단어가 등장했습니다.

이 책에서 소개하는 개념은 문제를 해결하기 위한 유일한 수단은 아니지만, 앞서 언급한 문제의 근본 원인을 조기에 해결할 수 있기 때문에 훌륭한 출발점이 될 것입니다. 이러한 근본 원인은 소프트웨어 시스템 설계뿐만 아니라, 그러한 시스템을 구축하기 위한 프로젝트의 설계가 나쁘기 때문입니다. 이 책을 읽어 보면 알게 되겠지만, 소프트웨어가 요구사항을 모두 만족하면서 주어진 예산 안에서 제때 완료하는 것이 정말 가능합니다. 또한 이렇게 만든 소프트웨어는 유지보수가 쉬울 뿐만 아니라, 확장과 재사용도 용이합니다. 여기서 소개한 개념을 숙달해서 시스템뿐만 아니라 여러분의 경력도 바로 잡아서 소프트웨어 개발에 대한 열정의 불씨를 되살리기 바랍니다.

이 책의 구성

이 책은 시스템 및 프로젝트 설계에 대해 구조 공학적으로 접근한다. 여기서 설명하는 방법론은 크게 두 부분으로 구성되며, 목차도 이에 따라 시스템 설계(일명 아키텍처)와 프로젝트 설계로 나눴다. 각 부분은 상호 보완 관계에 있으며 성공적인 프로젝트를 위해 모두 필요하다. 또한 본 주제에 관련된 보충 사항은 부록으로 제공하고 있다.

기술 서적은 대체로 각 장마다 한 가지 주제를 깊이 있게 다룬다. 그렇게 하면 집필하기는 쉽지만, 사람의 학습 과정과는 맞지 않다. 이 책은 학습을 나선형으로 진행할 수 있도록 구성했다. 이 책을 구성하는 두 부분 모두 각 장마다 이전 장에서 설명한 내용을 반복하되 좀 더 깊이 다루거나 다양한 측면에 대한 통찰을 추가하여 개념을 발전시킨다. 이는 사람의 학습 과정을 흉내 낸 것이다. 각 장은 이전 장의 내용을 토대로 진행하기 때문에 이 책을 순서대로 읽어야 한다. 두 부분 모두 여러 개념과 다양한 측면에 대한 구체적인 사례를 제시하고 있다. 이와 동시에 반복 과정이 최대한 간결하도록 같은 내용을 반복하지 않았고, 핵심 사항도 단 한 번만 설명했다.

각 장과 부록에서 다루는 내용을 간략히 소개하면 다음과 같다.

1장 더 메서드

1장은 핵심 개념을 소개한다. 프로젝트의 성공을 위해서는 시스템뿐만 아니라 프로젝트에 대한 설계도 마련해야 한다. 두 가지 설계는 성공을 위해 필수적이다. 프로젝트는 아키텍처 없이 설계할 수 없으며, 만들 수 없는 시스템을 설계하는 것은 의미가 없다.

1부 시스템 설계

2장 분해

2장은 시스템을 아키텍처의 구성 요소로 분해하는 방법을 소개한다. 대부분 사람들은 시스템을 최악의 방법으로 분해하는데, 이 장에서는 피해야 할 행동부터 소개한다. 그리고 나서 시스템을 올바르게 분해하는 방법을 설명하고, 이 작업을 도와주는 간단한 분석 도구와 노하우를 소개한다.

3장 구조

3장에서는 구조를 소개하면서 2장에서 설명한 개념을 발전시킨다. 요구사항을 수집하고, 아키텍처를 계층화하고, 그 구성 요소를 분류하며, 각 요소의 상호 관계를 소개하고, 분류를 위한 구체적인 가이드라인과 서브시스템 설계 등과 같은 다른 관련 이슈도 소개한다.

4장 조합

4장에서는 요구사항을 만족시키도록 시스템 구성 요소를 조립하여 올바르게 조합하는 방법을 소개한다. 내용은 다소 짧지만 이 책에서 다루는 핵심 설계 원칙이 많이 나오며, 모든 시스템에 적용할 수 있는 강력한 정신적 도구를 2장과 3장에서 소개한 내용을 바탕으로 구축한다.

5장 시스템 설계 사례

5장에서는 지금까지 소개한 설계 개념을 실제로 적용하는 방법을 보여주는 사례를 살펴본다. 시스템 설계에 대한 나선형 설명의 마지막 장으로서 실제 시스템을 소개하고, 비즈니스에 맞도록 시스템 설계를 구성하는 과정을 보여주며, 아키텍처를 정하고 검증하는 방법을 소개한다.

2부 프로젝트 설계

6장 동기 부여

프로젝트 설계란 개념을 경험해 보기는커녕, 들어보지도 못한 사람이 많다. 그래서 이 장에서는 프로젝트 설계란 개념을 소개하고, 여기에 집중해야 하는 이유에 대해 설명한다. 이 장은 프로젝트 설계에 대한 나선형 설명의 시작점이다.

7장 프로젝트 설계 개요

7장은 프로젝트를 설계하는 방법을 개괄적으로 소개한다. 먼저 소프트웨어 개발에서 말하는 성공을 정의하고, 경험을 토대로 내리는 합리적인 의사 결정, 프로젝트 인력 충원,

프로젝트 네트워크, 크리티컬 패스, 일정, 비용 등과 같은 핵심 개념을 소개한다. 이 장은
이후에 나오는 개념과 기법을 대부분 소개하며, 역할과 책임에 대한 토의로 마무리한다.

8장 네트워크와 플로트

8장은 프로젝트 네트워크와 이를 설계 도구로 활용하는 방법을 집중적으로 다룬다. 프
로젝트를 네트워크 다이어그램으로 설계하는 방법을 소개하고, 플로트라는 핵심 개념을
배우고, 플로트를 인력 충원과 스케줄링에 활용하는 방법을 익히고, 플로트와 위험의 관
계를 이해한다.

9장 시간과 비용

9장은 모든 프로젝트에 존재하는 시간과 비용의 상충관계를 정의하고, 깔끔하고 정확
하게 진행함으로써 프로젝트 진행 속도를 높이는 방법을 제시한다. 뿐만 아니라 압축,
시간-비용 곡선, 비용 요소 등과 같은 핵심 개념도 소개한다.

10장 위험

10장은 대다수 프로젝트에서 놓치는 요소인 정량화된 위험을 다룬다. 위험을 이전 장에
서 배운 시간과 비용이란 개념에 대응시키고 위험을 측정하는 방법을 소개하며 네트워크
기반으로 위험을 계산하는 방법도 설명한다. 위험은 여러 대안을 평가하기 위한 가장 좋
은 방법이기도 하고, 최상위 계획 도구이기도 하다.

11장 실전 프로젝트 설계

11장은 이전 장에서 소개한 개념을 모두 사용하여 프로젝트를 설계하는 과정을 단계별
로 살펴본다. 예제에서 인위적으로 구성한 부분도 있지만, 주된 목적은 프로젝트를 설
계하는 데 적용되는 사고 과정을 살펴보고, 비즈니스 의사 결정권자의 검토에 대비하는
방법을 제시한다.

12장 고급 테크닉

지금까지 나선형 방식으로 학습한 내용을 발전시킬 수 있도록, 이 장에서는 고급 기법과
개념을 소개한다. 여기서 소개하는 기법은 프로젝트의 복잡도와 난이도에 관계없이 모

두 유용하게 써먹을 수 있다. 이러한 고급 기법은 이전 장에서 소개한 내용을 보완할 뿐만 아니라, 함께 조합하여 적용하는 경우가 많다.

13장 프로젝트 설계 예제

13장에서는 5장에서 소개한 시스템 설계 예제에 대응되는 프로젝트 설계 예제를 살펴본다. 여기서도 마찬가지로 프로젝트를 설계하는 전반적인 과정의 시작부터 끝까지를 구체적인 사례를 통해 소개한다. 이 장에서는 기법에 대한 소개보다는 사례 분석에 집중한다.

14장 결론

마지막 장에서는 설계에 대한 기술적인 측면에서 한 발 물러나서, 여러 가지 가이드라인과 팁, 관점, 개발 프로세스 개념 등을 소개한다. 먼저 프로젝트를 설계해야 하는 시점부터 설명하고, 프로젝트 설계가 품질에 미치는 영향으로 마무리한다.

부록

A 프로젝트 추적

부록 A는 프로젝트의 진행 상태를 일정에 대비하여 추적하는 방법과 적절한 시점에 교정 작업을 수행하는 방법을 소개한다. 프로젝트 추적은 프로젝트 설계보다는 프로젝트 관리의 영역에 해당하지만, 일단 프로젝트가 시작되면 주어진 목표에 맞게 가고 있는지 보장하는 것이 중요하다.

B 서비스 계약 설계

아키텍처는 광범위하고 추상적이다. 그래서 각 구성 요소에 대한 세부 사항을 반드시 설계해야 한다. 이러한 세부 사항 중에서도 가장 중요한 것은 서비스 계약이다. 부록 B는 서비스 계약을 올바르게 설계하는 방법을 제시한다. 또한 모듈화, 크기, 비용 등에 관련된 이슈를 살펴보면서 이 책 전반에서 소개한 내용을 되새겨본다.

C 설계 표준

부록 C는 이 책 전반에 걸쳐 설명한 핵심 원칙과 가이드라인, 그리고 바람직한 행동과 피해야 할 행동 등을 일목요연하게 정리한다. 표준은 다소 간결하고 "왜"보다는 "무엇"을 다룬다. 이렇게 표준을 마련하는 이유에 대한 설명으로 마무리한다.

이 책의 독자

이 책이 소프트웨어 아키텍처를 다루긴 하나, 독자의 범위는 광범위하다. 이 책은 아키 텍트, 소프트웨어 전문가, 프로젝트 매니저 또는 이러한 역할을 여러 개 맡은 사람을 대 상으로 집필했다. 하지만 보유 기술을 늘리고 싶은 개발자도 이 책을 통해 큰 도움을 받 을 수 있다. 현재 맡은 직책에 관계없이, 이 책은 모든 이에게 열려 있다. 이 책을 처음 읽을 때는 성공한 아키텍트가 아니더라도, 여기 나온 방법론을 완전히 마스터한다면 세 계 최고가 될 것이다.

이 책에서 소개하는 기법과 개념은 모든 프로그래밍 언어(예, C++, 자바, C#, 파이썬 등)나 플랫폼(예, 윈도우, 리눅스, 모바일, 온프레미스, 클라우드), (소규모부터 대규모 까지) 프로젝트 규모에 관계없이 적용된다. 또한 (헬스케어부터 국방에 이르기까지) 거 의 모든 분야와 모든 비즈니스 모델, 그리고 (스타트업부터 대기업에 이르기까지) 모든 규모의 회사에도 적용된다.

이 책은 무엇보다도, 현재 맡은 일에 진지하고 깊이 있게 임하고, 현재 겪는 실패나 시 간/비용 낭비로 고생하는 이를 위해 집필했다. 더 잘하고 싶지만 가이드가 부족하거나 잘못된 관행으로 시행착오를 겪는 이를 위한 책이다.

이 책을 읽기 위한 준비 사항

열린 마음가짐만으로 충분하다. 과거의 실패와 좌절은 오히려 도움이 된다.

편집 사항

이 책에서는 다음과 같은 타이포그래피 규칙을 사용한다:

굵은 표시
용어와 개념을 정의하는 데 사용된다.

지시문
첫 번째 원칙, 디자인 규칙 또는 주요 지침 및 조언에 사용된다.

예약어

방법론의 예약어를 언급할 때 사용한다.

노트	이 텍스트 스타일은 일반적인 메모를 나타낸다.

주의	이 텍스트 스타일은 경고 또는 주의를 나타낸다.

온라인 보충 자료

아래 링크에서 샘플 파일, 보조 자료, 정오표 등을 확인할 수 있다.

http://www.rightingsoftware.org

"Download Support Files" 링크를 따라가 보면 예제 파일과 관련 자료를 볼 수 있다.

이 책에 대한 추가 정보는 다음 주소에서 확인할 수 있다.

http://www.informit.com/title/9780136524038

다음 주소를 방문하여 저자와 소통할 수 있다.

http://www.idesign.net

감사의 말

각자만의 방식으로 이 책의 집필을 권유해 주신 가드 메이어(Gad Meir)와 야르코 켐파이넨(Jarkko Kemppainen)께 먼저 감사드립니다.

개발 편집자이자 사운딩 보드인 데이브 킬리언(Dave Killian)에게도 감사드립니다. 더 이상 편집에 참여해 주셨다가는 공동 저자로 추가해야 할 정도입니다. 다음으로 초고를 검토해 주신 베스 시런(Beth Siron)에게 감사드립니다. 또한 원고를 검토해 주신 채드 미셸(Chad Michel), 더그 더럼(Doug Durham), 조지 스티븐스(George Stevens), 조쉬 로이드(Josh Loyd), 리카드로 베넷-러브시(Riccardo Bennett-Lovsey), 스티브 랜드(Steve Land)에게도 감사드립니다.

마지막으로 언제나 집필에 영감을 주고 가족과의 시간을 희생할 수 있도록 배려해 준 내 아내 데이나(Dana)에게 감사드립니다. 또한 공학에 대한 열정을 심어주신 부모님께도 감사드립니다.

For the beginner architect, there are many options.
For the master architect, there are but a few.

초보 아키텍트에게는 대안이 많다.
마스터 아키텍트에게는 몇 개만 있다.

1장

더 메서드(THE METHOD)

초보 아키텍트에게 설계의 정도(The Zen of Architects)[1]를 물어보면 현존하는 거의 모든 방법을 나열할 것이다. 하지만 고수는 괜찮은 방법 몇 가지 또는 단 하나만 제시할 것이다.

초보 아키텍트는 소프트웨어 시스템을 설계하기 위한 패턴과 개념과 방법론이 너무나 다양하다는 사실에 당황하곤 한다. 소프트웨어 업계에는 지금 이 책을 읽고 있는 여러분처럼 자신의 실력을 높이기 위해 적극적으로 배우려는 사람들로 넘쳐난다. 하지만 주어진 설계 업무에 적합한 몇 가지 방법에 집중하고, 나머지 잡다한 것들은 무시하는 것이 좋다. 마스터 소프트웨어 아키텍트는 이런 걸 잘 한다. 마치 초자연적인 영감을 얻는 것처럼 금새 집중해서 딱 맞는 설계 방법을 도출한다.

아키텍트의 정도(zen of architect)는 시스템 설계뿐만 아니라 그런 시스템을 구축하는 프로젝트를 설계하는 데도 적용된다. 물론 프로젝트를 구성하고 팀 멤버에게 업무를 할당하는 방법은 수없이 많다. 하지만 모든 방법이 다 안전하고, 빠르고, 비용이 적게 들고, 유용하고, 효과적이고, 효율적일까? 마스터 아키텍트는 시스템을 구축하기 위한 프로젝트도 설계하며, 심지어 그 프로젝트에 예산을 투입할지를 경영진이 결정하기 쉽게 도와주는 일까지 한다.

어떤 분야든지 진정으로 마스터한다는 것은 기나긴 여정과 같다. 처음부터 전문가가 될 수 있는 사람은 거의 없다. 내 경력만 봐도 그렇다. 거의 30년 전, 아키텍트(architect)란 용어조차 생소하던 시절, 주니어 아키텍트로 출발했다. 그리고 나서 프로젝트 아키텍트로 승진했고, 이어서 디비전 아키텍트(division architect)로 올라갔다. 1990년대 후반에 이르러, 실리콘 밸리에 있는 포춘 100대 기업의 최고 소프트웨어 아키텍트(chief software architect)가 됐다. 2000년에 소프트웨어 설계만을 다루는 회사인 IDesign을 설립했다.

---

1 https://en.wikipedia.org/wiki/Zen_Mind,_Beginner's_Mind

IDesign에서 지금까지 설계한 시스템과 프로젝트는 수백 건이 넘는다. 각 건마다 아키텍처와 프로젝트 일정이 다 달랐지만, 고객과 프로젝트와 시스템과 기술과 개발자 등에 관계없이, 내가 제시하는 설계 고려 사항은 크게 보면 모두 같다는 것을 깨달았다.

그래서 다음과 같은 생각을 하게 됐다. 마스터 소프트웨어 아키텍트가 되려면 반드시 수십 년의 시스템 설계 경험과 수십 건의 프로젝트 관리 경험을 쌓아야만 할까? 혹시 구체적인 방법론을 명확히 이해하는 사람이라면 누구나 시스템과 프로젝트를 훌륭하게 설계해 낼 수 있게 만들 수는 없을까?

두 번째 질문에 대해 가능하다고 확실히 답할 수 있다. 그러기 위한 구체적인 방법이 바로 이 책의 주제이며, 나는 '더 메서드(The Method)'라고 부른다. '더 메서드'를 다양한 프로젝트에 적용하고, 전 세계 아키텍트 수천 명을 대상으로 가르치고 멘토링한 결과, '더 메서드'를 제대로만 적용한다면 확실히 효과를 볼 수 있음을 확인했다. 지금 내가 바른 태도와 기술 역량과 분석 능력 등이 중요하지 않다는 말을 하려는 것이 아니다. 이런 것들은 적용할 방법론의 종류에 관계없이 프로젝트 성공에 꼭 필요한 요소임은 분명하다. 하지만 이것만으로는 부족하다. 전체 구성원이 그런 능력과 태도를 모두 갖추고 있더라도 프로젝트가 실패하는 경우를 봤다. 하지만 이런 요소에 '더 메서드'를 적용하면 성공 가능성을 크게 높일 수 있다. 올바른 공학적 원칙을 토대로 설계하면, 잘못된 관례 및 방법과 올바른 원칙이라고 잘못 알려진 원칙 등을 피해갈 수 있다.

1.1 '더 메서드'란 무엇인가

'더 메서드(The Method)'는 간결하고 효과적인 분석 및 설계 기법이다. '더 메서드'를 간단히 다음 공식으로 표현할 수 있다.

'더 메서드' = 시스템 설계 + 프로젝트 설계

'더 메서드'는 시스템 설계에 대해, 큰 시스템을 작은 모듈 단위 컴포넌트로 쪼개는 방식을 제시한다. '더 메서드'에서는 이런 컴포넌트에 대한 구조와 역할과 의미와, 각 컴포넌트 사이의 상호 작용 방식에 대한 가이드라인을 제시한다. 그 결과로 시스템 아키텍처가 나오게 된다.

'더 메서드'는 프로젝트 설계와 관련해서, 시스템 구축에 대해 경영진에게 제시할 대안을 다양하게 제공한다. 대안마다 일정과 비용과 위험도의 조합이 다르다. 또한 각 대안은 시스템 조립 설명서와 같은 역할을 하며 프로젝트의 실행과 관리 체계를 수립할 수 있다.

프로젝트 설계는 이 책의 2부에서 소개하며, 프로젝트 성공에 미치는 영향은 시스템 설계보다 훨씬 크다. 적절한 시간과 자원이 투입되고 위험도가 높지 않다면 단순한 시스템이라도 성공적으로 설계할 수 있다. 하지만 시스템 설계가 세계 최고 수준이라 해도 시스템을 구축히는 데 주어진 시간이나 자원이 적절하지 않거나, 위험도가 니무 높으면 얼마든지 실패할 수 있다. 게다가 프로젝트 설계는 시스템 설계보다 훨씬 복잡하다. 그래서 더 많은 도구와 아이디어와 기법이 필요하다.

'더 메서드'는 시스템 설계와 프로젝트 설계가 결합된 방법이어서 실질적으로 설계 프로세스(design process)라고 볼 수 있다. 그동안 소프트웨어 업계는 개발 프로세스에 대한 관심은 상당히 컸지만, 설계 프로세스에는 상대적으로 소홀했다. 이 책의 목표는 둘 사이의 격차를 해소하는 것이다.

1.1.1 설계 검증

설계 검증(design validation)은 굉장히 중요하다. 조직 입장에서 볼 때 한 팀이 부적합한 아키텍처를 토대로 개발하거나, 조직이 감당할 수 없는 예산이 투입되는 시스템을 구축하는 위험을 감수할 수 없기 때문이다. '더 메서드'는 이러한 민감한 작업을 실현시키고, 아키텍트가 제시하는 설계의 적합성에 대해 합리적인 자신감을 갖게 해 준다. 다시 말해 '더 메서드'를 통해 나온 설계는 두 가지 목적을 충족시킨다. 첫째, 설계는 고객의 요구사항을 만족시킨다. 둘째, 설계는 조직이나 팀의 역량과 제약 사항을 해결한다.

일단 코딩 작업에 들어가면 비용과 일정 때문에 아키텍처를 변경하기가 불가능에 가까울 때가 많다. 실전에서 이런 일이 발생했다는 것은 설계 검증을 거치지 않았다는 뜻이다. 그래서 불완전한 아키텍처에 갇혀 버리는 정도면 그나마 다행이고, 최악의 경우에는 흉물스러운 결과물이 나오게 된다. 이렇게 나온 시스템은 나중에 대대적으로 다시 구현하지 않는 한, 몇 년 동안 조직에서 안고 가는 수밖에 없다. 잘못 설계된 소프트웨어 시스템은 비즈니스에 심각한 악영향을 끼치며, 비즈니스 기회에 대응하는 능력을 크게 떨어뜨리며, 심한 경우에는 급증하는 소프트웨어 유지비로 인해 회사 재정이 악화될 수 있다.

설계 검증은 반드시 조기에 해야 한다. 예를 들어 시스템을 가동한 지 삼 년이 지나서야 특정한 개념이나 전체 아키텍처가 잘못된 사실을 발견하면 흥미로운 사례가 될 수 있을 지언정 현실적으로는 아무런 도움이 안 된다. 프로젝트를 시작한지 일주일 이내에 아키텍처의 빈틈을 찾아내는 것이 가장 이상적이다. 그보다 늦어지면 아키텍처가 불완전한 상태로 개발에 들어가버렸다는 뜻이다. 시스템 설계를 검증하는 구체적인 방법에 대해서는 다음 장에서 소개한다.

그런데 여기서 강조하는 대상은 시스템 설계와 아키텍처이지, 시스템의 세부 설계를 의미하는 것은 아니다. 세부 설계는 아키텍처의 각 구성요소마다 핵심적인 구현물(예, 인터페이스, 클래스 계층도, 데이터 계약 등)을 위한 것이다. 그래서 완성되기까지 더 오래 걸리고 프로젝트 실행 기간 동안 완성되기도 하며 시스템 구성이 변경되거나 발전하면서 설계가 달라지기도 한다.

시스템 설계와 마찬가지로 프로젝트 설계도 반드시 검증을 거쳐야 한다. 시간이 모자라거나, 예산을 초과하는 경우가 (혹은 두 경우 모두가) 발생하면 안 된다. 계약 사항을 지키지 못하면 경력에 오점을 남길 수 있다. 따라서 프로젝트 설계가 현재 팀이 프로젝트를 완수하는 데 적합한지에 대해 적극적으로 검증해야 한다.

'더 메서드'의 목적은 아키텍처와 프로젝트 일정을 제공하는 것뿐만 아니라 프로젝트의 위험 요소가 되는 설계를 제거하는 것도 있다. 아키텍처가 너무 복잡해서 개발자가 구현하거나 유지보수하기 힘들어서 프로젝트가 실패하는 일이 발생해서는 안 된다. '더 메서드'는 아키텍처를 효율적이면서 효과적으로, 짧은 시간 안에 발견하게 해 준다. 프로젝트 설계에 적용해도 비슷한 효과를 얻을 수 있다. 시작부터 시간이 모자라거나 자원이 부족해서 프로젝트가 실패하는 일이 발생해서는 안 된다. 이 책은 프로젝트 기간과 비용을 정확히 산정하는 방법과, 경험을 토대로 올바르게 판단하는 방법을 소개한다.

1.1.2 빠듯한 일정

'더 메서드'를 적용하면 전체 시스템 설계를 단 며칠 만에, 주로 3일에서 5일 사이에 완성한다. 프로젝트 설계에 걸리는 시간도 그와 비슷하다. 새로운 시스템에 대한 아키텍처를 도출하고 프로젝트 일정을 수립하는 일의 중요도에 비해 실제 투입되는 시간이 너무 적어 보일 수 있다. 비즈니스 시스템은 통상적으로 몇 년 단위로 다시 설계할 기회가 주어진다. 아키텍처 작업에 열흘 정도를 투입하면 안 될까? 몇 년이라는 시스템 수명에 비춰볼 때, 5일 더 추가한다고 해서 크게 손해 볼 일은 없어 보인다. 하지만 설계 시간을 추가한다고 해서 결과가 그만큼 향상되지 않을 때가 많고, 심지어 더 나빠지는 경우도 있다.

시간을 굉장히 비효율적으로 관리하는 경우가 많은데, 대부분 사람의 본성 때문이다. 일정이 촉박하면 프로젝트 참여자는 집중력이 높아지고 일을 우선순위에 따라 처리하며 주어진 기간에 설계를 반드시 완성하게 된다. '더 메서드'는 굵고 짧게 적용해야 한다.

(구현과 달리) 설계에 드는 시간은 적다. 건축 설계사는 수당을 시간 단위로 받으며 집 한 채 설계하는 데 1주에서 길어야 2주면 충분한 경우가 많다. 시공업체와 협력해서 2~3년이나 걸리는 규모의 집도, 건축 설계사가 도면을 완성하는 데는 그리 오래 걸리지 않는다.

빠듯한 일정은 불필요한 설계를 제거하는 데도 도움이 된다. 파킨슨 법칙(Parkinson's law)[2]에 따르면 일의 양은 항상 주어진 시간에 비례한다. 5일이면 끝낼 수 있는 설계 업무에 10일이 주어졌다면, 그 일을 10일 동안 하게 될 가능성이 높다. 나머지 5일 동안 아키텍트는 복잡도만 높이고 실제로는 크게 쓸모없는 부분을 설계하는 데 보내서, 늘어난 설계 시간에 비례해서 구현과 유지보수 비용이 증가하게 된다. 설계 시간을 제한하면 적절한 수준의 설계를 만들 수 있다.

1.1.3 분석 마비 피하기

분석 마비(analysis-paralysis)란 (소프트웨어 아키텍트가 다들 그렇듯이) 능력 있고 똑똑하고 열심히 일하던 사람이 '분석-설계-새로운 발견-다시 분석'이라는 무한 루프에 빠져버리는 현상을 말한다. 개인 또는 그룹이 실질적으로 마비되어 생산적인 결과물을 도출하지 못하게 된다.

설계 의사결정 트리

이러한 마비 현상이 발생하는 주된 이유는 시스템과 프로젝트에 대한 설계 의사결정 트리를 적용하지 않기 때문이다. **설계 의사결정 트리(design decision tree)**는 소프트웨어 공학뿐만 아니라, 모든 분야의 설계 작업에 적용할 수 있는 범용 개념이다. 대상의 복잡도

---

2 Cyril N. Parkinson, "Parkinson's Law," The Economist (November 19, 1955)

에 관계없이 설계는 몇 가지 설계 결정 사항으로 구성되며, 이러한 과정이 계층적으로 형성되어 트리(나무) 구조를 이룬다. 여기서 가지가 갈라지는 부분은 설계 선택 사항을 의미하며, 어느 한 가지를 따라가면 더욱 구체적인 설계 결정 사항이 나온다. 트리의 리프(leaf, 잎)는 주어진 요구사항에 대해 완성된 설계도를 의미한다. 각 리프마다 일관성 있고 명확하고 올바르면서 다른 리프와는 조금 다른 방식의 해결 방안이 있다.

의사결정 트리를 제대로 적용할 줄 모른 사람 또는 팀이 설계 업무를 담당하면, 트리의 루트가 아닌 곳에서 작업을 시작하게 된다. 그러다 보면 결국 어느 시점에 하위 설계 결정 사항이 상위 결정 사항과 모순되는 현상이 발생한다. 두 지점 사이의 결정 사항은 모두 엉터리가 되어버린다. 이런 식으로 설계하는 것은 설계 의사결정 트리를 버블 정렬하는 것과 비슷하다. 버블 정렬(bubble sort)을 수행하는 데 드는 연산은 대략 원소 개수의 제곱 개만큼이다. 그로 인한 성능 저하는 상당하다. 설계 및 프로젝트 결정 사항이 20개 정도인 간단한 소프트웨어 시스템이라도 의사결정 트리를 제대로 적용하지 않으면 결정 과정을 400번이나 반복하게 된다. 수많은 미팅을 통해 결정하다 보면 (아무리 시간이 많더라도) 업무가 마비되게 된다. 40번을 반복할 시간조차 확보하기 쉽지 않다. 시스템 설계와 프로젝트 설계에 시간이 모자라면 불완전한 상태에서 구현 작업에 들어가게 된다. 결국 잘못된 설계 결정 사항을 발견하는 시점이 뒤로 늦춰지게 되고, 심하면 잘못된 결정으로 투입된 시간과 노력과 구현물이 돌이킬 수 없는 시점에서야 발견될 수 있다. 한마디로 잘못된 설계 결정으로 발생하는 비용을 극대화하게 된다.

시스템 소프트웨어 설계 의사결정 트리

사실 소프트웨어 비즈니스 시스템은 대부분 비슷하다. 의사결정 트리의 형태도 거의 일정하다. 물론 가지 구조가 비슷하고 잎은 시스템마다 다르다.

'더 메서드'는 전형적인 비즈니스 시스템의 설계와 프로젝트 설계를 위한 의사결정 트리를 제공한다. 시스템을 설계하고 나서야 그 시스템을 구축하는 프로젝트를 설계할 수 있다. 시스템 설계와 프로젝트 설계에 대한 의사결정 트리가 따로 존재한다. 더 메서드는 이에 대해 하나씩 소개한다. 먼저 트리의 루트부터 출발해서, 했던 일을 다시 하거나 앞서 결정한 내용을 다시 고민하지 않는 방법을 제시한다.

이러한 의사결정 트리를 가지치기하는 데 가장 중요한 기법 중 하나는 제약 사항(con-straint)을 적용하는 것이다. 프레드릭 브룩스(Fredrick Brooks) 박사가 지적했듯이[3], 상식적으로 생각하는 것과 반대로, 백지상태일 때가 설계하기 가장 힘들다. 제약 사항이 없으면 설계하기 쉽다고 생각하기 쉽지만 그렇지 않다. 아키텍트들은 백지상태일 때 부담스러워한다. 잘못된 방향으로 가거나 암묵적인 제약 사항을 위배할 가능성이 무궁무진하기 때문이다. 제약 사항이 많을수록 설계 작업이 쉬워진다. 재량이 적게 주어질수록 설계가 명확해진다. 제약이 아주 많은 시스템은 설계할 게 거의 없다. 그냥 주어진 제약 조건을 따르기만 하면 된다. 제약 사항은 암묵적이든 명시적이든 항상 있기 마련이므로, 설계 의사결정 트리를 따르다 보면 더 메서드에 의해 시스템과 프로젝트의 제약 사항이 늘어나고 결국 설계가 수렴하면서 해결책이 금세 나오게 된다.

1.1.4 커뮤니케이션

더 메서드의 중요한 장점은 설계 아이디어에 대한 커뮤니케이션 기회를 제공한다는 것이다. 구성원이 아키텍처 구조와 설계의 의미를 제대로 이해하고 나서, 더 메서드를 통해 설계 아이디어를 공유하고 설계에서 요구하는 바를 정확히 표현할 수 있다. 이처럼 설계 이면의 사고 과정을 팀원과 주고받을 수 있다. 아키텍처에 반영된 설계의 상충 관계(tradeoff, 트레이드오프)와 기본 개념을 반드시 팀원과 공유해야 한다. 운영에 관련된 가정과 설계 의사결정 사항은 모호하지 않은 형태로 문서에 남겨야 한다.

설계 의도를 명확하고 투명하게 밝히는 것은 아키텍처의 생존에 결정적인 요인이다. 좋은 설계는 이해하기 쉽고 개발 과정 동안 지속적으로 유지되고 최종적으로 고객의 기기에서 작동하게 된다. 설계는 반드시 개발자와 커뮤니케이션할 수 있어야 하며 설계의 밑바탕이 되는 개념과 의도를 서로 공감해야 한다. 설계한 내용은 검토(review)와 인스펙션(inspection)과 멘토링(mentoring) 과정을 통해 모두에게 주지시켜야 한다. 더 메서드는 이런 종류의 커뮤니케이션에 아주 뛰어나다. 왜냐하면 잘 정의된 서비스 의미와 구조를 조합하기 때문이다.

---

3 Frederick P. Brooks Jr., The Design of Design: Essays from a Computer Scientist (Upper Saddle River, NJ: Addison-Wesley, 2010)

시스템을 구축하는 임무를 맡은 개발자라면 설계를 이해하지 못하거나 가치를 제대로 인식하지 못하더라도 걱정할 필요 없다. 결국 확실히 파악하게 된다. 설계 작업이나 코드 리뷰를 아무리 많이 하더라도 완벽히 파악하는 데는 끝이 없다. 리뷰의 목적은 아키텍처에 의도하지 않은 실수가 발생한 것을 가능한 한 조기에 잡아 내는 데 있다.

프로젝트 일정을 프로젝트 매니저를 비롯한 여러 이해관계자와 논의해야 할 시점에도 마찬가지다. 명확하고, 모호하지 않고 비교 가능한 옵션은 합리적인 결정을 내리는 데 핵심이다. 사람들이 잘못된 결정을 내리는 것은 프로젝트를 제대로 이해하지 못하고, 프로젝트의 진행 과정에 대한 각자의 생각(심상모델)이 잘못됐기 때문이다. 시간과 비용과 위험을 기준으로, 프로젝트 모델을 올바르게 수립하면 아키텍트가 올바른 결정을 내릴 수 있다. 더 메서드는 의사 결정자들이 간결하고 정확한 방식으로 커뮤니케이션할 수 있는 올바른 용어와 척도를 제공한다. 관리자가 프로젝트 설계 업무를 맡게 되면 이 방식을 열렬히 지지하고 실제로 적용하고 싶어 할 것이다. 격렬한 토의를 아무리 많이 하더라도 간결한 도표와 수치만큼 도움이 되는 것은 아니다. 게다가 프로젝트 설계는 프로젝트를 시작하는 시점에만 중요한 것이 아니다. 작업이 시작될 즈음 프로젝트 변경 가능성과 그 영향에 대해 관리 부서와 의사소통하는 도구로서 사용할 수 있다. 프로젝트 추적과 변경 사항 관리는 부록 A에서 소개한다.

더 메서드는 설계에 대해 개발자 또는 관리자와 커뮤니케이션하는 수단을 제공할 뿐만 아니라, 아키텍트끼리 설계를 정확하고 간편하게 커뮤니케이션하는 수단도 제공한다. 이런 식으로 검토와 평가 과정을 통해 깨달은 사항은 아주 값지다.

1.2 더 메서드가 제공하지 않는 것

브룩스 박사가 1987년에 한 말처럼, "만병통치약은 없다(There is no silver bullet)".[4] 더 메서드 역시 만병통치약은 결코 아니다. 더 메서드를 적용하더라도 프로젝트가 항상 성공하는 것은 아니고, 프로젝트의 다른 요소와 조화를 이루지 못하고 단순히 적용하기만 하면 얼마든지 역효과를 낼 수 있다.

---

4 Frederick P. Brooks Jr., "No Silver Bullet: Essence and Accidents of Software Engineering," Computer 20, no. 4 (April 1987)

더 메서드를 적용한다고 해서 올바른 아키텍처를 만드는 데 필요한 아키텍트의 창의성과 노력이 필요 없는 것은 아니다. 아키텍트는 여전히 시스템의 요구 사항을 최대한 잘 반영해야 하는 책임이 있다. 또한 아키텍처가 잘못되거나, 개발자와 커뮤니케이션을 잘 못하거나, 최종 결과물이 나오기 전까지 개발 과정에서 아키텍처와 적절히 타협하지 못하면 책임을 져야 한다. 게다가 이 책의 2부에서 설명하는 것처럼, 아키텍트는 설계한 아키텍처를 바탕으로 실현 가능한 프로젝트 설계를 도출해야 한다. 아키텍트는 현재 가용한 리소스의 양과 종류, 그리고 리스크와 일정에 맞게 프로젝트를 조율해야 한다. 프로젝트 설계 자체만 생각해서는 의미가 없다. 아키텍트는 편견을 버리고 일정과 결과를 정확히 가늠해야 한다.

더 메서드는 시스템 설계와 프로젝트 설계를 위한 좋은 시작점을 제공하고, 피해야 할 사항들을 제시한다. 하지만 더 메서드는 이러한 활동에 필요한 정보를 수집하는 데 시간과 노력을 충분히 들여서 충실히 이행해야만 효과를 제대로 발휘한다. 근본적으로 설계 프로세스 자체와 이를 통해 산출되는 대상에 관심과 정성을 기울여야 한다.

1부

시스템 설계

2장
분해

소프트웨어 아키텍처(software architecture)란 소프트웨어 시스템에 대한 하이레벨 관점의 설계 구조다. 시스템 설계를 빠르고 적은 비용으로 하더라도, 아키텍처만큼은 제대로 만들어야 한다. 아키텍처에 문제가 있거나 요구 사항과 일치하지 않은 상태로 시스템을 구축해 버리면 시스템 관리나 확장이 아주 힘들어진다.

시스템 아키텍처의 핵심은 여러 가지 구성 요소로 분해하는 데 있다. 그 시스템이 자동차든, 집이든, 노트북이든, 소프트웨어 시스템이든 모두 마찬가지다. 뛰어난 아키텍처라면 구성 요소들이 실행 시간에 상호작용하는 방식도 반영해야 한다. 이렇게 시스템 구성 요소를 구분하는 과정을 **시스템 분해**(system decomposition)라고 부른다.

분해 작업은 정확하게 수행해야 한다. 잘못하면 아키텍처에 영향을 미쳐서 시스템을 처음부터 새로 만들어야 할 정도로 심각한 상황이 발생할 수 있다.

시스템 구성 요소로 C++ 오브젝트가 처음 나왔고, 그 후 COM, Java, .NET 컴포넌트 등이 나왔다. 최신 시스템 아키텍처에서 가장 하위 단위는 (서비스 지향에서 말하는) 서비스다. 그런데 이런 컴포넌트와 각각의 세부 사항(인터페이스, 연산, 클래스 계층 등)을 구현하는 데 사용되는 기술은 시스템 분해가 아닌 상세 설계와 관련 있다. 사실 이런 세부 사항은 분해뿐만 아니라 아키텍처와 독립적이어서 서로 영향을 미치지 않으면서 변경할 수 있다.

아쉽게도 설계에 문제가 있거나 설계 방식이 바람직하지 않은 상태로 소프트웨어 시스템을 구축하는 경우가 많다. 이러한 설계 결함은 시스템 분해 과정에 문제가 있을 때 주로 발생한다. 그래서 이 장에서는 먼저 분해할 때 흔히 적용하던 방식이 코어에 좋지 않은 영향을 미치는 이유와 '더 메서드'에서 제시하는 분해 방식의 배경에 대해 설명한다. 그러고 나서 시스템 설계에 도움 되는 몇 가지 강력하면서도 유용한 기법을 소개한다.

2.1 기능 분해 금지

기능 분해(functional decomposition)란 기능을 기준으로 시스템을 구성 요소(building block)로 분해하는 것을 말한다. 예를 들어 송장 발급과 결제, 배송 등의 연산을 수행하는 시스템을 인보이스 서비스, 결제 서비스, 배송 서비스 등으로 나누는 경우가 있다.

2.1.1 기능 분해의 문제점

기능 분해로 인해 발생하는 문제는 다양하며 그 피해가 금세 드러난다. 그 정도가 아주 약하더라도 서비스가 요구사항에 얽혀 버린다. 서비스는 요구사항을 반영한 결괴이기 때문이다. 필요한 기능이 조금이라도 변경되면 기능 서비스 전체를 바꿔야 한다. 이런 변경 사항은 시간이 지날수록 계속 발생하기 마련인데, 새로운 요구사항을 반영하기 위해 또다시 분해하다 보면, 갈수록 서비스를 수정하기가 더욱 힘들어진다. 이렇게 시스템 변경 작업 비용이 증가할 뿐만 아니라, 기능 분해 과정에서 재사용을 고려하지 않았기 때문에 시스템과 클라이언트가 굉장히 복잡해진다.

재사용 배제

기능 분해된 간단한 시스템 예를 살펴보자. 이 시스템은 A, B, C라는 세 가지 서비스를 사용하며 A → B → C 순서로 호출된다. 이렇게 기능 분해된 것은 A를 호출한 뒤에 B를 호출하는 것처럼 시간에 따라서도 분해됐기 때문에 각 서비스를 재사용할 가능성이 실질적으로 사라진다. 이 상황에서 다른 시스템이 B 서비스를 사용하고 싶어 한다고 생각해 보자. B는 A 다음에 호출되고 C보다는 먼저 호출된다는 개념이 B 서비스에 깊숙이 박혀 있다(예를 들어 먼저 송장을 발급하고 결제를 진행한 뒤에 배송을 시작한다는 규칙을 들 수 있다). 그래서 기존 시스템에서 B 서비스만 끄집어내서 다른 시스템에 구현하기가 쉽지 않다. 새 시스템에서는 A 서비스가 선행되고 C 서비스가 뒤이어 실행하는 일이 없기 때문이다. B 서비스만 떼어 내면 기존 시스템의 A 서비스와 C 서비스도 붕 떠버린다. B는 재사용 가능한 독립 서비스가 아니다. A, B, C가 서로 한 덩어리로 긴밀히 얽인 서비스군이다.

너무 많거나 너무 크거나

기능 분해를 하기 위한 한 가지 방법은 기능의 수 만큼 서비스를 최대한 많이 만드는 것이다. 이렇게 분해하면 서비스가 넘쳐난다. 적당한 규모의 시스템이라도 기능은 수백 가지일 수 있기 때문이다. 서비스가 너무 많아질 뿐만 아니라 이렇게 만든 서비스는 각자 맡은 역할에 최적화하는 과정에서 서비스끼리 기능이 중복될 가능성이 높다. 서비스가 너무 많으면 통합과 테스팅 비용이 일정하지 않고 전반적인 복잡도가 높아진다.

기능 분해를 위한 또 다른 방법은 연산을 수행하는 모든 방법을 거대한 서비스로 묶어 버리는 것이다. 이렇게 되면 서비스 규모가 엄청나게 커지면서 필요 이상으로 복잡도가 높아지고 유지보수가 불가능한 지경에 이른다. 이러한 모놀리식(monolithic) 시스템은 본래 기능으로부터 파생되는 모든 경우의 수가 무작위로 나열되어, 서비스끼리와 내부 모듈의 관계가 복잡해지면서 흉측한 모습으로 변해버린다.

그래서 기능 분해할 때 서비스의 크기는 너무 크면서 개수는 적게 만들거나, 크기는 너무 작으면서 개수는 많이 만드는 경향이 있다. 심지어 한 시스템 안에서 이러한 두 가지 극단적인 현상이 동시에 발생하는 경우도 많다.

> **노트**   부록 B에서 서비스 계약 설계를 집중적으로 다룬다. 또한 서비스가 너무 많거나 너무 클 때 발생하는 문제점과 프로젝트 전반에 미치는 영향에 대해 자세히 살펴본다.

클라이언트 비대과 얽힘

기능 분해를 하면 시스템 계층이 평평해지기 쉽다. 서비스나 구성 요소마다 담당하는 기능이 있는데 누군가는 반드시 서로 분리된 기능을 하나의 동작으로 엮어야 한다. 이 역할은 클라이언트가 담당한다. 서비스 오케스트레이션을 클라이언트가 담당하면 시스템은 클라이언트와 서버로 구성된 평평한 2-티어 시스템이 되어 계층화(layering)란 개념이 사라져 버린다. A, B, C라는 세 가지 연산(기능)을 순차적으로 수행하는 시스템이 있다고 해보자. 그림 2-1과 같이 여러 서비스를 엮는 역할을 클라이언트가 담당한다.

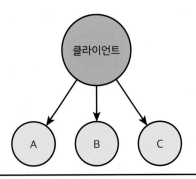

그림 2-1 여러 기능을 오케스트레이션 하면서 비대해진 클라이언트

클라이언트에 오케스트레이션 로직을 넣어서 비대해지면(bloating), 클라이언트 코드는 시스템 비즈니스 로직으로 뒤덮이게 된다. 이렇게 되면 클라이언트는 시스템에게 연산을 호출하고 사용자에게 정보를 보여주는 역할을 담당한다고 볼 수 없다. 클라이언트가 내부 서비스를 모두 파악하고 각각을 호출하는 방법을 알고 여러 가지 에러를 처리하는 방법도 알고, A를 성공적으로 수행한 후에 B에서 문제가 발생했을 때 대처할 방법도 알게 된다. 거의 모든 서비스 호출이 동기식으로 수행된다. 클라이언트는 미리 정해진 순서대로(A → B → C) 진행하기 때문이다. 그렇지 않으면 호출 순서를 보장하기 힘들고 외부 세계에 제때 응답하기도 힘들어진다. 게다가 클라이언트가 주요 기능과 얽히게 된다(coupling, 결합). 연산에 수정 사항이 발생할 때, 가령 B 대신 B'를 호출하게 됐을 때, 클라이언트를 수정해야 한다. 나쁜 설계의 대표적인 특징은 시스템을 변경할 때 클라이언트에까지 영향을 미친다는 것이다. 이상적인 경우라면 클라이언트와 서비스는 서로 독립적으로 발전해야 한다. 수십 년 전 소프트웨어 엔지니어는 비즈니스 로직을 클라이언트에 넣는 것은 바람직하지 않다는 것을 깨달았다. 그럼에도 불구하고 그림 2-1처럼 설계하면 클라이언트가 서비스를 호출하는 과정에서 순차 실행과 에러 처리를 비롯한 비즈니스 로직으로 뒤덮이게 된다. 결국 클라이언트는 클라이언트가 아닌 것이다. 그 자체로 하나의 시스템이 되어버린다.

그렇다면 클라이언트가 여러 개라면(예를 들어 리치 클라이언트와 웹 페이지, 모바일 디바이스 등이 있다면), 그래서 각각이 서비스를 동일한 순서로 호출한다면 어떻게 될까? 그러면 비즈니스 로직을 모든 클라이언트에 중복해서 집어넣어야 하고 유지보수 비용도 커진다. 기능이 조금이라도 변경되면 모든 클라이언트가 똑같이 맞춰야 하기 때문이다. 흔히 개발자는 서비스 기능을 변경하는 것을 꺼린다. 클라이언트에 미치는 파장이 크기 때문이다.

이렇게 클라이언트가 다양한 상황에서 각자 요구에 맞게 순서를 나름대로 정해뒀다면 서비스를 변경하기가 더욱 힘들게 된다. 결국 모든 클라이언트에 동일한 동작을 제공하는 재활용 가능성은 실현하기 힘들게 된다. 그러면 실질적으로 복잡한 시스템 여러 개를 매번 동기화하면서 유지하는 셈이다. 이렇게 되면 개발 및 배포 과정에서 어쩔 수 없이 변경 사항이 발생하더라도 혁신을 이루기 힘들고 시장 진입 시간(time to market)이 늘어난다.

지금까지 살펴본 기능 분해의 문제점에 대한 예로 그림 2-2를 살펴보자. 이 그림은 **순환 복잡도 분석(cyclomatic complexity analysis)** 과정을 시각적으로 표현한 것이다. 여기서는 설계 방법론으로 기능 분해를 적용했다.

순환 복잡도 분석은 클래스나 서비스 코드를 거쳐가는 독립 경로의 개수를 측정한다. 내부가 복잡하게 얽혀 있을수록 순환 복잡도 점수가 높아진다. 그림 2-2를 생성하는 데 사용한 도구는 시스템에 있는 다양한 클래스를 측정해서 평가했다. 이 그림에서 클래스가 복잡할수록 색깔을 진하게 표현했다. 가장 먼저 눈에 띄는 것은 아주 크고 복잡한 클래스 세 개다. MainForm을 유지보수하기가 얼마나 쉬울까? 단순히 UI 요소 하나로만 구성된, 사용자의 요구를 시스템으로 명확하게 전달하는 폼일까? MainForm을 구축하는 데 드는 복잡도를 FormSetup과 비교해서 살펴보자. 또한 Resources는 이 두 가지 클래스 못지않게 굉장히 복잡하다. MainForm에 사용된 리소스를 변경하기가 매우 복잡하기 때문이다.

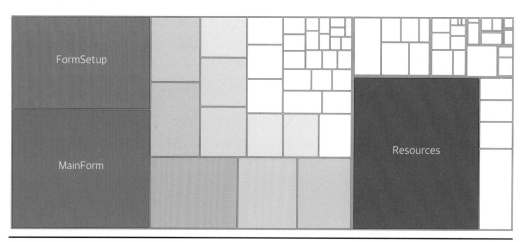

그림 2-2 기능 설계에 대한 복잡도 분석

Resources는 이미지와 스트링에 대한 간단한 리스트로만 구성되도록 단순해야 바람직하다. 시스템의 나머지 부분은 각자 특정한 기능을 담당하는, 작고 간단한 클래스 수십 개로 구성된다. 이렇게 조그만 클래스들은 거대한 세 클래스의 그림자에 가려져 있다. 그런데 이런 조그만 클래스가 간단하긴 하나, 개수가 많아서 클래스를 서로 통합하는 복잡도가 상당히 높다. 결국 구성 요소가 너무 많으면서 거대한 컴포넌트도 있으며 클라이언트도 비대해진다.

다중 진입점

그림 2-1에 나온 방식으로 분해할 때의 또 다른 문제점은 시스템의 진입점이 여러 개여야 한다는 것이다. 클라이언트가 시스템으로 진입하는 지점은 A와 B와 C에 대해 각각 하나씩, 총 세 개나 있어야 한다. 이 말은 인증(authentication)과 인가(authorization), 확장성, 인스턴스 관리, 트랜잭션 전파(transaction propagation), ID, 호스팅 등과 관련하여 신경 써야 할 지점이 여러 곳이라는 뜻이다. 이런 기능을 변경해야 할 때 서비스와 클라이언트에 걸쳐 있는 여러 지점을 모두 수정해야 한다. 이렇게 수정 지점이 여러 곳이면 시간이 갈수록 클라이언트를 추가하는 부담이 굉장히 커진다.

서비스 비대와 얽힘

그림 2-1처럼 기능 서비스를 순차적으로 실행하도록 만드는 대신, 그림 2-3처럼 기능 서비스끼리 서로 호출할 수 있게 만들어서 문제를 덜 심각하게 보이도록 만드는 방법도 있다.

이렇게 하면 클라이언트를 간결하게 유지할 수 있고 비동기식으로 작동시킬 수 있다는 장점이 있다. 다시 말해 클라이언트가 A 서비스를 호출하면, A 서비스는 다시 B를 호출하고, B는 C를 호출하는 식으로 처리할 수 있다.

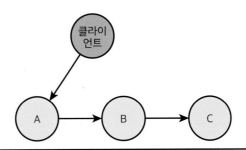

그림 2-3 기능 서비스 사슬 만들기

하지만 기능 서비스가 서로 얽히고 호출 순서가 고정된다는 문제가 발생한다. 가령 결제 서비스(Billing)는 송장 발급 서비스(Invoicing)가 끝난 뒤, 배송 서비스(Shipping)가 실행되기 전에 호출할 수 있다. 그림 2-3과 같이 구성하면 A 서비스 안에 B를 호출한다는 정보가 박힌다. B 서비스는 A 서비스가 끝나고 C 서비스를 실행하기 전에 호출할 수 있다. 그러다 호출 순서가 바뀌면 이 사실에 엮인 모든 서비스가 영향을 받게 된다. 구현에 박혀 있던 순서 관계를 고쳐야 하기 때문이다.

그런데 그림 2-3에 있는 문제는 이뿐만이 아니다. 그림 2-3의 B 서비스는 그림 2-1의 B 서비스와 전혀 다르다. 원래 B 서비스는 B의 고유 기능만 수행했다. 그런데 그림 2-3의 B 는 C 서비스에 대해서도 알아야 한다. B 계약에 C 서비스를 수행하도록 호출하는 데 필요한 매개변수도 담아야 한다. 그림 2-1에서는 이러한 세부 사항을 클라이언트가 담당했다. 여기서는 A 서비스 때문에 문제가 커졌다. A는 전반적인 비즈니스 기능을 수행할 수 있도록 서비스 계약에 B와 C를 호출하는 데 필요한 매개변수도 넣어야 한다. B와 C 기능이 조금이라도 바뀌면 A 서비스 구현도 바꿔야 한다. A는 B와 C에 커플링 되었기 때문이다. 이러한 비대와 얽힘/결합(coupling) 현상을 그림으로 표현하면 그림 2-4와 같다.

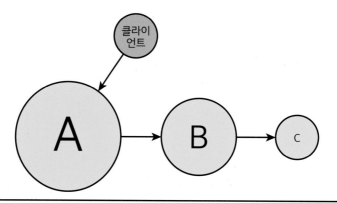

그림 2-4 기능을 사슬로 만들면 서비스 비대가 발생한다

아쉽게도 그림 2-4에 드러나지 않은 문제가 더 있다. A 서비스가 A 기능을 제대로 수행하고 나서 B 서비스를 호출하여 B 기능을 수행했다고 하자. 그런데 B 서비스에서 에러가 발생해서 제대로 실행되지 않았다고 하자. A가 B를 동기식으로 호출했다면, A는 반드시 B 의 내부 로직과 상태를 구체적으로 알고 있어야 에러를 복구할 수 있다. 이 말은 B 기능이

A에도 있어야 한다는 뜻이다. A가 B를 비동기식으로 호출했다면 B 서비스는 어떻게든 A 서비스로 다시 가서 A 기능을 취소하거나 A가 했던 작업을 직접 되돌릴 수 있어야 한다. 다시 말해 A 기능이 B 서비스에도 있어야 한다. 이렇게 되면 A와 B가 밀접하게 얽혀서 A의 수행 결과를 보상해야 하는 B가 비대해진다. 이를 그림으로 표현하면 그림 2-5와 같다.

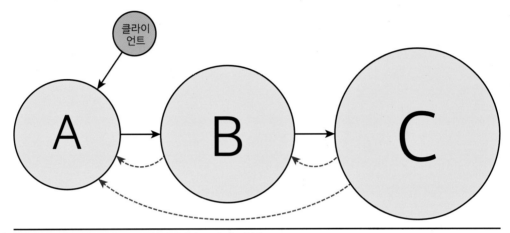

그림 2-5 보상 작업 때문에 더욱 비대해지고 얽히는 현상

이 문제는 C 서비스로 갈수록 심해진다. A와 B의 기능을 모두 성공적으로 마쳤지만 C 서비스 수행 과정에서 문제가 발생해서 비즈니스 기능을 완료하지 못했다면 어떻게 될까? C 서비스는 B와 A로 다시 가서 두 서비스가 처리한 작업을 되돌려야 한다. 그래서 C 서비스는 이전 서비스보다 더욱 비대해지고 A/B와 얽히는 정도도 더욱 심해진다. 그림 2-5와 같이 비대해지고 얽혀버리면 나중에 B 서비스를 변형한 B'로 교체해야 할 때 얼마나 힘들어질까? A와 C 서비스에 악영향을 미치게 될까? 이 경우도 마찬가지로 그림 2-5와 같이 구성했을 때 각 서비스를 다른 문맥에 재활용하기 쉬울까? 가령 D 서비스를 수행한 후에 B 서비스를 호출하고, 이어서 E 서비스를 호출하도록 구성하기 쉬울까? A, B, C라는 세 서비스는 서로 독립된 서비스일까? 아니면 서로 복잡하게 얽인 한 덩어리인가?

2.1.2 기능 분해 돌아보기

기능 분해는 거부하기 힘든 매력을 지니고 있다. 필요한 기능을 단순히 나열해서 해당 컴포넌트를 만들기만 하면 된다. 시스템을 설계하기 위한 간결하고 명확한 방법 같아서 기능 분해 방식으로 시스템을 설계하는 경우가 많다(뒤에서 소개할 도메인 분해 역시 많이 사용한다). 본능적으로 기능 분해 방식을 적용하는 사람도 많고 실제로 컴퓨터학과 수업에서 이렇게 가르치는 사례도 많다. 잘못 설계된 시스템을 보면 대부분 기능 분해에 따랐다는 점만 봐도 기능 분해를 피해야 하는 충분한 근거가 된다. 어떤 경우라도 기능 분해의 유혹에 넘어가지 말자.

우주의 본질(TANSTAAFL)

기능 분해가 없어도 된다는 것을 소프트웨어 공학적 근거를 대지 않고도 증명할 수 있다. 이 증명은 우주의 본질, 좀 더 구체적으로는 열역학 제1법칙과 관련 있다. 이 법칙을 수학적 설명을 생략하고 한 마디로 표현하면, 노력 없이 얻을 수 없다는 말이다. 흔히 말하는 "공짜 점심은 없다(TANSTAAFL, There ain't no such thing as a free lunch)"는 뜻이다.

설계는 본래 고부가가치 활동이다. 프로그래밍을 다루지 않는 이 책을 읽고 있다는 것만 봐도 설계의 가치를 더 높게 평가한다는 뜻이다.

기능 분해의 문제는 열역학 제1법칙을 건너뛰려는 데 있다. 기능 분해의 결과로 나오는 시스템 설계는 분명 고부가가치 활동이다. 하지만 기능 분해 자체는 쉽고 단순하다. A, B, C 기능을 수행해야 한다는 요구 사항이 주어졌다면 A, B, C 서비스로 분해하기만 하면 된다. 이보다 쉬운 것이 없을 정도로 참 쉽다. 하지만 바로 이렇게 빠르고, 쉽고, 기계적이고, 단순한 점이 바로 열역학 제1법칙에 정면으로 위배된다. 기능 분해의 매력인 '노력 없이 얻는다는' 바로 그 점 때문에 기능 분해로 가치를 얻을 수 없는 것이다.

나쁘게 설계하기

동료 개발자나 관리자에게 기능 분해만큼은 하지 말라고 설득하기가 상당히 어려울 수 있다. "지금껏 그렇게 했다"며 반발할 것이다. 이런 주장에 대응하는 방법으로 두 가지가 있다. 하나는 "그렇게 해서 마감일을 지켰거나 예산을 초과하지 않은 적이 몇 번인가? 또한 그렇게 해서 나온 결과물의 품질과 복잡도는 어느 정도이고 유지보수하기 쉬웠는가?"라고 묻는 것이다.

다른 하나는 나쁘게 설계(반설계, anti-design)해 보는 것이다. 팀원에게 차세대 시스템을 위한 설계 경진 대회를 개최한다고 공지하고, 두 팀으로 나눠서 서로 다른 회의실에 모이게 한다. 첫 번째 팀에게는 최상의 설계를, 두 번째 팀에게는 최악의 설계를 도출하도록 시킨다. 다시 말해 더 이상 확장하거나 유지보수가 불가능하면서 재사용도 없게 만드는 것이다. 반나절 가량 따로 작업하다가 다시 모여서 두 결과를 비교해 보면 두 설계가 비슷할 가능성이 높다. 구성 요소에 붙인 이름 정도는 다를 수 있지만 설계의 밑바탕은 비슷할 것이다. 이제 팀원에게 사실 두 팀에게 주어진 목표가 달랐다고 알려준 뒤, 현재 나온 결과의 의미에 대해 토의한다. 이제부터는 다른 접근 방식을 도입할 필요성을 느낄 것이다.

예제: 기능에 따라 집 설계하기

기능 분해를 사용하여 설계해서는 안 된다는 사실은 소프트웨어 시스템과는 상관없이 보편적인 관찰이다. 그렇다면 집을 소프트웨어 시스템처럼 기능에 따라 설계한다고 생각해 보자. 먼저 집의 기능부터 나열한다. 요리, 휴식, 놀이, 수면 등으로 나눌 수 있다. 그러고 나서 그림 2-6과 같이 각 기능에 대해 실제 구성 요소를 아키텍처에 반영한다.

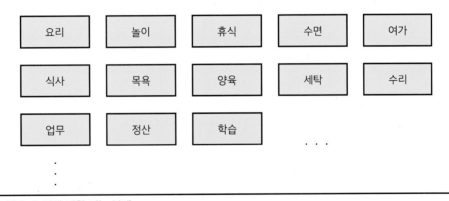

그림 2-6 집에 대한 기능 분해

그림 2-6만 봐도 황당한데, 이런 집을 실제로 짓게 되면 심각한 문제가 발생한다. 토지 계획을 명확하게 수립하고 주방을 만들기 시작한다. 그냥 주방만 만드는 것이다. 박스에 담긴 전자레인지를 꺼내 놓는다. 조그만 콘크리트 패드를 놓고 그 위에 나무 프레임을 만든 뒤, 조리대로 덮은 뒤 그 위에 전자레인지를 놓는다. 전자레인지를 위한 조그만 팬트리를 만들고 망치질로 그 위에 조그만 지붕을 만든 뒤 전자레인지를 전원에 연결한다. 그러고 나서 상사와 고객에게 주방이 완성됐다고 알려준다.

하지만 정말 주방이 완성된 걸까? 주방을 이렇게 만들어도 될까? 식사는 어디서 하고, 남은 반찬은 어디에 보관하고, 쓰레기는 어디에 버려야 하나? 전자레인지 대신 오븐으로 요리하려면 어떻게 해야 할까? 방금 만든 것과 똑같은 주방을 오븐 중심으로 구성하려면 얼마나 걸릴까? 이렇게 두 가지 방식의 주방에 대해 재사용할 수 있는 부분은 얼마나 될까? 둘 중 하나를 기반으로 다른 것으로 쉽게 확장할 수 있을까? 전자레인지의 위치를 바꿔서 요리하고 싶다면? 전자레인지를 재배치하기 쉬울까? 이 정도는 문제도 아니다. 요리 종류에 따라 문제가 크게 달라지기 때문이다. 기기나 요리의 종류(아침, 점심, 저녁, 디저트, 스낵 등)에 맞게 다양한 주방 시설을 구축해야 한다. 자칫하면 각각의 상황에 특화된 소규모 요리 시설을 엄청나게 만들어내거나, 이 모든 상황을 다 수용할 수 있는 거대한 주방 시설을 만들어버릴 수도 있다. 이런 집을 과연 만들 수 있을까? 그럴 수 없다고 생각한다면 왜 소프트웨어 시스템을 이런 식으로 설계해서 만들고 있는가?

> ## 기능 분해가 필요한 경우
>
> 지금까지 줄곧 비판적으로만 설명했는데 그렇다고 해서 기능 분해가 무조건 나쁜 것은 아니다. 기능 분해도 나름의 역할이 있다. 즉 요구 사항을 분석하는 데 탁월하다. 아키텍트나 프로덕트 매니저가 미처 발견하지 못한 기능을 찾거나, 기존 기능으로부터 새로운 요구 사항을 도출하는 데 도움이 된다. 뿐만 아니라 처음에는 기능 요구 사항이 다소 모호하더라도 기능 분해를 통해 굉장히 구체적인 수준으로 요구 사항을 도출하고 상호 관계를 분석해서 트리 구조로 구성할 수 있고 중복 사항이나 모순되는 기능을 걸러낼 수 있다. 하지만 기능 분해를 설계에 적용하는 순간 역효과가 난다. 요구 사항과 설계 사이에는 절대로 직접적인 대응 관계가 있어서는 안 된다.

2.1.3 도메인 분해 피하기

그림 2-6에 나온 집 설계는 당연히 문제가 있다. 요리는 당연히 주방에서 할 테니 그림 2-7처럼 집의 기능을 분해해 볼 수 있다. 이런 식으로 분해하는 것을 **도메인 분해**(domain decomposition)라고 부른다. 즉 영업, 기술개발, 회계, 배송 등과 같은 업무 분야를 기준으로 시스템을 구성 요소로 분해하는 것이다. 안타깝게도 그림 2-7과 같은 도메인 분해는 그림 2-6에서 본 기능 분해보다 더 나쁘다. 도메인 분해가 나쁜 이유는 기능 분해의 또 다

른 형태이기 때문이다. 그림에서 '주방'은 요리하는 곳이고, '침실'은 잠을 자는 곳이고, '차고'는 자동차를 보관하는 곳이고, 이런 식으로 하다 보면 결국 기능에 따라 나누게 된다.

실제로 그림 2-6에 나온 각 기능 요소를 그림 2-7의 도메인에 대응시킬 수 있다. 그래서 그림 2-7은 심각한 문제를 담고 있다. 침실마다 고유한 성격이 있음에도 불구하고 모든 침실에 잠자는 기능을 중복해서 배치했다. 거실에서 TV를 보다 잠자거나, 주방에서 손님을 접대하는 경우에는 기능 중복이 더욱 심해진다(집에서 여는 파티의 장소는 결국 주방이 중심이기 때문이다).

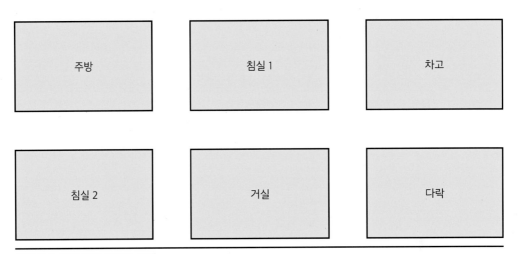

그림 2-7 집에 대한 도메인 분해

각 도메인은 결국 지저분한 기능들로 변하기 쉽기에 각 도메인의 내부 복잡도는 높아진다. 이렇게 늘어난 내부 복잡도는 여러 영역이 교차하는 상황을 피해버리게 만들고, 영역 사이의 소통은 모든 영역에 필요한 동작을 수행하게 만들기보다는 (CRUD 스타일의) 단순한 상태 변화로 귀결되기 마련이다. 각 영역에 걸친 복잡한 동작을 구성하기란 굉장히 힘들다. 일부 기능은 이런 식의 도메인 분해에서는 절대 불가능하다. 예를 들어 그림 2-7에 나온 집에서 주방에서는 할 수 없는 요리(예, 바비큐)를 하려면 어디로 가야 할까?

도메인 분해 방식으로 집 만들기

완전히 기능적인 접근 방법과 마찬가지로 도메인 분해의 진짜 문제는 공사 중에 드러난다. 그림 2-7에 나온 도메인 분해 방식에 따라 집을 짓는 경우를 생각해 보자. 먼저 빈 땅에서 시작한다. 구덩이를 파서 부엌의 토대를 만들고 거기에 (부엌만을 위해) 콘크리트를 붓고, 그 안에 나사를 박는다. 그러고 나서 부엌 외벽을 세우고, 볼트로 토대에 고정시키고, 벽에 전선을 연결하고 배관 작업을 한다. 이렇게 만든 부엌에 수도와 전기와 가스를 연결한다. 부엌을 하수구와 연결하고 난방과 냉방과 환기를 위한 배관 작업을 한다. 이제 부엌에 보일러를 연결하고 수도와 전기와 가스계량기를 설치한다. 부엌에 지붕을 얹고 벽 안쪽에 석고판을 고정시키고 보관장을 달고, 외벽을 벽토로 코팅하고 페인트를 칠한다. 이제 고객에게 부엌을 완공했고 마일스톤 1.0을 달성했다고 알린다.

다음으로 침실 공사에 들어간다. 먼저 부엌 벽에 바른 벽토를 벗겨내서 벽과 토대를 연결하는 볼트를 푼다. 부엌에 연결된 전원과 가스와 수도와 하수관을 차단하고 유압 잭으로 부엌을 들어 올린다. 부엌을 공중에 띄운 상태로 옆으로 이동해서 공기 드릴로 부엌의 토대를 철거한 뒤 잔재를 제거하고 큰돈을 들여 폐기물을 처리한다. 이제 구덩이를 새로 파서 침실과 부엌에 대한 토대를 만든다. 구덩이를 콘크리트로 채우고 새 토대를 주조한 뒤 이전과 똑같은 지점에 볼트를 박는다. 그런 다음, 아까 띄워 둔 부엌을 방금 새로 만든 토대 위로 조심스레 내려놓고, 볼트가 잘 맞는지 살펴본다(물론 그럴 가능성은 거의 없다). 침실 벽을 세우고, 부엌 벽에 달았던 보관장을 잠시 제거한다. 석고판도 제거해서 벽 내부의 전선과 파이프와 배관이 드러나게 한 뒤, 침실 벽의 배선과 파이프를 연결한다. 이제 석고판과 보관장을 다시 붙이고 침실에 옷장을 단다. 부엌 벽의 벽토를 모두 제거하고 외벽에 금이 가는 부분 없이 연결하도록 벽토를 다시 바른다. 이 과정에서 부엌의 외벽에 내벽으로 바뀌는 부분이 생긴다. 이에 맞게 벽토와 단열재와 페인트 등도 바꿔야 한다. 부엌 지붕을 제거하고 침실과 부엌을 모두 덮는 지붕을 만든다. 이제 고객에게 첫 번째 침실 공사가 끝나고 마일스톤 2.0을 달성했다고 알린다.

침실을 만드는 동안 부엌을 뜯어서 다시 만들었다는 사실은 드러나지 않는다. 부엌을 두 번 제작하는 과정에서 상당한 비용이 들었고 그 과정의 위험도 훨씬 크다는 사실도 드러나지 않는다. 그렇다면 침실을 하나 더 만드는 데 비용이 얼마나 들까? 또 부엌을 철거하고 다시 짓는 과정을 몇 번이나 반복해야 할까? 그 과정에서 발생하는 폐기물은 또 얼마나 쌓일까? 부엌을 완공하더라도 나중에 또 철거하게 되지 않을까? 재시공 비용을 무시한다면 집 짓는 데 사용된 자재를 어느 정도까지 재활용할 수 있을까? 이렇게 집을 지으면 비용이 얼마나 발생하게 될까? 이런 문제를 감안한다면 소프트웨어도 이런 식으로 제작하면 안 될 것이다.

2.1.4 잘못된 의도

기능 분해와 도메인 분해를 적용한 동기는 고객이나 사업자가 원하는 기능을 최대한 빠르게 구현하기 위해서다. 문제는 한 가지 기능을 완전히 독립적으로 구현할 수 없다는 데 있다. 송장 발급(Invoicing)과 배송(Shipping) 없이 결제(Billing)를 구현하는 것은 아무런 의미가 없다.

레거시 시스템도 고려해야 한다면 문제는 더 복잡해진다. 사실 개발자에게 처음부터 완전히 새로 시스템을 구현하는 일이 주어지는 경우는 극히 드물다. 대부분은 예전부터 운영하던 오래된 시스템이 맞물려 있기 마련이다. 이런 시스템은 기능을 수정하기 힘들게 설계됐고 유지 보수 비용도 많이 들어서 차라리 새로 만드는 비용이 적게 들 수도 있다. 가령 현재 사업에 필요한 세 가지 기능(A, B, C)이 레거시 시스템에서 구동하고 있다고 하자. 기존 시스템을 대체할 새 시스템을 구축할 때, 그 혜택을 가장 먼저 그리고 자주 느끼게 될 고객과 관리자를 만족시키기 위해 A라는 기능을 가장 먼저 제작해서 배치해야 한다. 문제는 이 사업이 A 기능만으로는 실현될 수 없다는 데 있다. B와 C 기능도 함께 있어야 한다. 새 시스템에서 A를 제공하는 동안 기존 시스템에 있는 B와 C 기능은 사용할 수 없다. 기존 시스템은 새 시스템의 존재를 모르고 B와 C를 실행시킬 수 없기 때문이다. 기존 시스템과 새 시스템 둘 다 A를 제공하는 것은 의미가 없을 뿐만 아니라 기능 반복으로 인해 오히려 역효과가 발생해서 사용자를 불쾌하게 만들 수 있다. 이럴 때는 기존 시스템과 새 시스템을 적절히 조화를 이루게 만드는 방법 밖에 없다. 이러한 타협안은 원래 해결하려고 했던 비즈니스 문제를 더욱 복잡하게 만든다. 따라서 개발자가 풀어야 할 문제도 더욱 복잡해진다. 앞에서 본 집 짓기에 비유하면, 현재 무너질 듯한 오래된 집에 살면서, 마을 건너편에 새 집을 그림 2-6이나 그림 2-7에 따라 짓는 것과 같다. 가령 새 집에는 주방만 만들고, 거주는 예전 집에서 한다고 생각해 보자. 배고플 때마다 차를 몰고 마을 건너편 새 집으로 갔다가 식사를 마치고 헌 집으로 돌아와야 한다. 이렇게 산다는 건 말이 안 된다. 따라서 고객에게도 이런 상황에 몰리지 않게 해야 한다.

2.1.5 테스트 가능성과 설계

기능 분해와 도메인 분해의 결정적인 문제는 테스트와 관련되어 있다. 설계할 때 결합도와 복잡도가 너무 높으면 개발자가 할 수 있는 테스팅은 단위 테스트(unit testing) 뿐이다. 그렇다고 해서 단위 테스트의 효과가 더 높아지지 않는다. 그렇게 보인다면 가로등 효과(streetlight effect)[1]일 뿐이다.

아쉽게도 현실에서 단위 테스트의 유용성은 크지 않다. 테스트 과정에서 중요한 역할을 담당하긴 하지만 실제로 시스템을 테스트하는 것은 아니기 때문이다. 수많은 부품(펌프, 액추에이터, 서보, 기어, 터빈 등)으로 구성된 점보제트기를 생각해 보자. 각각의 부품이 단위 테스트를 통과했다고 해서 이를 조립한 비행기가 테스트를 통과한 것은 아니다. 이렇게 단위 테스트만 통과한 상태로 조립한 비행기에 타고 싶지 않을 것이다. 단위 테스트의 효과가 그리 크지 않은 이유는 어느 정도 복잡한 시스템이라면 결함은 각각의 부품에서 발생하지 않고 여러 부품이 상호 작용하는 과정에서 발생하기 때문이다. 그래서 점보제트기를 구성하는 각 부품이 제대로 작동하더라도 이를 결합한 비행기가 얼마든지 오작동할 수 있다는 것을 알 수 있다. 심지어 흠 하나 없는 완벽한 상태에 있는 복잡한 시스템에 단위 테스트를 통과한 부품 하나만 바꿔도 다른 부품이 제대로 작동하지 않을 가능성은 얼마든지 있다. 이처럼 단 하나의 부품을 변경하더라도 모든 부품에 대한 테스트를 다시 해야 한다. 하지만 부품 전체에 대해 단위 테스트를 다시 한다고 해서 문제가 해결되는 것은 아니다. 시스템을 구성하는 부품끼리 상호 작용하는 과정에서 발생하는 오작동은 단위 테스트로는 찾을 수 없기 때문이다. 이럴 때는 시스템 전체와 서브시스템과 각각의 구성 요소와 이들의 상호 작용에 대해 회귀 테스트를 수행하고 마지막으로 부품 단위로 테스트해야 한다. 어느 한 부분을 변경하면서 다른 부분도 변경해야 한다면, 회귀 테스트의 효과는 비선형적이다. 단위 테스트의 효과가 크지 않다는 것은 널리 알려졌을 뿐만 아니라, 테스트를 충분히 거친 수많은 시스템을 통해 여러 차례 입증된 사실이다.

기능 분해된 시스템에 대해서도 회귀 테스트를 수행할 수 있다. 하지만 실제로 그렇게 하기에는 복잡도가 상당히 높기 때문에 현실성이 떨어진다. 기능 컴포넌트의 숫자만 따져봐도 가능한 모든 상호 작용에 대해 테스트를 수행하는 것은 현실적으로 불가능하다. 규모가 상당히 큰 서비스는 내부적으로 상당히 복잡하기 때문에 그 서비스를 실행하는 데 거

---

1 https://en.wikipedia.org/wiki/Streetlight_effect

칠 수 있는 코드 경로를 완벽히 테스트하는 현실적인 방법을 고안할 수 없다. 기능 분해를 거치면서 대다수의 개발자는 그냥 포기하고 간단한 단위 테스트만 수행한다. 이처럼 기능 분해는 회귀 테스트를 할 수 없게 만들고, 그러면 전체 시스템도 테스트할 수 없게 된다. 테스트할 수 없는 시스템은 결함이 많을 가능성이 높다.

물리 시스템과 소프트웨어 시스템

이 책에서 보편 설계 원칙을 소개하려면 주택과 같은 현실 세계의 예를 들 수밖에 없다. 하지만 이런 물리적인 실체를 설계하는 과정으로부터 소프트웨어 설계 원칙을 도출하기란 쉽지 않다. 소프트웨어를 설계하고 제작할 때는 물리적인 한계를 고려할 필요가 없는 경우가 대부분이며, 소프트웨어 시스템과 물리 시스템의 차이도 많다. 즉 소프트웨어에서는 집에 먼저 페인트 칠부터 하고 나서 벽을 만들 수도 있고, 벽돌이나 기둥과 같은 자재에 드는 비용도 없다.

나는 물리 세계의 경험과 노하우를 소프트웨어 분야에 적용할 수 있을 뿐만 아니라, 반드시 그래야만 한다고 생각한다. 얼핏 생각하기엔 그렇지 않아 보이지만 소프트웨어는 물리 시스템보다 설계 과정의 필요성이 훨씬 크다. 이유는 다름 아닌 복잡도 때문이다. 주택과 같은 물리 시스템은 물리적 제약에 의해 복잡도의 상한이 어느 정도 있다. 수백 개의 방과 복도가 서로 얽힌 집을 엉성하게 설계해서는 만들 수 없다. 벽이 너무 무겁거나 입구가 너무 많거나 벽이 너무 얇거나 문이 너무 작거나 조립하는 데 너무 많은 비용이 들면 집을 만들 수 없다. 자재도 너무 많이 사용할 수 없다. 그러면 집이 무너져버리거나 너무 비용이 많이 들어서 살 수 없거나 구입은 하더라도 보관할 장소가 부족할 수 있다.

소프트웨어 시스템은 이런 물리적 제약이 없기 때문에 복잡도가 통제할 수 없는 수준으로 순식간에 증가할 수 있다. 복잡도를 적절히 제어하기 위한 유일한 방법은 올바른 엔지니어링 기법을 적용하는 것이다. 그중에서도 설계와 프로세스에 대한 기법이 차지하는 비중은 상당하다. 잘 설계된 소프트웨어 시스템은 물리 시스템과 상당히 유사하며 만드는 방식도 굉장히 비슷하다. 마치 잘 설계된 기계와 같다.

집을 짓거나 소프트웨어 시스템을 설계하고 만드는 데 있어서 기능 분해와 도메인 분해는 아무런 의미가 없다. 물리적인 개체든 소프트웨어 개체든 복잡한 개체라면 의사 결정 트리(decision tree)나 주요 실행 경로 등의 추상적인 속성은 모두 같다. 복합 시스템이라면 모두 안전하고 유지보수할 수 있고 재사용할 수 있고 확장할 수 있으며 뛰어난 품질로 설계해야 한다. 집이나 기계 부품이나 소프트웨어 시스템도 그래야 한다. 이런 것들은 모두 실용적인 엔지니어링 속성이며, 이를 만족시키고 지속하기 위한 유일한 방법은 보편적인 엔지니어링 기법을 적용하는 것뿐이다.

하지만 물리 시스템과 소프트웨어 시스템은 가시성이라는 근본적인 차이가 있다. 그림 2-6이나 그림 2-7에 나온 것처럼 집을 짓는 사람은 당장 해고될 것이다. 그런 사람은 분명 제정신일리가 없고 건축 자재 비용과 시간을 엄청나게 낭비할 뿐만 아니라 사람이 다치게 될 가능성도 상당히 높다는 것은 누구나 알 수 있다. 소프트웨어 시스템은 이런 엄청난 낭비가 발생해도 잘 드러나지 않는다는 것이 문제다. 소프트웨어에서 공사장의 먼지와 폐기물에 해당하는 것은 시간과 에너지와 경력의 낭비다. 하지만 이렇게 숨은 낭비에 신경 쓰는 사람은 드물고, 이런 비정상적인 행동이 용납될 뿐만 아니라 오히려 장려되기도 한다. 마치 죄수들이 수용소를 장악한 것처럼 말이다. 올바른 설계는 이런 숨은 낭비를 드러낼 뿐만 아니라 제거할 수 있게 해 준다. 특히 이 책의 2부에서 소개할 프로젝트 설계에서 이런 점은 더욱 두드러진다.

2.1.6 예제: 주식 거래 시스템

이번에는 집이 아닌, 금융 회사의 주식 거래 시스템에 대해 간단히 주어진 요구 사항을 살펴보자.

- 이 시스템은 정규직 트레이더에게 다음과 같은 기능을 제공해야 한다.
  - 주식을 사고팔 수 있다.
  - 거래 스케줄을 정할 수 있다.
  - 문제를 보고할 수 있다.
  - 거래를 분석할 수 있다.
- 시스템 사용자는 브라우저를 이용하여 시스템에 접속하고 연결된 세션을 관리하고 폼을 입력하고 요청을 보낼 수 있다.

- 거래나 리포트, 분석 요청 후에는 시스템은 사용자에게 이메일로 요청 사항을 확인하거 나 결과를 보낼 수 있다.
- 데이터는 반드시 로컬 데이터베이스에 저장해야 한다.

이러한 요구 사항에 대해 단순히 기능 분해를 적용하면 그림 2-8과 같이 나온다.

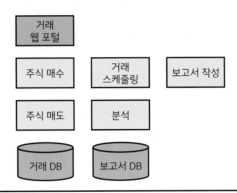

그림 2-8 주식 거래 시스템에 대한 기능 분해

여기 나온 아키텍처는 각각의 기능 요구사항에 대응되는 컴포넌트로 구성됐다. 그림 2-8은 초보 소프트웨어 개발자라면 아무런 의심 없이 토대로 삼게 될 공통 설계를 표현하고 있다.

기능 분해한 주식 거래 시스템의 문제점

이렇게 설계된 시스템에는 문제점이 많다. 이렇게 만든 시스템의 클라이언트는 '주식 매수', '주식 매도', '거래 스케줄링' 등을 조율하고, '리포트 작성' 기능으로 리포트를 생성하게 될 가능성이 높다. 만약 사용자가 일정한 수량의 주식을 구매할 자금을 다른 주식을 매도해 서 조달하려고 한다고 생각해 보자. 그러면 두 가지 주문을 내야 한다. 하나는 매도 주문 이고 다른 하나는 매수 주문이다. 그런데 이런 두 가지 트랜잭션이 수행될 때, 매도 가격이 급락하거나 매수 가격이 급등해서 새로 구매할 주식의 자금을 확보하지 못하게 된다면 어 떻게 해야 할까? 그냥 확보한 자금만큼만 사야 할까? 아니면 기존 보유 주식을 더 팔아서 원래 계획만큼 자금을 확보할까? 거래 계좌에 연계된 현금 계좌에서 돈을 가져와서 주문 을 해야 할까? 아니면 그냥 거래를 중단해야 할까? 아니면 사용자에게 어떻게 할지 물어봐 야 할까? 구체적인 해결 방법은 논외로 하고, 어떤 방법으로 처리하든 비즈니스 로직이 있 어야 한다. 그런데 지금은 비즈니스 로직이 클라이언트에게 있는 상태다.

한편 클라이언트 웹 포털을 모바일 기반으로 변경하는 데 얼마나 비용이 들까? 모바일용으로 전환하면 비즈니스 로직이 중복되는 것은 아닐까? 웹 클라이언트의 비즈니스 로직과 이를 개발하는 데 든 노력은 웹 포털에 포함되어 있기 때문에, 모바일 클라이언트 제작에 재활용될 가능성은 거의 없다. 그래서 나중에는 결국 개발자는 클라이언트마다 존재하는 다양한 버전의 비즈니스 로직을 관리하게 된다.

요구 사항 중에서 '주식 매도', '주식 매수', '거래 스케줄링', '리포트 작성', '분석' 등을 수행한 결과는 사용자에게 이메일로 전달된다. 그렇다면 시용자기 이메일보다는 문자 메시지나 우편으로 이런 정보를 받길 원한다면 어떻게 해야 할까? '주식 매도', '주식 매수', '거래 스케줄링', '리포트 작성', '분석'의 구현 코드에서 이메일 관련 부분을 문자 메시지로 바꿔야 할 것이다.

또한 의사 결정과 관련하여 데이터는 데이터베이스에 저장된다. 그리고 '주식 매도', '주식 매수', '거래 스케줄링', '리포트 작성', '분석'은 모두 데이터베이스에 접근한다. 그렇다면 이 데이터를 로컬 데이터베이스에서 클라우드 기반 시스템으로 옮기는 경우를 생각해 보자. 최소한 '주식 매도', '주식 매수', '거래 스케줄링', '리포트 작성', '분석' 코드에서 로컬 데이터베이스 대신 클라우드 시스템을 사용하여 데이터에 접근하도록 수정해야 한다. 데이터 구조를 정하고, 데이터에 접근하고, 데이터를 사용하는 방식은 모든 컴포넌트에 영향을 미친다.

만약 클라이언트가 시스템과 비동기식으로 상호작용하고 싶다면, 즉 거래 주문을 내고 그 결과는 나중에 받아볼 수 있게 하려면 어떻게 해야 할까? 여러 컴포넌트를 조율하는 동기식 클라이언트가 필요하다. 그래서 '주식 매도', '주식 매수', '거래 스케줄링', '리포트 작성', '분석'에 대한 각 컴포넌트가 그림 2-5에 나온 대로 서로 조율할 수 있도록 코드를 다시 작성해야 한다.

금융 포트폴리오는 주식뿐만 아니라, 외환, 채권, 원자재, 선물 옵션 등과 같은 다양한 상품으로 구성되는 경우가 많다. 시스템 사용자가 주식 대신 외환 거래나 원자재 거래를 하고 싶다면 어떻게 해야 할까? 또한 사용자가 여러 애플리케이션을 사용하지 않고 애플리케이션 하나로 이 모든 상품을 다루고 싶어 한다면 어떻게 해야 할까? '주식 매도', '주식 매수', '거래 스케줄링'은 모두 주식에 대한 것이고, 외환이나 채권에는 적용할 수 없다. 그래서 (그림 2-6처럼) 컴포넌트를 더 추가해야 한다. 마찬가지로 '리포트 작성', '분석'도 주식이 아닌 다른 상품에 대해 처리하게 하려면 대폭 수정해야 한다. 클라이언트도 새로운 거래 상품을 다루려면 상당 부분을 수정해야 한다.

원자재에 대한 외국 시장에 맞게 애플리케이션을 현지화하려면 어떻게 해야 할까? 최소한 클라이언트의 언어 지원 부분부터 고쳐야 한다. 하지만 결국 시스템 컴포넌트를 건드릴 수밖에 없다. 외국 시장마다 거래 규정과 규제와 준수 사항이 다르기 때문에 시스템의 기능과 처리 방식이 크게 달라질 수밖에 없다. 결국 로케일마다 '주식 매도', '주식 매수', '거래 스케줄링', '리포트 작성', '분석' 코드를 새로 작성해야 한다. 이렇게 하면 모든 시장에 대응할 수 있는 엄청나게 거대한 서비스를 만들게 되거나, 각 지역마다 별도 버전의 시스템을 구축하게 된다.

마지막으로 모든 컴포넌트는 현재 최근 주가를 알려주는 주식 시세 표시기에 연동된다. 새로운 시세 표시기로 바꾸거나 여러 시세를 함께 보여주려면 어떻게 해야 할까? 최소한 '주식 매도', '주식 매수', '거래 스케줄링', '리포트 작성', '분석' 코드를 새로운 시세 표시기에 연동하고, 에러를 처리하고, 서비스 비용을 지불하는 등의 작업을 수행해야 한다. 게다가 새로 연동한 시세 표시기의 포맷이 기존과 같다는 보장이 없다. 결국 모든 컴포넌트를 어느 정도 변환해야 한다.

2.2 변동성 기반 분해

더 메서드에서 제시하는 설계 원칙은 다음과 같다.

변동성을 토대로 분해한다.

변동성 기반 분해(Volatility-based decomposition)란 변경될 가능성이 있는 영역을 서비스나 시스템 구성 요소로 캡슐화하는 것을 말한다. 이렇게 캡슐화하고 나서 필요한 동작을 캡슐화된 변동 영역끼리 상호 작용하는 방식으로 구현한다.

변동성 기반 분해의 목적은 간결함이다. 시스템에 미치는 영향을 비롯한 모든 변경 사항을 캡슐화한다.

변동성 기반 분해를 적용하면 시스템을 여러 금고가 연결된 것으로 생각할 수 있다(그림 2-9).

그림 2-9 변동성에 대한 캡슐화 영역 (출처: media500/Shutterstock, pikepicture/Shutterstock)

변경 사항은 모두 잠재적인 위험을 안고 있다. 마치 안전핀을 뽑은 채 수류탄을 들고 있는 것과 같다. 하지만 변동성 기반 분해를 적용하면 적절한 금고문을 열고 수류탄을 그 안에 넣은 뒤 문을 닫는 것과 같다. 금고 안은 완전히 파괴되더라도 다른 주변이 망가지거나 파편이 튀는 문제는 피할 수 있다. 변경 사항을 가둔 셈이다.

기능 분해를 적용할 때는 변동성이 아닌, 각 기능을 구성 요소로 표현했다. 그 결과, 변경 사항이 발생할 때 분해의 정의에 따라 아키텍처를 구성하는 컴포넌트 중에서 (대부분은 아닐지라도) 상당수가 영향을 받게 된다. 따라서 기능 분해는 변화의 효과를 극대화하는 경향이 있다. 소프트웨어 시스템은 대부분 기능에 따라 설계한다. 그래서 수정하기가 상당히 힘들고 비용도 많이 들며 변경할 때마다 시스템에 그 여파가 미치게 된다. 기능의 한 부분을 변경하면 다른 부분도 바꿔야 하는 현상이 줄지어 발생하기 때문이다. 변경에 대처할 수 있어야 기능 분해를 피할 수 있다.

기능 분해와 관련된 다른 모든 문제는 부족한 변경 대처 능력과 높은 처리 비용보다 훨씬 심각하다. 기능 분해에서 변경 작업은 수류탄을 삼키는 것과 비슷하다.

캡슐화 대상을 선정하는 것이 본래 기능적인 측면이 있지만, 도메인-기능에 관련된 경우는 거의 없다. 다시 말해 비즈니스와 아무런 상관이 없다. 예를 들어 집에 공급되는 전기는 기능 영역에 속하지만 캡슐화할 필요가 있는데, 그 이유는 다음과 같이 두 가지가 있다. 첫 번째 이유는 집에서 사용하는 전기는 변동 폭이 아주 크다. AC일 수도 있고 DC일 수도 있다. 또한 110 볼트를 사용할 수도 있고, 220 볼트를 사용할 수도 있다. 단상 교류 방식일 수도 있고, 3상 교류 방식일 수도 있다. 50Hz일 수도 있고, 60Hz일 수도 있다. 지붕에 설치된 태양광 패널로부터 공급된 전기일 수도 있고, 뒤뜰의 발전기로 생성한 것일 수도 있고, 일반적인 전력망을 통해 공급된 것일 수도 있고, 다양한 게이지가 달린 전선을 통해 들어온 것일 수도 있다. 이 모든 변동성은 소켓 하나로 캡슐화된다. 전기를 사용할 때 사용자는 이 모든 변동성을 캡슐화한 소켓 하나만 볼 수 있다. 이처럼 전력 소비 기기와 전원의 다양성을 분리해서 재사용성과 안전성과 확장성을 높이는 동시에, 전반적인 복잡도를 낮출 수 있다. 이렇게 하면 한 집에서 전기를 사용하는 것과 다른 집에서 전기를 사용하는 것의 차이가 없게 된다. 그래서 전원을 캡슐화하는 대상으로 삼아야 한다는 두 번째 이유가 더욱 부각된다. 집에 전기를 공급하는 것 자체는 기능적인 문제라고 볼 수 있지만 전기를 사용하는 것은 집의 영역(가족의 거주와 가족 사이의 관계와 건강, 소유 등)에 종속적이지 않다.

전원의 다양성이 캡슐화되지 않은 집에서 살면 어떨까? 전기를 쓸 때마다 전원을 찾아서 오실로스코프로 주파수를 측정하고 전압계로 전압을 확인해야 한다. 이렇게라도 전기를 사용할 수는 있겠지만 소켓 하나로 다양성을 캡슐화하는 것이 훨씬 간편하며, 전기를 사용하는 데 드는 노력과 시간을 다른 일에 투자할 수 있게 된다.

2.2.1 분해, 유지보수, 개발

앞에서 설명했듯이 기능 분해는 시스템 복잡도를 급격히 높인다. 또한 기능 분해는 유지보수하기가 끔찍할 정도로 어려워진다. 이렇게 설계한 시스템은 복잡할 뿐만 아니라 변경하려면 여러 서비스를 건드려야 한다. 그래서 코드를 유지보수 하는 노력이 너무 많이 들고, 에러가 발생하기도 쉽고, 시간도 오래 걸린다. 일반적으로 코드가 복잡할수록 품질이 낮아지고, 품질이 낮아지면 유지보수하기가 어려워진다. 유지보수 작업을 할 때, 복잡도가 높아지지 않게 하면서 새로운 결함이 발생하지 않도록 방지해야 하기 때문이다. 기능 분해 방식으로 만든 시스템은 품질이 낮고 복잡도가 높기 때문에 한 부분을 수정하다 보면 새로운 문제가 발생하기 쉽다. 이런 시스템을 확장하는 데 드는 노력과 비용은 고객에게 제공되는 혜택에 비해 훨씬 크다.

심지어 유지보수를 시작하기도 전인, 시스템을 개발하는 과정에도 기능 분해로 인해 위험 요인이 발생할 수 있다. 개발 과정에는 요구 사항이 변경되기 마련인데, 변경 비용이 어마

어마하고 여러 영역에 영향을 미치고, 상당한 분량의 재작업을 해야 하는 상황에 처하면서 결국 데드라인을 넘기게 된다.

변동성 기반 분해에 따라 설계한 시스템은 변경에 대처하는 능력 측면에서 볼 때 기능 분해로 만든 시스템과 완전 반대다. 변경 사항이 모듈 단위를 벗어나지 않기 때문에 최소한 유지보수가 쉽고 모듈을 벗어난 영역에 부작용이 발생하지 않도록 보장할 수 있다. 복잡도가 낮고 유지보수하기가 쉬우면 품질은 높아진다. 다른 시스템과 비슷한 방식으로 캡슐화되어 있다면 제사용하기도 쉽다. 다양한 영역을 캡슐화한 형태로 추가하거나, 다양하게 제공되던 기존 영역을 다른 방식으로 통합하는 방식으로 시스템을 확장할 수 있다. 변동성을 캡슐화하면 개발 과정에서 기능이 슬금슬금 바뀌는 경향에 유연하게 대처할 수 있고 일정도 지킬 가능성이 높다. 변경 사항을 일정한 영역에 가둬 두기 때문이다.

2.2.2 보편 원칙

변동성 기반 분해의 장점은 소프트웨어 시스템에만 적용되는 것은 아니다. 커머스나 비즈니스 인터랙션부터 생물학, 물리 시스템이나 소프트웨어에 이르기까지, 다양한 분야에서 바람직한 설계를 위한 보편적인 원칙으로 적용할 수 있다. **보편 원칙**(universal principle)은 당연히 소프트웨어에도 적용할 수 있다(그렇지 않으면 '보편적'이라고 말 할 수 없을 것이다). 가령 우리 몸을 기능 분해한다고 생각해 보자. 그러면 운전이나 프로그래밍, 발표 등과 같은 일상적인 업무에 따라 구성 요소를 추출할 수 있는데, 우리 몸에는 그런 구성 요소가 없다. 프로그래밍과 같은 작업을 하려면 다양한 변동성을 통합해야 한다. 가령 심장은 우리 몸에 혈액을 순환시키는 굉장히 중요한 서비스를 제공한다. 혈액을 순환시키는 작업은 변동성이 상당히 크다. 고혈압과 저혈압, 염도, 점도, 박동수, (앉아 있거나 달릴 때의) 활동량, 아드레날린 분비 여부, 혈액형, 건강 상태 등이 달라진다. 하지만 이 모든 변동 요인은 심장이라는 기능 아래 가려져 있다. 혈액 순환에 관련된 변동성을 고려하면서 프로그램을 작성할 수 있겠는가?

> **노트**   무한에 가까운 시간과 에너지가 주어지면 실질적으로 효율이 0%로 작동해
> 서, 자연은 변동성 기반 분해로 수렴하게 된다. 하지만 우리가 사는 세상에서 자원
> 은 유한하다. 인간은 실험과 시험이라는 엔지니어링 원칙과 창의적인 지적 능력과 실
> 험과 시험 과정에서 부딪히게 되는 막다른 상황에서 벗어나기 위해 지식을 활용하는
> 능력이 있다. 변동성 기반 분해는 자연법칙을 토대로 구축한 인간 공학의 궁극적인
> 정점이라고 볼 수 있다.

캡슐화된 변동성에 대한 외부 영역을 구현에 통합시킬 수도 있다. 예를 들어 여러분이 갖
고 있는 컴퓨터를 생각해 보자. 그 컴퓨터는 분명 세상에 있는 다른 컴퓨터와는 다르지만,
변동성이 모두 캡슐화된 상태다. 자신의 컴퓨터가 외부 모니터에 신호를 보내는 기능을 갖
추고 있는 한, 그래픽 단자에서 구체적으로 어떤 일이 벌어지는지는 신경 쓸 필요가 없다.
여러 가지 캡슐화된 변동성 영역을 통합하는 방식으로 프로그래밍하면 된다. 이런 영역 중
어떤 것은 내부에 있고 또 어떤 것은 외부에 있을 수 있다. 또한 동일한 변동성 영역(예, 심
장)을 재활용하면서 자동차를 운전하거나 고객 앞에서 발표하는 것과 같은 다른 기능을 수
행할 수 있다. 실행 가능한 시스템을 설계하고 구축하는 데 다른 방법은 없다.

변동성 기반 분해는 시스템 설계의 핵심이다. 제대로 설계된 시스템이라면 소프트웨어와 물
리 시스템 여부에 관계없이 모두 변동성을 시스템 구성 요소 안에 캡슐화한다.

2.2.3 변동성 기반 분해와 테스팅

변동성 기반 분해는 회귀 테스트에 적합하다. 컴포넌트 수가 줄고, 컴포넌트 크기도 줄고,
컴포넌트 사이의 상호 작용도 단순해지면 시스템 복잡도가 크게 줄어든다. 그래서 시스템
전체부터 서브시스템 단위에 대한 테스트로 이어지며, 궁극적으로는 개별 컴포넌트 단위까
지 테스트하는 회귀 테스트를 작성하기가 쉬워진다. 변동성 기반 분해를 하다 보면 시스템
구성 요소 내부가 변하는 일이 발생하기 마련인데, 이런 변경 사항이 발생하더라도 기존 회
귀 테스트 결과가 망가지지 않는다. 변경 사항이 발생한 컴포넌트만 따로 테스트하면 나머
지 시스템 구성 요소 내부 및 상호 작용에 대한 테스트는 그대로 유효하다.

거인의 어깨: 데이비드 파르나스(David Parnas)

1972년, (소프트웨어 공학 분야를 개척한) 데이비드 파르나스는 "On the Criteria to Be Used in Decomposing Systems into Modules"[2]라는 역사적인 논문을 발표했다. 다섯 페이지에 불과한 짧은 논문에 현대 소프트웨어 공학의 주요 개념인 캡슐화(encapsulation), 정보 은닉(information hiding), 응집도(cohesion), 모듈(module), 느슨한 결합(loose coupling) 등이 나와 있다. 그중에서도 가장 두드러지는 부분은, 이 논문을 통해 분해의 핵심 기준을 기능이 아닌 변화에서 찾으려 했다는 점이다. 실제 논문의 구체적인 내용은 좀 난해하지만 소프트웨어 시스템을 유지보수하고, 재사용하고, 확장하기 좋게 만들기 위해 필요한 것이 무엇인지에 대해 소프트웨어 업계에서 최초로 화두를 던진 논문이다. 그런 만큼 이 논문은 현대 소프트웨어 공학의 시초다. 그 후 40년 동안 파르나스는 이미 검증된 고전 공학 기법을 소프트웨어 개발에 도입하는 데 전념했다.

2.2.4 변동성 문제

변동성 기반 분해의 개념과 목적은 간단하면서 실용적이며 상식과 현실에 잘 맞는다. 변동성 기반 분해를 수행할 때 시간과 커뮤니케이션과 인식에 관련된 부분이 가장 어렵다. 변동성은 명확히 드러나지 않을 때가 많다. 프로젝트 초기에 "이 부분이 변경될 가능성이 있고, 이 부분은 나중에 변경할 예정이고, 저 부분은 절대 변경될 일이 없다"라는 식으로 시스템 요구사항을 제시하는 고객이나 프로덕트 매니저는 없다. 현실에서는 (고객이든, 관리자든, 마케팅 담당자든) 항상 "이 시스템은 이런저런 기능을 수행해야 한다"라고 말하면서 기능 중심으로 요구사항을 제시한다. 이 책을 읽는 독자들도 아마 현재 담당하는 시스템에 대한 변동성을 분석하는 과정에 이 개념을 제대로 이해하려고 애쓸 것이다. 결론적으로 변동성 기반 분해는 기능 분해보다 훨씬 오래 걸린다.

참고로 변동성 기반 분해라고 해서 요구 사항을 무시해야 하는 것은 아니다. 요구사항을 분석해서 변동이 발생할 영역을 파악해야 한다. 요구사항 분석의 궁극적인 목적은 변동이 발생하는 영역을 찾는 데 있으며, 이렇게 분석하기 위해서는 상당한 노력을 쏟아야 한다.

---

2   Communications of the ACM 15, no. 12(1972): 1053-1058

사실 이는 상당한 장점으로 작용한다. 왜냐하면 열역학 제1법칙을 준수할 기회를 얻기 때문이다. 아쉽게도 문제를 푸는 데 단순히 노력만 한다고 해결되는 것은 아니다. 열역학 제1법칙에는 노력을 기울인다고 해서 가치가 생성된다는 말은 없다. 가치를 만든다는 것은 참으로 어려운 일이다. 이 책은 설계와 분석을 위한 강력한 정신적 도구뿐만 아니라 구조와 가이드라인과 안전한 공학 기법을 제공한다. 이런 도구는 가치를 만들기 위한 여러분의 여정에서 기회를 제공한다. 따라서 열심히 실력을 갈고 닦아야 한다.

2% 문제

모든 지식 집약적인 주제는 숙련되고 효과적으로 되기까지 시간이 걸리며, 그 분야에서 뛰어나기 위해서는 더 많은 시간이 필요하다. 소프트웨어 아키텍처뿐만 아니라 내과 의학이나 부엌 배관과 같은 여러 분야는 정말 그렇다. 현실적으로 이런 분야의 전문가가 되기까지는 상당한 시간과 비용이 들기 때문에 그 분야 전문가의 도움을 받는 것이 시간과 비용 측면에서 훨씬 적게 든다. 예를 들어 고질적인 건강 문제가 있는 사람을 제외하면, 일할 수 있는 나이에 있는 사람은 일 년에 일주일 가량은 아프다. 병으로 인해 쉬는 일 년 중 일주일은 대략 연간 노동 시간의 2%에 해당한다. 따라서 우리가 아플 때 의학 서적을 펼치고 숙독하는 것이 나을까? 아니면 곧바로 병원에 가는 것이 나을까? 일 년에 2% 정도라면 빈도가 낮기 때문에 (또한 의학 지식을 마스터하기는 상당히 어렵기 때문에) 병원에 가지 않고 독학할 이유가 없다. 하지만 일 년 중 80%가량의 시간 동안 아프다면 의학 공부에 상당한 시간을 투자해서 증상과 합병증, 치료법 등을 의사 뺨치는 수준으로 익히는 것이 나을지도 모른다. 여러분의 신체 조건이나 의학적 속성은 크게 변하지 않는다. 투자할 시간의 양만 다를 뿐이다(기왕이면 의학을 마스터할 일이 없는 것이 좋겠지만 말이다).

쓰레기통이나 식기 세척기 뒤편 어딘가에 있는 배관이 막혔을 때도 마찬가지다. 철물점에 가서 P 트랩과 S 트랩, 그리고 다양한 어댑터와 세 가지 타입의 렌치와 다양한 O링과 부품을 직접 사서 고치는 것이 좋을까? 아니면 배관공을 부르는 것이 나을까? 역시 2% 문제다. 여러분의 시간 중 2% 이하만 배관이 막힌다면 수리법을 배우는 것은 가치가 없다. 여기서 얻을 수 있는 교훈은, 아무리 복잡한 일이라도 자신의 시간 중 2% 정도만 투자해서는 결코 숙달할 수 없다.

소프트웨어 시스템 아키텍처도 마찬가지다. 아키텍트는 전체 과정에서 핵심 주기에만 시스템을 모듈로 나눈다. 시간으로 표현하면 평균적으로 몇 년 주기로 발생하는 일이다. 나머지, 각 시작점 사이의 기간에는 기껏해야 점진적으로 개선되고 최악의 경우 시스템이 오히려 악화된다. 그렇다면 관리자는 아키텍트에게 다음 프로젝트에 대한 아키텍처 작업에 시간을 얼마나 줄까? 1주? 2주? 3주? 아니면 6주? 여기서 정확한 시간은 중요하지 않다. 주기는 연 단위로 측정하는 한편, 활동은 주 단위로 측정한다. 일 년 중 한 주에 대한 비율은 대략 1:50 정도다. 이번에도 역시 2%다. 아키텍트는 2% 구간에 대비하는 기술을 더욱 연마해야 한다는 사실을 직접 경험하고 고생을 겪고 나서야 깨닫게 된다. 그렇다면 아키텍트의 관리자 입장에서 생각해 보자. 아키텍트가 시스템 구조를 정하는 데 2% 정도의 시간만 투입한다면, 그 관리자는 몇 퍼센트의 시간을 그 아키텍트를 관리하는 데 쓰는 것일까? 그 비율은 아마도 아주 적을 것이다. 따라서 관리자는 중요한 단계에서 아키텍트를 관리하는 기법을 결코 터득할 수 없다. 관리자는 "왜 그렇게 오래 걸리는지 도대체 이해할 수 없다. 그냥 A와 B와 C를 하면 되는 거 아닌가?"라고 끊임없이 항변할 것이다.

분해 작업을 제대로 처리하기 위한 시간을 확보하기란 분해 작업만큼이나 어렵다. 하지만 어렵다고 해서 하지 않을 수 없다. 오히려 어렵다는 이유 때문에 반드시 해야 한다. 이 책의 뒤에서 이 시간을 확보하기 위한 몇 가지 기법을 소개할 것이다.

더닝 크루거 효과

1999년 데이비드 더닝(David Dunning)과 저스틴 크루거(Justin Kruger)가 발표한 연구 결과[3]에 따르면, 사람들은 자신이 잘 모르는 영역을 가볍게 여기고 실제보다 덜 복잡하고 덜 위험하고 덜 어렵게 생각하는 경향이 있다고 한다. 이런 인식의 편향성은 다른 분야의 숙련도나 지능과는 관련이 없다. 숙련도가 떨어진 대상에 대해 더 복잡하다고 여기지 않고, 덜 복잡하다고 가정한다.

직장 상사가 두 손 들며 "그 일이 왜 그렇게 오래 걸리는지 도대체 이해할 수 없다"라고 말한다면, A하고 나서 B를 하고, 그다음 C를 하는 식으로 처리할 수 없는 이유를 깨닫지 못한 것이다. 흥분하지 말고 이렇게 이해 부족으로 나오는 반응을 미리 대비해서 상사나 동료들이 스스로 깨달을 수 있도록 잘 가르치면서 풀어 나가야 한다.

---

3 Justin Kruger and David Dunning, "Unskilled and Unaware of It: How Difficulties in Recognizing One's Own Incompetence Lead to Inflated Self-Assessments," Journal of Personality and Social Psychology 77, no.6 (1999): 1121-1134

광기에 맞서기

똑같은 행동을 하면서 더 나은 결과를 기대하는 것은 정신병자라고 알버트 아인슈타인 (Albert Einstein)이 말했다. 앞서 언급한 직장 상사는 부하 직원이 지난번 보다 더 나은 성과를 거두길 기대하기 때문에, 당신은 매번 기능 분해를 고집하는 문제를 지적하고 변동성 기반 분해의 장점을 설득해야 한다. 설사 한 사람도 설득하지 못하더라도 상사의 명령에 생각 없이 따르면서 프로젝트가 시작부터 실패의 길로 접어들게 놔둬서는 안 된다. 그런 상황이라도 변동성 기반 분해를 해야 한다. 직업적 양심과 여러분의 정신 건강과 마음의 평화가 달린 문제다.

2.3 변동성 파악하기

지금부터 변동성을 파악하는 데 사용할 수 있는 방법을 소개하는 것으로 이 장을 마무리한다. 이런 기법은 나름 가치있고 효과적이지만, 다소 느슨한 측면이 있다. 다음 장에서는 더 빠르고 반복적으로 변동성을 파악하는 구조체와 제약 조건을 소개한다. 하지만 어디까지나 이 장에서 소개한 기법을 세부적으로 튜닝하고 특화시키는 데 지나지 않는다.

2.3.1 변동성과 가변성

초보자들이 흔히 어려워하는 부분 중에서 중요한 것은 가변성(variability)과 변동성(volatility)의 차이를 구분하는 것이다. 변한다고 해서 변동성이 있는 것은 아니다. 변동성에는 한계가 없음에도 불구하고 시스템 설계 단계로만 캡슐화하는데, 아키텍처의 구성 요소로 캡슐화하지 않는 한, 굉장히 비용이 많이 드는 방식이다. 반면 가변성은 코드에서 조건문으로 쉽게 처리할 수 있는 것들을 의미한다. 이런 변화나 위험은 시스템 전체에 파급 효과를 주기 때문에 변동성을 찾는 과정에서 주의 깊게 살펴봐야 한다. 변경 사항 때문에 아키텍처를 망치는 일은 없어야 한다.

2.3.2 변동성의 축

변동성 영역을 찾는 과정은 요구 사항 분석과 프로젝트 이해 관계자와 인터뷰하는 단계에서 수행한다.

나는 이 기법을 **변동성의 축(axes of volatility)**이라고 부른다. 이 기법은 고객이 시스템을 활용하는 방식을 탐색하는 것이다. 여기서 **고객(customer)**이란 시스템 사용자를 말한다. 한 사람일 수도 있고, 어떤 비즈니스 조직 전체일 수도 있다.

어떤 비즈니스라도 시스템을 변경하는 기준은 두 가지다. 하나는 '시간이 흘러도 고객이 동일한가'이다. 현재 시스템이 특정 고객의 요구사항을 완벽히 반영하고 있더라도, 시간이 흐르면서 그 고객의 비즈니스 상황은 변하기 마련이다. 심지어 고객이 시스템을 사용하는 방식이 처음 시스템을 구축하던 당시에 적용했던 요구사항을 비꾸는 경우도 많다.[4] 시간이 흐르면서 고객의 요구사항과 시스템에서 원하는 부분은 달라지기 마련이다.

시스템을 변경하는 두 번째 기준 역시 고객에 관련된 것이다. 시간을 멈추고 고객을 들여다본다고 가정할 때, 모든 고객이 똑같은 방식으로 시스템을 사용한다고 볼 수 있을까? 다른 고객과 다르게 사용하는 부분은 무엇인가? 그 차이에 별도로 대처해야 할 필요가 있는가? 이와 관련된 모든 변화를 두 번째 축으로 정의한다.

인터뷰하면서 잠재적인 변동성을 찾을 때, 질문을 이러한 변동성 축의 관점(같은 고객이 오랜 시간 사용하는 경우, 어느 한 시점에서 본 모든 고객의 행동 등)으로 표현하면 굉장히 도움 된다. 질문을 이렇게 구성하면 변동성을 찾아내는 데 도움 된다. 이 축에 딱 맞지 않는 부분이 있다면 절대 캡슐화하면 안 된다. 여기에 대응되는 구성 요소가 시스템에 없다는 뜻이기 때문이다. 이런 요소를 새로 만드는 것은 기능 분해에 해당한다.

설계 팩터링

변동성 축을 이용하여 변동성 영역을 찾는 과정은 반복적으로 수행하면서 중간중간에 요소 분해(factoring, 팩터링) 방식으로 설계하는 경우가 많다. 가령 그림 2-10에 나온 것처럼 설계를 반복적으로 진행하는 과정을 살펴보자.

---

4   개발 초기 단계에 정의했던 요구사항과 달라질 때 대처하는 방법 중에서 최초로 알려진 것은 19세기 영국의 경제학자인 윌리엄 제번스(William Jevons)가 석탄 제조에 적용했던 것으로, 제번스 패러독스(Jevons Paradox)라고 부른다. 또 다른 예로 디지털화 된 사무실에서 종이 소비량이 증가하고 도로가 넓어질수록 정체가 심해지는 것이다.

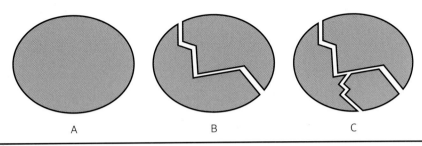

그림 2-10 변동성 축에 따른 반복적인 설계 과정

제안된 아키텍처의 첫 모습은 그림 A처럼 큰 덩어리 하나로 구성된다. 가만히 생각해 보면 이 상태로 특정 고객을 영원히 만족시킬 수 있을까? 그렇지 않다고 생각한다면 이유는 뭘까? 그런 고객은 시간이 지나면 특정한 부분을 변경하고 싶어 하기 때문일 것이다. 그렇다면 그 부분을 캡슐화해서 그림 B와 같이 만들어야 한다. 이제 그림 B와 같이 구성하면 모든 고객을 만족시킬 수 있을까? 그럴 수 없다면 고객마다 다르게 생각하는 부분을 찾아내서 캡슐화한 뒤 그림 C를 도출한다. 이런 식으로 변동성 축의 모든 지점을 캡슐화할 때까지 설계를 인수분해한다.

축의 독립성

축이 서로 독립이어야 할 때가 많다. 어떤 고객에 대해 시간이 지나면서 변경될 부분은 동일한 시점에 나머지 고객에 대해서는 변경되지 않아야 하고, 그 반대도 성립한다. 변경되는 부분을 어느 한 축으로 빼낼 수 없다면, 그 부분은 숨겨진 기능 분해의 잔재일 가능성이 높다.

예: 집에 대한 변동성 기반 분해

변동성 축은 주택의 변동성을 캡슐화하는 데 사용할 수 있다. 먼저 집을 살펴보고 시간이 흐름에 따라 어떻게 변하는지 관찰한다. 예를 들어 가구를 생각해 보자. 시간이 지나면 거실의 가구 배치를 바꿀 수 있다. 때로는 새로운 가구를 설치하거나 오래된 가구를 버릴 수도 있다. 따라서 집에 있는 가구는 변동성이 있는 요소다. 이번에는 가전제품을 살펴보자. 시간이 지나면서 에너지 효율이 뛰어난 제품으로 교체할 것이다. 예전 CRT 제품을 평면 플라스마 스크린으로 바꾸고, 다시 초대형 OLED TV로 교체할 수도 있다. 이는 집에 있는 가전제품은 변동성이 있는 요소임을 의미한다. 그렇다면 집에 사는 사람은 어떤가? 정적인 요소라고 볼 수 있을까? 손님이 찾아올 수도 있고, 아무도 없을 때도 있을 것이다. 집에 머무는 사람도 역시 변동성이 있다. 그렇다면 집의 외관은 어떨까? 페인트를 새로 칠할 수도 있고 장식이나 조경을 바꿀 수도 있다. 외관 역시 변동성이 있는 요소다. 집은 인터넷이나 전기나 보안 장치와 같은 유틸리티에 연계되기 마련이다. 집은 전력 변동성이 있다고 말했는데, 그렇다면 인터넷도 그럴까? 처음에는 전화망으로 인터넷에 연결했다가 DSL로 바뀌고, 다시 케이블로 바뀌고 최근에는 광통신 또는 위성 통신 방식으로 연결되고 있다. 각 방식마다 차이가 크지만 어떤 식으로 연결되더라도 이메일을 보내는 방식은 변하지 않아야 한다. 이런 유틸리티의 변동성은 반드시 캡슐화해야 한다. 그림 2-11은 (동일한 고객이 시간의 흐름에 따라) 변동성 축을 기준으로 분해하는 경우를 보여주고 있다.

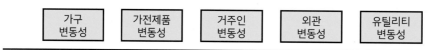

그림 2-11 시간이 흐름에 따라 집이 변하는 모습

그렇다면 동일한 시점이라도 여러분의 집이 다른 집과 똑같을까? 집마다 구조가 다르기 때문에 집의 구조는 변동성이 있다. 여러분의 집을 다른 도시로 복사해서 붙이기 방식으로 설계해도 될까?[5] 절대 그렇지 않다. 집마다 이웃이 다르고 적용되는 법규도 다르고, 번지수도 다르고 도시마다 세금도 다르다. 그림 2-12는 변동성의 두 번째 축에 따라 분해한 경우를 보여준다(동일 시점의 서로 다른 고객).

```
┌──────────┐  ┌──────────┐  ┌──────────┐
│   구조   │  │   이웃   │  │   도시   │
│  변동성  │  │  변동성  │  │  변동성  │
└──────────┘  └──────────┘  └──────────┘
```

그림 2-12 동일 시점의 여러 집

여기서 축의 독립성을 주목할 필요가 있다. 여러분이 사는 도시는 시간이 지남에 따라 법규가 달라진다. 단, 그 변화의 속도는 느린 편이다. 마찬가지로 같은 집에 계속 사는 한, 새로운 이웃을 맞이할 가능성은 낮은 편이다. 단, 여러분의 집을 같은 시점의 다른 집과 비

---

5 '테세우스의 배(https://en.wikipedia.org/wiki/Ship_of_Theseus)'라는 패러독스를 통해 고대 그리스 사람들의 고민을 엿볼 수 있다.

교할 때 그렇다. 따라서 여러 축 중 하나에 변동성을 할당하는 것은 절대적으로 배제해야 한다기보다는, 확률적으로 균형이 맞지 않은 것이라고 볼 수 있다.

또한 '이웃 변동성(Neighbors Volatility)' 요소는 같은 집에 대해 시간축 상의 이웃 변동성을 동일한 시점의 다른 집에 대해서만큼 쉽게 대처할 수 있다. 이 요소를 어떤 축에 대입하면 무엇보다도 변동성을 발견할 수 있고, 그 변동성은 동일 시점의 여러 집에 걸쳐 더욱 명확하게 드러난다.

마지막으로 그림 2-6와 그림 2-7의 분해와 달리 그림 2-11과 그림 2-12의 분해를 보면 요리나 주방에 대한 요소가 전혀 없다. 변동성 기반 분해에서 필요한 동작은 변동성에 관련되어 캡슐화된 다양한 영역이 상호 작용하는 방식으로 이루어진다. 저녁 식사를 준비하는 것은 거주하는 사람과 가전제품과 구조와 전기나 수도 등과 상호 작용한 결과다. 이런 상호 작용은 지속적인 관리가 필요하기 때문에 설계가 완성될 수 없다. 변동성 축은 시작점으로 매우 좋지만, 문제를 해결하는 데 활용할 유일한 도구는 아니다.

2.3.3 요구사항을 가장한 솔루션

주택에서 요리라는 기능을 제공하기 위한 기능 요구사항을 다시 살펴보자. 이런 요구사항은 명세서에 흔히 볼 수 있으며, 개발자는 이런 기능을 아키텍처에 있는 Cooking이란 컴포넌트와 단순히 연결시킨다. 하지만 요리 자체가 요구사항은 아니다(물론 요구사항 명세서에는 그렇게 나와 있었다). 그 집에 사는 사람들을 먹이기 위한 요구사항을 충족하기 위한 여러 가지 솔루션 중 하나일 뿐이다. 이들을 먹이기 위한 요구사항은 피자를 배달시키거나 외식하러 나가는 것으로도 만족시킬 수 있다.

고객이 요구사항 형태로 솔루션을 제공하는 경우는 굉장히 흔하다. 기능 분해를 하면 시스템에 Cooking이란 컴포넌트만 배치하면 고객은 피자 옵션도 요구할 것이다. 그래서 시스템에 다른 컴포넌트를 추가하거나 기존 컴포넌트를 확장할 것이다. 뒤이어 "외식하기"란 요구사항도 추가될 것이다. 이런 식으로 실제 요구사항을 중심으로 끝없이 기능이 확장된다. 변동성 기반 분해를 하면 요구사항 분석 단계에서 그 집에 사는 사람에게 식사를 제공하는 과정에서 변동성을 찾아야 한다. 식사를 제공한다는 변동성은 식사 제공(Feeding)이란 컴포넌트로 캡슐화하면, 구체적인 방식이 변하더라도 설계는 그대로 유지할 수 있다.

그런데 식사 제공이란 요구사항은 요리라는 기능 요구사항보다 더 나은 것임은 분명하지만, 요구사항을 가장한 솔루션이란 사실은 변함이 없다. 그 집에 사는 사람들이 다이어트하기 위해 배고픈 상태로 잠들어야 할까? 식사 제공이란 요구사항과 다이어트 요구사항은 상호 배제 관계일 수 있다. 둘 중 하나는 만족시킬 수 있지만 둘 다 만족시키기는 힘들다. 이렇게 상호 배제 관계에 있는 요구사항이 동시에 들어오는 일도 굉장히 흔하다.

모든 주택에 대한 진정한 요구사항은 단순히 구성원의 칼로리 섭취만 신경 쓰는 것이 아니라 이들이 행복하게 살게 하는 것이다. 집이 너무 춥거나 너무 덥거나 너무 습하거나 너무 건조하면 안 된다. 고객이 주방에 대해서만 얘기하고 온도 조절에 대한 언급은 일절 없더라도 현실적으로 고려해야 할 다양한 변동성과 행복을 고려해서 웰빙(Wellbeing)이란 컴포넌트에 캡슐화하여 아키텍처에 반영해야 한다.

요구사항 명세서는 대부분 요구사항을 가장한 솔루션으로 가득 차 있기 때문에 기능 분해를 하면 여러분의 고통은 극대화될 수밖에 없다. 이렇게 하면 무한히 진화하는 솔루션만 영원히 뒤쫓기만 하고, 그 이면에 담긴 진실은 결코 알 수 없다.

요구사항 명세에 이처럼 요구사항을 가장한 솔루션이 많다는 사실은 오히려 축복이다. 왜냐하면 집에서 요리라는 예를 일반화해서 변동성 영역을 발견하기 위한 진정한 분석 기법으로 발전시킬 수 있기 때문이다. 먼저 요구사항을 가장한 솔루션을 밝혀낸 다음, 다른 솔루션도 존재하는지 살펴본다. 만약 그렇다면 진정한 요구사항과 그 이면에 숨은 변동성은 무엇인지 알아낸다. 이렇게 변동성을 파악했다면 이를 해결하는 것이 진정한 요구사항인지, 아니면 여전히 요구사항을 가장한 솔루션인지를 판별해야 한다. 이런 식으로 숨겨진 솔루션을 모두 걸러 냈다면, 변동성 기반 분해에 대한 뛰어난 후보들만 남아 있을 것이다.

2.3.4 변동성 목록

시스템을 분해해서 아키텍처를 설계하기 전에, 요구사항 수집 및 분석 과정에서 변동성 발생 가능 부분에 대한 목록을 작성해야 한다. 이 목록은 긍정적인 관점으로 작성한다. 변동성 축을 기준으로 어느 부분에서 변경될 가능성이 있는지 살펴본다. 요구사항을 가장한 솔루션을 찾아내고, 이 장의 뒤에서 소개할 기법을 적용한다. 이 목록은 여러분이 관찰한 사항을 추적하고 여러분의 생각을 정리하는 데 강력한 도구다. 아직 실제 설계 단계로 넘어가면 안 된다. 이 단계에서는 목록을 관리하기만 해야 한다. 참고로 시스템 설계가 며칠 이내에 끝나는 반면, 변동성 영역을 정확히 찾는 작업은 그보다 훨씬 오래 걸린다.

2.3.5 예: 변동성 기반 거래 시스템

앞서 살펴본 주식 거래 시스템에 대한 요구사항을 토대로 변동성 영역 목록을 작성하고, 그 이유도 함께 추가한다.

- **사용자 변동성**: 트레이더는 자신이 담당하는 고객의 포트폴리오에 대한 서비스를 제공한다. 고객은 자신의 현재 펀드 상태도 알고 싶어 한다. 트레이더에게 편지를 쓰거나 전화를 걸 수도 있지만, 그보다는 고객이 거래 시스템에 접속해서 현재 잔액을 확인하고 현재 진행 중인 거래 내역을 직접 확인하는 것이 바람직하다. 요구사항은 전문 트레이더를 위한 것이어서 고객이 시스템에 접속한다는 문구가 전혀 없지만, 이런 가능성에 대해 반드시 따져봐야 한다. 고객이 직접 거래할 수는 없더라도 계좌의 상태는 볼 수 있어야 한다. 고객 외에도 시스템 관리자라는 사용자가 존재할 수도 있다. 따라서 사용자의 종류에 변동성이 발생할 수 있다.
- **클라이언트 애플리케이션 변동성**: 사용자 변동성은 흔히 클라이언트 애플리케이션과 기술의 종류에 대한 변동성으로 드러나기도 한다. 외부 고객이 잔액을 확인하는 데 간단한 웹페이지만으로도 충분할 수도 있다. 하지만 전문 트레이더라면 시장 동향, 계좌 상세 정보, 시세 알림, 뉴스 피드, 스프레드시트 프로젝션, 유료 정보도 제공하는 데스크톱 애플리케이션을 여러 모니터에 띄워서 사용하길 좋아한다. 또 어떤 사용자는 다양한 모바일 기기에서 거래 정보를 조회하고 싶어 한다.
- **보안 변동성**: 사용자 변동성은 시스템에서 사용자 인증을 처리하는 방식에 변동성이 발생할 수 있다는 것을 의미한다. 회사 소속 트레이더가 수십 명에서 수백 명 사이로 다소 적을 수도 있다. 이에 반해 주식 거래 시스템은 수백만 명의 사용자를 수용할 수 있다. 사내 트레이더는 도메인 계정으로 인증할 수 있는데, 인터넷을 통해 정보를 조회하려는 수백만 명의 고객이 사용하기에는 적합하지 않다. 인터넷 사용자에게는 단순히 사용자 이름과 비밀번호만으로도 충분할 수도 있고 SSO(Single Sign On, 통합 인증)과 같은 고급 기능이 필요한 경우도 있다. 권한 검사와 관련된 기능도 이와 비슷한 변동성이 존재한다. 보안 관련 사항도 변하기 마련이다.

- **알림(notification) 변동성**: 앞서 본 요구사항에 따르면 시스템은 요청을 받을 때마다 이메일을 보내야 한다. 하지만 이메일이 반송된다면 어떻게 해야 할까? 종이 편지지에 적어서 우편으로 보내는 방식으로 다시 시도해야 할까? 이메일 대신 문자나 팩스를 보내도 될까? 이메일을 보낸다는 요구사항은 사실 요구사항을 가장한 솔루션이다. 정확한 표현은 사용자에게 알림을 보내는 것이다. 그런데 알림을 보내는 수단은 얼마든지 변할 수 있다. 또한 알림을 받는 대상도 마찬가지다. 사용자 한 사람에게 보낼 수도 있고, 해당 알림을 받는 여러 사용자에게 보낼 수도 있다. 이때 전송 수단은 다양하다. 고객은 이메일을 선호하는 반면, 고객의 세무 변호사는 종이로 된 문서를 선호할 것이다. 또한 알림을 보내는 주체도 얼마든지 변할 수 있다.

- **저장소 변동성**: 요구사항에서는 로컬 데이터베이스를 사용한다고 명시했다. 하지만 시간이 지날수록 클라우드로 이전하는 시스템이 늘고 있다. 주식 거래 시스템이라고 해서 클라우드라는 규모의 경제를 통해 비용을 절감하는 장점을 마다할 이유가 없다. 로컬 데이터베이스를 사용한다는 요구사항 역시 요구사항을 가장한 솔루션이다. 더 바람직한 표현은 데이터 영속성을 보장하는 것이다. 그래서 영속성을 제공하는 수단에 대한 변동성이 발생할 수 있다. 그런데 대다수의 사용자는 고객이고, 이런 사용자는 읽기 전용 요청만 보낸다. 그래서 시스템은 인메모리 캐시를 활용하면 굉장히 효율적으로 처리할 수 있다. 게다가 일부 클라우드에서는 분산 인메모리 해시 테이블을 이용한 솔루션을 제공하는데, 기존 파일 기반 저장소만큼이나 안정적이다. 데이터 영속성을 보장하려면 마지막 두 가지 옵션을 배제해야 한다. 왜냐하면 데이터 영속성 역시 요구사항을 가장한 솔루션이기 때문이다. 정확한 표현은 시스템이 데이터를 잃어버리면 안 된다는 것이다. 또는 시스템은 데이터를 저장해야 한다고 표현할 수 있다. 구체적으로 어떻게 실현하는지는 구현에 따라 로컬 데이터베이스를 사용할 수도 있고, 클라우드에 있는 원격 인메모리 캐시를 쓸 수도 있다. 따라서 변동성이 크다.

- **연결(connection)과 동기화(synchronization) 변동성**: 현재 요구사항에 따르면 웹 폼을 작성해서 전송(submit)하는 과정을 순서에 정확히 맞춰서 동기식으로 처리해야 한다. 그래서 트레이더는 한 번에 요청 하나만 처리할 수 있다. 그런데 트레이더가 처리하는 거래가 많을수록 수익도 늘어난다. 요청이 서로 독립적이라면 비동기식으로 처리할 수는 없을까? 요청이 지연된다면 시스템 큐에 저장해서 부하를 줄이면 되지 않을까? (큐에 저장된 호출을 포함한) 비동기 호출을 수행할 때 요청의 순서가 뒤바뀔 수 있다. 연결과 동기화도 변동성이 있다.

- **기간(duration)과 장치(device) 변동성**: 어떤 사용자는 한 번의 짧은 세션에 거래를 마친다. 반면 트레이더는 여러 주식과 섹터로 구성되고 국내와 해외 시장에 걸쳐 있으며 위험을 분산시키고 헷징 하도록 복잡하게 구성된 거래를 수행할 때 수익을 극대화할 수 있다. 이런 거래는 구성하는 데 오래 걸리며 몇 시간에서 며칠에 걸쳐 진행된다. 이렇게 오랫동안 진행되는 거래는 여러 시스템 세션을 거치기 마련이고 물리 장치도 여러 개에 맞물리게 된다. 그래서 거래가 진행되는 과정에 변동성이 발생한다. 이런 변동성은 다시 디바이스의 변동성과 연결에 대한 변동성으로 이어진다.

- **거래 대상(trade item) 변동성**: 앞에서 설명했듯이 시간이 흐를수록 사용자는 주식뿐만 아니라, 현물, 채권, 외환, 심지어 선물 거래도 한다. 거래 대상 자체도 변동성이 발생한다.

- **워크플로(workflow) 변동성**: 거래 대상에 변동성이 있다면 거래를 구성하는 각 단계를 처리하는 과정 자체도 유동적이다. 주식을 사고팔거나, 거래의 순서를 스케줄링하는 등의 작업은 거래 대상이 현물이냐, 채권이냐, 외환이냐에 따라 크게 달라진다. 따라서 거래 워크플로도 변동성이 있다. 마찬가지로 거래 분석에 대한 워크플로도 변동성이 있다.

- **로케일(locale)과 규제(regulation) 변동성**: 시간이 지날수록 시스템이 다양한 로케일에 대해 배포될 수 있다. 로케일에 대한 변동성은 거래 규칙과 UI 현지화, 거래 항목, 세금, 규제 준수 등에 큰 영향을 미친다. 따라서 로케일과 이에 따른 규제 항목도 변동성이 있다.

- **시장 정보 피드 변동성**: 시장 데이터의 소스는 시간이 지나면서 변경될 수 있다. 이런 데이터는 피드마다 포맷, 비용, 업데이트 속도, 통신 프로토콜 등이 다를 수 있다. 동일한 시점에 동일한 주식이라도 피드마다 값이 약간 다를 수 있다. 시장 정보 피드는 (블룸버그, 로이터 등과 같이) 외부에서 제공되는 것일 수도 있고, (테스트용 가상 시장 데이터나 진단 정보, 트레이딩 알고리즘 연구 등과 같이) 내부에서 제공되는 것일 수도 있다. 따라서 시장 정보 피드 역시 변동성이 있다.

핵심 사항

지금까지 본 것은 주식 거래 시스템에서 변경 가능성이 모든 부분을 나열한 것이 아니다. 변경 가능성이 있는 부분은 어떤 것이고, 변동성을 분석할 때 어떤 자세를 갖춰야 하는지를 맛보기 위한 것이었다. 앞에 나온 변동 영역 중에서 일부는 프로젝트의 범위를 벗어난 것도 있다. 해당 도메인 전문가가 판단하기에 발생 가능성이 너무 낮아서 고려하지 않을 수도 있고, (통화나 해외 시장 등으로 세분화되는 것처럼) 사업의 본질과 너무 밀접한 것일 수도 있다. 하지만 내 경험에 따르면 변동성 영역을 찾아서 분해 대상으로 매핑하는 작업을 최대한 이른 시기에 하는 것이 중요하다. 아키텍처의 구성 요소를 가리키는 작업은 비용이 거의 들지 않는다. 이런 요소를 설계해서 구현할지 나중에 반드시 결정해야 한다. 지금은 일단 이런 일을 언젠가 해야 한다는 정도만 파악한 셈이다.

시스템 분해

변동성 영역이 어느 정도 정리됐다면 이제 아키텍처의 구성요소로 캡슐화해야 한다. 예를 들어 그림 2-13과 같이 분해한 경우를 생각해 보자.

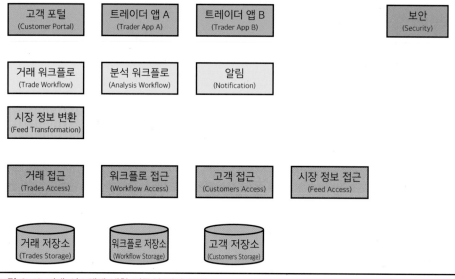

그림 2-13 거래 시스템에 대한 변동성 기반 분해

변동성 영역 목록의 각 항목과 아키텍처의 구성요소가 일대일 대응되는 경우는 거의 없다. 때로는 한 컴포넌트가 여러 변동성 영역으로 캡슐화되기도 한다. 어떤 변동성 영역은 컴포넌트 하나에 직접 대응시킬 수 없고, 이벤트 큐잉이나 퍼블리싱과 같은 운용 개념에 대응되기도 한다. 또 어떤 경우는 어느 한 영역의 변동성을 서드파티 서비스로 캡슐화하기도 한다.

설계할 때는 항상 간단하고 쉬운 결정으로부터 출발해야 한다. 그러면 시스템을 제한하게 되어, 후속 결정을 쉽게 내릴 수 있게 된다. 데이터 저장소의 변동성은 데이터 접근 컴포넌트로 캡슐화한다. 그러면 저장소의 실제 위치나 데이터 접근에 사용되는 기술에 영향을 받지 않게 된다. 그림 2-13에서 주목할 부분은, 저장소를 Database라 표현하지 않고 Storage라고 추상화한 점이다. (이 요구사항을 토대로) 구현할 때는 로컬 데이터베이스를 사용할 수 있지만, 아키텍처 입장에서 볼 때 미가공 파일 시스템이나 캐시, 클라우드 등을 배제하지 않는다. 저장소에 변경 사항이 발생하면, 이에 대응되는 접근 컴포넌트(예, TradesAccess)를 통해 캡슐화하기 때문에 다른 컴포넌트(접근 컴포넌트 포함)에 영향을 미치지 않는다. 그래서 저장소가 바뀌더라도 시스템에 미치는 영향을 최소화할 수 있다.

클라이언트 알림에 관련된 변동성은 Notification 컴포넌트에 캡슐화한다. 이 컴포넌트는 클라이언트에게 알림을 보내는 방법과 클라이언트가 구독하는 이벤트 정보를 알고 있다. 이렇게 Notification 컴포넌트를 직접 구현하지 않고, 범용 이벤트 게시/구독 서비스(Pub/Sub)를 제공할 수도 있을 것이다. 하지만 전송 타입이나 브로드캐스트 속성에 비즈니스 규칙이 반영될 수밖에 없다. Notification 컴포넌트가 내부적으로 Pub/Sub 서비스를 사용하는 것은 얼마든지 가능하지만, 어디까지나 내부 구현 방법상의 문제이므로 이에 대한 변동성도 Notification 컴포넌트에 캡슐화할 수 있다.

거래 워크플로에 대한 변동성은 Trade Workflow 컴포넌트에 캡슐화한다. 이 컴포넌트는 거래 대상(주식 또는 통화)과 거래 대상을 매수하고 매도하는 구체적인 절차, 현지 시장에 맞게 특화하는 데 필요한 사항, 필요한 리포트에 대한 세부 사항 등에 대한 변동성을 캡슐화한다. 거래 대상이 고정되어 변동성이 없더라도 주식 거래에 대한 워크플로는 얼마든지 변경될 수 있기 때문에 이에 관련된 변동성을 캡슐화하는 데 Trade Workflow가 필요하다. 설계 역시 이런 워크플로를 저장하는 운영 개념에 의존한다(이 부분은 서드파티 워크플로 도구로 구현해야 한다). Trade Workflow는 세션마다 적절한 워크플로 인스턴스를 조회해서 운영에 적용한 뒤, Workflow Storage에 다시 저장한다. 이런 개념은 여러 가지 변동성을 캡슐화하는 데 도움이 된다. 첫째, 거래 대상마다 거래 워크플로를 다르게 지정할 수 있다. 둘째, 로케일마다 워크플로를 다르게 지정할 수 있다. 셋째, 다양한 기기와 세션에 걸쳐 장기간 실행되는 워크플로를 지원할 수 있다. 시스템은 두 호출 사이의 간격이 몇 초인지 아니면 며칠인지 신경 쓰지 않는다. 각각의 경우마다 시스템은 다음 단계를 처리하는 데 필요한 워크플로 인스턴스를 불러온다. 설계는 서로 연결된, 단일 세션 거래들을 하나의 장기간 구동되는 분산 거래처럼 취급한다. 대칭성과 일관성은 시스템 아키텍처가 가져야 할 바람직한 속성이다. 또한 워크플로 스토리지 접근은 거래 스토리지 접근과 동일한 방식으로 캡슐화할 수 있다는 점도 주목할 필요가 있다.

주식 거래 워크플로와 분석 워크플로 역시 이와 동일한 패턴을 적용할 수 있다. 전용 컴포넌트인 Analysis Workflow는 분석 워크플로에 대한 변동성을 캡슐화하며, 동일한 Workflow Storage를 사용한다.

마켓 피드에 대한 접근의 변동성은 Feed Access에 캡슐화한다. 이 컴포넌트는 피드에 접근하는 방법과 피드가 내부인지 아니면 외부인지를 캡슐화한다. 포맷의 변동성이나 여러 피드로부터 들어오는 다양한 마켓 데이터의 값의 변동성은 Feed Transformation 컴포넌트로 캡슐화한다. 두 컴포넌트는 데이터의 출처에 관계없이 일관된 인터페이스와 포맷을 제공함으로써 다른 컴포넌트와 피드를 분리한다.

Security 컴포넌트는 사용자 인증과 권한 검사를 수행하기 위한 다양한 방식에 관련된 변동성을 캡슐화한다. 내부적으로 로컬 스토리에서 인증 정보(credential)를 검색하거나 분산 프로바이더와 상호 작용할 수 있다.

시스템의 클라이언트는 트레이더 애플리케이션(Trader App A)일 수도 있고 모바일 앱(Trader App B)일 수도 있다. 최종 고객은 웹사이트(Customer Portal)를 이용할 수 있다. 클라이언트 애플리케이션마다 타깃 디바이스에서 정보를 렌더링 하기 위한 최상의 방법이나 세부 사항을 캡슐화할 수 있다.

> **노트**   앞서 소개한 내용은 다소 느슨한 방식으로 변동성 영역을 아키텍처에 매핑했다. 다음 장에서 소개하는 구조체와 가이드라인을 이용하면 이 과정을 좀 더 체계적으로 수행할 수 있다.

2.3.6 세이렌의 노래에 홀리지 않기

그림 2-13을 보면 리포팅 전용 컴포넌트가 없는 것을 볼 수 있다. 데모 용도로는 (비즈니스 관점에서 볼 때) 리포팅은 변동성 영역으로 보지 않았다. 그래서 컴포넌트로 캡슐화할 일이 없다. 이런 컴포넌트를 추가하면 기능 분해가 되어버린다. 하지만 아직 기능 분해 말

고 더 저지른 일이 없다면 머지않아 리포팅 블록을 추가하자는 유혹이, 마치 거부하기 힘든 세이렌 노래처럼 들려올 것이다. 단지 지금껏 리포팅 블록을 갖췄다고 해서, 또는 리포팅 블록이 이미 있다고 해서 리포팅 블록을 추가할 필요는 없다.

호머의 오디세이를 보면 2500년 전 어느 날 오디세우스가 세이렌 해협을 거쳐 집으로 항해하고 있었다. 세이렌은 날개가 달린 아름답고 요정 같은 존재로 천사의 목소리를 가졌다. 세이렌이 부르는 노래에 빠져들지 않은 남자는 없었다. 선원들은 세이렌의 품으로 뛰어들었고, 세이렌은 남자들을 파도 속으로 끌고 들어가 익사시켜 잡아먹었다. 오디세우스는 세이렌의 치명적인 유혹의 노래를 아예 듣지 못하도록, 귀마개를 끼운 채로 선원들을 노에 묶어두라는 경고를 들었다. 여기서 오디세우스는 아키텍트에 해당하고, 선원들은 일반 개발자라고 볼 수 있다. 선원의 역할은 노를 젓는 것, 즉 코드를 작성하는 것이다. 이들에게는 세이렌의 노래를 들을 자유조차 주어지지 않았다. 반면 리더인 오디세우스는 귀마개를 낄 여유가 없었다(어쩌면 리포팅 블록이 정말 필요했을 수도 있다). 오디세우스는 세이렌에게 빠져들지 않도록 돛대에 자기 몸을 묶었다(그림 2-14에 나온 꽃병 그림 참고). 여러분은 오디세우스의 입장이고, 변동성 기반 분해는 돛대며, 세이렌의 노래는 예전의 나쁜 버릇이다. 여러분은 세이렌의 노래에 홀리지 않도록 주의해야 한다.

그림 2-14 돛대에 묶인 오디세우스(사진 출처: 베르너 포먼, Werner Forman 아카이브/셔터스톡)

2.3.7 변동성과 비즈니스

변동성 영역을 반드시 캡슐화해야 하지만 변하는 부분이라고 해서 무조건 캡슐화할 필요는 없다. 다르게 표현하면, 나중에 변경될 가능성이 있다고 해서 변동성이 있는 것은 아니다. 대표적인 예가 사업의 본질이다. 그래서 사업의 본질을 캡슐화하려고 하면 안 된다. 거의 모든 비즈니스 애플리케이션은 비즈니스에 관련된 몇 가지 수요를 충족시키거나 고객에게 서비스를 제공하기 위해 존재한다. 하지만 사업의 본질은, 좀 더 넓혀서 각각의 애플리케이션은 다소 일정하게 유지되는 경향이 있다. 오랫동안 사업하던 회사는 그 업계에 오래 남을 가능성이 높다. 예를 들어 페덱스(FedEx, Federal Express)는 예전부터 있었고 지금도 있고, 앞으로도 배송 업계에 남아 있을 것이다. 물론 이론상으로 페덱스가 헬스케어 분야로 사업을 확장할 수도 있지만, 이런 변경 사항은 캡슐화 대상이 아니다.

시스템 분해를 하는 동안 반드시 캡슐화할 변동성 영역과 (사업의 본질처럼) 그렇지 않을 변동성 영역을 모두 찾아야 한다. 처음에는 이 둘을 떼어 놓기 힘들 수도 있다. 변경 가능성이 있는 대상이 사업의 본질의 일부인지 식별할 수 있는 간단한 지표가 두 가지가 있다. 첫 번째 지표는 변경이 극히 드물게 일어난다는 것이다. 얼마든지 발생할 수는 있지만, 실제로 그럴 가능성은 아주 낮은 것이다. 두 번째 지표는 이런 변화를 캡슐화하면 결과가 어설프다는 것이다. 시간과 노력을 아무리 쏟아부어도 내세울 만한 수준으로 캡슐화할 수 없다.

예를 들어 작은 대지에 간단한 주택을 설계한다고 생각해 보자. 미래의 어느 시점에 토지 소유주는 이 집을 50층짜리 고층 빌딩으로 확장하기로 결정할 수 있다. 이런 류의 변경 가능성을 주택 설계에 캡슐화하면 일반적인 주택 설계도와는 상당히 다른 설계안이 나오게 된다. 토대를 거푸집으로 얕게 다지는 대신, 건물의 무게를 지탱할 수 있도록, 철근 수십 개를 지하 수백 미터까지 박도록 설계하게 된다. 그러면 소형 주택뿐만 아니라 고층 빌딩까지 지을 수 있는 토대를 마련할 수 있다. 다음으로 수천 개의 앰프를 분배할 수 있는 전력반을 마련해야 한다. 이런 집은 변압기를 별도로 갖춰야 할 것이다. 수도 사업소가 수도를 공급해 줄 수는 있지만, 50층까지 물을 끌어올릴 수 있는 거대한 수도 펌프를 설치할 만한 큰 공간을 확보해야 한다. 하수관 역시 50층에 머무는 사람들을 감당할 수 있도록 구성해야 한다. 소형 주택 하나를 짓는데 이처럼 엄청난 투자를 해야 한다.

이렇게 마친 설계도에 따르면 토대는 빌딩의 무게를 견딜 가능성을 캡슐화하고, 전력반은 소형 주택 한 채뿐만 아니라 50층짜리 건물의 전력 수요까지 캡슐화하게 된다. 그런데 이렇게 하면 앞서 말한 두 가지 지표를 모두 어긋나게 된다. 첫째, 현재 도시에서 자기 집을 고층 건물로 증축하는 집주인들이 과연 한 해에 몇 명이나 있고, 얼마나 자주 발생할까? 주택이 수백 채가 넘는 대도시라면 몇 년에 한 번 정도는 일어날 수 있겠지만, 그 빈도는 극히 낮고, 어쩌면 백만 분의 일 정도일 것이다. 둘째, (애초에 소형 주택 한 채에 맞게 책정한 예산이) 이 모든 캡슐화 작업을 적절히 수행하는 데 충분할까? 철근 하나가 소형 주택한 채 가격보다 비쌀지도 모른다. 이처럼 미래에 고층 건물로 증축될 가능성까지 반영하면 캡슐화가 제대로 되지 않고, 현실적으로 쓸모가 없을 뿐만 아니라 비용 효과도 낮게 된다.

소형 주택 한 채를 50층짜리 건물로 진환하는 것은 사업의 본질을 바꾸는 것에 해당한다. 한 가족이 거주할 수 있는 범위를 벗어나, 호텔이나 오피스 빌딩 사업으로 전환하는 것이다. 토지 개발자는 이렇게 전환할 용도의 대지를 매수할 때, 대체로 기존 건물을 철거하고 기존 토대를 제거한 후 완전히 새로 시작할 것이다. 사업의 본질이 바뀌면 오래된 시스템을 제거해서 완전히 새 출발할 기회가 주어진다. 이때 명심할 점은 사업의 본질이란 문맥은 상당히 다차원적이라는 것이다. 회사의 비즈니스를 의미할 수도 있고, 부서의 비즈니스일 수도 있고 상위 조직 단위일 수도 있고, 특정 애플리케이션의 비즈니스 부가가치일 수도 있다. 이런 것들은 캡슐화하면 안 되는 대상이다.

추측 설계

추측 설계(speculative design)는 사업의 본질을 캡슐화하려는 활동의 변형된 형태다. 변동성 기반 분해의 원칙을 따르기로 했다면, 먼저 변동성이 발생할 가능성이 있는 부분이 눈에 띄기 시작하고, 그러다 보면 과도하게 적용하게 되기 쉽다. 극단으로 치닫게 되면 거의 모든 것을 캡슐화하려는 위험에 빠지게 된다. 그러면 설계는 수많은 구성 요소로 이루어지게 되는데, 이는 분명 나쁜 설계의 징후다.

그림 2-15에 나온 제품을 예를 들어 살펴보자.

그림 2–15 추측 설계 (사진 출처: Gercen/Shutterstock)

이 제품은 스쿠버 가능한 여성용 하이힐이다. 고급 드레스를 차려입은 숙녀가 파티에서 사람들을 즐겁게 해 주려고 이 구두를 신고 나올 수는 있겠지만, 이 상태로 해변으로 가서 스쿠버 장비를 착용하고 산호 속을 누빌 가능성은 거의 없다. 수영장이나 산호초에서 이런 구두가 일반 슬리퍼보다 과연 더 나을까? 그림 2–15에 나온 제품을 사용할 수는 있겠지만 실제로 그럴 가능성은 거의 없다. 게다가 이 제품을 통해 제공하려는 기능은 제대로 효과를 발휘하지 못한다. 왜냐하면 신발의 본질이 패션 액세서리에서 다이빙 장비로 바뀔 가능성마저 캡슐화하는, 앞에서 하면 안 된다고 강조한 짓을 하려고 했기 때문이다. 이렇게 하는 순간 추측 설계의 함정에 빠지게 된다. 이런 설계는 시스템에 대해 나중에 변경될 부분, 즉 비즈니스 본질의 변화까지 어설프게 추측할 때 나오는 경우가 대다수다.

2.3.8 경쟁사를 위한 설계

변동성을 식별하는 데 유용한 또 다른 기법은 경쟁사(혹은 회사 내 다른 부서)를 위한 시스템을 설계하는 것이다. 예를 들어 페덱스의 차세대 시스템을 설계하는 아키텍트 입장에서 생각해 보자. 이 회사의 대표적인 경쟁사는 UPS다. 페덱스와 UPS 둘 다 해상 운송 서비스를 제공하고, 자금을 확보하고, 배송 스케줄을 정하고, 배송 추적 서비스를 제공하고, 내용물을 보호하고, 육로 운송과 항공 운송을 관리한다. 그렇다면 아키텍트는 다음과 같은 질문을 할 수 있다. 페덱스는 UPS가 사용하는 소프트웨어 시스템을 사용할 수 있는가? UPS는 페덱스가 구축하려는 시스템을 이용할 수 있는가? 두 질문에 대한 답이 '아니요'라면 이렇게 재사용하거나 확장하는 데 걸림돌이 되는 부분을 모두 나열한다. 두 회사는 크게 보면 동일한 서비스를 제공한다. 구체적으로 수행하는 방법이 다를 뿐이다. 예를 들어 페덱스와 UPS가 배송 경로를 결정하는 방법이 다를 수 있다. 이때 배송 계획에서 변동성이 발생할 수 있다. 왜냐하면 실행 방법이 여러 가지일 수 있기 때문이다. 배송 계획은 반드시 캡슐화해서 아키텍처에 전용 컴포넌트를 배치해야 한다. 나중에 언젠가 페덱스가 UPS와 동일한 방식으로 배송 계획을 수립한다면, 이에 관련된 변경 사항은 단일 컴포넌트에 담겨 있기 때문에 변경하기 쉬울 뿐만 아니라 해당 컴포넌트 말고는 구현에 영향을 미치지 않으며, 분해 과정을 다시 수행할 필요가 없다. 이렇게 하면 미래를 대비하는 시스템을 구축하게 된다.

정반대의 경우도 가능하다. 자기 회사와 경쟁사가 어떤 행위를 똑같은 순서로 수행하고, 다른 방식으로 수행할 가능성은 없다면, 그 행위를 위한 컴포넌트를 아키텍처에 따로 할당할 필요가 없다. 만약 그렇게 한다면 기능 분해를 하는 셈이다. 경쟁사와 완전히 똑같은 부분을 발견한다면 십중팔구 사업의 본질에 대한 것이다. 앞에서 설명했듯이 이런 부분은 캡슐화하면 안 된다.

2.3.9 변동성과 지속성

변동성은 지속성과 밀접한 관련이 있다. 회사나 애플리케이션이 어떤 일을 같은 방식으로 수행하는 기간이 길어질수록 앞으로도 계속 그럴 가능성이 높아진다. 다르게 표현하면, 변경되지 않은 기간이 길어질수록, 변경하거나 교체할 때까지의 기간이 길어진다. 이런 변화에 대처하는 설계를 추구해야 한다. 얼핏 보기에는 그런 변화가 현재 요구사항과는 무관하게 보일지라도 말이다.

언제쯤 변경 사항이 발생할 것인지 어림잡아 볼 수도 있다. 조직(또는 고객이나 시장)이 변경 사항을 발생시키거나 수용하는 능력은 사업의 본질에 엮여 있기 때문에 다소 일정하다. 예를 들어 병원의 IT 부서는 신생 블록체인 스타트업에 비해 변화를 잘 받아들이지 않고 훨씬 보수적인 경향이 있다. 변경 사항이 많을수록 향후에 변경할 가능성도 높아지겠지만, 그 속도는 항상 일정하다. 예를 들어 2년마다 결제 시스템을 변경한다면, 2년 후에도 결제 시스템을 변경할 가능성이 높다. 여러분이 설계한 시스템이 이런 결제 시스템과 연동되고 2년 이상 사용할 예정이라면, 결제 시스템에 관련된 변동성을 반드시 캡슐화해서 예상되는 변경 사항을 담아야 한다. 설사 요구사항에 이런 변경 가능성이 명시되어 있지 않더라도 결제 시스템의 변화로 발생할 효과를 고려해야 한다. 시스템의 수명 안에 발생할 가능성이 있는 변경 사항은 최대한 캡슐화해야 한다. 예상 수명이 5년에서 7년 사이라면, 지난 7년 동안 애플리케이션에서 발생한 모든 변경 사항을 분석하는 것부터 시작하면 좋다. 그와 비슷한 변경 사항이 향후 7년 사이에 발생할 가능성이 높기 때문이다.

이런 식으로 여러분이 설계하는 시스템에 연동된 모든 시스템의 지속성을 검토해야 한다. 예를 들어 ERP(Enterprise Resource Planning) 시스템은 10년 주기로 변경되며 최근 변경 사항은 8년 전에 발생했고 새 시스템이 도입되면 5년 동안 운영할 계획이라면, 시스템 운영 중에 ERP에 변경 사항이 발생할 가능성이 상당히 높다고 판단할 수 있다.

2.3.10 연습의 중요성

어떤 일이든 2%의 시간만 투자한다면 결코 마스터할 수 없다. 머리나 방법론이 아무리 뛰어나도 말이다. 몇 년에 한 번씩 누군가 나타나서 완벽한 아키텍처를 순식간에 그려줄 거라는 기대는 착각이다. 의사나 변호사나 용접공이나 파일럿이나, 어떤 분야의 전문가라면 최소한 일정한 경지에 이르기까지 상당한 훈련을 거쳐야 한다. 비행 경력이 단 몇 시간뿐인 파일럿이 조종하는 비행기에 타고 싶지는 않을 것이고, 의사의 생애 첫 환자가 되고 싶지도 않을 것이다. 민항기 조종사는 수년 동안 시뮬레이터로 훈련하고 베테랑 조종사와 수백 번의 비행을 거쳐야 한다. 의사도 시체를 수없이 해부해보고 나서, 경험 많은 의사의 지도 하에서 수술을 할 수 있다.

변동성이 발생하는 영역을 분석하는 능력은 훈련이 필요하다. 변동성 기반 분해를 처음부터 할 줄 아는 소프트웨어 아키텍트는 거의 없다. 대부분 시스템이나 프로젝트를 설계할 때 기능 분해 방식으로 한다(그래서 구현 결과도 형편없다). 변동성 기반 분해를 마스터하기 위한 가장 좋은 방법은 오로지 연습뿐이다. 오직 이 방법으로 2% 문제를 극복할 수 있다. 이렇게 시작하기 위한 몇 가지 방법을 소개하면 다음과 같다.

- 보험 회사나 모바일 앱, 은행, 온라인 스토어와 같이 여러분이 익숙한 모든 소프트웨어 시스템을 놓고 연습한다.
- 예전에 수행했던 프로젝트를 다시 검토한다. 돌이켜보면 어느 부분이 취약한지 이미 알고 있을 것이다. 그 프로젝트를 기능적으로 수행했는지, 어떤 부분이 변경됐는지, 그 변

화로 인해 발생한 파급 효과는 무엇이었는지, 그런 변동성을 캡슐화했다면 변화에 더 잘 대처할 수 있었는지 등을 따져본다.

- 현재 프로젝트를 살펴보자. 바로잡기에 아직 늦지 않았을 수도 있다. 기능적으로 설계했는지, 변동성 영역을 나열하고 더 나은 아키텍처를 제시할 수 있는지 분석한다.
- 자전거, 노트북, 주택처럼 소프트웨어가 아닌 시스템을 살펴보고 변동성 영역이 존재하는지 살펴본다.

이 과정을 계속 반복한다. 연습하고 또 연습한다. 이런 식으로 분석한 시스템이 세 개에서 다섯 개를 넘어가면 기본기는 어느 정도 갖출 것이다. 아쉽게도 변동성 영역을 찾는 능력은 다른 사례를 참고하는 것만으로는 결코 마스터할 수 없다. 자전거 타는 법을 책 읽기로만 익힐 수 없듯이 말이다. 수 차례 넘어지더라도 계속해서 자전거를 직접 타보는 게 필요하다. 변동성 기반 분해도 마찬가지다. 그래도 실전에서 사고 치는 것보다는 연습하는 동안 실수해 보는 것이 낫다.

3장

구조

2장에서는 변동성 기반 분해라는 보편 설계 원칙에 대해 알아봤다. 이 원칙은 (주택부터, 노트북, 대형 여객기, 심지어 인체에 이르기까지) 거의 모든 실전 시스템의 설계에 적용된다. 이런 시스템이 제대로 작동할 뿐만 아니라 더욱 발전하기 위해서는 구성 요소에 대한 변동성을 모두 캡슐화해야 한다. 소프트웨어 아키텍트는 소프트웨어 시스템을 잘 설계하기만 하면 된다. 다행히 이런 시스템은 변동성에 대한 공통 영역을 공유하고 있다. 수년에 걸쳐 수백 가지의 시스템에 공통적으로 존재하는 변동성 영역을 발견했다. 뿐만 아니라 이러한 공통적인 변동성 영역에서 발생하는 상호 작용과 제약 사항과 런타임 관계에 전형적인 특성이 존재함을 알게 됐다. 이런 사항을 잘 이해한다면 시스템 아키텍처를 올바르고 빠르게, 그리고 효율적이면서 효과적으로 설계할 수 있을 것이다.

이러한 이해를 바탕으로 '더 메서드'는 변동성 영역에 대한 템플릿과 상호 작용에 대한 가이드라인과 운영 패턴을 제시한다. 이를 따르면 단순 분해 이상의 효과를 낼 수 있다. 다양한 소프트웨어 시스템에 적용할 수 있는 범용 가이드라인과 구조를 제공한다는 것이 비현실적이라 생각할 수 있다. 다양한 소프트웨어 시스템에 적용할 정도로 범용성을 갖출 수 있는 이유가 궁금할 것이다. 그 비결은 아키텍처가 뛰어나면 다양한 문맥에 적용할 수 있기 때문이다. 예를 들어 쥐와 코끼리는 서로 상당히 다르지만 아키텍처는 동일하다. 하지만 세부 설계는 쥐에 대한 것과 코끼리에 대한 것이 크게 다르다. 마찬가지로 더 메서드는 시스템 아키텍처를 제공할 뿐, 세부 설계를 제공하는 것은 아니다.

이 장은 더 메서드 방식으로 시스템의 구조를 정의하는 방법을 소개하고, 이 방식의 장점과 아키텍처에 미치는 영향에 대해 살펴본다. 각각의 의미와 연계된 가이드라인에 따라 서비스를 분류하는 방법뿐만 아니라, 설계를 계층화하는 방법도 소개한다. 또한 아키텍처에서 컴포넌트에 대한 명명법(nomenclature)과 각각의 관계를 명확하고 일관되게 정의하면 다음과 같은 두 가지 장점을 추가로 얻을 수 있다. 첫째, 유리한 위치에서 시작할 수 있다.

물론 더 해야 할 일이 많지만 첫 시작으로 상당히 좋은 편이다. 둘째, 다른 아키텍트나 개발자에게 설계 의도를 전달할 수 있기 때문에 커뮤니케이션이 원활해진다. 자기 자신과의 커뮤니케이션에도 이렇게 하는 것이 굉장히 중요하다. 자신의 생각을 명확히 정리하는 데 도움이 되기 때문이다.

3.1 유스케이스와 요구사항

아키텍처에 대해 본격적으로 살펴보기 전에, 먼저 요구사항에 대해 생각해 보자. 대다수의 프로젝트에서는 요구사항을 수집하는 데 조금이라도 신경을 쓴다면 기능 요구사항을 정리한다. **기능 요구사항(functional requirement)**이란 필요한 기능을 나열한 것이다. 가령 "이 시스템은 A라는 동작을 수행해야 한다"라는 식으로 말이다. 사실 요구사항을 작성하기에는 어설픈 방식이다. 왜냐하면 A라는 기능을 시스템에 구현하는 과정에서 다양한 해석의 여지가 있기 때문이다. 실제로 기능 요구사항은 고객과 마케팅 부서 사이와, 마케팅 부서와 엔지니어링 부서, 심지어 개발자 사이에서도 오해를 발생시킬 여지가 많다. 이런 모호함은 시스템을 수정하는 데 드는 비용이 가장 많이 드는 시점인, 시스템 개발과 배포 상당히 진행된 후에도 남아 있는 경우가 많다.

요구사항은 필요한 기능이 아닌, 필요한 동작을 기준으로 작성해야 한다. 시스템이 할 일을 작성하는 것이 아니라, 시스템이 어떻게 작동해야 하는지를 명시해야 한다. 이 작업이 요구사항 수집 과정에서 핵심이다. 또한 다른 활동과 마찬가지로 이 과정에서 (대다수가 꺼리는) 수고와 작업이 많이 든다. 그래서 요구사항을 제대로 정리하는 작업은 상당히 힘든 과정이다.

3.1.1 필수 동작

유스케이스(use case)란 필수 동작(required behavior)을 표현한 것이다. 다시 말해 비즈니스 가치를 발생시키기 위해 시스템이 수행해야 할 작업을 표현한 것이다. 따라서 유스케이스는 시스템에서 발생하는 동작을 특정한 순서로 나열한다. 유스케이스는 다소 장황하게 설명하는 방식으로 표현하는 경향이 있다. 최종 사용자와 시스템의 상호 작용으로 표현할 수도 있고, 여러 시스템끼리 또는 시스템과 백엔드 프로세싱의 상호 작용을 표현할 수도 있다. 유스케이스의 이런 특성은 중요하다. 왜냐하면 제대로 설계된 시스템이라면 설사 규모나 복잡도가 크지 않더라도 사용자는 시스템이라는 빙산의 일각에 해당하는 작은 영역과 상호 작용하거나 관찰하기 때문이다. 시스템의 나머지 영역은 물밑에 잠겨 보이지 않는데, 이 부분에 대해서도 유스케이스를 작성해야 한다.

유스케이스는 텍스트 형태로 표현할 수도 있고, 그래픽 형태로 표현할 수도 있다. 텍스트 형태의 유스케이스의 가장 큰 장점은 작성하기 쉽다는 것이다. 하지만 아쉽게도 텍스트로 유스케이스를 정확히 표현하려면 굉장히 복잡해지기 때문에 그리 좋은 방식이라고 볼 수 없다. 가장 심각한 문제는 아무리 간단히 작성하거나 반드시 참조해야 하더라도 잘 읽지 않는다는 것이다. 읽기란 사람의 두뇌 입장에서 인위적인 행위다. 왜냐하면 인간의 뇌는 텍스트로 표현된 복잡한 개념을 쉽게 처리하도록 구성되지 않았기 때문이다. 인류는 읽기라는 행위를 5,000년가량 하고 있지만 진화론적 관점에서 볼 때 사람의 두뇌가 완전히 적응하는 데는 시간이 더 걸릴 것이다(그런 면에서 힘들여 이 책을 읽어주는 독자 여러분께 감사드린다).

유스케이스를 수집하기 위한 가장 좋은 방법은 그림 3-1처럼, 그래픽 형태로 표현하는 것이다. 사람은 이미지 처리 작업을 놀라울 정도로 빠르게 수행한다. 왜냐하면 두뇌의 절반가량이 영상 처리 장치로 구성되어 있기 때문이다. 다이어그램을 이용하면 사람들과 개념을 주고받는 데 이런 두뇌의 장점을 최대한 활용할 수 있다.

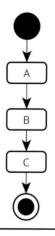

그림 3-1 유스케이스 다이어그램

하지만 그래픽 형태의 유스케이스는 작성 과정에 상당한 노력이 필요하다. 특히 그 수가 많을수록 그렇다. 상당 수의 유스케이스는 다이어그램으로 작성하지 않아도 이해할 수 있다. 예를 들어 그림 3–1에 나온 유스케이스 다이어그램은 텍스트로 표현해도 된다. 내 경험 원칙에 따르면, "만약(if)"이란 표현이 중첩된다면 다이어그램으로 표현하는 것이 낫다. 중첩된 if문을 한 번에 이해하는 사람은 없다. 여러 차례 다시 읽거나, 대다수는 종이와 펜을 꺼내서 유스케이스를 직접 시각화할 것이다. 이렇게 함으로써 유스케이스를 읽는 사람은 여기에 명시된 동작을 이해하게 된다. 물론 이 과정에서 오해가 발생하기도 한다. 글로 작성된 유스케이스 문서의 여백에 메모를 남기는 일이 많다면 애초에 유스케이스를 그래픽 형태로 표현했어야 함을 의미한다. 다이어그램을 이용하면 수많은 "만약(if)"이란 표현이 담긴 복잡한 유스케이스를 쉽게 이해할 수 있다.

활동 다이어그램

'더 메서드'는 유스케이스를 그래픽 형태로 표현하는 데 **활동 다이어그램**(activity diagram)을 선호한다.[6] 주된 이유는 활동 다이어그램이 시간에 민감한 동작을 잘 표현하기 때문이다. 순서도를 비롯한 다른 종류의 다이어그램은 이런 동작을 잘 표현할 수 없다. 병렬 실행, 블로킹, 이벤트 대기 등은 순서도에 표현할 수 없다. 이에 반해 활동 다이어그램은 동시성(concurrency) 개념을 표현한다. 예를 들어 그림 3–2를 보면, 이 다이어그램을 읽는 법을 따로 찾아보지 않고도, 이벤트에 대한 반응으로 수행하는 작업이 병렬로 실행된다는 것을 직관적으로 알 수 있다. 또한 중첩된 조건을 굉장히 쉽게 따라가 볼 수 있다.

---

6 https://en.wikipedia.org/wiki/Activity_diagram

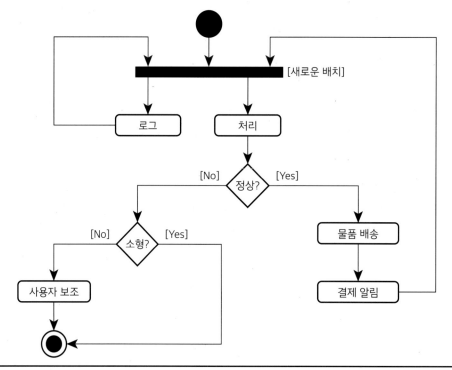

그림 3-2 활동 다이어그램

> **주의**   활동 다이어그램과 유스케이스 다이어그램을 헷갈리지 말자. 유스케이스 다
> 이어그램[7]은 사용자 중심으로 표현한 것으로서, 정확한 명칭은 유저 케이스 다이어
> 그램(user case diagram)이다. 또한 유스케이스 다이어그램은 시간과 순서를 표현
> 할 수 없다.

3.2 계층형 접근법

소프트웨어 시스템은 여러 계층으로 설계하는 경우가 많다. '더 메서드' 역시 이러한 계층
화를 상당히 많이 활용한다. **계층(layer)**을 이용하면 계층 캡슐화(layer encapsulation)

---

7   https://en.wikipedia.org/wiki/Use_case_diagram

를 할 수 있다. 이때 각 계층은 자신의 윗 계층과 아랫 계층의 변동성을 캡슐화한다. 이러한 계층 안에 있는 서비스는 그림 3-3처럼 각 계층 사이의 변동성을 캡슐화한다.

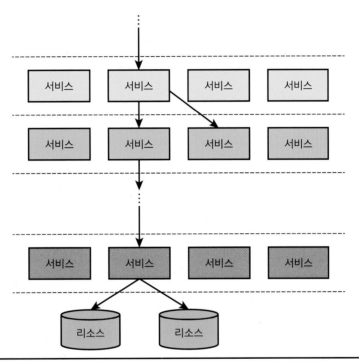

그림 3-3 서비스와 계층

간단한 시스템도 계층형으로 설계하면 캡슐화의 장점을 얻을 수 있다. 이론상, 계층이 많을수록 캡슐화가 잘 된다. 실전 시스템은 계층이 적고 데이터 스토리지나 메시지 큐와 같은 실제 물리 리소스 계층으로 끝나는 경우가 많다.

3.2.1 서비스 활용

계층을 가로지르는 가장 좋은 방법은 서비스를 호출하는 것이다. 일반 클래스마저도 '더 메서드' 방식의 구조와 변동성 기반 분해의 장점을 활용해도 되지만, 서비스를 활용하는 것이 확실히 좋다. 이때 서비스를 구현하는 기술과 플랫폼은 중요하지 않다. 서비스를 사용한다면, 그리고 현재 사용하는 기술이 허용한다면 다음과 같은 장점을 바로 얻을 수 있다.

- **확장성**: 서비스는 호출 방식을 비롯한 다양한 방식으로 인스턴스화할 수 있다. 그래서 현재 호출되는 수만큼 서비스 인스턴스가 존재하는 한, 수많은 클라이언트에게 서비스를 제공할 수 있고, 이때 백엔드 리소스가 받는 로드 부담이 클라이언트 수에 비례하여 증가하지 않는다.

- **보안**: 서비스 중심 플랫폼(service-oriented platform)은 보안을 1순위 속성으로 취급한다. 그래서 클라이언트 애플리케이션에서 서비스로 향하는 호출뿐만 아니라 서비스끼리 호출하는 경우까지, 모든 호출에 대해 인증과 권한 검사(authorization)를 거친다. 게다가 신뢰 사슬(chain-of-trust) 패턴을 지원하는 ID 전달 메커니즘(identity propagation mechanism)을 적용할 수도 있다.

- **처리량과 가용성**: 서비스는 큐를 통해 호출받을 수 있다. 그러면 과도한 부하가 들어와도 그냥 큐에 집어넣기만 하면 굉장히 많은 메시지를 처리할 수 있다. 큐를 활용한 호출 처리는 가용성도 높인다. 동일한 입력 큐에 대해 여러 서비스 인스턴스가 처리할 수 있기 때문이다.

- **응답성**: 서비스는 시스템이 극한 상황에 다다르지 않도록 버퍼를 이용하여 호출을 처리하는 속도를 조절할 수 있다.

- **안정성**: 클라이언트와 서비스는 몇 가지 안정적인 메시지 처리 프로토콜을 활용하여 전달을 보장하고, 네트워크 연결 이슈를 처리하고, 심지어 호출의 순서를 조정할 수도 있다.

- **일관성**: 서비스는 모두 동일한 작업 단위에 참여한다. (인프라스트럭처에서 지원되는 경우에는) 트랜잭션에 참여하고, 궁극적인 일관성(eventual consistency)를 지원하는 경우에는 조율된 비즈니스 트랜잭션에 참여한다. 콜 체인 안에서 에러가 하나라도 발생하면, 해당 서비스를 에러 속성과 복구 로직과 결합하지 않고 전체 트랜잭션을 멈추게 한다.

- **동기화**: 클라이언트가 동시성 스레드를 여러 개 사용하면 서비스 호출을 자동으로 동기화할 수 있다.

3.3 대표적인 계층

시스템 아키텍처에 대해 '더 메서드'에서 제시하는 계층은 네 가지다. 이러한 계층은 전통적인 소프트웨어 공학적 관례를 따른다. 하지만 이러한 계층 내부를 분해하기 위해 변동성을 적용하는 방식은 새롭게 느껴질 수 있다. 그림 3-4는 '더 메서드'에서 제시하는 전형적인 계층을 보여준다.

3.3.1 클라이언트 계층

아키텍처의 최상위 계층은 **클라이언트 계층**이며, **프레젠테이션 계층**이라고도 부른다. 여기서 '프레젠테이션(presentation, 표현)'이란 단어는 내가 볼 때 오해의 소지가 있다. '표현'이란 어떤 정보가 사람에게 표현된다는 것을 의미하는데, 마치 그것이 최상위 계층에게 요구하는 모든 기능인 것처럼 들린다. 클라이언트 계층을 구성하는 요소들은 최종 사용자 애플리케이션일 가능성이 높긴 하지만, 현재 시스템과 상호 작용하는 다른 시스템일 가능성도 있다. 여기서 큰 차이가 있다. 이 부분을 클라이언트 계층이라고 부르면 (최종 사용자 애플리케이션이든, 다른 시스템이든) 모든 클라이언트를 동등하게 취급하고, 동일한 방식으로 처리한다는 것을 의미한다. 모든 클라이언트는 시스템에 대한 진입점이 동일하며 (이 점은 바람직한 설계 관점에서 중요하다), 접근 보안과 데이터 타입을 비롯한 인터페이스 관련 요구 사항도 모두 동일하게 적용된다. 따라서 재사용성과 확장성을 높이고 유지보수하기가 쉬워진다. 모든 클라이언트에게 진입점이 한곳으로 고정되기 때문이다.

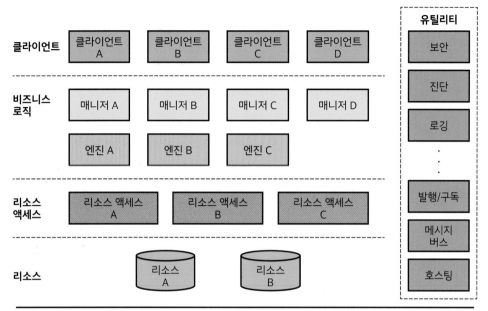

그림 3-4 '더 메서드'의 전형적인 계층

클라이언트가 서비스를 사용하게 만들면 프레젠테이션 로직과 비즈니스 로직을 더욱 명확하게 구분할 수 있다. 서비스 중심 기술은 대부분 엔드포인트에서 허용하는 데이터 타입에 대해 굉장히 엄격하다. 그래서 클라이언트가 서비스와 결합되는 것을 제한하고 모든 클라이언트를 동등하게 처리하며 다양한 종류의 클라이언트를 추가할 수 있으며, 최소한 이론상으로는 이런 작업을 처리하기가 쉬워진다.

클라이언트 계층은 클라이언트에서 발생할 수 있는 변동성을 캡슐화하기도 한다. 클라이언트의 종류는 데스크톱 애플리케이션, 웹 포털, 모바일 앱, 홀로그램, 증강 현실, API, 관리자 애플리케이션 등으로 다양한데, 변동성 축에서 볼 때 시스템의 클라이언트는 지금과 얼마든지 달라질 수 있다. 클라이언트 애플리케이션의 종류마다 사용하는 기술도 다르고, 배포 방식도 다르며, 버전과 생명 주기도 달라질 수 있고, 개발을 담당하는 팀도 다를 수 있다. 실제로 클라이언트 계층은 전형적인 소프트웨어 시스템에서 변동성이 가장 큰 부분이기도 하다. 하지만 이런 변동성은 모두 클라이언트 계층의 다양한 블록에 캡슐화할 수 있으며, 어느 한 컴포넌트를 변경하더라도 다른 클라이언트 컴포넌트에는 영향을 미치지 않게 할 수 있다.

3.3.2 비즈니스 로직 계층

비즈니스 로직 계층(business logic layer)은 시스템의 비즈니스 로직에 대한 변동성을 캡슐화한다. 이 계층은 시스템에 필요한 동작을 구현하는데, 앞에서 설명했듯이 이 부분은 유스케이스로 가장 잘 표현된다 . 유스케이스가 정적이면, 비즈니스 로직 계층이 필요 없다. 하지만 비즈니스 계층은 고객과 시간 관점에서 동적이다. 유스케이스는 시스템에서 발생하는 여러 활동이 순차적으로 구성되기 때문에, 특정한 유스케이스가 변경되는 경우는 활동 순서가 변경되거나, 유스케이스를 구성하는 활동이 변경되는 두 가지 경우뿐이다. 예를 들어 그림 3-1에 나온 유스케이스와 그림 3-5에 나온 유스케이스를 비교해 보자.

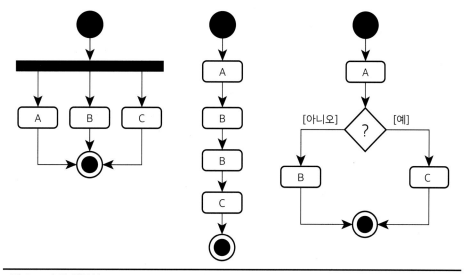

그림 3-5 순서 변동성

그림 3-1과 3-5에 나온 네 가지 유스케이스는 모두 A, B, C라는 활동으로 구성되어 있는데, 각각의 순서는 다르다. 여기서 주목할 부분은 워크플로의 순서나 조율 방식이 각각의 활동과는 별개로 변경될 수 있다는 점이다.

이번에는 그림 3-6에 나온 두 가지 활동 다이어그램을 살펴보자. 둘 다 정확히 똑같은 순서로 진행하지만 이를 구성하는 활동에 차이가 있다. 이처럼 활동은 순서와 독립적으로 변경될 수 있다.

순서와 활동 모두 유동적이다. 그래서 '더 메서드'는 이런 종류의 변동성을 매니저와 엔진이란 이름의 특수한 컴포넌트에 캡슐화한다. **매니저(manager, 관리자)** 컴포넌트는 순서에 대한 변동성을 캡슐화하는 반면, **엔진(engine)**은 활동에 대한 변동성을 캡슐화한다. 2장에서 본 주식 거래 분해 예제에서 TradeWorkflow 컴포넌트(그림 2-13)가 매니저에 해당하고, FeedTransformation 컴포넌트가 엔진에 해당한다.

유스케이스끼리 서로 관련이 있는 경우가 많다. 그래서 매니저는 특정한 서브시스템에 속한 유스케이스처럼, 논리적으로 서로 관련이 있는 유스케이스들을 하나로 캡슐회히는 경향이 있다. 예를 들어 2장에서 본 주식 거래 시스템에서 AnalysisWorkflow는 TradeWorkflow와 매니저가 다르며, 관련된 유스케이스 집합은 각 매니저마다 다르다. 엔진은 그보다 스코프가 더욱 제한적이며 비즈니스 규칙과 활동을 캡슐화한다.

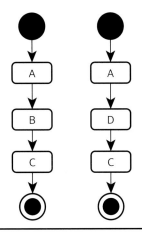

그림 3-6 활동 변동성

어떤 순서에 대한 활동에 변동성이 없더라도 그 순서에 대한 변동성은 클 수 있기 때문에,(그림 3-5) 매니저는 엔진을 사용하지 않을 수도 있고 여러 엔진을 사용할 수도 있다. 여러 매니저가 엔진을 공유할 수도 있는데, 어느 한 유스케이스에 속한 활동을 매니저를 대표해서 수행한 뒤에, 동일한 활동을 다른 유스케이스에 속한 매니저에 대해 수행할 수 있기 때문이다. 엔진을 설계할 때는 항상 재사용을 염두에 둬야 한다. 하지만 같은 활동을 수행하더라도 매니저마다 사용하는 엔진이 다르다면 기능 분해를 했거나, 활동 변동성을 놓쳤을 수도 있다. 매니저와 엔진에 대한 자세한 사항은 이 장의 뒷부분에서 다시 설명한다.

3.3.3 리소스 접근 계층

리소스 접근 계층(resource access layer)은 리소스에 접근하는 과정에서 발생하는 변동성을 캡슐화한 것으로서, 이 계층에 속한 컴포넌트를 **리소스액세스**(ResourceAccess)라고 부른다. 예를 들어 리소스가 데이터베이스라면, 데이터베이스에 접근하는 방법은 수십 가지가 존재하며, 어느 하나가 뚜렷하게 낫다고 볼 수 없다. 그래서 시간이 지나 데이터베이스에 접근하는 방식을 변경하는 경우가 얼마든지 발생할 수 있다. 이때 리소스에 접근하는 부분에 대한 변동성을 단순히 캡슐화하는 데 그치면 안 된다. 다시 말해 리소스 자체에 대한 변동성도 함께 캡슐화해야 한다. 가령 로컬 데이터베이스를 클라우드 기반 데이터베이스로 변경할 수도 있고, 인메모리 스토리지를 파일기반 스토리지로 변경할 수 있다. 리소스를 변경하면 반드시 ResourceAccess도 변경된다.

리소스 접근 계층의 용도는 자명해서 특정한 형태의 접근 계층을 채용하는 시스템도 많지만, 이런 계층은 I/O 연산이나 CRUD와 유사한 ResourceAccess 계약을 생성해서 내부 변동성을 노출하는 수준에 머무르는 것이 대부분이다. 예를 들어 ResourceAccess 서비스 계약에서 Select(), Insert(), Delete()와 같은 연산을 제공하며, 내부 리소스는 데이터베이스로 구성된 경우가 많다. 나중에 데이터베이스를 클라우드 기반 분산 해시 테이블로 교체할 경우, 데이터베이스 형태의 계약은 쓸모없게 돼서 계약을 새로 작성해야 한다. 계약을 변경하면 ResourceAccess 컴포넌트를 사용하던 Engine과 Manager 모두에게 영향을 미친다. 또한 Open(), Close(), Seek(), Read(), Write()처럼 내부 리소스를 파일인 것처럼 착각하게 만드는 연산도 반드시 피한다. 잘 설계된 ResourceAccess 컴포넌트는 리소스에 관련된 원자적 비즈니스 동사들을 계약에 노출시킨다.

원자적 비즈니스 동사 사용하기

시스템에 있는 Manager 서비스는 비즈니스 활동을 일정한 순서로 실행한다. 이러한 활동은 좀 더 세밀한 단위의 활동으로 구성되는 경우가 많다. 하지만 더 깊이 들어가다 보면 시스템의 다른 어떤 활동으로도 표현할 수 없는 저수준의 활동에 다다르게 된다. '더 메서드'는 이처럼 더 이상 쪼갤 수 없는 활동을 **원자적 비즈니스 동사**(atomic business verb)라고 부른다. 대표적인 예로 은행에서 두 계좌 사이에 돈을 이체하는 경우가 있다. 이체는 한 계좌에 입금해서 다른 계좌로 출금하는 방식으로 처리된다. 은행에서 입금과 출금은 비즈니스 관점에서 원자적 연산(atomic operation)이다. 여기서 원자적 비즈니스 동사는 시스템 구현 관점에서 여러 단계로 구성될 수도 있다. 원자성(atomicity)은 시스템이 아닌, 비즈니스를 중심으로 판단한다.

원자적 비즈니스 동사는 실제로는 변하지 않는다(immutable). 이런 동사는 비즈니스 본질에 밀접하게 관련되어 있기 때문인데, 이런 본질은 2장에서 설명했듯이 변하는 경우가 거의 없다. 예를 들어 메디치 가문이 통치하던 시절부터 지금까지 은행은 입금과 출금 업무를 수행해 왔다. ResourceAccess 서비스는 내부적으로 계약에 나온 입금과 출금이라는 동사를 리소스에 대한 CRUD나 I/O 연산으로 변환해야 한다. 안정적인 원자적 비즈니스 동사만 외부에 노출하면, ResourceAccess 서비스가 변경되더라도 시스템 전체를 건드릴 필요 없이, 내부 접근 컴포넌트만 변경하면 된다.

ResourceAccess 재사용

ResourceAccess 서비스는 매니저(Manager)와 엔진(Engine) 사이에서 공유될 수 있다. ResourceAccess 컴포넌트를 설계할 때 이러한 재사용성을 염두에 두고 진행해야 한다. 두 매니저(Manager)나 두 엔진(Engine)이 동일한 리소스에 접근하거나, 특정한 방식으로 접근해야 할 때 ResourceAccess 서비스를 사용할 수 없다면, 접근 변동성을 제대로 캡슐화하지 않았거나, 원자적 비즈니스 동사를 제대로 분리하지 않았다는 뜻이다.

3.3.4 리소스 계층

리소스 계층(resource layer)은 실제로 물리적인 리소스(Resource)로 구성된다. 시스템은 데이터베이스나 파일 시스템, 캐시, 메시지 큐 등과 같은 리소스를 토대로 구성된다. '더 메서드'에서 리소스(Resource)는 시스템 내부에 존재할 수도 있고, 시스템 외부에 있을 수도 있다. 대체로 리소스(Resource) 자체가 하나의 시스템인 경우가 많다. 하지만 여러분이 설계하는 시스템 관점에서는 여러 리소스(Resource) 중 하나일 뿐이다.

3.3.5 유틸리티 바

그림 3-4의 오른편에 있는 유틸리티 수직 바(utility vertical bar)를 보면 **유틸리티 (Utility)** 서비스로 구성되어 있다. 이 서비스는 거의 모든 시스템에서 필요로 하는 공통 인프라스트럭처 형태로 존재한다. 유틸리티 서비스로는 보안(Security), 로깅(Logging), 진단(Diagnostics), 계측(Instrumentation), 발행/구독(Pub/Sub), 메시지 버스(Message

Bus), 호스팅(Hosting) 등이 있다. 이 장의 뒤에서 유틸리티(Utility) 컴포넌트는 다른 컴포넌트와는 다른 규칙이 적용된다는 것을 소개할 것이다.

3.4 분류 가이드라인

좋은 개념은 남용되기 쉽다. '더 메서드' 역시 예외는 아니다. 연습과 비판적 사고를 거치지 않고 받아들이면, '더 메서드'를 적용한다고 생각하지만 실제로는 기능 분해를 하게 될 수 있다. 이 절에서 소개하는 간략한 가이드라인을 따르면 이런 위험을 크게 줄일 수 있다.

이 가이드라인을 따르면 설계도 시작할 수 있다는 장점도 있다. 설계는 시작할 때마다 항상 막막하고 어디서부터 시작해야 할지도 모르는 경우가 많다. 이럴 때는 몇 가지 교훈을 잘 알아 두면 설계를 시작하고 초기 결과를 검증하는 데 큰 도움이 된다.

3.4.1 명명 규칙

다른 사람과 설계에 대해 커뮤니케이션하는 데 있어서, 서비스 이름은 다이어그램 못지 않게 중요한 역할을 한다. 비즈니스 및 리소스 접근 계층에서 이름을 구체적으로 짓는 것이 상당히 중요하기에 '더 메서드'에서는 다음과 같은 명명 규칙을 권장한다.

- 서비스 이름은 반드시 파스칼 스타일처럼 두 단어를 조합하는 형태로 짓는다.
- 이름의 접미어는 항상 서비스 타입을 타나낸다. (예, Manager, Engine, (Resource Access의 경우) Access)
- 접두어는 서비스의 종류마다 다르다.
  - 매니저의 경우, 유스케이스에 캡슐화된 변동성과 관련된 명사를 붙여야 한다.
  - 엔진의 경우, 캡슐화된 활동을 표현하는 명사를 붙인다.
  - 리소스액세스의 경우, 서비스를 사용하는 유스케이스에 대해 서비스가 제공하는 데이터와 같은 리소스와 관련된 명사를 붙여야 한다.
- 동명사(gerund, 동사에 'ing'를 붙여서 만든 명사) 형태의 접두어는 엔진에 대해서만 사용한다. 다른 비즈니스 계층이나 접근 계층에 동명사가 나왔다면 기능 분해를 했을 가능성이 아주 높다.
- 원자적 비즈니스 동사를 서비스 이름의 접두어로 사용하면 안 된다. 이런 동사는 리소스 접근 계층에 대한 인터페이스 역할을 하는 계약의 연산 이름으로만 사용해야 한다.

은행 설계 예에서 AccountManager와 AccountAccess라는 서비스 이름은 적절하다고 볼 수 있다. 하지만 BillingManager나 BillingAccess는 기능 분해의 조짐이 보인다. 동명사 이름은 조율이나 접근 변동성을 표현하기보다는 어떤 행위를 의미하기 때문이다. CalculatingEngine도 괜찮은 이름이다. 엔진은 취합, 적응, 계획, 검증, 평가, 계산, 변환, 생성, 규제, 번역, 위치, 검색 등과 같이 어떤 동작을 수행하기 때문이다. 하지만 AccountEngine이란 이름은 활동 변동성에 대한 의미가 전혀 없기 때문에 기능 분해나 도메인 분해의 징후가 강하다.

3.4.2 네 가지 질문

아키텍처에서 서비스와 리소스 계층은 "누구", "무엇", "어떻게", "어디"란 네 가지 질문과 어느 정도 관련이 있다. 시스템과 상호 작용하는 "누구"는 클라이언트에 해당하고, 시스템이 필요로 하는 "무엇"은 매니저에 해당하고, 시스템이 비즈니스 활동을 "어떻게" 수행하는지는 엔진에 담겨 있고, 시스템이 리소스에 "어떻게" 접근하는지는 리소스액세스에 있고, 시스템 상태가 "어디"에 담겨 있는지는 리소스에 있다(그림 3-7).

이런 네 가지 질문은 각 계층과 어느 정도 관련이 있는데, 그 이유는 변동성이 모든 것을 결정하기 때문이다. 예를 들어 "어떻게"란 질문에 대해 변동성이 아주 적거나 전혀 없다면 매니저는 "무엇"과 "어떻게"를 모두 수행할 수 있다.

이 네 질문에 대해 묻고 답하는 활동은 설계의 시작과 검증에 도움이 된다. 완전히 새로 시작하고 어디서부터 시작해야 할지 모르겠다면 이 네 가지 질문에 대한 답을 구하는 것으로 시작하면 된다. "누구"에 해당하는 것을 모두 나열하고, 클라이언트에 해당하는 것을 고른다. 그리고 나서 "무엇"에 해당하는 것을 나열한 뒤, 매니저에 해당하는 것을 고른다. 이렇게 작업한 결과가 완벽하지 않을 것이다. 가령 "무엇"에 해당하는 컴포넌트가 어느 한 매니저에 포함되지 않을 수 있다. 이제 시작일 뿐이다.

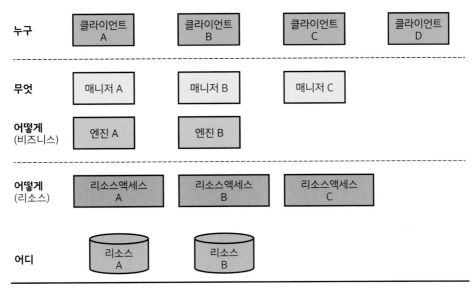

그림 3-7 질문과 계층

설계를 마쳤다면 한 발짝 물러서서 검토한다. 모든 클라이언트가 "누구"에 있고 그 안에 "무엇"에 해당하는 요소가 전혀 없는가? 모든 매니저가 "무엇"에 있고, "누구"나 "어디"의 요소가 조금도 없는가? 앞에서 말했듯이 이런 질문에 대해 대응되는 계층을 찾는 작업은 완벽할 수 없다. 때로는 여러 질문에 걸쳐 있을 수도 있다. 하지만 변동성에 대한 캡슐화에 대해 확신하고 충분히 근거를 댈 수 있다면 그 결정에 대해 더 이상 의심할 필요가 없다. 하지만 확신할 수 없다면 이 질문을 통해 뭔가 문제가 있다고 판단해서 기능 분해가 발생한 부분을 찾을 수 있다.

네 가지 질문은 앞에서 소개한 서비스 명명 규칙에 대한 가이드라인과 잘 어울린다. 매니저의 접두어로 캡슐화된 변동성을 표현한 단어를 붙이면 동사 성격의 "어떻게"가 아닌, "무엇"의 관점에서 대화하기가 자연스러워진다. 엔진의 접두어로 캡슐화된 활동을 표현하는 동명사가 붙는다면 "무엇"이나 "어디"보다는 "어떻게"의 관점에서 대화하는 것이 훨씬 자연스럽다. 마찬가지로 리소스액세스는 그 아래에 있는 리소스에 "어떻게" 접근하는지를 캡슐화한다.

3.4.3 매니저 대 엔진 비율

설계한 결과를 보면 처음 예상보다 엔진 수가 적을 것이다. 무엇보다도 엔진이 존재하려면 근본적으로 캡슐화해야 할 연산에 대한 변동성이 있어야 한다. 다시 말해 뭔가 할 수 있는 방법이 다양해야 한다. 이런 변동성은 흔치 않다. 설계에 엔진이 아주 많다면 무의식적으로 기능 분해를 했기 때문일 수 있다.

필자가 IDesign에서 일하는 동안 수많은 시스템을 다루면서 매니저와 엔진 사이에 황금 비율이 있다는 것을 경험했다. 시스템에 매니서가 단 하나만 있다면 엔신이 없거나 많아야 하나 뿐일 가능성이 높다. 생각해 보자. 시스템이 너무 간단해서 괜찮은 매니저 하나만 있어도 충분하다면 활동에 대한 변동성은 높지만 유스케이스의 종류는 그리 많지 않을 가능성이 얼마나 될까?

일반적으로 시스템에 매니저가 두 개 있다면 엔진이 하나만 있을 것이다. 매니저가 세 개 있다면 엔진은 두 개 있는 것이 가장 적합하다. 시스템에 매니저가 다섯 개나 있다면 엔진은 세 개 정도 있어야 한다. 매니저가 여덟 개라면 설계가 잘못된 것이다. 매니저 수가 많다는 것은 기능 분해나 도메인 분해를 했을 가능성이 매우 높다. 그 정도로 많은 매니저를 사용하는 시스템은 거의 없다. 변동성을 독립적으로 관리해야 할 유스케이스의 종류가 그 정도로 많지 않기 때문이다. 게다가 매니저는 여러 종류의 유스케이스를 지원할 수 있으며, 흔히 여러 가지 서비스 계약이나 서비스의 여러 가지 단면으로 표현된다. 그러면 시스템에 필요한 매니저의 수는 더욱 줄어든다.

3.4.4 주요 특징

'더 메서드'에서 권장하는 사항을 잘 숙지하고 있다면 제대로 설계된 시스템이 가질 만한 품질에 대해 몇 가지 특징을 관찰할 수 있다. 이런 특징에서 멀어질수록 고질적인 기능 분해가 발생했거나 최소한 어설픈 분해가 있다는 뜻이다. 이는 두드러진 변동성 몇 가지는 캡슐화했지만 나머지는 놓쳐서 그렇다.

> **노트** 아키텍처의 다양한 요소에 대해 용어를 명확히 정의하면 여기서 설명하는 특징이나 권장 사항에 대해 커뮤니케이션하기 좋다.

아래로 갈수록 변동성이 줄어야 한다

제대로 설계된 시스템이라면 상위 계층에서 하위 계층으로 내려갈수록 변동성이 줄어야 한다. 클라이언트는 변동성이 상당히 크다. 고객마다 원하는 클라이언트의 형태가 다를 수 있고, 또 다른 서비스에 대해 동일한 형태를 원하기도 한다. 이러한 높은 변동성은 시스템 내부에 필요한 동작과는 무관하다. 매니저를 변경하는 경우도 물론 있지만 클라이언트만큼 많지 않다. 매니저는 유스케이스, 즉 시스템에 필요한 동작이 변경될 때 변경한다. 엔진은 변동성이 매니저보다는 적다. 엔진이 변경되는 경우는 비즈니스 수준에서 특정 활동을 수행하는 방식이 달라질 때다. 이는 활동의 순서를 변경하는 것보다 드물다. 리소스액세스 서비스는 엔진보다 훨씬 변동성이 떨어진다. 리소스에 접근하는 방식이나 리소스 자체를 변경하는 경우가 얼마나 자주 있는가? 활동 순서나 활동 내용은 원자적 비즈니스 동사와 리소스의 대응 관계를 변경하지 않고도 변경할 수 있다. 리소스는 변동성이 가장 적은 컴포넌트다. 시스템의 다른 부분과 비교할 때 변경 주기가 아주 길다.

설계할 때 계층 아래로 갈수록 변동성이 낮아지게 하는 것이 굉장히 중요하다. 하위 계층으로 갈수록 컴포넌트에 의존하는 요소가 많다. 자신이 가장 많이 의존하는 컴포넌트가 변동성도 가장 크다면 시스템은 붕괴된다.

아래로 갈수록 재사용성이 커져야 한다

재사용성(reuse)은 변동성과 반대로 하위 계층으로 갈수록 커져야 한다. 클라이언트는 재사용성이 가장 떨어진다. 클라이언트 애플리케이션은 특정한 플랫폼이나 시장에 맞게 제작하는 것이 일반적이기 때문에 재사용할 수 없다. 예를 들어 웹 포털에 대해 작성된 코드를 데스크톱 애플리케이션에 재사용하기 힘들고, 데스크톱 애플리케이션을 모바일 디바이스에 재사용하기 어렵다. 매니저는 재사용할 수 있다. 여러 클라이언트가 동일한 매니저와 유스케이스를 사용할 수 있기 때문이다. 엔진의 재사용성은 매니저보다 훨씬 높다. 같은 엔진을 여러 매니저가 다양한 유스케이스에 대해 사용하면서 동일한 활동을 수행할 수 있기 때문이다. 리소스액세스 컴포넌트는 재사용성이 매우 높다. 엔진이나 매니저가 호출해서 쓰기 때문이다. 제대로 설계된 시스템에서 재사용성이 가장 높은 요소는 리소스다. 기존 리소스의 재사용성은 새로운 시스템 구현을 도입하는 데 결정적인 요인인 경우가 많다.

소모품에 가까운 매니저

매니저는 세 가지 카테고리(비싸다, 소모품이다, 소모품에 가깝다) 중 하나에 속하게 된다. 매니저가 어디에 속하는지 판단하려면 변경을 요청할 때 나오는 반응을 살펴보면 된다. 변경을 완강히 거부하거나, 비용을 걱정하거나, 변경하면 안 되는 이유를 댄다면, 그 매니저는 비싸고 소모품이 아니라는 뜻이다. 매니저가 비싸면 비대하고 기능 분해의 산물일 가능성이 높다. 변경 요청에 대해 대수롭지 않게 여긴다면 그 매니저는 소모품이라고 볼 수 있다. 소모품 같은 매니저는 설계 결함이자 아키텍처가 뒤틀린 것이다. 이런 매니저는 유스케이스 변동성을 캡슐화하기 위한 실질적인 목적 없이, 오로지 설계 가이드라인을 만족시키려고 있는 경우가 많다.

하지만 변경을 요구할 때 심사숙고하면서 그 매니저를 유스케이스에서 어떤 식으로 변형시켜야 할지 고민하게 된다면 (게다가 필요한 작업량을 잠시 가늠해 본다면) 그 매니저는 소모품에 가깝다는 뜻이다. 이런 매니저가 엔진과 리소스액세스를 조율하고, 순서 변동성을 캡슐화하는 역할만 하고 있다면, 대단한 매니저 서비스라고 볼 수 있다. 소모품에 가깝지만 말이다. 제대로 설계된 매니저 서비스라면 이렇게 소모품에 가까워야 한다.

3.5 서브시스템과 서비스

매니저와 엔진과 리소스액세스는 모두 그 자체로 서비스다. 매니저와 엔진과 리소스액세스 사이의 응집도 높은 상호 작용을 통해 외부 사용자에 대한 하나의 논리적인 서비스를 구성할 수 있다. 이렇게 상호작용하는 서비스 집합을 하나의 논리적인 서브시스템으로 볼 수 있다. 이런 서비스는 시스템의 수직 슬라이스(vertical slice)로 묶는다(그림 3-8). 그리고 각 수직 서비스마다 유스케이스를 구현한다.

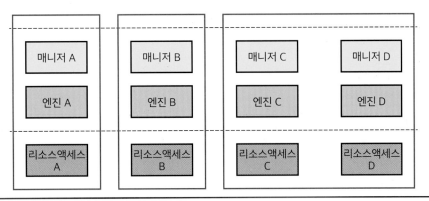

그림 3-8 수직 슬라이스 형태의 서브시스템

시스템을 여러 서브시스템으로 너무 잘게 나누지 않도록 주의한다. 서브시스템은 몇 개만 으로도 충분한 경우가 많다. 마찬가지로 서브시스템 하나당 매니저 수는 3개를 넘지 않아 야 한다. 그러다 보면 시스템 전체에 존재하는 매니저 수는 늘어날 수 있다.

3.5.1 점진적 구축

시스템이 간단하고 크기도 작은 편이라면 그 시스템의 비즈니스 가치를 제공하기 위해, 즉 유스케이스의 실행을 위해 아키텍처를 구성하는 모든 컴포넌트를 사용할 것이다. 이런 시 스템은 엔진이나 리소스액세스 컴포넌트만 릴리스할 일이 없다.

시스템의 규모가 크면 그림 3-8에 나온 수직 슬라이스와 같은 특정 서브시스템이 독립적 으로 존재하면서 비즈니스 가치를 직접 제공할 수 있다. 이런 시스템은 구축하는데 비용 도 많이 들고 완성하는 데 걸리는 시간도 길다. 이럴 때는 시스템을 프로젝트 마지막 단 계에 한 번에 릴리스하기보다는, 단계별로 한 번에 한 슬라이스씩 구축하는 것이 바람직 하다. 이렇게 고객의 피드백도 시스템이 완료되고 나서가 아닌, 점진적으로 릴리스할 때마 다 받을 수 있다.

작은 시스템과 큰 시스템 모두 올바른 구축을 위해 다음과 같은 원칙을 따라야 한다.

설계는 반복적으로, 구축은 점진적으로

이 원칙은 어떤 분야나 업계에도 적용된다. 예를 들어 여러분이 구입한 조그만 땅에 집을 직접 짓는다고 생각해 보자. 아무리 뛰어난 건축가라도 집에 대한 설계를 한 번에 완성할 수 없을 것이다. 자금과 거주인과 스타일과 시간과 리스크 등과 같은 제약 사항을 고려하고 문제를 정의하는 과정을 반복하기 마련이다. 처음에는 간략한 스케치로 시작해서 설계도로 발전하고, 여러 차례 평가하고 개선하게 된다. 이런 과정을 여러 차례 반복하다 보면 언젠가 설계도가 수렴하게 된다. 시공 단계로 넘어가서도 이렇게 반복적으로 할 수 있을까? 먼저 두 사람용 텐트로 시작해서 4인용 텐트로 개선하고, 소규모 그늘막으로 키운 뒤에 조그만 집을 짓고, 마지막으로 큰 집을 짓는 식으로 진행할 수 있을까? 이런 시공 방식은 생각조차 할 수 없다. 일반적으로 땅을 파서 토대를 다지고, 벽을 세워 한 층을 만든 후, 전기나 수도를 연결하고, 다음 층을 올리고, 마지막으로 지붕을 덮는다. 한마디로 점진적으로 시공하는 것이다. 건축주가 토대만 사용하거나 지붕만 필요로 하는 경우는 거의 없다. 아주 조그만 집이라면 점진적으로 구축하는 소프트웨어 시스템과 마찬가지로 완성되기 전에는 실질적인 가치가 없다. 하지만 여러 층 건물이라면, 점진적으로 구축하면서 그 가치도 점차 증가할 수 있다. 대규모 소프트웨어 시스템에서 "한 번에 한 슬라이스씩" 구축하는 것처럼, 한 번에 한 층만 올리도록 설계할 수 있다.

또 다른 예로 자동차 조립을 들 수 있다. 자동차 회사에서 차를 설계할 때는 한 팀을 이루는 여러 디자이너가 여러 차례 반복하면서 설계도를 완성한다. 하지만 제조 단계로 넘어가면 처음에는 스케이트보드에서 시작했다가 스쿠터로 발전시키고, 이어서 자전거로 확장한 뒤, 오토바이로 만들고 마지막에 자동차로 완성하는 식으로 제조 공정을 구성하지 않는다. 자동차는 점진적으로 조립한다. 먼저 차체를 용접하고, 엔진 블록과 볼트로 연결하고, 좌석을 장착하고, 타이어를 붙이는 식으로 작업한다. 차체 도색을 하고, 대시보드를 장착하고, 마지막으로 천이나 가죽을 씌운다.

반복적인 방식이 아닌, 점진적인 방식으로 구축해야 하는 이유는 두 가지다. 첫째, 반복적으로 구축하면 낭비가 엄청나고 실제로 그렇게 하기도 어렵다(오토바이를 자동차로 변경하는 것은 그냥 차 한 대 만드는 것보다 훨씬 힘들다). 둘째, 무엇보다도 반복적으로 구축할 때의 중간 결과는 아무런 가치가 없다. 고객은 아이들을 학교에 데려다 주기 위한 차가 필요한데 오토바이를 제시하면 누가 사겠는가?

점진적으로 구축하면 시간과 비용에 대한 제약을 적절히 대처할 수 있다. 꿈꾸던 4층짜리 집을 설계하더라도 1층집을 지을 정도의 예산만 갖고 있다면 할 수 있는 일은 둘 중 하나다. 하나는 1층집 예산으로 4층집을 짓는 것이다. 모든 벽을 저렴한 합판으로 만들고, 창문은 플라스틱으로 달고, 화장실은 재래식으로 만들고, 바닥은 흙으로 깔고, 초가지붕으로 덮으면 된다. 다른 하나는 4층짜리 집 중 1층만이라도 제대로 짓는 것이다. 나중에 예산을 더 확보하면, 그때 2층과 3층을 하나씩 올리면 된다. 십 년이 지나서야 집을 완성하더라도 원래 설계에서 벗어나지는 않을 것이다.

아키텍처에서 허용하는 범위 안에서 시간을 두고 점진적으로 구축할 수 있으려면 아키텍처가 제대로 되어 있고 그 상태를 유지한다는 전제 조건을 만족해야 한다. 기능 분해를 하면 끊임없이 쓰레기가 휘날리는 상황에 처하게 된다. 기능 분해만 아는 사람은 반복적으로 구축하는 것밖에 모른다고 볼 수 있다. 변동성 기반 분해를 하면 올바른 방향으로 나갈 가능성이 있다.

확장성

시스템을 수직 슬라이스로 구성하면 확장성을 높일 수 있다는 장점도 있다. 시스템을 분해해서 기존 컴포넌트에 망치질을 하는 것은 올바른 확장 방식이 아니다. 확장성을 고려해서 올바르게 설계했다면 기존 요소는 건드리지 않으면서 시스템 전체를 확장할 수 있어야 한다. 집을 짓는 비유로 다시 돌아가보면, 나중에 시간이 지나 1층집에 한 층을 더 올리고 싶다면, 애초에 1층이 윗 층의 하중을 견딜 수 있고, 배관을 비롯한 여러 시설을 2층으로 확장할 수 있도록 설계됐어야 한다. 2층을 추가하기 위해 1층을 철거하고 처음부터 다시 1층과 2층을 짓는 방식은 확장이 아니라 재작업이다. '더 메서드'에서 제시하는 설계 기법은 확장성을 지향한다. 새로운 슬라이스나 시스템을 그저 추가하면 되는 방식으로 말이다.

3.5.2 마이크로서비스

나는 마이크로서비스(microservices)란 개념의 개척자 중 한 사람이다. 2006년 초에 책이나 강연에서 시스템을 구축할 때 모든 클래스를 서비스로 구성해야 한다고 주장했다.[8][9] 그러기 위해서는 서비스를 세밀한 수준으로 제공할 수 있는 기술이 필요하다. 바로 그 때문에 WCF(Windows Communication Foundation)를 확장해서 모든 클래스를 서비스로 취급하는 한편, 클래스에 대한 기존 프로그래밍 모델은 유지하도록 만들었다.[10] 당시

---

8   https://wikipedia.org/wiki/Microservices#History

9   Juval Löwy, Programming WCF Services, 1st ed. (O'Reilly Media, 2007), 543–553

10   Löwy, Programming WCF Services, 1st ed., pp. 48–51; Juval Löwy, Programming WCF Services, 3rd ed. (O'Reilly Media, 2010), 74–75

에는 이런 서비스를 "마이크로서비스"라고 부르지 않았다. 그때는 지금의 마이크로서비스란 개념이 없다고 생각했다. 마이크로서비스란 건 없고, 그냥 서비스만 있을 뿐이었다. 비유를 들어 설명해 보자. 내 차에 장착된 8인치 크기의 워터 펌프는 자동차의 운행에 핵심적인 서비스를 제공한다. 한편 우리 동네 전체에 수도를 공급하는 데 사용되는 수자원 공사에서 운영하는 워터 펌프 역시 중요한 서비스를 제공하는데, 크기는 8피트에 이른다. 이처럼 거대한 펌프가 등장한다고 내 차에 달린 작은 펌프가 갑자기 '마이크로' 펌프가 되는 것은 아닌 것과 비슷하다. 이처럼 마이크로서비스란 개념의 출처를 제대로 이해하려면 서비스 지향(service-orientation)의 역사를 되짚어볼 필요가 있다.

역사와 문제점

서비스 지향이란 개념이 등장하기 시작하던 2000년대 초반, 자사의 시스템 전체를 하나의 서비스라고 내놓는 회사가 많았다. 이렇게 나온 괴물 같은 모놀리식 시스템은 워낙 복잡해서 유지보수와 확장이 거의 불가능할 정도였다. 그 후 10여 년의 고통스러운 시간이 지나 업계는 그런 방식이 잘못됐음을 깨닫고 보다 작은 단위의 서비스를 요구하기 시작했는데, 이를 마이크로서비스라고 부르게 됐다. 일반적으로 **마이크로서비스(microservice)**는 도메인이나 서브시스템에 해당한다. 다시 말해 그림 3-8에 붉은 박스로 표시한 슬라이스에 해당한다. 현재 이 개념을 현장에 적용하면서 세 가지 문제가 드러났다.

첫 번째 문제는 서비스의 수가 제한된다는 것이다. 서비스는 큰 것보다 작은 것이 좋다면서 서브시스템 수준 이하로는 내려가지 않는 이유는 뭔가? 세부 서비스 단위라고 보기에는 서브시스템은 여전히 크다. 그렇다면 서비스를 서브시스템의 구성 요소로 삼으면 안 될까? 서비스의 장점을 최대한 아키텍처의 하위 계층으로 내려야 한다. '더 메서드'에서 권장하는 서브시스템에서 매니저와 엔진과 리소스액세스 컴포넌트는 모두 서비스여야 한다.

> **노트**   서비스의 세밀한 정도(granularity)는 부록 B에서 자세히 다룬다. 서브시스템에 대응되는 몇 가지 거대한 서비스만으로 구성된 설계가 바람직하지 않은 이유도 설명한다.

두 번째 문제는 업계에서 마이크로서비스 설계를 할 때 기능 분해하는 경우가 만연하다는 것이다. 이것만으로도 마이크로서비스란 개념의 싹을 잘라버리게 된다. 이런 식으로 마이크로서비스를 구축하면 기능 분해뿐만 아니라 서비스 지향에 대한 복잡도를 감당해야 하는데 그러면 서비스를 모듈화 하는 장점을 하나도 얻지 못하게 된다.

이러한 이중 타격은 대다수의 프로젝트가 감당할 수 있는 수준을 넘어설 수 있다. 실제로 나는 마이크로서비스야말로 소프트웨어 역사에서 가장 큰 실패가 될까봐 걱정된다. 서비스를 유지보수할 수 있고, 재사용 가능하고, 확장 가능하게 만들 수는 있지만, 이런 식으로는 할 수 없다.

세 번째 문제는 통신 프로토콜과 관련 있다. 통신 프로토콜은 아키텍처보다는 세부 설계에 따라 선택하는 경우가 많긴 하지만, 이러한 결정에 관련된 문제도 짚고 넘어갈 필요가 있다. 거의 모든 마이크로서비스는 이 책을 쓰는 시점을 기준으로 REST/웹API와 HTTP로 통신한다. 기술 벤더나 컨설턴트는 대부분 이런 구성을 추천하는데, 누구나 최소한의 공통 요소를 사용하게 되면 유리한 점이 있기 때문이 아닌가 생각한다. 하지만 이 프로토콜은 본래 공개 서비스를 위해 시스템의 게이트웨이로 사용하도록 설계된 것이다. 일반적으로 제대로 설계된 시스템이라면 내부와 외부에서 동일한 통신 메커니즘을 사용하면 안 된다.

예를 들어 내 노트북에는 스토리지라는 굉장히 중요한 서비스를 제공하는 드라이브가 있다. 이 노트북은 나의 DNS 요청에 대해 네트워크 라우터가 제공하는 서비스와 이메일 서비스를 제공하는 SMTP 서버를 사용한다. 외부 서비스 용도로는 TCP/IP를 사용한다. 드라이브와 같은 내부 서비스는 SATA를 사용한다. 노트북만 봐도 이처럼 내부와 외부에서 핵심 기능을 수행하는 데 여러 가지 특화된 프로토콜을 사용한다.

또 다른 예로 사람 몸을 들 수 있다. 간은 신진대사라는 굉장히 중요한 서비스를 제공한다. 또한 사람은 여러 고객과 기관에게 중요한 서비스를 제공하며 자연어(한국어나 영어)로 의사소통한다. 하지만 간과 소통할 때는 언어 대신 신경과 호르몬을 사용한다.

외부 서비스에서 사용하는 프로토콜은 대체로 대역폭이 낮고, 느리고, 비싸고, 에러가 발생하기 쉽다. 이런 속성은 디커플링(decoupling, 분리)의 정도가 굉장히 높다는 것을 의미한다. 안정성이 떨어지는 HTTP는 외부 서비스로는 적합할지 몰라도, 서비스와 통신이 정확해야 하는 내부 서비스 용도로는 사용해선 안 된다.

서비스 사이의 통신에 사용할 프로토콜을 잘못 선택하면 그 결과는 치명적이다. 시스템에서 이런 일이 발생하면 상사에게 보고할 수 없거나 고객과 문제가 생기긴 해도 목숨이 위태로울 정도는 아니지만, 간과 의사소통이 제대로 되지 않는다면 목숨을 잃게 된다.

서비스 수준에 대해서도 특수화와 효율성이란 관점에서 문제가 있다. 내부 서비스끼리 HTTP로 통신하는 것은 마치 사람 몸 속의 장기들이 언어로 소통하는 것과 같다. 아무리 명확하고 이해하기 쉽게 말하더라도, 내부 서비스끼리 소통하기에는 적응력이나 성능이나 어휘 관점에서 부족하다.

엔진이나 리소스액세스와 같은 내부 서비스는 빠르고, 안정적이고, 성능이 뛰어난 통신 채널을 사용해야만 한다. 예를 들면 TCP/IP, 네임드 파이프(named pipe), IPC, 도메인 소켓, 서비스 패브릭 리모팅, 커스텀 인메모리 인터셉션 체인, 메시지 큐 등이 있다.

3.6   개방형 아키텍처와 폐쇄형 아키텍처

계층형 아키텍처(layered architecture)라면 개방형과 폐쇄형 중 한 가지 모델을 채용한다. 이 절에서는 두 가지 모델을 비교해 본다. 이를 통해 서비스 분류의 관점에서 몇 가지 설계 가이드라인을 얻을 수 있다.

3.6.1 개방형 아키텍처

개방형 아키텍처(open architecture)란, 컴포넌트는 자신이 속한 계층에 관계없이 모든 컴포넌트를 호출할 수 있다. 컴포넌트는 상위 계층, 하위 계층, 동일한 계층에 대해 마음껏 호출할 수 있다. 개방형 아키텍처는 최상의 유연성을 제공한다. 하지만 이런 유연성을 확보하려면 캡슐화를 희생하고 상당한 수준의 결합도를 갖춰야 한다.

예를 들어 그림 3-4에서 엔진이 리소스를 직접 호출한다고 생각해 보자. 이렇게 호출하는 것은 기술적으로 얼마든지 가능하지만, 리소스를 교체하거나 리소스에 접근하는 방식만 변경하려면 엔진까지 다 바꿔야 한다. 그렇다면 클라이언트가 리소스액세스 서비스를 직접 호출하는 경우는 어떨까? 리소스를 직접 호출하는 것보다는 낫지만, 비즈니스 로직을 모조리 클라이언트로 옮겨야 한다. 그래서 비즈니스 로직을 조금이라도 변경하려면 클라이언트도 바꿔야 한다.

상위 계층으로 호출하는 것도 바람직하지 않다. 그림 3-4에서 UI의 일부 컨트롤을 업데이트하기 위해 매니저가 클라이언트를 직접 호출한다면 어떻게 될까? UI의 변경 사항에 맞게 매니저도 적절히 대응해야 한다. 그러면 클라이언트의 변동성이 매니저로도 옮겨가는 것이다.

같은 계층끼리 호출하는 것도 결합도를 상당히 높이게 된다. 그림 3-4에서 Manager A가 Manager B를 호출한다고 생각해 보자. 이때 Manager B는 어떤 유스케이스에서 Manager A가 수행하는 활동에 불과하다. 매니저는 독립적인 유스케이스들을 캡슐화하는 역할을 담당해야 한다. 그렇다면 이 상황에서 Manager B의 유스케이스가 Manager A의 유스케이스와 독립적이라고 볼 수 있을까? Manager B가 활동을 수행하는 방식을 조금이라도 변경하면 Manager A도 변경해야 한다. 그림 2-5에서 본 문제가 발생하는 것이다. 이처럼 같은 계층끼리 호출하면 거의 대부분 매니저 수준에서 기능 분해가 발생하게 된다.

그렇다면 Engine A가 Engine B를 호출하는 경우는 어떨까? Engine B는 Engine A와 활동의 변동성이 분리되어 있어서 괜찮지 않을까? 이 경우도 마찬가지로 Engine끼리 호출하는 경로에서 기능 분해가 발생할 가능성이 높다.

개방형 아키텍처를 사용할 때는 계층을 도입해서 나아질 것이 없다. 일반적으로 소프트웨어 공학에서 유연성을 확보하기 위해 캡슐화를 희생하는 것은 바람직하지 않다고 본다.

3.6.2 폐쇄형 아키텍처

폐쇄형 아키텍처(closed architecture)는 상위 계층에 대한 호출이나 동일한 계층 사이의 호출을 허용하지 않음으로써 계층화의 장점을 극대화한다. 하위 계층에 대한 호출도 금지하면 계층 사이의 디커플링은 극대화할 수 있지만, 활용도가 떨어지는 설계가 나올 수 있다. 폐쇄형 아키텍처는 계층 사이에 틈을 열어 한 계층에 있는 컴포넌트가 인접한 하위 계층의 컴포넌트로 호출할 수 있다. 어느 한 계층에 속한 컴포넌트는 바로 윗 계층에 있는 컴포넌트에게 서비스와 같은 역할을 하는 셈이지만, 그 아래에서 발생하는 일은 캡슐화된다. 폐쇄형 아키텍처는 유연성을 희생함으로써 캡슐화를 확보한다. 그래서 디커플링 수준이 높아진다. 캡슐화를 희생하여 유연성을 확보하는 것보다는 대체로 더 낫다.

3.6.3 반폐쇄형(semi-closed) / 반개방형(semi-open) 아키텍처

개방형 아키텍처에서 상위 계층, 하위 계층, 동일한 계층끼리 호출할 수 있게 함으로써 명백히 발생하는 문제점은 쉽게 나열할 수 있다. 하지만 이런 계층 간 호출이 나쁜 정도는 모두 같을까? 최악은 위로 호출하는 것이다. 이런 호출은 계층이 서로 결합될 뿐만 아니라, 상위 계층의 변동성이 하위 계층으로 전파되는 문제가 있다. 다음으로 나쁜 것은 같은 계층끼리 호출하는 것이다. 이런 호출은 같은 계층에 있는 컴포넌트들을 서로 결합시키기 때문이다. 폐쇄형 아키텍처는 바로 아래 계층에 대한 호출을 허용하는데, 만약 몇 계층 아래까지 호출할 수 있게 하면 어떻게 될까? 이렇게 여러 계층 아래에 대한 호출을 허용하는 아키텍처를 **반폐쇄형/반개방형 아키텍처(semi-closed/semi-open architecture)**라고 한다. 이 방식도 마찬가지로 유연성과 성능을 높이기 위해 캡슐화를 희생한 것이므로 바람직하지 않다.

그런데 반폐쇄형/반개방형 아키텍처는 두 가지 고전적인 경우에 대해서는 사용해도 된다. 첫 번째 경우는, 인프라스트럭처에서 성능을 극대화해야 할 핵심 요소를 설계하는 과정에서 적용된다. 이때 여러 계층을 하나씩 거쳐가게 만들면 성능에 나쁜 영향을 미친다. 예를 들어 네트워크 통신에 대한 OSI(Open Systems Interconnection)의 7계층 모델을 생각해 보자.[11] TCP 스택을 이 모델에 따라 구현하면 호출 과정에서 일곱 계층을 거치는 오버헤드를 감당해야 한다. 그래서 융통성을 적절히 발휘하여 반폐쇄형/반개방형 아키텍처를 적용하여 구현한다. 두 번째 경우는, 변경 사항이 거의 발생하지 않는 코드베이스에 적용된다. 이런 코드베이스는 캡슐화가 덜 되고 결합도가 높아져도 문제 없다. 이 코드에 대한 유지 보수 활동이 거의 없기 때문이다. 이처럼 코드를 변경할 일이 거의 없는 대표적인 예로 네트워크 스택 구현이 있다.

반폐쇄형/반개방형 아키텍처가 적합한 경우는 따로 있다. 하지만 대부분의 시스템은 반폐쇄형/반개방형 아키텍처를 적용해야 할 만큼의 성능을 요구하거나 코드베이스가 거의 변하지 않는 경우는 거의 없다.

---

11 https://en.wikipedia.org/wiki/OSI_model

3.6.4 규칙 완화

실전 비즈니스 시스템은 폐쇄형 아키텍처를 채용하는 것이 가장 바람직하다. 앞 절에서 설명한 개방형 및 반개방형 아키텍처는 꼭 필요한 경우가 아니라면 적용할 일이 없다.

폐쇄형 아키텍처를 채용한 시스템은 결합도가 가장 낮고 캡슐화가 가장 높지만, 유연성은 가장 떨어진다. 이처럼 낮은 유연성은 거쳐야 할 중간 계층도 많고 간접적으로 접근해야 하기 때문에 복잡도가 비잔틴 수준으로 높기 때문에 너무 융통성 없이 설계하는 것은 바람직하지 않다. '더 메서드'는 시스템의 캡슐화나 결합도를 희생하지 않으면서 복잡도와 오버헤드를 낮추기 위해 폐쇄형 아키텍처의 규칙을 다소 느슨하게 적용한다.

유틸리티 호출

폐쇄형 아키텍처에서는 유틸리티에 대한 고민이 필요하다. 런타임 이벤트를 기록하는 Logging 서비스를 생각해 보자. Logging을 리소스로 분류하면 리소스액세스에서 Logging을 사용할 수 있지만 매니저는 사용할 수 없다. Logging을 매니저와 동일한 수준에 두면 클라이언트만 로그를 남길 수 있다. 거의 모든 컴포넌트가 사용하는 Security나 Diagnostics 서비스도 마찬가지다. 한 마디로 폐쇄형 아키텍처의 계층 사이에 유틸리티를 놓을 적합한 위치는 없다. '더 메서드'는 그림 3-4와 같이 유틸리티를 여러 계층에 걸친 수직 바에 두는 것을 제안한다. 이렇게 하면 모든 계층에 걸칠 수 있어서 아키텍처에 있는 모든 컴포넌트가 사용할 수 있다.

간혹 자신이 만든 컴포넌트가 모든 계층에 직접 접근할 수 있도록 유틸리티로 만드는 경우가 있다. 아무 컴포넌트나 유틸리티로 만들 수는 없다. 유틸리티가 될 수 있는지 확인하려면 다른 시스템(예, 스마트 카푸치노 머신)에서도 알맞게 사용할 수 있는지 검사해 보면 된다. 예를 들어 스마트 카푸치노 머신은 사용자가 커피를 마실 수 있는지 확인하기 위해 Security 서비스를 사용할 수 있다. 마찬가지로 카푸치노 머신은 사무실에 근무하는 직원들이 커피를 얼마나 마시는지 로그를 남기고, 진단을 수행하고, 커피가 다 떨어지면 알림을 보내는 Pub/Sub 서비스를 사용할 수 있으면 좋다. 이런 기능은 유틸리티 서비스로 캡슐화하기 적합하다. 반면 카푸치노 머신에서 모기지 대출 이자를 계산하는 서비스를 유틸리티로 만드는 것은 설득력이 떨어진다.

비즈니스 로직에 의한 리소스액세스 호출

이 가이드라인은 다소 간접적이긴 하지만 나름 중요하므로 따로 설명할 필요가 있다. 매니저와 엔진이 동일한 계층에 있기 때문에 폐쇄형 아키텍처의 원칙에 어긋나지 않고도 리소스액세스 서비스를 호출할 수 있다(그림 3-4). 매니저가 리소스액세스를 호출할 수 있다는 사실은 매니저와 엔진을 정의하는 섹션을 통해 도출할 수 있다. 엔진을 사용하지 않는 매니저는 내부에 있는 리소스에 반드시 접근할 수 있어야 한다.

엔진을 호출하는 매니저

매니저는 엔진을 직접 호출할 수 있다. 매니저와 엔진은 상세 설계 수준에서 구분된다. 엔진은 사실 매니저의 워크플로 안의 활동을 구현하는 데 사용되는 전략 디자인 패턴(Strategy design pattern)[12]이다. 따라서 매니저에서 엔진으로 호출하는 것은 엄밀히 말하면 매니저끼리 호출하는 것처럼 수평적인 호출 관계가 아니다. 다르게 생각하면 엔진은 매니저와는 다른(수직) 평면에 존재한다고 볼 수 있다.

큐잉된 매니저 사이의 호출

매니저끼리 직접 호출하면 안 되지만, 큐에 담아서 호출할 수는 있다. 이때 폐쇄형 아키텍처 원칙에 어긋나지 않은 이유에 대해 기술적인 설명과 의미적 설명을 제시할 수 있다.

기술적인 설명은 큐에 저장된 호출의 작동 원리에 대한 것이다. 클라이언트가 큐에 저장된 서비스를 호출할 때, 클라이언트는 서비스에 대한 프록시와 상호 작용한다. 이 프록시는 전달받은 메시지를 서비스의 메시지 큐에 저장한다. 큐 리스너 개체는 큐를 모니터링하고 있다가 새로운 메시지가 오면 큐에서 빼서 해당 서비스를 호출한다. '더 메서드'에서 제시하는 구조에 따르면, 매니저가 다른 매니저에 대한 호출을 큐에 저장할 때, 리소스액세스가 내부에 있는 리소스에 대한 프록시가 된다. 다시 말해 호출이 수평으로 전달되는 것이 아니라 아래로 내려간다. 큐 리스너는 사실 시스템에 있는 다른 클라이언트인 셈이고, 호출 대상이 되는 매니저를 향해 아래로 호출하는 것이다. 실제로는 호출이 수평으로 전달되는 것이 아니다.

---

12 Erich Gamma, Richard Helm, Ralph Johnson, and John Vlissides, Design Patterns: Elements of Reusable Object-Oriented Software (Addison-Wesley, 1994)

의미적 설명은 유스케이스의 본질에 대한 것이다. 비즈니스 시스템에 있는 유스케이스를 실행할 때, 상당히 지연된 상태로 잠복해 있는 다른 유스케이스도 덩달아 실행하게 되는 경우가 상당히 많다. 예를 들어 어떤 유스케이스를 실행하는 매니저가 월말에 분석하기 위해 시스템 상태를 저장해야 한다고 생각해 보자. 매니저는 이런 플로를 중단할 필요 없이, 분석 요청을 다른 매니저에게 큐로 전달할 수 있다. 이를 받은 매니저는 월말에 요청을 큐에서 꺼내서 분석 워크플로를 수행하면 된다. 두 유스케이스는 서로 독립적일 뿐만 아니라 시간 축을 기준으로 서로 분리되어 있다.

아키텍처 개방

아무리 뛰어난 가이드라인을 제시하더라도 시간이 흐를수록 좌우 또는 윗 방향으로 호출하는 것처럼 폐쇄형 아키텍처의 원칙에 어긋나는 행위를 수행하면서 아키텍처를 점점 개방시키는 개발자가 나오기 마련이다. 이때 바람직하지 않은 행위를 근절시키거나 무조건 가이드라인을 따르도록 강요하면 안 된다. 이런 행위는 가이드라인을 어길 수밖에 없는 내부적인 요구 사항이 발생했다는 것을 의미한다. 이런 요구사항은 폐쇄형 아키텍처 원칙에 맞게 제대로 해결해야 한다. 예를 들어 설계 단계나 코드 리뷰 단계에서 어떤 매니저가 다른 매니저를 직접 호출하는 경우를 발견했다고 생각해 보자. 이렇게 만든 개발자는 원래 유스케이스에 맞게 다른 유스케이스를 실행하려다 보니 새로운 요구 사항이 발생했기 때문에 직접 호출했다고 항변할 수 있다. 하지만 두 번째 매니저가 즉시 작동해야 하는 경우는 그리 많지 않다. 매니저 사이의 호출을 큐를 통해 처리하는 것이 바람직한 설계며 수평 호출도 제거할 수 있다.

또 다른 예로 매니저가 클라이언트를 향해 위로 호출하는 부분을 발견한 경우를 생각해 보자. 이는 폐쇄형 아키텍처 원칙을 크게 어긋난 것이다. 해당 개발자는 뭔가 일이 발생하면 클라이언트에 알려야 하기에 이렇게 할 수밖에 없었다고 주장한다. 이유는 타당하지만 위로 호출하는 것은 바람직한 해결 방법이 아니다. 시간이 지날수록 이렇게 알림을 받아야 할 클라이언트가 나타나거나 반대로 클라이언트에게 알림을 보내야 할 매니저도 더 나타나기 마련이다. 이벤트를 누가 누구에게 알리는지에 대한 변동성은 내부적으로 존재한다. 이런 변동성은 유틸리티 영역에 있는 Pub/Sub 서비스로 캡슐화해야 한다. 그러면 당연히 매니저가 유틸리티를 호출할 수 있다. 나중에 이벤트를 수신하는 클라이언트나 알림을 전달할 매니저를 추가하기가 아주 쉬워지며, 그 과정에서 시스템에 좋지 않은 영향을 미칠 일도 없게 된다.

3.6.5 설계할 때 "해선 안 되는 것"

지금까지 서비스와 계층에 대한 정의를 소개했다. 이번에는 설계할 때 하지 말아야 할 것들을 나열해 보자. 지금까지 설명을 들은 독자들은 당연한 얘기라고 생각할 수 있겠지만, 내 경험에 비춰볼 때 상당수는 제대로 이해하지 못하고 있다. 사람들이 "해선 안 되는 것"에 대한 가이드라인에 어긋나는 행동을 하는 주된 이유는 기능 분해를 하고 있지만 본인은 그러지 않는다고 생각하기 때문이다.

지금부터 소개하는 항목 중에서 자신에게 해당되는 것이 있다면 반성할 필요가 있다. 어느 하나라도 어겼다면 경고 메시지로 받아들이고 무엇을 잘못했는지 돌아보기 바란다.

- 동일한 유스케이스에서 클라이언트가 여러 매니저를 호출하면 안 된다. 그런 일이 발생한다는 것은 매니저 사이의 결합도가 강하다는 뜻이며, 서로 다른 유스케이스나 서브시스템이나 슬라이스를 표현한다고 볼 수 없게 된다. 클라이언트의 매니저 호출이 사슬처럼 이어져 있다는 것은 기능 분해를 했다는 뜻이며, 클라이언트가 내부 기능을 서로 엮어야 한다(그림 2-1). 클라이언트는 여러 매니저를 호출할 수는 있지만 동일한 유스케이스에서 그러면 안 된다. 예를 들어 클라이언트가 매니저 A를 호출해서 유스케이스 1을 수행한 다음, 매니저 B를 호출해서 유스케이스 2를 수행하는 것은 가능하다.

- 클라이언트가 엔진을 호출하면 안 된다. 비즈니스 계층에 대한 진입점이 될 수 있는 것은 매니저뿐이다. 매니저는 시스템을 대표하고, 엔진은 내부 계층을 구체적으로 구현한 것이다. 클라이언트가 엔진을 호출하면 유스케이스의 순서와 이에 관련된 변동성이 클라이언트에게 전파되어 비즈니스 로직을 오염시킬 수밖에 없다. 클라이언트가 엔진을 호출한다는 것은 기능 분해를 했다는 보증 수표와 같다.

- 동일한 유스케이스에서 매니저 사이의 호출을 큐에 저장할 때, 호출 대상이 되는 매니저가 여러 개면 안 된다. 큐에 저장된 호출 하나를 두 매니저가 받을 수 있다면 세 매니저가 받는 것도 가능하게 된다. 이런 식으로 확장하면 모든 매니저가 호출될 수도 있다. 큐에 저장된 호출 하나에 대해 두 개 이상의 매니저가 응답해야 한다면 여러 매니저가 응답할 필요가 있다는 뜻이다. 어쩌면 모든 매니저가 응답해야 하는 것일 수도 있다. 이럴 때는 Pub/Sub 유틸리티 서비스로 만들어야 한다.

- 큐에 저장된 호출을 엔진이 받으면 안 된다. 엔진은 공공재와 같아서 매니저에 대한 변동성이 있는 활동을 수행하기 위해 존재한다. 엔진 자체만으로는 의미가 없다. 정의에 따르면 큐에 저장된 호출은 시스템에 있는 다른 대상과 독립적으로 실행될 수 있다. 다

른 유스케이스나 활동과 분리된, 엔진 활동만 수행하는 것은 비즈니스 관점에서 아무런 의미가 없다.

- 큐에 저장된 호출을 리소스액세스 서비스가 받아서는 안 된다. 엔진에 적용된 가이드라인과 마찬가지로 리소스액세스 서비스도 매니저나 엔진에게 서비스를 제공하기 위해 존재하며, 그 자체만으로는 아무런 의미가 없다. 시스템 전체에서 어떤 리소스에 독립적으로 접근할 수 있게 하는 것은 비즈니스 관점에서 아무런 의미가 없다.

- 클라이언트가 이벤트를 발행(publish)해서는 안 된다. 이벤트는 클라이언트나 매니저가 알 필요가 있는 시스템 상태가 변한다는 것을 표현한다. 클라이언트는 자기 자신(또는 다른 클라이언트)에게 알림을 보낼 필요가 없다. 또한 이벤트를 발행할 필요가 있는지 알아내려면 시스템 내부에 대한 정보가 필요한 경우가 많다. 이런 정보는 클라이언트가 알아서는 안 된다. 하지만 기능 분해를 하면, 클라이언트가 시스템이므로 이벤트를 발행할 필요가 있다.

- 엔진에서 이벤트가 직접 발행되면 안 된다. 이벤트를 발행하려면 시스템의 변화를 감지하고 이에 대응할 수 있어야 하는데, 일반적으로 매니저가 수행하는 유스케이스에 해당한다. 어떤 활동을 수행하는 엔진활동의 문맥이나 유스케이스 상태에 대해 자세히 알 수 없다.

- 리소스액세스 서비스에서 이벤트를 발행하면 안 된다. 리소스액세스 서비스는 시스템에 있는 리소스에 대한 상태를 알 길이 없다. 이런 정보와 그에 따른 동작은 반드시 매니저 안에 존재해야 한다.

- 리소스에서 이벤트를 발행하면 안 된다. 리소스에서 이벤트를 발행할 필요가 있다는 것은 강하게 결합된 기능을 분해했기 때문인 경우가 많다. 리소스액세스의 경우와 마찬가지로 이런 비즈니스 로직은 반드시 매니저 안에 있어야 한다. 매니저가 시스템 상태를 변경하기 때문에, 매니저는 적절한 이벤트를 발행해야 한다.

- 엔진, 리소스액세스, 리소스는 이벤트를 구동해서는 안 된다. 이벤트를 처리한다는 것은 거의 대부분 어떤 유스케이스가 시작된다는 것을 의미한다. 따라서 클라이언트나 매니저에서 처리해야 한다. 클라이언트가 사용자에게 이런 이벤트에 대해 알려줄 수 있으며, 매니저는 특정한 백엔드 동작을 수행할 수 있다.

- 엔진끼리는 절대 호출하지 않는다. 이렇게 호출하는 것은 폐쇄형 아키텍처 원칙에 어긋날 뿐만 아니라, 변동성 기반 분해에 어울리지 않는다. 엔진은 해당 활동과 무관한 것이라면 모두 캡슐화해야 한다. 엔진끼리 호출하는 것은 모두 기능 분해가 있다는 뜻이다.

- 리소스액세스 서비스끼리는 절대로 호출하면 안 된다. 리소스액세스 서비스가 원자적 비즈니스 동사의 변동성을 캡슐화한다면, 다른 것을 원하는 원자적 동사가 있으면 안 된다. 이는 엔진끼리 서로 호출해서는 안 된다는 규칙과 비슷하다. 리소스액세스와 리소스를 1:1로 매핑할 필요는 없다(리소스마다 자체적으로 리소스액세스가 있다). 리소스가 두 개 이상이라면 하나로 합쳐서 원자적 비즈니스 동사를 구현해야 한다. 리소스액세스가 하나라면 리소스액세스 서비스끼리 호출하지 않고 합치는 작업을 수행해야 한다.

3.6.6 대칭 추구

보편 설계에 대한 또 다른 원칙으로, '제대로 된 아키텍처라면 대칭을 이뤄야 한다'는 원칙이 있다. 예를 들어 우리 몸을 한 번 생각해 보자. 우리 몸 오른쪽에 세 번째 손이 더 붙어 있지 않다. 그 이유는 대칭성을 추구하도록 진화됐기 때문이다. 이러한 진화 원칙은 소프트웨어 시스템에도 똑같이 적용할 수 있다. 즉, 시스템이 환경 변화에 제대로 대응할 수 없으면 멸종된다는 것이다. 하지만 대칭은 오직 아키텍처 수준에서만 추구해야 한다. 상세 설계에서 그러면 안 된다. 인체의 내장 기관은 대칭을 이루고 있지 않다. 그 이유는 선조들로부터 진화하는 과정에서 그런 대칭성이 진화 관점에서 특별히 좋은 점이 없기 때문이다(가령 시스템 내부를 외부에 드러내면 죽는다).

소프트웨어 시스템에서 대칭성은 여러 유스케이스에 걸쳐 반복적으로 호출하는 패턴에서 명백히 드러난다. 대칭성은 반드시 존재해야 한다. 없다면 문제가 된다. 예를 들어 네 가지 유스케이스를 구현하는 매니저가 있다고 하자. 이때 한 유스케이스를 제외한 세 유스케이스는 Pub/Sub 서비스를 통해 이벤트를 발행한다고 하자. 이처럼 대칭성이 깨지면 설계에 문제가 있다는 뜻이다. 한 유스케이스는 왜 다르게 작동할까? 빠뜨렸거나 필요 이상으로 수행하는 것이 뭘까? 매니저가 정말 매니저일까? 아니면 변동성 없는, 기능 분해된 컴포넌트일까? 뭔가 빠졌을 때뿐만 아니라, 뭔가 더 있을 때도 대칭성이 깨질 수 있다. 예를 들어 네 가지 유스케이스 중에서 한 가지만 다른 매니저에 대해 큐를 이용한 호출을 하도록 구현했다고 하자. 이런 비대칭성은 뭔가 문제가 있다는 뜻이다. 바람직한 설계에서 대칭성은 너무나 기본적인 속성이어서 여러 매니저에 대한 호출 패턴에서 흔히 볼 수 있다.

4장

조합

소프트웨어 시스템은 고객의 요구사항을 해결하는 비즈니스 서비스를 제공하기 위해 존재한다. 지금까지 두 장에 걸쳐 시스템을 여러 구성 요소로 분해해서 아키텍처를 구성하는 방법을 소개했다. 컴포넌트로 분해하는 것은 설계도를 그리듯이 시스템을 나열하는 정적 속성이 다분하다. 반면 시스템이 실행될 때는 여러 컴포넌트가 상호 작용하는 동적인 속성이 강하다. 그렇다면 이런 컴포넌트들이 런타임에 조합(composition)된 형태가 모든 요구사항을 제대로 만족시키는지 어떻게 알 수 있을까? 설계를 검증하려면 요구사항을 분석하고, 시스템을 설계하고, 아키텍트로서 가치를 부여하는 것과 관련이 있다. 이 장에서 설명하겠지만 설계 검증과 조합은 서로 밀접한 관련이 있다. 실행 가능한 설계를 만들고 이를 검증하는 작업을 반복할 수 있으며 반드시 그래야만 한다.

이 장에서는 시스템이 주어진 요구사항을 제대로 만족하는지 검증하기 위한 도구뿐만 아니라, 향후에 요구사항이 변경될 것까지 감안하여 설계하는 방법을 소개한다. 그러기 위해서는 가장 먼저 요구사항의 본질과 요구사항의 변경, 그리고 이 두 가지가 시스템 설계에 미치는 영향에 대해 이해할 필요가 있다. 그리고 나서 이러한 이해를 바탕으로 시스템 디자인에 대한 근본적인 속성과 올바른 설계를 도출하기 위한 실전 가이드라인을 제시한다.

4.1 요구사항 변경

요구사항은 변하기 마련이다. 이 사실을 인정해야 한다. 변하는 것은 요구사항의 본질이다. 요구사항 변경은 바람직하다. 요구사항이 변할 수 없다면 우리 같은 사람은 실업자가 될 것이다. 과거에 누군가가 어느 곳에서 최적의 시스템을 개발한 후로 지금까지 계속 서비스를 제공하고 있다면 말이다. 요구사항이 변할수록 기술에 관련된 모든 사람에게 도움이 된다. 세상은 소프트웨어에 상당히 의존하고 있지만, 여전히 개발자나 아키텍트는 부족하다. 요구사항이 변경될수록 전문 소프트웨어 서비스에 대한 요구는 늘어난다. 소프트웨어 전문가의 공급은 제한적이기 때문에 이들에 대한 처우와 보수는 더욱 높아진다.

4.1.1 변경에 대한 분노

요구사항을 변경하는 것이 바람직하더라도 업계에 종사자들의 불만도 상당하다. 그 이유는 간단하다. 개발자와 아키텍트는 대부분 요구사항을 기준으로 시스템을 설계하기 때문이다. 실제로 요구사항을 아키텍처의 구성 요소로 바꿔 쓰는 데 상당한 노력을 들인다. 요구사항과 시스템 설계가 최대한 유사하도록 노력한다. 하지만 요구사항이 변경되면 지금까지 하던 설계도 바꿔야 한다. 어떤 시스템이라도 설계를 변경하는 것은 상당히 고통스러운 작업이며, 상당한 타격을 입는 경우도 많고, 비용은 항상 많이 든다(스스로 자초한 경우라도). 고통을 즐기는 사람은 아무도 없기에, 요구사항의 변경에 분개하는 것이 당연하다고 생각하게 됐다. 하지만 이는 자신을 먹여 살려주는 손길을 오히려 경멸하는 격이다.

4.1.2 핵심 설계 원칙

요구사항의 변경에 대한 분노를 해소하기 위한 방법은 다음과 같이 간단하다. 너무나 간단한 나머지 평생 동안 깨닫지 못하는 경우가 많다.

> **절대로 요구사항을 기준으로 설계하지 마라.**

이 간단한 원칙은 우리가 지금껏 배우고 실천해 온 것과 정반대다. 정말 그렇다고 분명히 경험했음에도 말이다. 요구사항을 기준으로 설계하면 반드시 고통에 빠지게 된다. 고통은 나쁜 것이기에 그런 무분별한 행동에 대한 변명의 여지가 없어야 한다. 사람들은 설계 과정이 별로 효과가 없고 실전에 적용할 수 없지만, 다른 방법이 없기 때문에 현재 알고 있는 유일한 대안인 요구사항을 기준으로 설계할 뿐이라는 사실을 잘 알고 있을 것이다.

> **노트**   요구사항을 따라 설계하는 방식의 위험성은 소프트웨어 시스템에서만 나타나는 것이 아니다. 이미 2장에서 요구사항을 기준으로 설계할 때, 폭발할 것만 같은 경험에 대해 설명한 바 있다.

무가치한 요구사항

3장에서 설명했듯이 요구사항을 정리하기에 올바른 방법은 유스케이스 형태로 정리하는 것이다. 즉, 시스템에 필요한 동작을 표현하는 것이다. 적당한 크기의 시스템이라면 이런 유스케이스가 수십 개 있다. 대규모 시스템이라면 수백 개나 있을 것이다. 이와 동시에 프로젝트 초반부터 수백 가지 유스케이스를 정확하게 정리할 시간이 있던 사람은 소프트웨어 역사에서 아무도 없었다.

새로운 프로젝트를 시작하는 첫날, 300가지 유스케이스가 담긴 폴더가 주어졌다고 생각해 보자. 이 유스케이스가 모두 정확하고 완전하다고 확신할 수 있을까? 실제로는 330가지 유스케이스로 구성되어 있고 몇 가지는 빠져 있는 것을 발견하고 놀랄 수도 있다. 반대로 300가지 유스케이스가 주어졌을 때, 중복된 요구사항이 많아서 실제로는 200가지라면 당황할 수도 있다. 이때 요구사항을 기준으로 설계한다면 최소한 50%가량의 일을 더 하게 될 위험도 있다. 또한 유스케이스 중에 서로 모순되는 것이 없다고 보장할 수도 없다. 유스케이스에 문제가 있어서 엉뚱한 동작을 구현하게 될 위험도 고려해야 한다.

정말 운이 좋아서 누군가 엄청난 시간을 투자하여 300가지 유스케이스를 모두 정확하게 정리해서 활동 다이어그램(activity diagram)에 담은 뒤, 빠진 유스케이스가 없는지 검증하고, 서로 모순되는 것도 없으며, 중복된 유스케이스는 하나로 합치는 노력을 했더라도 큰 의미가 없다. 요구사항은 나중에 변하게 될 것이기 때문이다. 시간이 지날수록 새로운 요구사항이 나타나고, 기존 요구사항을 제거하거나 수정하게 된다. 한마디로 요구사항을 완벽하게 정리해서 이를 바탕으로 설계한다는 생각은 헛수고인 셈이다.

4.2 조합형 설계

요구사항을 만족시키기 위한 올바른 방법에 대해 설명하기 전에, 먼저 요구사항을 만족시킨다는 것에 대한 기준을 정확히 세울 필요가 있다. 모든 시스템 설계의 목적은 모든 유스케이스를 만족시켜야 한다. 이 말은 문자 그대로 이해해야 한다. 현재와 미래, 그리고 알려진 것과 알려지지 않은 유스케이스를 모두 만족시켜야 하는 것이다. 이것이 요구사항 만족의 기준이다. 그보다 모자라면 안 된다. 이 기준을 달성하지 못하면 나중에 언젠가 요구사항이 변경됐을 때 설계를 변경해야 한다. 나쁜 설계의 대표적인 특징이 바로 요구사항이 변경될 때 설계도 변경해야 하는 것이다.

4.2.1 코어 유스케이스

유스케이스가 모두 명확하고 고유한 시스템은 없다. 다른 유스케이스를 변형한 유스케이스가 상당수다. 핵심 요구 동작은 다양한 케이스로 나열할 수 있다. 예를 들면 정상 케이스, 불완전 케이스, 특정 로케일의 특정 고객에 대한 케이스, 에러 케이스 등이 있다. 유스케이스는 크게 코어 유스케이스와 나머지 유스케이스로 나눌 수 있다. **코어 유스케이스(core use case)**는 시스템 비지니스의 본질을 표현한다. 2장에서 설명했듯이 비즈니스의 본질은 거의 변하지 않는다. 코어 유스케이스도 마찬가지다. 코어가 아닌, 일반 유스케이스는 당연히 비즈니스의 고객에 따라 크게 변한다. 일반 유스케이스를 고객에 맞게 커스터마이즈하거나 해석할 수는 있더라도 모든 고객은 결국 코어 유스케이스를 사용할 수밖에 없다.

다행히 시스템에 주어진 유스케이스가 수백 개라 해도, 코어 유스케이스는 일부에 지나지 않는다. IDesign에서 경험한 바에 따르면, 코어 유스케이스가 몇 개 밖에 안 되는 시스템을 쉽게 볼 수 있었다. 대부분은 두세 개에 불과했고, 많아도 여섯 개를 넘지 않았다. 현재 여러분의 사무실에서 작동하고 있는 시스템이나, 최근에 참여했던 프로젝트를 잠시 떠올려서 그 시스템에서 꼭 처리해야 할 핵심 유스케이스가 몇 개인지 세어 보기 바란다. 그러면 정말 몇 개 안 된다는 것을 발견할 수 있다. 또 다른 방법은, 해당 시스템에 대한 한 페이지짜리 홍보용 전단지를 구해서 주요 특징을 나열한 글머리 기호(bullet)가 몇 개나 있는지 세어보자. 아마도 세 개를 넘지 않을 것이다.

코어 유스케이스 찾기

요구사항 문서는 아무리 보완되더라도 코어 유스케이스를 명시적으로 표현하는 경우는 거의 없다. 코어 유스케이스의 수가 적다고 해서 찾기 쉬운 것은 아니며, 코어 유스케이스와 일반 유스케이스를 구분하기가 쉬운 것도 아니다. 코어 유스케이스는 거의 대부분 다른 유스케이스를 추상화한 것이다. 여기에 다른 유스케이스와 차별화하기 위해 새로운 용어나 이름으로 표현하는 경우도 있다. 주어진 요구사항 규격에 제대로 표현되지 않은 유스케이스가 아무리 많더라도 비즈니스의 핵심인 코어 유스케이스만큼은 담겨 있다. 또한 요구사항에 따라 설계하면 안 된다고 해서 요구사항을 무시하라는 말이 아니다. 요구사항 분석의 핵심은 코어 유스케이스와 변동성 영역을 밝히는 것이다. 코어 유스케이스를 찾는 것은 아키텍트(와 요구사항 소유자)의 역할이며, 반복 과정을 통해 수행하는 경우가 많다.

4.2.2 아키텍트의 미션

아키텍트의 미션은 모든 코어 유스케이스를 충족시키기 위해 동원할 최소한의 컴포넌트를 찾아내는 것이다. 나머지 유스케이스는 코어 유스케이스를 변형시킨 것에 불과하기 때문에, 일반 유스케이스는 다른 분해 방식을 표현하는 것이 아니라, 컴포넌트 사이의 다양한 상호 작용을 표현하기만 한다. 이렇게 구분하고 나면 요구사항이 변경되더라도 설계는 그대로 둘 수 있다.

> **노트**　여기서 말하는 것은 컴포넌트로 분해하는 것이다. 컴포넌트 안에 들어갈 코드를 구현하는 얘기가 아니다. 예를 들어 '더 메서드'를 적용할 때 컴포넌트들을 통합하는 코드는 대부분 매니저에 있다. 이런 통합 코드는 요구사항의 변화에 따라 변경해야 한다. 이런 변화는 아키텍처의 변화가 아니라 구현의 변화다. 또한 요구사항의 변화에 따른 구현 변화의 폭은 설계의 장점과 무관하다.

이런 접근 방식을 나는 조합형 설계(composable design)라고 부른다. 조합형 설계는 특정한 유스케이스를 만족시키려고 하지 않는다.

특정한 유스케이스를 만족시키려 하지 않는 이유는 주어진 요구사항이 불완전하거나 문제가 있거나, 허점투성이거나 모순되기 때문이 아니라, 결국 바뀌기 때문이다. 현재 유스케이스가 변하지 않더라도 결국 새로운 유스케이스가 추가되면서 기존 것은 삭제되기 마련이다.

간단한 예로 인체의 설계도를 들 수 있다. 호모 사피엔스(Homo sapiens)는 20만 년 전에 아프리카 평원에 처음 등장했다. 당시 요구사항에는 소프트웨어 아키텍트가 되어야 한다는 것은 없었다. 수렵채집인에 적합한 신체로 오늘날의 소프트웨어 아키텍트가 되게 만들 수 있을까? 선사 시대 사람과 동일한 신체 요소를 사용하고 있긴 하나, 이들을 조합하는 방식이 다르다. 여기에 변하지 않은 유일한 코어 유스케이스가 있다. 바로 생존이다.

아키텍처 검증

모든 시스템의 목적은 요구사항을 만족시키는 것이다. 이와 달리 조합형 설계는 설계 검증에 활용할 수 있다. 각각의 코어 유스케이스에 대한 서비스끼리 상호 작용하도록 만들었다면 **올바른 설계(valid design)**를 도출한 것이다. 현재는 모르는, 미래의 유스케이스까지 알 필요는 없다. 현재 설계로 모든 유스케이스를 다룰 수 있다. 그 이유는 동일한 구성 요소 사이의 다양한 상호 작용만으로 각각의 유스케이스를 구분할 수 있기 때문이다. 언젠가 완전한 요구사항을 제공할 사람이 나타나서 완벽하게 문서화할 수 있다는 환상은 버려야 한다. 요구사항을 구체적으로 확정시키기 위해 엄청난 시간 낭비를 하는 것은 의미가 없다. 문제점투성이인 요구사항으로도 얼마든지 올바른 설계를 쉽게 도출할 수 있다.

설계 검증은 유스케이스를 지원하는 아키텍처의 구성 요소 사이의 상호 작용을 표현하는 다이어그램을 간단히 그리기만 하면 될 정도로 쉽다. 그림 4-1은 '더 메서드'의 용어로 **콜 체인 다이어그램(call chain diagram**, 또는 간난히 **콜 체인)**'이라고 부른다.

콜 체인은 특정한 유스케이스를 만족시키는데 필요한 컴포넌트 사이의 상호 작용을 표현 한다. 이러한 콜 체인을 계층형 아키텍처 다이어그램에 겹쳐 놓을 수 있다. 이 다이어그램에 있는 컴포넌트는 호출 방향과 타입을 표현하는 화살표로 연결된다. 검정 실선 화살표는 동기식(요청/응답) 호출을 나타내고, 회색 점선 화살표는 큐에 저장된 호출(queued call)을 가리킨다. 콜 체인 다이어그램은 의존성 그래프를 특화시킨 것이다. 따라서 (이 책의 후 반부에서 소개할) 프로젝트 설계 단계에 굉장히 유용하다.

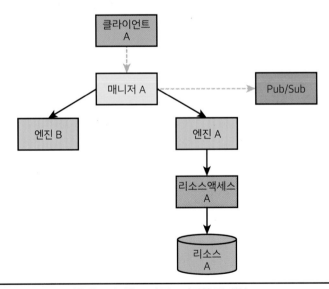

그림 4-1 코어 유스케이스를 지원하는 과정을 보여주는 간단한 콜 체인

콜 체인 다이어그램을 이용하면 유스케이스를 검토하고 설계가 이를 제대로 뒷받침하고 있는지를 빠르고 간편하게 확인할 수 있다. 콜 체인 다이어그램은 호출 순서를 구분하지 않아서 호출하는 동안의 과정을 표현할 수 없고, 동일한 컴포넌트에 대해 여러 참여자가 호출하는 상황이 얽혀 있을 때 한눈에 파악하기 힘들다는 단점이 있다. 하지만 컴포넌트 사이의 상호 작용이 단순한 경우가 대부분이기 때문에 순서나 기간, 여러 호출을 표현해야 할 경우는 별로 없다. 따라서 일반적인 경우에는 콜 체인 다이어그램으로 충분히 검증할 수 있다고 판단할 수 있다. 또한 콜 체인은 전문 지식이 없는 이들도 쉽게 이해할 수 있는 경우가 많다.

'더 메서드'의 **시퀀스 다이어그램**(sequence diagram)은 UML의 시퀀스 다이어그램과 비슷하다.[13] 하지만 다이어그램 타입에 대한 의미에 몇 가지 두드러진 차이가 있다. **생명선**(lifeline)은 아키텍처의 계층에 따라 다른 색상으로 표현하고, 화살표 스타일은 콜 체인 다이어그램과 같다. 그림 4-2는 그림 4-1에 나온 시퀀스 다이어그램과 같은 것이다.

시퀀스 다이어그램에서 유스케이스에 참여하는 각 컴포넌트마다 생명선을 표현하는 수직 바가 있다. 이 수직 바(vertical bar)는 그 컴포넌트가 수행하는 작업이나 활동에 관련된 것이다. 이 다이어그램에서 시간은 위에서 아래로 흐르며, 바의 길이는 그 컴포넌트를 사용하는 기간을 상대적으로 표현한다. 컴포넌트 하나가 동일한 유스케이스에 여러 차례 참여할 수 있을 뿐만 아니라, 동일한 컴포넌트에 대한 인스턴스마다 생명선을 별도로 가질 수 있다. (동기식 호출에 대해서는 검정 실선으로 표현하고, 큐에 저장된 호출에 대해서는 회색 점선으로 표현하는) 수평 화살표는 컴포넌트 사이의 호출 관계를 표현한다.

13 https://en.wikipedia.org/wiki/Sequence_diagram

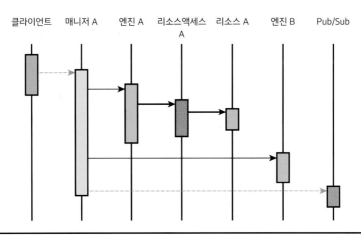

그림 4-2 시퀀스 다이어그램에서 코어 유스케이스에 대한 지원을 표현한 예

시퀀스 다이어그램은 더욱 상세하게 표현하기 때문에 도출하는 데 시간이 더 오래 걸리지만, 복잡한 유스케이스를 표현하는 데 적합한 경우가 많다. 특히 상대방이 전문 기술을 갖춘 사람이면 그렇다. 또한 시퀀스 다이어그램은 상세 설계로 발전시키는 데 굉장히 유용하다. 인터페이스나 메서드, 심지어 매개변수까지 정의하는 데 도움이 되기 때문이다. 상세 설계를 위해 시퀀스 다이어그램을 도출한다면, 먼저 설계 검증용 다이어그램부터 만드는 게 낫다. 물론 이 버전은 세부 사항(예, 연산이나 메시지 등)이 생략될 수는 있다.

최소 구성

명심해라. 아키텍트로서 여러분의 목적은 코어 유스케이스를 모두 만족시키기 위해 조합할 컴포넌트를 식별하는 데 그치지 않는다. 그런 컴포넌트를 최소로 구성해야 한다. 왜 그럴까? 또 여기서 최소란 정확히 뭘 뜻할까?

일반적으로 상세 설계와 구현에 필요한 작업의 양을 최대화하는 것이 아니라, 최소화하는 아키텍처로 구성해야 한다. 아키텍처에서는 적을수록 좋다. 그렇긴 하지만 어떠한 아키텍처라도 컴포넌트 수에 대해 필연적으로 존재하는 제약 사항이 있다. 예를 들어 300가지 유스케이스로 구성된 요구사항이 주어졌다고 하자. 극단적인 방법은 이 모든 요구사항을 충족시키는 아키텍처를 컴포넌트 하나로만 구성되게 만들 수도 있다. 최소의 끝을 보여주는 구성이다. 하지만 이런 모놀리식 구조는 내부 복잡도가 엄청나게 높기 때문에 굉장히 나쁜 설계다(서비스 크기가 비용에 미치는 영향에 대해 자세히 다루는 부록 B를 참고하자). 반대로 각각이 한 가지 유스케이스에 대응되는 컴포넌트 300개로 구성된 아키텍처도 바람직한 설계가 아니다. 통합 비용이 너무 크기 때문이다. 컴포넌트 개수가 1개보다 많고 300개 보다 적은 것이 바람직하다.

정확히 측정하기 힘들다면 자릿수(orders of magnitude)로 가늠하는 방법이 있다. 예를 들어 유스케이스가 300가지인 시스템에서 올바른 설계를 위해 필요한 컴포넌트 개수는 몇 자리 수면 적당할까? 1? 10? 100? 아니면 1000 자리 수면 될까? 시스템이 구체적으로 어떻게 구성되더라도 1이나 100, 1000은 아니라는 것을 알 수 있다. 그렇다면 남은 것은 10이다.

전형적인 소프트웨어 시스템에 필요한 서비스의 최소 개수는 10자리 수다(12나 20은 모두 10자리 수다). 이 자릿수도 보편적인 설계 개념에 속한다. 인체의 내장 기관은 자릿수로 몇 개나 될까? 또한 자동차나 노트북은 얼마나 될까? 각각에 대해 대략 10이라고 말할 수 있다. 그 이유는 조합론(combinatorics) 때문이다. 시스템에 필요한 동작을 10자리 개수의 컴포넌트로 제공할 때, 이 개수로 조합할 수 있는 경우의 수는 컴포넌트의 중복을 제한하거나 일부 컴포넌트만 사용하도록 제한하지 않더라도 엄청나게 많다. 따라서 올바른 내부 컴포넌트 개수가 적더라도 천문학적 수의 유스케이스를 충분히 지원할 수 있다.

다시 제대로 설계된 소프트웨어 시스템으로 돌아가보자. 이런 시스템의 컴포넌트는 변동성 영역을 캡슐화하고 있다. '더 메서드'를 이용하면 대규모 시스템이라도 매니저가 두 개에서 다섯 개, 엔진이 두 개에서 세 개, 리소스와 리소스액세스가 세 개에서 여덟 개, 유틸리티가 대여섯 개로 구성되는 경우가 흔하다. 구성 요소의 총개수는 아무리 많아도 10~20여 개를 넘지 않는다. 이보다 많다면 관리하기 적절한 크기를 가진 더 작은 논리 단위로 시스템을 쪼개야 한다. 구성 요소를 더 작게 만들기 힘들다면 최적의 설계에 도달한 것이다. 더 뛰어난 아키텍트가 그보다 훨씬 적은 컴포넌트로 구성할 수 있다 해도 상관없다. 그 사람이 여러분의 시스템을 설계해 주는 것이 아니기 때문이다. 어떠한 설계 작업도 보상이 줄어드는 시점이 존재하기 마련이다. 여러분이 도출할 수 있는 최소 컴포넌트 설계가 나온 때가 바로 그 시점이다.

> **노트** 컴포넌트가 단 하나인 설계와 수백 개로 구성된 설계 중 어느 것이 맞는지 정확히 검증할 수는 없다. 거대한 컴포넌트 하나만으로 구성됐다면 그 컴포넌트가 모든 것을 다 처리할 것이고, 유스케이스마다 컴포넌트가 하나씩 있다 해도 모든 유스케이스를 다 지원할 수 있다.

설계 기간

코어 유스케이스와 변동성 영역을 찾아내는 데 몇 주나 몇 달이 걸릴 수 있다. 하지만 이 작업은 설계가 아니라 요구사항 수집 및 분석이다. 이 작업도 상당한 시간과 노력이 들어갈 수 있다. 코어 유스케이스와 변동성 영역이 어느 정도 정리가 됐다면, '더 메서드'에 따라 올바른 설계를 도출하는 데 걸리는 시간은 어느 정도일까? 여기서도 자릿수로 가늠할 수 있다. 한 시간이면 될까? 아니면 하루? 일주일? 한 달? 일 년? 이 책을 읽는 독자는 대부분 하루나 한 주라도 답할 것이다. 하지만 충분한 연습을 거치면 몇 시간으로 단축할 수 있다. 설계는 제대로 할 줄만 안다면 시간이 많이 걸리지 않는다.

4.3 기능은 따로 없다

이 장과 이전 두 장에서 소개한 내용을 정리하면 다음과 같은 시스템 설계 기본 원칙을 도출할 수 있다.

> 기능(feature)은 언제 어디서나 구현이 아닌, 통합의 속성을 갖고 있다.

이는 모든 시스템의 설계와 구현에 보편적으로 적용되는 설계 원칙이다. 2장에서 설명했듯이 "보편(universal)"이란 단어의 근본 의미에 따라서 소프트웨어 시스템도 당연히 적용된다.

이 원칙의 간단한 예로 자동차를 제작하는 과정을 들 수 있다. 자동차에는 핵심적인 기능이 하나 있다. 바로 한 지점에서 다른 지점으로 이동해야 한다는 것이다. 자동차의 제조 과정을 관찰하면 이 기능을 파악할 수 있을까? 일단 차체에 엔진과 기어박스와 시트와 대시보드를 장착하고, 운전자가 타고 도로 위로 진입하고 자동차 보험을 가입하고 연료를 주입하고 나서야 비로소 이 기능이 드러난다. 이 모든 통합 과정을 거쳐 앞서 말한 기능이 생성되는 것이다.

이 원칙은 프랙탈(fractal) 속성을 갖는다는 점에서 더욱 두드러진다. 예를 들어 지금 내가 이 책의 원고를 타이핑하는 노트북은 워드 프로세싱이라는 매우 중요한 기능을 제공한다. 하지만 노트북의 아키텍처에 WordProcessing이라 부르는 요소가 있을까? 노트북은 키보드와 화면과 하드드라이브와 버스와 CPU와 메모리와 통합되고 나서야 워드 프로세싱이란 기능을 제공하게 된다. 이런 컴포넌트 각각이 어떤 기능을 제공하기도 한다. CPU는 연산을, 하드 드라이브는 저장 공간을 제공한다. 그렇지만 저장이란 기능을 자세히 들여다보면, 하드 드라이브 설계에 'Storage'란 이름의 구성 요소가 있을까? 하드 드라이브는 메모리, 내부 데이터 버스, 매체, 케이블, 포트, 전력조절기, 그리고 이들을 합치는 데 사용되는 조그만 나사로 모두 통합되고 나서야 저장이란 기능을 제공한다. 이때 나사는 '조임'이라는 매우 중요한 기능을 제공한다. 하지만 나사는 스스로 조일 수 없다. 나사 머리와 나사산, 줄기가 통합되어야 조임이란 기능을 제공할 수 있다. 즉, 통합을 거쳐 조임이란 기능이 제공되는 것이다. 이런 식으로 계속 파고들다 보면 쿼크(quark) 단위까지 갈 수도 있다. 그러다 보면 기능의 근원은 결코 만날 수 없다.

방금 소개한 설계 원칙을 다시 한번 읽어보자. 이 원칙을 받아들이기 힘들다면, 기능을 구현하는 코드를 작성하라는 매트릭스에 연결된 플러그가 아직 꽂혀 있다는 뜻이다. 이런 식으로 개발하는 것은 세상의 근본 원리에 거스르는 것이다. 기능이란 건 본래 없다.

4.4 변경 사항에 대처하기

소프트웨어 시스템이라면 요구사항의 변경 요청에 대처해야 한다. 소프트웨어 시스템은 대부분 기능 분해에 따라 구현되는데, 이렇게 하면 변경에 따른 파장이 가장 커진다. 기능을 기반으로 설계한 시스템에서 변경 사항은 한 곳이 아닌, 시스템을 구성하는 여러 컴포넌트에 걸쳐 발생하기 마련이다. 기능 분해에 따른 설계에서 변경 사항에 대응하는 노력은 상당히 크고 고통스럽기 때문에, 변경을 미루면서 고통을 외면하려고 애쓰게 된다. 변경 요청 사항을 다음 반기 릴리스에 추가하는 경향도 있는데, 현재의 고통보다는 미래의 고통을 선택하려는 심리 때문이다. 심지어 변경 요청을 한 고객에게 그건 별로 좋지 않은 생각이라며 노골적으로 맞서는 사람도 있다.

아쉽게도 변경에 맞서는 것은 결국 시스템을 죽이는 셈이다. 살아 있는 시스템(live system)이란 고객이 사용하는 시스템이고, 죽은 시스템(dead system)이란 고객이 사용하지 않는 시스템이다(심지어 고객이 요금을 지불하고 나서도 말이다). 개발자가 고객에게 요청한 변경 사항을 다음 반기 릴리스에 반영하겠다고 말한다면, 해당 변경 사항이 시스템에 반영되기까지 거의 6개월가량을 고객은 뭐 하고 있어야 할까? 고객이 원하는 것은 6개월 뒤에 필요한 기능이 아니다. 지금 당장 필요한 것을 요청한 것이다. 따라서 고객은 레거시 시스템이나, 외부 매체나, 경쟁사 제품을 사용하는 우회적인 방법으로 원하는 작업을 수행하게 될 것이다. 이처럼 변경 요청에 맞서면 고객을 쫓아내게 되고, 따라서 시스템을 죽이는 결과를 초래한다. 변경 사항에 대처하는 데 있어서 가장 중요한 것은 '신속하게' 대응하는 것이다. 설사 변경 사항을 직접 요청하지 않았더라도 말이다.

4.4.1 변경 사항 가두기

변경 사항에 대처하기 위한 한 가지 팁은 변경 사항을 거부하거나, 미루거나, 쳐내지 않는 것이다. 여기에는 그 효과가 포함되어 있다. 가령 3장의 구조 가이드라인과 변동성 기반 분해로 설계된 시스템이 있다고 생각해 보자. 요구사항을 변경하면 그 시스템에 요구하는 동작이 바뀐다. 정확히 말하면 유스케이스가 바뀌는 것이다. '더 메서드'에 따르면 유스케이스를 실행하는 워크플로는 매니저로 구현한다. 이 매니저는 변경 사항에 영향을 받을 수도 있다. 만약 해당 매니저의 구현 전체를 무시하고 그 자리에 새로운 매니저를 만든다고 생각해 보자. 해당 매니저와 통합됐던 내부 컴포넌트는 새로 요청된 동작에 영향을 받지 않는다.

이처럼 매니저는 거의 소모품에 가깝다고 3장에서 설명한 적 있다. 이렇게 하면 변경을 억제함으로써 변경에 따른 비용을 줄일 수 있다. 게다가 시스템에 드는 노력은 모두 매니저가 사용하는 서비스로 집중할 수 있다.

- 엔진 구현에는 비용이 많이 든다. 엔진마다 시스템의 워크플로에서 핵심적인 비즈니스 활동을 구현하며, 이에 관련된 변동성과 복잡도를 캡슐화하고 있기 때문이다.
- 리소스액세스를 구현하는 것은 간단하지 않다. 리소스액세스 코드를 작성하는 데 드는 비용 때문만은 아니다. 원자적 비즈니스 동사를 파악하고, 이를 특정한 리소스에 대한 액세스 방법론으로 변환하고, 리소스에 중립적인 인터페이스로 노출시키는 데도 상당한 노력이 든다.
- 확장성과 신뢰성과 고가용성과 재사용성을 보장하도록 리소스를 설계하고 구현하기 위해서는 상당한 시간과 노력이 든다. 이를 위해 데이터 계약과 스키마, 캐시 접근 정책,

분할, 복제, 연결 관리, 타임아웃, 락 관리, 인덱싱, 정규화, 메시지 포맷, 트랜잭션, 전달 실패, 악성 메시지 등과 같은 것을 설계하기도 한다.

- 유틸리티를 구현하기 위해서는 최상의 기술이 필요하며, 그 결과를 반드시 신뢰할 수 있어야 한다. 유틸리티는 시스템의 척추와 같다. 최고 수준의 보안과 진단과 로깅과 메시지 처리와 인스트루먼테이션과 호스팅은 간단히 실현되는 것이 아니다.
- 최상의 사용자 경험이나 편리하고 재사용 가능한 클라이언트 API를 설계하는 데는 엄청난 시간과 노력이 든다. 또한 클라이언트는 매니저와 상호작용하거나 통합되어야 한다.

변경 사항이 공교롭게도 매니저에 관련된 것이라면, 클라이언트와 엔진과 리소스액세스와 리소스와 유틸리티에 투입한 모든 노력을 재사용할 수 있다. 이 모든 서비스를 매니저에 다시 통합함으로써 변경 사항을 억제하고 향후 변경 사항에 신속하고 효율적으로 대응하게 만들 수 있다. 이것이야말로 기민함(애자일)의 본질이 아닐까?

5장

시스템 설계 사례

이전 세 장에 걸쳐 시스템 설계를 위한 보편 원칙에 대해 알아봤다. 하지만 제대로 이해하려면 예시를 볼 필요가 있다. 이번 장에서는 구체적인 예제를 통해 지금까지 소개한 개념을 구체적인 사례를 통해 실제로 적용하는 방법을 살펴보자. 여기서 소개할 사례는 레거시 시스템을 대체할 TradeMe라는 새로운 시스템을 설계하는 과정을 소개한다. 이 예는 실제로 IDesign에서 클라이언트가 요청한 시스템 중 일부에서 따 온 것이다. 물론 비즈니스 관련 세부 사항은 실제와는 다르게 변형했다. 하지만 비즈니스 사례부터 분해에 이르기까지, 시스템의 본질은 그대로 유지하고 있다. 이 과정에서 발생한 이슈나 상황을 멋지게 포장하거나 부족한 점을 숨기지 않았다. 1장에서 설명했듯이 설계에 시간을 너무 많이 들이면 안 된다. 이 장에서 소개하는 사례의 경우, 설계는 IDesign의 숙련된 아키텍트와 후임 두 사람으로 구성된 설계팀이 1주일 이내에 끝냈다.

이 사례를 소개하는 목적은 설계를 도출하는 데 사용된 사고 과정과 추론 과정을 보여주는 것이다. 이런 내용은 혼자서 배우기 힘든 경우가 많지만, 누군가 수행하는 과정을 관찰하면서 함께 따져보면 쉽게 이해할 수 있다. 이 장에서는 먼저 클라이언트와 시스템의 개요를 소개하고, 요구사항을 여러 가지 유스케이스 형태로 나열한다. 그리고 나서 '더 메서드'의 구조에 따라 변동성 영역을 찾고 아키텍처를 도출한다.

> **주의** 이 예제를 절대적인 모범 답안인 템플릿처럼 사용해선 안 된다. 제약 사항이나 설계 고려사항, 상충관계는 시스템마다 다르다. 아키텍트로서 할 일은 주어진 시스템에 알맞은 설계를 도출하는 과정에서 가치를 부여하는 것이다. 이렇게 하려면 수많은 연습과 비판적인 사고가 필요하다. 이 장에서는 여러 가지 설계 결정 사항에 대한 근거를 집중적으로 소개하고, 제시하는 예제를 통해 연습할 수 있게 한다.

5.1 시스템 개요

TradeMe는 기술자(tradesman)를 계약자(contractor) 및 프로젝트(project)와 매칭하는 시스템이다. 기술자는 배관공일 수도 있고, 전기 기사일 수도 있고, 목수일 수도 있고, 용접공일 수도 있고, 조사원일 수도 있고, 페인트공일 수도 있고, 전화국 기사일 수도 있고, 정원사일 수도 있고, 태양 패널 설치 기사일 수도 있다. 이들은 모두 독립적으로 일하는 자영업자들이다. 각 기술자마다 숙련도가 다르고, 전기 기사와 같은 일부 직종은 관할 기관으로부터 허가를 받아야 한다. 이런 기술자에 대한 비용은 분야(용접공이 목수보다 보수가 높다), 숙련도, 경력, 프로젝트 종류, 지역, 심지어 날씨 등에 따라 달라진다. 작업에 영향을 미치는 다른 요인으로는 법규 준수 여부(예, 최저 임금이나 소득세), 위험 수준(예, 고층 건물의 외부에서 작업하는 경우나 고압 전선을 다루는 경우), 특정 업무에 대한 자격증 소지(예, 대들보 용접 또는 전력망 접속 등), 보고 의무 등이 있다.

계약자란 일반 계약자로서 필요에 따라 짧게는 하루에서 길게는 몇 주 동안 기술자가 필요하다. 계약자는 특수 업무에 대해 TradeMe를 이용하여 시스템 외부에서 풀타임으로 고용하는 최소한의 제너럴리스트를 확보하고 있는 경우가 많다. 같은 프로젝트라도 작업 기간에 따라 기술자가 다를 수 있다. 한 프로젝트라도 기술자가 바뀔 수 있다.

기술자는 TradeMe 시스템에 등록해서 자신이 보유한 기술과 활동 가능 지역과 보수를 입력한다. 계약자도 마찬가지로 이 시스템에 등록해서 수행해야 할 프로젝트, 필요한 기술, 프로젝트를 수행할 지역, 원하는 비용, 계약 기간을 비롯한 프로젝트에 관련된 정보를 입력한다. 계약자는 함께 일하고 싶은 기술자를 지정할 수도 있다.

앞에서 나열한 요인 외에도 계약자가 지불할 수 있는 비용은 수요와 공급에 따라 달라질 수 있다. 프로젝트 대기 시간이 길어지면 계약자는 보수를 높일 것이다. 기술자가 프로젝트를 따지 못한 기간이 길어지면 보수를 낮출 것이다. 프로젝트 기간이나 제약 사항에 대해서도 마찬가지 원리가 적용된다. 기술자 입장에서는 기간이 짧으면서 보수는 높은 프로젝트가 좋다. 기술자가 프로젝트를 계약했다면 약속한 기간만큼 반드시 머물러야 한다. 계약자는 계약 기간이 길어질수록 보수를 높여줘야 할 수도 있다. 일반적으로 이 시스템은 시장 원리에 따라 요금을 결정하면서 균형을 이루게 된다.

프로젝트는 빌딩 건설에 관련된 일이다. 이 시스템은 석유 관련 시설이나 해양 시설처럼 새롭게 등장하는 시장에도 적용할 수 있다.

TradeMe는 기술자와 계약자를 서로 연결시켜 준다. 이 시스템은 요구사항을 분석해서 적합한 기술자를 현장에 파견한다. 또한 시간과 임금을 기록해서 감독 기관에게 보고해 주기 때문에 기술자와 계약자 모두의 수고를 덜어준다.

이 시스템은 기술자와 계약자를 분리한다. 계약자로부터 자금을 모아서 기술자에게 지불한다. 계약자는 시스템을 건너뛰고 기술자를 직접 고용할 수 없다. 기술자는 시스템을 통해서만 계약하도록 제한되어 있기 때문이다.

TradeMe 시스템은 기술자가 최고의 보수를 받을 수 있는 동시에, 계약자에게는 최대의 기회를 제공하는 것을 추구한다. 요구 비용과 최종 계약 비용 사이의 간격을 최소화하려고 한다. 이 시스템의 또 다른 수입원은 기술자와 계약자로부터 받는 수수료다. 이 비용은 일 년 단위로 지불하는데 해마다 변경될 수 있다. 따라서 시스템 입장에서 기술자와 계약자를 멤버(member)이라고 부른다.

현재 매칭 업무의 대부분은 아홉 개의 콜센터를 통해 처리되고 있다. 각 콜센터마다 담당하는 지역과 규제와 건물 번호, 표준, 노동법이 있다. 콜센터마다 계약을 관리하는 담당자(reps)가 있다. 담당자는 모든 프로젝트와 현재 가용한 기술자에 대한 스케줄을 최적화하는 작업을 경험에 의존하고 있다. 어떤 콜센터는 독립적으로 운영되는 반면, 어떤 곳은 한 회사가 운영하고 있다.

가장 저렴한 기술자를 찾는 경쟁 애플리케이션이 최소 하나 이상 있는데, 일부 계약자는 그 시스템을 선호하기도 한다. 가용성보다는 비용을 기준으로 기술자를 결정하는 계약자가 늘어날 수도 있다.

5.1.1 레거시 시스템

유럽 지역 콜센터에는 데이터베이스에 연결된 2-티어 데스크톱 애플리케이션을 사용하는 풀타임 사용자를 위한 레거시 시스템이 있다. 기술자와 계약자가 요청하고, 세부 사항은 계약 담당자가 입력하면, 실시간으로 서로 연결시켜 주는 작업을 처리한다. 회원 관리와 관련하여 이런 레거시 시스템을 건너뛰고 데이터베이스를 직접 다루도록 간단히 제작된 웹 포털이 일부 있다. 각종 서브시스템은 서로 격리되어 있고 상당히 비효율적이어서, 거의 모든 단계마다 사람이 개입해야 할 정도다. 사용자는 작업을 완료하기 위해 서로 다른 애플리케이션을 최대 다섯 개까지 받을 수 있다. 이런 신청서는 서로 별개여서 수작업으로 통합해야 한다. 클라이언트 애플리케이션은 비즈니스 로직으로 가득 차 있고, UI와 비즈니스 로직이 서로 분리되어 있지 않아서 최신 사용자 경험을 제공하도록 애플리케이션을 업데이트할 수 없는 실정이다.

게다가 서브시스템마다 리포지터리가 있으며, 사용자는 제대로 이해하도록 적절히 배치해야 한다. 이 과정에서 에러가 발생하기 쉽고 상당한 훈련이 필요해서 새로운 사용자가 적응하는 데 시간이 많이 걸린다.

이런 레거시 시스템은 취약하고, 다양한 보안 공격에 대해 주먹구구식으로 대응하고 있다. 이 레거시 시스템은 애초에 보안을 염두에 두고 설계한 것이 아니다. 심지어 설계조차 하지 않았다. 완전 유기농으로 키운 시스템인 셈이다.

이 레거시 시스템은 다음과 같은 새로운 기능이나 성능을 추가할 수가 없다.

- 모바일 디바이스 지원
- 워크플로의 자동화 수준 높이기
- 다른 시스템과의 연동
- 클라우드로 이전
- 사기 감지
- 작업의 품질 조사(예, 기술자의 안전도 기록을 보수와 숙련도에 반영)
- 새로운 시장 진출(예, 해양 시설 공사에 투입)

사업체나 사용자 모두 이렇게 시대에 뒤처진 레거시 시스템의 부족한 점을 상당히 아쉬워하고 있다. 이 시스템의 가치를 높이는 데 필요한 기능은 끝없이 나열할 수 있다. 그중 하나인 평생 교육은 반드시 필요한 것으로 밝혀졌다. 그래서 레거시 시스템 위에 이 부분을 올리도록 개조했다. 레거시 시스템은 기술자를 자격 취득을 위한 수업과 정부에서 요구하는 시험에 할당한 뒤, 진행 상태를 기록한다. 교육 과정을 제공하고 인증서를 등록하는 외부 교육 센터가 있긴 하지만, 사용자가 수동으로 레거시 시스템과 연동해야 한다. 코어 시스템과 관련이 없긴 하나, 기술자는 이 기능에 관심이 많다. 이는 회사도 마찬가지다. 인증 기능이 있으면 기술자가 경쟁사로 옮기는 것을 막는 데 도움되기 때문이다.

레거시 시스템은 각 지역의 새로운 규제에 대응하는 데 어려움을 겪고 있다. 이런 변경 사항에 대처하기가 상당히 힘들다. 시스템이 현재 비즈니스 상황에 너무 치우쳐져 있기 때문이다. 각 지역마다 고유한 시스템을 제공할 여력은 없기 때문에 최대한 공통 사항만 담도록 시스템을 단순화시키는 결과를 초래했다. 이렇게 되면 사용자가 워크플로를 수동으로 처리해야 하는 부담은 갈수록 늘어나고, 그 결과로 효율성은 더욱 떨어지고, 훈련 시간과 비용은 더욱 늘어나며, 결과적으로 비즈니스 기회를 잃게 된다.

이 시스템에는 전국에 220명의 계약 담당자가 있다. 확장성이나 처리량이 문제를 발생시키지는 않지만, 응답성에는 문제가 있다. 물론 이런 점은 레거시 시스템의 부작용 중 하나에 불과할지도 모른다.

5.1.2 새로운 시스템

어설프게 설계된 레거시 시스템에 문제가 많기에, 회사 경영진은 처음부터 다시 시스템을 제대로 설계하기로 마음 먹었다. 이렇게 설계할 새로운 시스템은 작업을 최대한 자동화해야 한다. 이상적으로는 회사에 조그만 콜센터 하나가 있어서 자동화된 프로세스를 백업하는 데 활용한다. 이 콜센터는 모든 지점에서 단 하나의 시스템만 사용한다. 유럽에 배치했을 때, 영국[14]에 배치해 달라는 요청이 많았고, 심지어 EU를 벗어난 캐나다에도 배치해 달라는 요청도 있었다. 새로운 시스템에 투자해야 할 또 다른 이유는 경쟁사가 보유한 시스템이 더 유연하고 효율적이면서 사용자 경험도 훨씬 뛰어났기 때문이다.

계약 업체는 경쟁 제품을 비롯한 다양한 소스를 활용하여 프로젝트에 인력을 배치하지만, 경쟁 제품을 통합하고 프로젝트를 최적화하는 작업은 일반적으로 시스템의 범위를 벗어난다. 회사는 최적화나 통합 업무를 취급하지 않는다. 직종을 확장해서 IT나 간호와 같은 다른 직종을 추가하는 것도 범위를 벗어난다. 이런 직종을 추가하면 비즈니스 속성을 다시 정의해야 한다. 회사의 강점은 기술자를 공사 프로젝트에 매칭하는 데 있지, 다양한 인력을 배치하는 것이 아니다.

---

14   브렉시트(영국이 EU에서 탈퇴하는 것) 이전에 새로 설계하긴 했지만, 브렉시트는 당시 예상하지 못한 대규모 수정의 전형적인 예며, 새로운 시스템은 이를 매끄럽게 처리했다.

5.1.3 회사

회사는 자신을 소프트웨어 회사가 아닌 기술자 브로커로 보고있다. 소프트웨어는 회사의 주된 사업이 아니다. 예전에는 좋은 소프트웨어를 개발하는 데 어떤 노력이 드는지 알지 못했다. 또한 프로세스나 개발 방법론에 충분히 애쓰지 않았다. 과거에 대체 시스템을 개발하려던 노력은 모두 실패했다. 현재 회사는 풍부한 자금을 갖고 있다. 레거시 애플리케이션으로부터 들어오는 수익이 상당하기 때문이다. 과거의 쓸쓸한 교훈을 통해 경영진은 새롭게 시작하여 소프트웨어 개발을 위한 올바른 접근 방식을 적용하기로 했다.

5.1.4 유스케이스

예전 시스템이나 새로운 시스템 모두 요구사항 문서가 없었다. 클라이언트는 그림 5-1부터 5-8과 같은 몇 가지 유스케이스를 제공했다. 이 중에서는 코어 유스케이스인 것도 있고, 그렇지 않은 것도 있다. 그저 이 시스템에 필요한 동작을 나열한 것이다. 이런 유스케이스는 주로 레거시 시스템이 해야 할 일을 표현한 것이다. 설계 팀이 필요한 것은 코어 유스케이스이므로, 금융 관련 세부 사항을 다루거나, 계약자로부터 수수료를 받거나, 기술자에게 비용을 지불하는 것과 같은 로우 레벨 유스케이스는 무시했다. 평생 교육을 제공하는 것과 같은 몇몇 유스케이스는 빠져 있다. 게다가 회사가 제공한 유스케이스를 보완할 유스케이스를 더 추가할 여지가 분명히 있었다.

> **노트**   4장에서 설명했듯이 유스케이스를 완벽하게 제공하는 클라이언트는 극히 드물다. TradeMe도 마찬가지다. 제대로 작성된 유스케이스 목록을 받는 것도 쉽지 않다. 이 장의 주요 목적은 이런 불확실한 상황에서도 올바른 설계를 도출하는 방법을 소개하는 것이다.

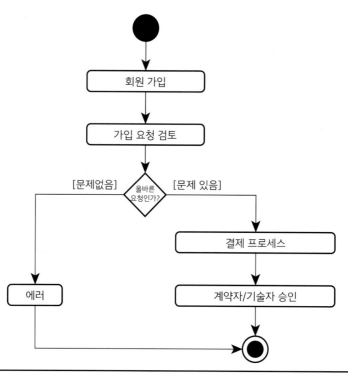

그림 5-1 계약자 또는 기술자를 추가하는 유스케이스

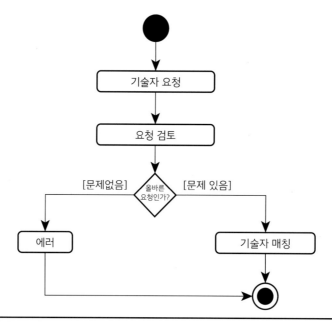

그림 5-2 계약자 또는 기술자를 요청하는 유스케이스

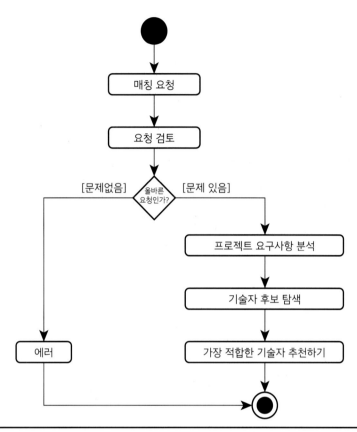

그림 5-3 기술자 매칭 유스케이스

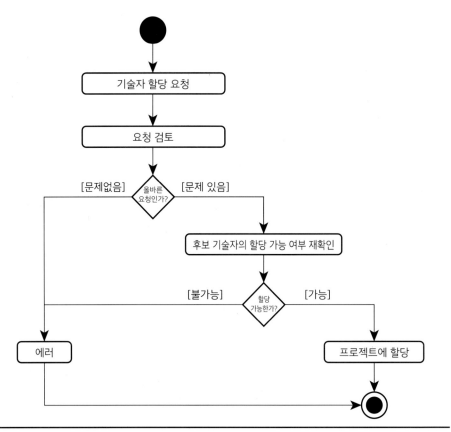

그림 5-4 기술자 할당 유스케이스

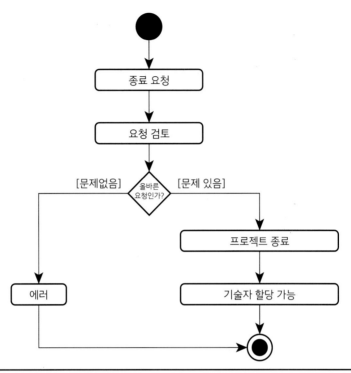

그림 5-5 기술자 유스케이스 끝내기

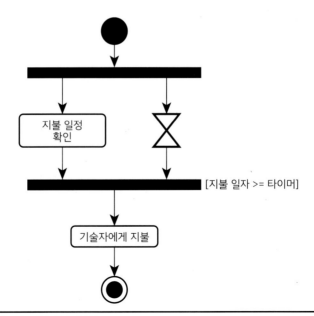

그림 5-6 기술자 보수 지불 유스케이스

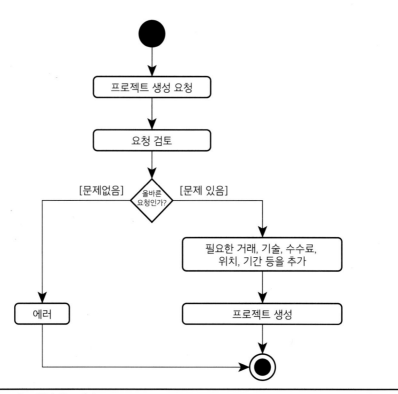

그림 5-7 프로젝트 생성 유스케이스

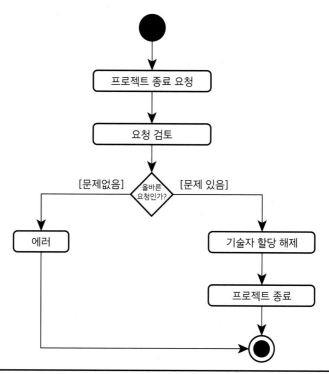

그림 5-8 프로젝트 종료 유스케이스

코어 유스케이스

회사에서 제공한 유스케이스는 대부분 코어 유스케이스라고 볼 수 없다. 단순히 기능만 나열한 목록처럼 보인다. 앞에서 설명했듯이 코어 유스케이스는 비즈니스의 본질을 표현한다. 이 시스템의 본질은 기술자나 계약자를 추가하거나, 프로젝트를 생성하거나, 기술자에게 보수를 지불하는 데 있지 않다. 이런 작업은 다양한 방식으로 처리할 수 있는 데다 비즈니스 가치를 높이는 것과 관련이 없고 경쟁 제품과 차별화할 수 없다. 이 시스템의 존재의 이유는 한 마디로 정의할 수 있다. "TradeMe는 기술자와 계약자와 프로젝트를 매칭하는 시스템"이다. 앞에서 제시한 유스케이스 중에서 이 목적에 부합하는 것은 매칭 유스케이스(그림 5-3) 뿐이다.

노트   지금 코어 유스케이스에 대한 설계 검증만 하지만, 그렇다고 해서 나머지 유스케이스를 무시해야 한다는 것은 아니다. 오히려 반대다. 설계를 다양하게 적용할 수 있음을 보여주는 좋은 방법은 다른 유스케이스나 시스템이 지원할 다른 비즈니스도 얼마나 쉽게 지원할 수 있는지 보여주는 것이다.

유스케이스 간소화

클라이언트가 요구 사항을 적절한 포맷으로 제공하는 경우는 거의 없고, 뛰어난 설계로 이어지는 방식은 말할 것도 없다. 따라서 가공되지 않은 원본 데이터를 적절히 변환해서 명확히 표현해야 한다. 설계 초기 단계에는 서브시스템이나 레이어로 매핑하는 것이 훨씬 자연스러운 상호 작용 영역을 발견할 수도 있다. 예를 들어 TradeMe에서 전체 유스케이스에 존재하는 역할의 타입이 적어도 세 가지(사용자, 시장, 회원)가 있었다. 사용자는 백오피스 데이터 항목 대표거나 시스템 관리자일 수 있다. 아마도 관리자만이 기술자를 종료시킬 수 있겠지만 이런 정보는 그림 5-5에는 나와 있지 않다.

역할, 조직, 기타 책임 있는 대상 사이의 제어 흐름을 활동 다이어그램에서 "수영장 레인"을 이용하여 그려주면 도움이 된다. 가령 그림 5-9를 보면 '기술자 종료하기(Terminate Tradesman)'를 다른 방식으로 표현하는 예를 보여주고 있다.

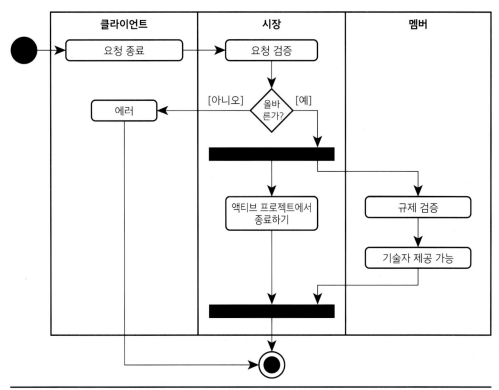

그림 5-9 활동 다이어그램을 수영장 레인으로 나누기

활동 다이어그램을 상호작용 영역으로 나누는 방식으로 원본 유스케이스를 변환한다. 이렇게 하면 필요에 따라 의사결정 박스나 동기화 바를 추가하여 시스템이 수행해야 할 동작을 좀 더 명확하게 표현할 수 있다. 여기 나온 수영장 레인 기법을 이용하여 설계를 시작하고 검증하는 방법에 대해서는 뒤에서 살펴볼 것이다.

5.2 반설계 노력

2장에서 반설계 노력(anti-design effort)은 의도적으로 최악의 시스템을 설계함으로써 기능 분해로부터 벗어나게 만드는 데 효과적인 기법이라고 설명한 적 있다. 반설계 노력을 제대로 한다면 유스케이스를 뒷받침하기 때문에 올바른 설계로 이어지겠지만, 캡슐화를 제공하지 않고 결합도가 높아진다(tight coupling). 이런 설계는 다른 이들에게 자연스럽게 보이기 쉽다(즉, 그들도 이와 비슷하게 만들 것이다). 이렇게 만든 반설계는 기능 분해의 분위기를 풍길 가능성이 높다.

5.2.1 모놀리스

간단한 반설계의 예로 요구사항에 나온 기능을 모두 한 곳에 쏟아부어서 만드는 만능 서비스를 들 수 있다. 이렇게 설계하는 사례가 너무 많은 나머지 모놀리스(Monolith)라는 이름마저 붙어 있을 정도다. 그동안 많은 이들은 경험을 통해 이렇게 설계하면 안 된다는 것을 힘들게 깨달았다.

5.2.2 과립형 구성 요소

그림 5–10은 반설계의 또 다른 예인 과도한 양의 구성 요소를 보여주고 있다. 말 그대로 유스케이스에 나온 모든 활동마다 대응되는 아키텍처 상의 컴포넌트가 있는 것이다. 여기에 데이터베이스 접근 또는 데이터베이스 자체에 대한 캡슐화는 없다.

이처럼 구성 요소가 너무 세분화되어 있으면, 클라이언트는 유스케이스의 비즈니스 로직을 구현해야 할 책임을 질 수밖에 없다(그림 5–11). 클라이언트 코드에 비즈니스 로직이 담기게 되면 클라이언트가 비대해져서, 그림 2–1에서 본 것처럼 전체 시스템이 클라이언트로 쏠리게 된다.

계약자 클라이언트	기술자 클라이언트	관리자 클라이언트							
기술자 회원 지원	계약자 회원 지원	기술자 요청	매칭 요청	기술자 할당 요청	기술자 종료 요청	타이머 스케줄	프로젝트 생성 요청	프로젝트 기간 추가	프로젝트 종료 요청
기술자 지원 검증	계약자 지원서 검증	기술자 요청 검증	매칭 요청 검증	할당 요청 검증	종료 요청 검증	지불 일정 확인	프로젝트 요청 검증	프로젝트 생성	프로젝트 종료 요청 검증
기술자 지불 처리	계약자 지불 처리	기술자 매칭	프로젝트 요구사항 분석	가용 여부 검증	프로젝트에서 기술자 종료	기술자에게 지불	필요한 기술 추가	프로젝트 생성 에러 생성	기술자 해제
기술자 승인	계약자 승인	기술자 요청 에러 생성	후보자 검색	기술자 할당	기술자 가용 상태 전환		요구 기술 추가	청구 요금 추가	프로젝트 종료
기술자 에러 생성	계약자 에러 생성	기술자 매칭 에러 생성	최적의 후보자 할당	가용성 에러 생성	종료 에러 생성		프로젝트 위치 추가		프로젝트 종료 에러 생성

데이터베이스

그림 5–10 서비스가 너무 많은 반설계 예

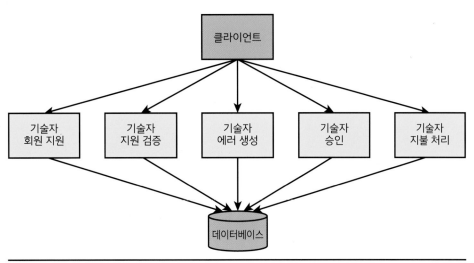

그림 5-11 오염되고 비대해진 클라이언트

또 다른 방법은 서비스끼리 서로 호출하게 만들 수 있다(그림 5-12). 하지만 이런 식으로 기능적인 특성이 두드러진 서비스끼리 연결하면, 그림 2-5에서 본 것처럼 서비스 사이에 결합도가 높아지게 된다. 또한 그림 5-12를 보면 오픈 아키텍처에서는 위로 호출하거나 옆으로 호출할 수 있다.

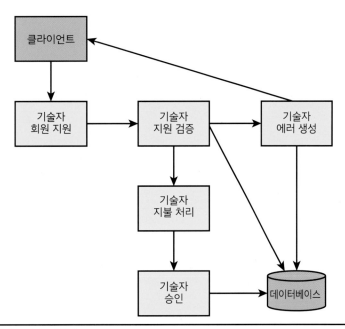

그림 5-12 서비스 사슬 반설계

5.2.3 도메인 분해

반설계의 또 다른 전형적인 유형은 그림 5-13과 같이 도메인을 기준으로 분해하는 것이다. 이 그림에서 시스템은 도메인의 종류인 기술자(Tradesman), 계약자(Contractor), 프로젝트(Project)에 따라 분해됐다.

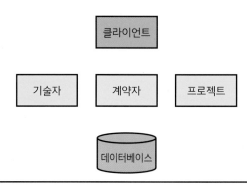

그림 5-13 반설계 유형: 도메인 분해

TradeMe처럼 단순한 시스템조차도 도메인 분해가 끝없이 이어질 가능성이 있다. 즉 Accounts, Administration, Analytics, Approval, Assignment, Certificates, Contracts, Currency, Disputes, Finance, Fulfillment, Legislation, Payroll, Reports, Requisition, Staffing, Subscription 등처럼 계속해서 만들어낼 수 있다. Project가 Accounts보다 도메인으로 더 적합하다고 말할 수 있을까? 또한 이런 판단을 내릴 때 어떤 기준을 적용해야 할까?

도메인 분해는 2장에서 설명한 것처럼 여러 가지 단점이 있을 뿐만 아니라, 유스케이스를 지원한다는 것을 보여주는 방식으로 설계를 검증하는 것을 불가능하게 만든다. 예를 들어, 기술자에 대한 요청은 두 도메인 서비스(Project와 Tradesman) 모두에서 나타날 수 있다. 기능이 여러 도메인에 걸쳐 중복되어 있기 때문에 누가 어떤 일을 언제 처리하는지가 불분명하다.

5.3 비즈니스와 일치

아키텍처는 반드시 존재의 이유가 되는 대상이 있다는 점을 인식하는 것이 가장 중요하다. 아키텍처와 시스템은 반드시 비즈니스를 제공해야 한다. 비즈니스를 제공한다는 것은 설계를 할 때 어떤 방향으로 노력해야 하는지를 제시한다. 따라서 아키텍처는 반드시 비즈니스가 미래를 위해 제시하는 비전과 목표에 일치해야 한다. 또한 비즈니스 목표와 아키텍처 사이를 양방향으로 추적할 수 있어야 한다. 각각의 목표를 뒷받침하는 아키텍처를 쉽게 찾아낼 수 있어야 하고, 아키텍처의 각 특성은 비즈니스의 어떤 목표로부터 나오게 된 것인지 추적할 수 있어야 한다. 그렇지 않으면 목적 없는 설계와 비즈니스 요구 사항으로 빠지게 된다.

이전 장에서 살펴봤듯이 설계를 도출하는 아키텍트라면 가장 먼저 변동성 영역을 찾아서 시스템 컴포넌트와 운영 방식, 인프라스트럭처 등에 캡슐화해야 한다. 이런 컴포넌트를 통합한 것이 바로 요구하는 동작을 지원하며, 통합 방식에 따라 비즈니스 목표가 실현되는 것이다. 예를 들어, 핵심 목표가 확장성과 유연성이라면 각 컴포넌트를 메시지 버스를 통해 통합하는 것이 바람직하다(여기에 대해서는 나중에 자세히 소개한다). 반대로 핵심 목표가 성능과 간결성인데 메시지 버스를 도입하면 복잡도가 필요 이상으로 높아지게 된다.

이 장의 나머지 부분은 비즈니스 요구 사항을 TradeMe의 설계로 전환하는 단계별 과정을 자세히 소개한다. 이 단계는 먼저 시스템 비전과 비즈니스 목표를 파악한 뒤, 이를 토대로 설계 결정 사항의 기준을 삼는 방식으로 진행한다.

5.3.1 비전

모든 환경의 모든 사람들이 시스템이 해야 할 일에 대해 똑같은 비전을 공유하는 경우는 거의 없다. 비전 자체가 없는 경우도 있고, 비전이 서로 다르거나 어느 한쪽의 이익만 반영한 비전을 가진 경우도 있다. 어떤 경우는 비즈니스 목표를 잘못 이해하기도 한다. TradeMe를 제공하는 회사는 끊임없이 변하는 시장을 시스템이 따라가지 못해서 발생하는 수많은 이슈에 발목 잡혔다. 이런 이슈는 기존 시스템과 회사의 구조, 그리고 소프트웨어 개발 체계에 반영됐다. 새로운 시스템은 이 모든 이슈를 점진적인 방식이 아닌, 정면으로 부딪혀야 한다. 왜냐하면 일부 이슈만 해결해서는 결코 성공할 수 없기 때문이다.

비즈니스의 첫 번째 사명은 모든 주주가 동의할 수 있는 공통 비전을 제시하는 것이다. 이 비전은 반드시 아키텍처부터 실행에 이르기까지 모든 영역을 이끌 수 있어야 한다. 나중에 구성원이 하는 일은 모두 이 비전을 따라야 한다. 물론 양날의 검이기도 하다. 그래서 비전을 수립하는 것부터 시작하는 것이 좋다. 비전과 일치하지 않는 것이 있다면 정치와 관련 있거나 부차적인 사항일 가능성이 높다. 이런 식으로 앞서 수립한 비전과 관련 없는 요구사항을 제거할 수 있다. TradeMe의 경우, 설계팀은 다음과 같이 비전을 한 마디로 정했다.

TradeMe 마켓플레이스를 지원하는 애플리케이션 구축 플랫폼

뛰어난 비전은 간결하면서도 명확하다. 마치 법조문처럼 표현해야 한다.

참고로 TradeMe의 비전은 애플리케이션을 만들 수 있는 플랫폼을 구축하는 것이다. 이런 플랫폼 정신은 비즈니스가 추구하는 다양성과 확장성을 실현하고 설계할 시스템에 적용할 수 있다.

5.3.2 비즈니스 목표

앞에서 설명한 비전에 동의했다면 구체적인 목표로 세분화한다. 비전에 어긋나는 목표는 모두 제거한다. 또한 이 비전을 뒷받침하는 데 꼭 필요한 목표만 추가한다. 이렇게 두 타입으로 구분하기란 대체로 쉽다. 목표를 나열할 때 비즈니스 관점에서 봐야 한다. 엔지니어링이나 마케팅 담당자들이 논의를 주도하거나, 기술 목표나 세부적인 요구사항을 포함시켜서는 안 된다. 설계 팀은 TradeMe 시스템 개요로부터 다음과 같은 목표를 도출했다.

1. **리포지터리와 애플리케이션을 통합한다.** 레거시 시스템은 비효율적인 부분이 너무 많다. 그래서 시스템을 최신 상태를 유지하며 구동하려면 사람의 노력을 상당히 투입해야 한다.

2. **새로운 요구사항에 대해 재빨리 방향을 전환해야 한다.** 레거시 시스템은 기능에 대한 방향 전환이 극도로 힘들다. 새로운 플랫폼은 커스터마이즈 작업을 빠르고 자주 처리할 수 있어야 한다. 주로 특정한 기술이나 주당 시간, 프로젝트 타입 또는 이들의 조합 등에 대해 커스터마이즈 해야 한다. 이상적인 것은 재빠른 방향 전환 중 코딩부터 배포까지, 상당수를 자동화해야 한다.

3. **다양한 나라와 시장에 대해 폭넓게 커스터마이즈 할 수 있도록 지원한다.** 나라마다 언어, 법률, 규제, 문화 등이 달라서 현지화(localization) 작업은 끔찍할 정도로 힘들다.

4. **비즈니스를 완전히 가시화하고 책임진다.** 레거시 시스템에는 회계 부정 적발, 감사 추적, 감시 기능이 없다.

5. **기술과 규제의 미래를 바라본다.** 시스템은 수동적인 입장만 취하지 말고 항상 변화를 수용하는 자세를 가져야 한다. 회사는 이 점이 바로 경쟁사를 앞설 요인으로 생각했다.

6. **외부 시스템과 잘 연동한다.** 앞서 나열한 목표와 어느 정도 관련이 있지만, 이 목표는 기존의 고된 수동 프로세스에 대한 자동화 수준을 크게 높일 수 있게 해 준다.

7. **보안을 간소화한다.** 시스템 보안을 적절히 보장해야 한다. 말 그대로 모든 구성 요소가 보안을 염두에 두고 설계되어야 한다. 이러한 보안 목표를 충족하려면 개발팀은 소프트웨어 생명주기에 대한 보안 감사와 같은 보안 활동을 도입하고, 아키텍처에서 이를 지원해야 한다.

> **노트**   개발 비용은 시스템의 목표가 아니다. 물론 돈 낭비를 좋아할 사람은 없다. 하지만 비즈니스의 고통은 여기 나열한 항목에 있었고, 회사는 이를 해결하기 위해 값비싼 솔루션을 도입할 수도 있었다.

5.3.3 사명

충격적일 수도 있겠지만 앞서 나열한 비전, 즉 비즈니스를 통해 얻고자 하는 바와, 목표(비즈니스에서 이 비전을 추구하는 이유)를 명확히 표현하는 것만으로는 대체로 부족하다. 사람들은 세부사항에 너무 매몰되어 큰 그림을 그리지 못하는 경향이 있다. 따라서 이러한 목표를 어떻게 추진할 것인지를 표현하는 사명(mission statement)도 함께 명시해야 한다. TradeMe의 사명은 다음과 같다.

개발팀이 애플리케이션과 기능을 조립할 수 있도록 소프트웨어 컴포넌트 모음을 설계하고 구현한다.

이 사명은 의도적으로 개발하려는 기능을 넣지 않았다. 기능을 구현하는 것이 아니라, 컴포넌트를 구현하는 것이 사명이다. 이제 각 단계를 연결시킬 수 있게 됐다. 따라서 이 사명을 실현하는 변동성 기반 분해를 정당화하기가 훨씬 쉽다.

비전 → 목표 → 사명 → 아키텍처

사실 비즈니스에서 올바른 아키텍처를 설계하도록 강제한 셈이다. 이는 아키텍트가 관리자에게 기능 분해를 피하도록 간청하는 전형적인 역학 관계와 반대다. 이처럼 아키텍처와 비즈니스 비전, 목표, 사명 등을 일치시키면 올바른 아키텍처를 도출하기가 훨씬 쉬워진다. 이러한 비전과 목표와 사명에 동의한다면 모두 갖춘 셈이다. 여러분이 아키텍처에 쏟은 노력을 경영진으로부터 인정받으려면 그 아키텍처가 비즈니스를 어떻게 뒷받침하는지를 반드시 보여줘야 한다.

5.4 아키텍처

소프트웨어 개발에서 오해와 혼란은 고질병처럼 만연해서 기대와 어긋나거나 기대에 못 미치는 일이 많다. 마케팅 부서와 엔지니어링 부서는 같은 대상을 다르게 표현하거나, 더 심한 경우 서로 다른 대상에 대해 동일한 표현을 사용하기도 한다. 이런 모호함은 수년 동안 드러나지 않을 수 있다. 시스템 설계에 들어가기 전에 반드시 도메인 용어에 대해 간략히 정리하여 모든 참여자의 생각을 일치시키는 작업이 필요하다.

5.4.1 TradeMe 용어집

용어집을 정리하는 좋은 방법 중 하나는 고전적인 4가지 질문인 누가, 무엇을, 어떻게, 어디서에 대한 답을 구하는 것이다. 시스템 개요, 유스케이스, 클라이언트 인터뷰 노트 등을 보면서 이 질문에 대한 답을 정리한다. TradeMe의 경우, 4가지 질문에 대한 답을 다음과 같이 정리할 수 있다.

- 누가
  - 기술자
  - 계약업체
  - TradeMe 대표
  - 교육 센터
  - 백그라운드 프로세스(지급 스케줄러)
- 무엇을
  - 기술자와 계약업체의 멤버십
  - 공사 프로젝트에 대한 마켓플레이스

- 평생 교육에 대한 인증과 훈련
- 어떻게
  - 탐색
  - 규제 준수
  - 리소스 접근
- 어디서
  - 로컬 데이터베이스
  - 클라우드
  - 기타 시스템

3장에서 설명했듯이 아키텍처의 컴포넌트가 아니더라도 이런 네 가지 질문에 대한 답을 계층에 대응시킬 수 있는 경우가 많다.

이 목록에서 특히 "무엇"에 주목할 필요가 있다. 왜냐하면 여기서 잠재적인 서브시스템 또는 앞서 언급한 수영장 레인에 대한 힌트를 많이 주기 때문이다. 이러한 수영장 레인과 주어진 답을 이용하여 변동성 영역을 탐색하면서 분해 작업을 시작할 수 있다. 그렇다고 해서 서브시스템을 추가하면 안 되거나 이것만이 필요한 서브시스템이라는 말은 아니다. 반드시 변동성을 기반으로 분해해야 하며 "무엇"에 해당하는 것이 변동성이 없다면 아키텍처에서 컴포넌트로 삼을 이유가 적다. 이 시점에서 제공하는 모든 것은 설계에 대해 추론하는 데 좋은 시작점이 된다.

5.4.2 TradeMe의 변동성 영역

이전 장에서 설명했듯이 분해(decomposition)의 핵심은 변동성 영역을 찾는 데 있다. 다음은 TradeMe에서 변동성 영역 후보 몇 가지와 설계 팀에서 고려할 요인을 나열한 것이다.

- **기술자**: 시스템에서 변동성 영역이라고 볼 수 있는가? 기술자에 속성을 추가해야 하는 상황에 처한다면, 아키텍처 관점에서 설사 순수하게 기능적인 것이라 하더라도 크게 곤란해질 가능성은 거의 없다. 다시 말해 기술자는 변동성이 아닌 변수다. (보유 기술 등과 같은) 기술자의 속성에 대해서도 마찬가지다. 어쩌면 기술자만 놓고 보면 변동성이 없을지도 모른다. 멤버십 관리나 규제처럼 기술자와 관련이 많은 좀 더 일반적인 변동성이 존재할 수도 있다. 이런 식으로 변동성 후보를 따져보거나 반박해 보는 것이 중요

하다. 변동성 영역이 무엇인지, 왜 변동성이 있는지, 그러한 변동성의 발생 가능성과 파급 효과 관점에서 존재하는 잠재 위험은 무엇인지를 명확히 설명할 수 없다면, 좀 더 분석할 필요가 있다. 기술자를 변동성 영역으로 보면 도메인 라인을 따라 분해하는 신호가 된다(그림 5-12).

- **교육 인증(education certificate)**: 인증 절차에 변동성이 있는가? 그렇다면 비즈니스와 시스템 관점에서 진정한 변동성이 구체적으로 무엇인가? 이때 프로젝트에 요구하는 인증에 대한 규제와 적법하게 인증된 기술자를 매칭하는 워크플로에서 변동성이 발생한다. 인증 자체는 기술자의 속성에 불과하다. 비즈니스 관점에서 인증 관리는 기술자의 중개로 인해 발생하는 핵심 가치에 비해 언제나 부차적인 요소다.
- **프로젝트**: 프로젝트 변동성에 대해 별도의 관리자를 둘 가치가 있는가? Project Manager란 프로젝트 문맥이다. Market Manager가 더 낫다. 왜냐하면 시스템에서 관리할 필요가 있는 일부 활동은 실행 중인 프로젝트의 문맥이 필요 없기 때문이다. 예를 들어, 특정한 프로젝트를 염두에 두지 않고 매치되는 것을 마켓에 제안할 수 있다. 어쩌면 여러 프로젝트와 매치되어야 할 수도 있다. 또한 가치 있는 기술자를 유지하기 위해 프로젝트와 관계없이 보수를 지불하고 싶을 수도 있다. 프로젝트를 변동성으로 본다는 것은 도메인 분해를 드러내는 셈이다. 핵심 변동성은 프로젝트가 아니라 마켓플레이스에 있다.

특정한 변동성 영역을 제시한 뒤 그 결과로 도출되는 아키텍처를 검토하는 것 자체는 아무런 문제가 없다. 결과에 나온 상호 작용이 거미줄처럼 얽혀 있거나 비대칭적이라면, 설계가 좋을 가능성은 적다. 그 설계가 올바른지 여부를 아마도 판단할 수 있을 것이다.

때로는 변동성 영역이 시스템 외부에 존재한다. 예를 들어 결제는 다양한 방식으로 실행할 수 있다는 점에서 변동성 영역이 될 가능성이 많지만, 소프트웨어 프로젝트인 TradeMe는 결제 시스템을 구현할 계획이 없었다. 결제는 시스템의 핵심 가치에 부가적인 요소다. 시스템은 다양한 외부 결제 시스템을 리소스(Resource)로 사용할 것이다. 리소스는 저마다 변동성을 가진 시스템들의 총합일 수 있지만, 이런 리소스는 시스템의 범위를 벗어난다.

설계팀은 다음과 같이 아키텍처에 영향을 미칠 가능성이 높은 변동성 영역 목록을 뽑아냈다.

이 목록은 이러한 변동성 영역을 캡슐화하는 아키텍처 요소를 식별하기도 한다.

- **클라이언트 애플리케이션**: 시스템은 각 클라이언트 환경마다 독립적으로 발전할 수 있게 해야 한다. 클라이언트는 기술자, 계약자, 마켓플레이스 대표, 교육 센터 등과 같은 다양한 사용자나, 주기적으로 시스템과 상호작용하는 타이머와 같은 백그라운드 프로세스에게 서비스를 제공한다. 이러한 클라이언트 애플리케이션은 저마다 UI나 디바이스, API 등이 다를 수 있다(어쩌면 교육 포털도 API에 불과할 수도 있다). 로컬에서 접속할 수도 있고, 인터넷을 통해 접속할 수도 있다(기술자 vs 대표). 연결될 수도 있고 그렇지 않을 수도 있다. 예상하듯이 클라이언트는 다양한 변동성과 관련 있다. 이러한 변동적인 클라이언트 환경마다 자체 클라이언트 애플리케이션으로 캡슐화된다.
- **멤버십 관리**: 기술자와 계약자를 추가하거나 삭제하는 활동에 변동성이 있다. 심지어 이들이 받는 할인이나 혜택에도 있다. 멤버십 관리는 지역이나 시간에 따라 달라진다. 이러한 변동성은 Membership Manager로 캡슐화한다.
- **비용**: 거래량과 스프레드를 결합하여 TradeMe가 수익을 창출할 수 있는 모든 가능한 방법이 마켓 매니저에 캡슐화된다.
- **프로젝트**: 프로젝트의 요구사항과 규모는 변경될 뿐만 아니라, 변동성 영역이며, 필수 요구사항에 영향을 미친다. 프로젝트 규모에 따라 워크플로우가 달라질 수 있다. 시스템은 프로젝트를 마켓 매니저에 캡슐화한다.
- **분쟁**: 사람을 상대할 때, 적게는 오해가, 크게는 노골적인 사기까지 발생할 수 있다. 분쟁 해결에 대한 변동성은 멤버쉽 매니저에서 캡슐화한다.
- **매칭과 승인**: 여기에는 두 가지 변동성이 관련되어 있다. 프로젝트에 딱 맞는 기술자를 찾는 방법에 대한 변동성은 Search Engine으로 캡슐화한다. 검색 기준과 정의에 대한 변동성은 Market Manager로 캡슐화한다.
- **교육**: 교육 과목과 기술자를 매칭하고, 개설된 과목이나 필수 과목을 검색하는 데 변동성이 있다. 교육 워크플로 변동성을 관리하는 것은 Education Manager로 캡슐화한다. 과목과 인증을 검색하는 것은 Search Engine으로 캡슐화한다. 규제 인증에 대한 준수는 Regulation Engine으로 캡슐화한다.
- **규제**: 규제는 나라마다 또는 시간의 흐름에 따라 변할 가능성이 있다. 또한 규제는 회사 내부적일 수 있다. 이러한 변동성은 Regulation Engine으로 캡슐화한다.
- **보고**: 시스템이 준수해야 할 감사와 보고 요구사항은 모두 Regulation Engine으로 캡슐화한다.

- **지역화**: 지역화에 관련된 변동성은 두 가지가 있다. 클라이언트의 UI 요소는 언어와 문화에 따른 변동성을 캡슐화한다. TradeMe의 경우, 이해관계자들은 이 정도로 충분하다고 판단했다. 다른 경우에는 지역화는 강력한 변동성 영역이므로 별도 서브시스템(예, Manager, Resource 등)으로 만들 필요가 있다. 지역화는 리소스 설계에도 영향을 미칠 수 있다. 나라별 규제에 대한 변동성은 Regulation Engine으로 캡슐화한다.
- **리소스**: Resoucce는 외부 시스템(예, 결제 시스템)에 대한 포털일 수도 있고, 기술자와 프로젝트 리스트처럼 다양한 요소에 대한 저장소일 수도 있다. 저장소의 구체적인 본질은 변동성이 있으며, 클라우드 기반 데이터베이스부터 로컬 스토어에 이르기까지 완전히 다른 시스템일 가능성이 있다.
- **리소스 접근**: ResourceAccess 컴포넌트는 스토리지 위치, 타입, 접근 기술 등과 같은 Resource 접근에 대한 변동성을 캡슐화한다. 이 컴포넌트는 원자적 비즈니스 동사(예, 기술자에게 비용을 지급하는 "결제(pay)")를 관련 Resource(예, 스토리지나 결제 시스템)에 대한 접근으로 변환한다.
- **배포 모델**: 배포 모델(deployment model)도 변동성이 있다. 때로는 데이터가 지리적 위치를 벗어날 수 없거나, 회사에서 시스템의 일부 또는 전체를 클라우드에 배포하고 싶을 수 있다. 이러한 변동성은 서브시스템과 Message Bus Utility의 조합으로 캡슐화한다. 이렇게 시스템 운영 컨셉에서 모듈화 형태로 조합할 수 있는 상호작용 패턴의 장점은 뒤에서 설명한다.
- **인증과 인가**: 시스템은 Client를 다양한 방식으로 인증(authentication)한다. 대상이 사용자일 수도 있고, 다른 시스템일 수도 있다. 자격증명(credential)과 신원(identity)을 다양한 방식으로 표현할 수도 있다. 인가(authorization)에 대한 제약은 거의 없다. 역할을 저장하고 권한을 표현하는 방법은 다양하다. 이러한 변동성은 Security Utility 컴포넌트로 캡슐화한다.

여기서 변동성 영역과 아키텍처의 구성 요소가 1:1로 대응되지 않는다. 예를 들어, 앞에 나온 목록에서 세 가지 변동성 영역이 Market Manager에 대응된다. 3장에서 설명했듯이 Manager는 어느 한 유스케이스가 아닌, 논리적으로 관련 있는 여러 유스케이스의 변동성을 캡슐화한다. Market Manager의 경우, 마켓 유스케이스로 프로젝트 관리, 기술자와 프로젝트 매칭, 매치 비용 부과 등이 있다.

약한 변동성

다음과 같은 두 가지 약한 변동성 영역은 아키텍처에 영향을 미치지 않는다.

- **알림**: Client가 시스템과 통신하는 방식과 시스템이 외부 세계와 통신하는 방식은 변동성이 있다. 이러한 변동성은 Message Bus Utility로 캡슐화한다. 회사에서 이메일이나 팩스처럼 전송 형태에 제한을 두지 않는다면, Notification Manager로 충분할 것이다.
- **분석**: TradeMe는 프로젝트의 요구사항을 분석해서 요청한 기술자를 검증하거나, 심지어 처음부터 기술자를 추천할 수도 있다. TradeMe는 이런 식으로 프로젝트에 대한 기술자 할당을 최적화할 수 있다. 시스템은 프로젝트를 다양한 방식으로 분석한다. 이러한 분석은 분명 변동성 영역이다. 하지만 설계팀은 분석을 설계의 변동성 영역으로 판단하지 않았다. 그 이유는 앞서 설명했듯이 프로젝트의 최적화 작업은 회사의 본질이 아니다. 따라서 최적화를 제공하는 것은 추측 설계에 해당한다. 필요한 모든 분석 활동은 Market Manager로 캡슐화한다.

5.4.3 정적 아키텍처

그림 5-14는 아키텍처의 정적 뷰를 보여준다.

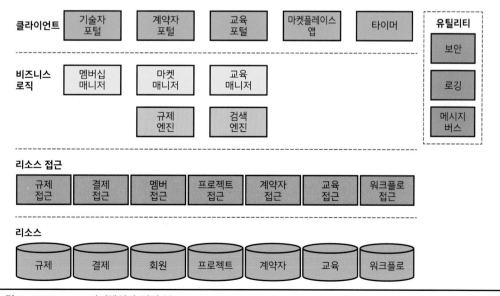

그림 5-14 TradeMe 아키텍처의 정적 뷰

클라이언트

클라이언트 티어에는 멤버, 기술자, 계약자 타입에 대한 포털이 있다. 또한 기술자에게 자격증명을 발급하거나 검증하는 교육 센터에 대한 포털도 있고, 백엔드 사용자가 마켓플레이스를 관리하기 위한 애플리케이션도 있다. 또한 클라이언트 티어에는 시스템과 주기적으로 일정한 동작을 주고받는 스케줄러나 타이머와 같은 외부 프로세스도 있다. 이런 것들은 아키텍처에 참조용으로 포함되어 있지만, 시스템에는 들어 있지 않다.

비즈니스 로직 서비스

비즈니스 로직 티어에서 멤버십 매니저(Membership Manager)와 마켓 매니저(Market Manager)는 앞에서 설명한 각자의 변동성을 캡슐화한다. 간단히 말해 멤버십 매니저는 멤버십 유스케이스 실행에 대한 변동성을 관리하는 반면, 마켓 매니저는 마켓플레이스에 관련된 유스케이스를 담당한다. 여기서 멤버십 유스케이스(예, 기술자 추가/삭제)는 서로 논리적으로 관련 있으면서도, 마켓플레이스와 관련된 것(예, 프로젝트에 기술자 매칭)은 서로 구별된다. 교육 매니저(Education Manager)는 교육 계획과 교육 인증 검토와 같은 평생 교육에 관련된 유스케이스 실행에 대한 변동성을 캡슐화한다.

여기에는 단 두 가지 엔진(Engine)만 있으며, 앞서 나열한 급격한 변동성 중 일부를 캡슐화한다. 규제 엔진(Regulation Engine)은 나라별 규제와 준수에 대한 변동성을 캡슐화한다. 검색 엔진(Search Engine)은 매치 생성에 관련된 변동성을 캡슐화한다. 매치 방식의 종류는 단순 조회부터 안전 및 품질 기록, 그리고 할당을 위한 AI와 머신 러닝 기법에 이르기까지 매우 다양하다.

ResourceAccess와 Resource

마켓플레이스를 관리하는 데 필요한 개체(예, 결제, 멤버, 프로젝트 등)는 모두 스토리지와 이에 대한 ResourceAccess 컴포넌트를 갖고 있다. 워크플로 스토리지도 있는데 뒤에서 설명한다.

유틸리티

시스템에는 세 가지 유틸리티(Utilities)인 Security, Message Bus, Logging이 있어야 한다. 미래의 유틸리티(예, 장치)도 함께 포함된다.

메시지 버스

메시지 버스(message bus)란 큐를 이용한 발행/구독(Pub/Sub)에 불과하다(그림 5-15). 이 버스에 게시한 메시지는 모든 구독자에게 브로드캐스트된다. 따라서 메시지 버스는 N:M 통신을 지원하는 범용 큐를 제공한다. 여기서 N과 M은 음이 아닌 정수다. 메시지 버스가 죽거나 게시자의 연결이 끊기면, 메시지는 버스 앞에 있는 큐에 저장된다. 그래서 나중에 연결되면 이어서 처리할 수 있다. 이 덕분에 가용성(availability)과 견고성(robustness)을 제공한다. 모바일 디바이스와 같은 구독자가 죽거나 연결이 끊기면, 메시지는 구독자마다 있는 사설 큐에 게시된다. 그래서 나중에 다시 연결되면 이어서 처리할 수 있다. 구독자와 게시자 모두 연결되어 사용할 수 있는 상태라면, 메시지는 비동기식으로 전달된다.

메시지 버스를 위한 기술의 종류는 아키텍처와 관련이 거의 없다. 따라서 이 책에서는 다루지 않는다. 하지만 특정한 메시지 버스에서 제공하는 세부 기능은 구현의 용이성에 큰 영향을 미칠 수 있다. 그래서 올바른 선택을 하도록 신중히 고려해야 한다. 메시지 버스마다 차이가 있다. 그중 유명 브랜드 제품도 있다. 메시지 버스는 최소한 큐잉과 중복 메시지, 멀티캐스트 브로드캐스팅, 헤더 및 컨텍스트 전파(propagation), 메시지 게시 및 조회에 대한 보안, 오프라인 작업, 연결이 끊긴 작업 처리, 전송 실패 처리, 작업 실패 처리, 악성 메시지 처리, 트랜잭션 처리, 높은 처리량, 서비스 레이어 API, 다중 프로토콜 지원(특히 비HTTP 기반 프로토콜), 안정적인 메시지 등을 제공해야 한다. 추가 기능으로 메시지 필터링, 메시지 검사, 커스텀 인터셉션(interception), 인스트루먼테이션(instrumentation), 진단, 자동 배포, 자격증명 스토어와 쉬운 통합, 원격 설정 등을 지원할 수 있다. 이 모든 기능을 다 제공하는 제품은 없다. 잘못 선택할 위험을 줄이려면, 먼저 무난하고 사용하기 쉬운 무료 메시지 버스를 선택하고, 이런 메시지 버스에 맞는 아키텍처를 구현하는 것부터 시작하는 것이 좋다. 그러면 원하는 품질과 속성을 제대로 이해해서 우선순위를 정하는 데 도움이 된다. 그리고 나서 자신의 목적에 가장 잘 맞는 제품을 선택한다.

현재 아키텍처에 메시지 버스를 추가하더라도 통신 패턴에 대한 아키텍처 측면의 제약 사항이 없어지는 것은 아니다. 예를 들어 버스를 통한 클라이언트 대 클라이언트 통신은 금지해야 한다.

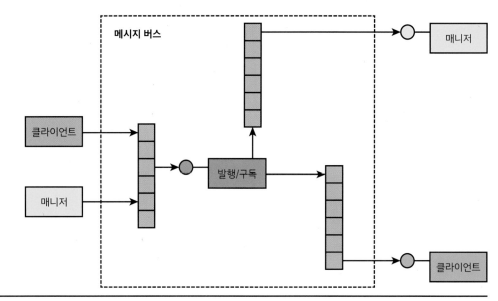

그림 5-15 메시지 버스

5.4.4 운영 방식

TradeMe에서 모든 클라이언트와 매니저 사이의 통신은 전부 Message Bus Utility를 통해 이루어진다. 그림 5-16은 이러한 운영 방식(operational concept)을 보여준다.

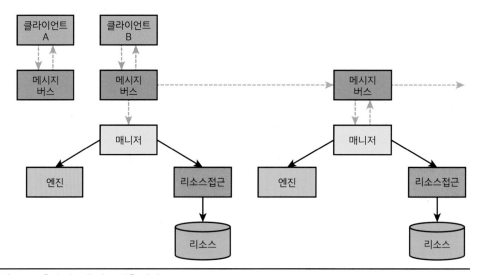

그림 5-16 추상 시스템 상호 작용 패턴

이러한 상호작용 패턴에서 서브시스템의 클라이언트와 비즈니스 로직은 서로 메시지 버스에 의해 분리된다. 일반적으로 메시지 버스를 사용하면 다음과 같은 운영 방식을 지원할 수 있다.

- 모든 통신은 공통 매체(Message Bus)를 이용한다. 이렇게 하면 메시지의 본질과 상대방의 위치, 통신 프로토콜 등을 캡슐화할 수 있다.
- (클라이언트와 같은) 유스케이스 시작자와 (매니저와 같은) 유스케이스 실행자는 직접 상호작용하지 않는다. 서로 모르고 있기에 독자적으로 발전할 수 있어서 확장성에 유리하다.
- 같은 유스케이스에 대해 여러 클라이언트가 각자 유스케이스의 일부분을 담당하면서 병렬(concurrent)로 상호작용할 수 있다. 클라이언트와 시스템 전체에 대해 락스텝(lock-step) 방식으로 실행되지 않는다. 그래서 타임라인에 따라 구성 요소 사이에 디커플링이 발생하고 타임라인이 분리된다.
- 메시지 버스 내부의 큐는 초당 상당한 양의 메시지를 받을 수 있기 때문에 처리량을 높일 수 있다.

메시지가 애플리케이션이다

메시지 버스가 지원하는 운영 방식은 분명 장점이 있다. 그렇다고 해서 복잡도가 증가해도 되는 것은 아니다. 메시지 버스를 채택하는 주된 이유는 TradeMe의 가장 중요한 운영 방식인 '**메시지가 애플리케이션이다(Message Is the Application)**'라는 디자인 패턴을 지원하기 때문이다.

이 디자인 패턴을 적용할 때 "애플리케이션"은 어디서도 볼 수 없다. 애플리케이션으로 식별할 수 있는 서비스나 컴포넌트 모음이 없다. 대신 (부차적인 선택 사항이긴 하지만 메시지 버스를 통해) 서로 메시지를 주고받는 서비스들의 느슨한 결합체로 시스템을 구성한다. 이러한 메시지는 서로 관련이 있다. 메시지를 처리하는 서비스마다 일정한 작업을 수행한 후, 다시 버스로 메시지를 보낸다. 그러면 이 메시지를 받아서 검토한 다른 서비스 중 일부는 작업을 수행한다(또는 아무도 수행하지 않을 수도 있다). 실제로 어떤 서비스가 게시한 메시지는 다른 서비스가 작업을 수행하게 만든다. 이렇게 하면 결합도를 최대한 줄일 수 있다.

때로는 논리 메시지 하나가 모든 서비스를 거치기도 한다. 이때 서비스는 부가적인 문맥 정보를 메시지(의 헤더 등)에 추가하거나, 이전 문맥을 수정하거나, 기존 메시지의 문맥을 새로운 메시지로 전달하는 등의 작업을 수행한다. 이렇게 서비스는 메시지를 변환하는 함수 역할을 한다. '메시지가 애플리케이션이다' 패턴의 가장 두드러진 특징은 애플리케이션에 필요한 동작이 이러한 변환 기능과 개별 서비스의 처리 작업을 모두 합친 것이라는 점이다. 요구 동작이 변하면 서비스나 아키텍처가 아닌, 서비스의 메시지 응답 방식이 변한다.

TradeMe의 비즈니스 목표에서 요구하는 확장성을 만족하려면 이 패턴이 적합하다. 회사에서는 메시지 처리 서비스를 추가하는 방식으로 쉽게 시스템을 확장할 수 있다. 그래서 기존 서비스를 수정하려다 잘 작동하는 구현을 망칠 위험도 없다. 이 방식은 3장에서 언급한, 시스템을 반복적으로 빌드하지 말고 점진적으로 빌드하라는 원칙을 만족한다. 진보적인 설계의 목표도 충족한다. 이 패턴을 따를 때 시스템이 현재 요구사항에 얽매이지 않기 때문이다. 뿐만 아니라 또 다른 비즈니스 목표인, 외부 시스템을 통합하기 위한 세련된 방법이기도 하다.

미래 지향적인 설계

'메시지가 애플리케이션이다' 디자인 패턴에 따라 메시지 버스 기반으로 통합한 서비스는 시스템이 미래를 대비하는 최선의 방법 중 하나다. 여기서 '시스템이 미래를 대비한다'는 말은 소프트웨어 공학의 다음 세대인, 액터(actor) 모델을 의미한다. 향후 십 년 동안 소프트웨어 업계는 액터라고 부르는 작은 단위의 서비스를 채용하게 될 것이다. 액터도 서비스지만 매우 간단하게 구성된 것이다. 액터는 액터 그리드 또는 그래프에 속해 있으면서 메시지로 상호 작용한다. 이렇게 형성된 액터 네트워크는 계산을 하거나 데이터를 저장하는 작업을 수행한다. 프로그램은 액터 코드의 묶음이 아니라, 프로그램 또는 요구 동작은 네트워크를 통해 전파되는 메시지로 구성된다. 프로그램을 바꾸려면 액터가 아닌 액터 네트워크를 바꿔야 한다.

시스템을 이런 식으로 구축하면 실제 비즈니스 모델에 보다 가깝고, 락 없이도 동시성을 높이고, 스마트 파워 그리드나 제어 시스템, 범용 AI 등과 같이 현재는 실현하기 힘든 시스템을 구축할 수 있다. 현재 기술이나 플랫폼을 '메시지가 애플리케이션이다'

> 패턴에 적용한다면, 액터 모델이 완벽하지는 않더라도 매우 잘 어울린다. 예를 들어, TradeMe에서 기술자와 계약자가 액터다. 프로젝트는 이러한 액터의 네트워크고, 다른 액터(예, Market Manager)는 네트워크를 구성한다. TradeMe 아키텍처를 지금 도입하면 현재와 타협하지 않고 미래를 위한 준비를 할 수 있다(액터 모델에 대한 자세한 사항은 '액터: 소프트웨어 공학의 과거와 미래'(유튜브/IDesignIncTV, 2017, 유발 로이 저) 참고).

현실과 마찬가지로 이 패턴을 구현하기 위해서는 치러야 할 대가가 있다. 이 패턴을 정당화할 수 없거나 메시지 버스가 없는 조직이 있다. 이러한 비용은 거의 대부분 시스템 복잡도와 움직이는 부품, 배워야 할 API, 배포와 보안 이슈, 그리고 미묘한 장애 사례 등의 증가로 나타난다. 반면 급격한 요구사항 변화와 확장성과 재사용성을 제공하는, 본질적으로 응집도가 낮은 시스템이라는 장점이 있다. 일반적으로 이 패턴은 플랫폼에 투자할 여력이 있고 조직에서 하향식과 상향식 모두 지원받는 상황에서 적용할 수 있다. 대부분 클라이언트를 단순히 매니저에 대한 호출을 큐에 저장하는 간단한 설계만으로도 개발 팀에 적합하다. 항상 개발자와 관리자의 역량과 성숙도에 맞게 아키텍처를 조율해야 한다. 조직을 바꾸는 것보다 아키텍처를 변경하는 것이 훨씬 쉽기 마련이다. 조직의 역량이 높아지고 나면, '메시지가 애플리케이션이다' 패턴을 제대로 적용할 수 있다.

5.4.5 워크플로 매니저

'더 메서드'에 따르면 매니저는 비즈니스 워크플로의 변동성을 캡슐화한다. 워크플로 코드를 그냥 매니저에 작성할 수도 있지만, 워크플로가 변경되면 매니저 코드도 변경해야 한다. 이 방식의 문제는 워크플로의 변동성을 개발자가 코드만으로 극복하기에는 시간뿐만 아니라 노력 측면에서 한계가 있다는 것이다.

TradeMe의 또 다른 운영 방식으로 워크플로 매니저를 사용하는 것이다. 2장에서 주식 거래 시스템을 설명할 때 이 개념을 가볍게 소개했는데, 이 장에서는 또 다른 운영 방식을 통해 코드로 표현해 본다. TradeMe의 모든 매니저는 워크플로 매니저다. **워크플로 매니저(workflow manager)**란 워크플로를 생성하고, 저장하고, 조회하고, 실행하게 해주는 서비스다. 이론상 일종의 매니저에 불과하지만, 실전에서 이런 매니저는 거의 대부분 서드파티 워크플로 실행 도구나 저장소를 사용하고 있다. 매번 클라이언트가 호출할 때마다 워크플로 매니저는 적절한 워크플로 타입뿐만 아니라 구체적인 인스턴스를 특정한 상태와 문맥으로 불러와서 실행하고, 이를 다시 워크플로 저장소에 보관하여 영속성을 유지한다. 워크플로 인스턴스를 불러오고 저장하는 기능을 통해 장기적으로 실행되는 워크플로를 만들 수 있다. 매니저는 상태를 인지하면서도 클라이언트와의 세션을 유지할 필요가 없다. 호출한 사용자와 워크플로가 동일하더라도, 다른 디바이스의 다른 연결에서 호출될 수 있으며, 매니저가 불러와서 실행할 워크플로 인스턴스의 고유 ID뿐만 아니라 주소(URI) 등과 같은 클라이언트 정보도 유지할 수 있다.

기능을 추가하거나 변경하려면 이와 관련된 매니저 워크플로를 추가하거나 수정하면 된다. 여기에 관련된 개별 서비스 구현은 건드리지 않아도 될 수 있다. (4장에서 설명했듯이) 시스템 통합 측면에서 기능을 제공하기 위한 깔끔한 방법이자, 실체적인 시스템의 사명이며, 아키텍처가 비즈니스를 지원하는 방식을 잘 보여준다.

워크플로 매니저가 정말 필요한 경우는 시스템이 감당하는 변동성이 매우 높을 때다. 워크플로 매니저를 이용하면 단순히 요구 동작을 수정해서 새로 생성한 코드를 배포하기만 하면 된다. 이러한 수정 작업은 여러분이 선택한 워크플로 도구에 따라 다르다. 예를 들어, 어떤 도구는 스크립트 에디터를 사용하는 반면, 또 어떤 도구는 워크플로를 활동 다이어그램처럼 시각적으로 표현하며 워크플로 코드를 생성하고 배포까지 해준다.

(적절한 안전장치를 갖췄다면) 제품 소유자나 최종 사용자가 요구 동작을 수정하게 할 수도 있다. 그러면 기능을 제공하는 주기를 크게 단축시킬 수 있으며, 소프트웨어 개발팀은 핵심 서비스에 집중하고, 더 이상 요구사항 변화에 쫓기지 않아도 된다.

TradeMe의 비즈니스 니즈를 볼 때 이 패턴을 적용하기에 적합하다. 왜냐하면 기능에 대한 빠른 턴어라운드라는 목표를 소규모의 빈약한 개발팀이 수작업만으로 처리하기에는 한계가 있기 때문이다. 워크플로 매니저를 사용하면 다양한 시장에 대해 커스터마이즈를 가능하게 하여 시스템의 또 다른 목표를 충족시킨다.

여기서도 마찬가지로 이 방식을 적용할지 여부를 신중하게 검토해야 한다. 워크플로 변동성의 수준이 복잡도 증가와 학습 곡선 증가와 개발 프로세스 변경을 감당할 정도인지를 잘 따져서 결정한다.

워크플로 도구 선택 방법

워크플로 도구로 적합한 기술을 선택하는 것은 아키텍처와 관계없다. 따라서 이 책의 범위를 벗어난다. 하지만 아키텍처에서 필요하다면 적합한 도구를 선택하는 것이 좋다. 워크플로에 대한 솔루션으로 나와 있는 것만 해도 수십 가지다. 이를 뒷받침하는 도구도 다양하고 저마다 제공하는 기능도 아주 다양하다. 워크플로 도구는 최소한 워크플로를 시각적으로 편집하는 기능과 워크플로 인스턴스의 영속성을 유지하는 기능, 그리고 워크플로에서 다양한 프로토콜을 통해 서비스를 호출하는 기능, 메시지 버스로 메시지를 게시하는 기능, 워크플로를 다양한 프로토콜을 이용하여 서비스로 노출하는 기능, 워크플로 중첩 기능, 워크플로 라이브러리 생성 기능, 반복적인 워크플로 패턴에 대한 공통 템플릿을 정의한 후 각자에 맞게 커스터마이즈 하는 기능, 워크플로를 디버깅하는 기능 등을 반드시 제공해야 한다. 또한 워크플로에 대한 재생(play-back), 인스트루먼트(instrument), 프로파일(profile) 기능을 갖추고, 진단 시스템과 통합하는 기능도 있으면 좋다.

5.5 설계 검증

본격적인 개발 작업에 착수하기 전에 설계가 요구 동작을 지원하는지 확인해야 한다. 4장에서 설명했듯이 설계를 검증하려면 그 설계가 서비스에 캡슐화된 다양한 변동성 영역을 통합해서 코어 유스케이스를 뒷받침하는지 살펴봐야 한다. 각 유스케이스에 대한 시퀀스 다이어그램이나 콜 체인을 확인하는 방식으로 설계를 검증한다. 한 유스케이스를 제대로 표현하는 데 필요한 다이어그램이 여러 개 일 수도 있다.

설계는 본인뿐만 아니라 다른 이들에게도 적합하다는 것을 입증하는 것이 중요하다. 여러분이 설계한 아키텍처를 검증할 수 없거나 검증이 모호하다면, 다시 처음으로 돌아갈 필요가 있다.

앞에서 설명했듯이, TradeMe에 대해 회사에서 제공한 유스케이스 중에서 코어 유스케이스에 대한 후보는 기술자 매치(Match Trademen) 하나뿐이었다. TradeMe 아키텍처는 설계팀이 코어 유스케이스인 Match Trademan뿐만 아니라, 모든 유스케이스를 충족한다는 것을 입증할 수 있을 정도로 모듈화 되어 있고 모든 유스케이스와 분리되어 있다. 그럼 TradeMe의 유스케이스와 새로운 시스템의 운영 방식에 대한 검증 과정을 하나씩 살펴보자.

5.5.1 유스케이스: 기술자/계약자 추가

기술자/계약자 추가(Add Tradesman/Contractor) 유스케이스의 변동성 영역은 여러 가지가 있다. 기술자(또는 계약자) 클라이언트 애플리케이션, 멤버 추가 워크플로, 규제 준수, 사용하는 결제 시스템 등이 있다. 그림 5-17에서 보는 바와 같이, 다이어그램에 수영장 레인을 추가하는 방식으로 그림 5-1에 나온 유스케이스를 재정리해서 간소화할 수 있다.

그림 5-17은 유스케이스 실행을 위해, 클라이언트 애플리케이션과 멤버십 서브시스템 사이에서 상호 작용이 필요하다는 것을 보여준다. 그림 5-18의 실제 콜 체인에서 이 점이 명확히 드러난다(계약자 추가 유스케이스는 계약자 애플리케이션인 Contractors Portal과 동일하다). TradeMe의 운영 방식에 따르면, 그림 5-18와 같이 클라이언트 애플리케이션(이 경우 멤버가 직접 지원한다면 Tradesman Portal, 백엔드가 멤버를 추가한다면 Marketplace App)은 요청을 Message Bus에 게시한다.

이 메시지를 받은 (워크플로 매니저인) Membership Manager는 적합한 워크플로를 저장소에서 불러온다. 그러면 새로운 워크플로가 생성되거나 기존 워크플로를 복원하여 워크플로를 실행한다. 주어진 요청에 대한 워크플로 실행을 마치면, Membership Manager는 워크플로에 대한 새로운 상태(예, 완료 등)를 가리키거나, 이 상태로 전환됐으니 다른 매니저가 작업을 시작해도 좋다는 것을 가리키는 메시지를 Message Bus에 게시한다. 클라이언트는 Message Bus를 모니터링할 뿐만 아니라 요청에 대한 처리 상태를 사용자에게 알려줄 수 있다. Membership Manager는 계약자 또는 기술자를 검증하는 Regulation Engine에게 그 계약자 또는 기술자를 Members 저장소에 추가한 뒤, 클라이언트에게 Message Bus를 통해 이 사실을 알려준다.

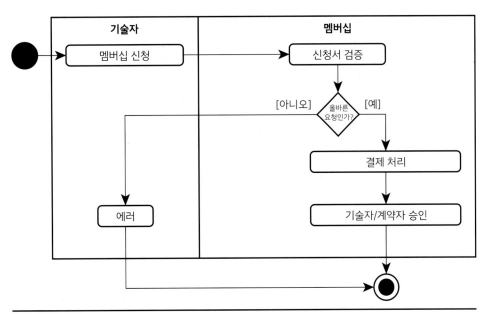

그림 5-17 기술자/계약자 추가 유스케이스에 수영장 레인을 적용한 모습

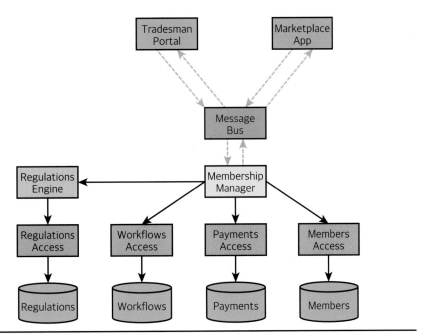

그림 5-18 기술자/계약자 추가에 대한 콜 체인

5.5.2 기술자 요청 유스케이스

기술자 요청(Request Tradesman) 유스케이스의 관심 영역은 두 가지다. 하나는 계약자고 다른 하나는 시장이다(그림 5-19). 요청에 대한 초기 검증을 거치면 **기술자 매칭**(Match Tradesman)이라는 다른 유스케이스를 시작한다.

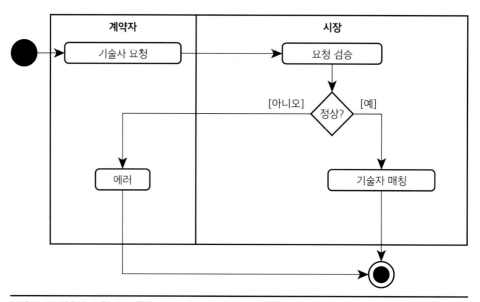

그림 5-19 기술자 요청 유스케이스에 수영장 레인을 적용한 모습

그림 5-20은 이 유스케이스에 대한 콜 체인을 보여준다. Contractors Portal과 같은 클라이언트나 Marketplace App과 같은 내부 사용자는 기술자를 요청하는 메시지를 시스템 버스에 게시한다. 그러면 Market Manager가 이 메시지를 받아서 적합한 워크플로를 불러온 뒤 적절한 작업을 수행한다. 가령 Regulation Engine에게 이 요청에 적합한 것을 물어보거나 기술자 요청에 맞게 프로젝트를 업데이트한다. 그리고 나서 Market Manager는 누군가 기술자를 요청한다는 메시지를 Message Bus에 게시한다. 그러면 매칭 및 할당 워크플로가 작동한다. 각 워크플로는 별도의 시간축을 따라 진행한다.

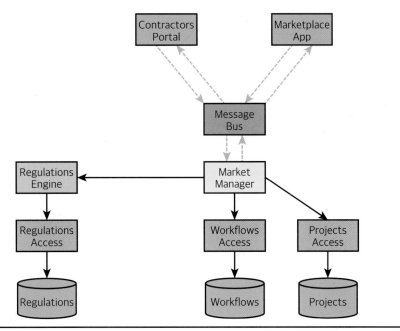

그림 5-20 (매칭될 때까지) 기술자 콜체인 요청하기

5.5.3 기술자 매칭 유스케이스

코어 유스케이스인 기술자 매칭(Match Tradesman)의 관심 영역은 여러 가지다. 첫 번째 관심 영역은 이 매칭 유스케이스를 작동시킨 기술자 요청을 보낸 주체다. 그림 5-20과 같이 (계약자나 마켓플레이스 대표와 같은) 클라이언트일 수도 있지만, 타이머나 다른 서브시스템이 매칭 워크플로를 구동시켰을 수도 있다. 두 번째 관심 영역은 시장, 규제, 검색, 그리고 궁극적으로는 멤버십이다(그림 5-21).

규제와 검색이 모두 시장의 요소라는 사실을 깨달았다면 그림 5-22와 같이 활동 다이어그램으로 리팩터링할 수 있다. 그러면 서브시스템 설계와 쉽게 매핑할 수 있다.

그림 5-23은 이에 해당하는 콜 체인을 보여주고 있다. 여기서도 마찬가지로 첫 번째 액션은 적합한 워크플로를 불러와서 실행한다는 점에서 다른 콜 체인과 비슷하다. 마지막으로는 Message Bus와 Membership Manager를 호출해서 **기술자 할당(Assign Tradesman)** 유스케이스를 구동시킨다.

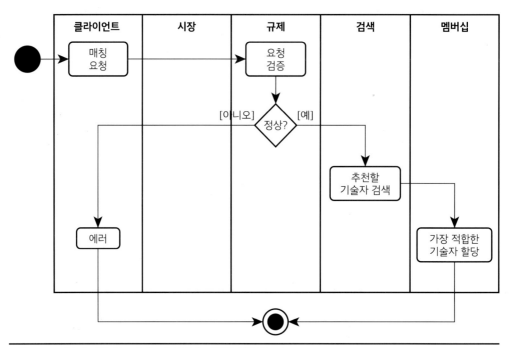

그림 5-21 기술자 매칭 유스케이스에 수영장 레인을 적용한 모습

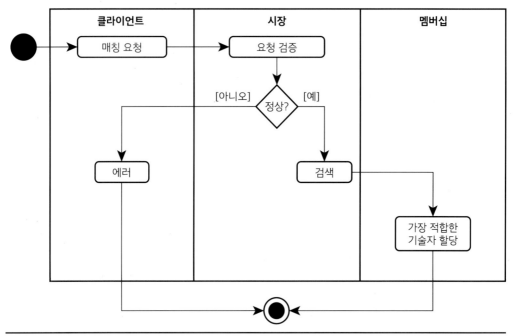

그림 5-22 기술자 매칭 유스케이스에 대한 수영장 레인을 리팩터링한 결과

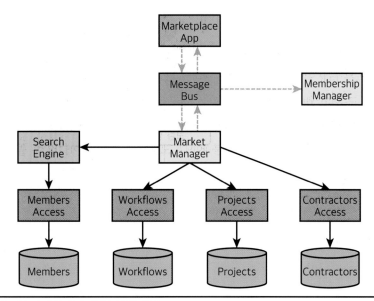

그림 5-23 기술자 매칭 유스케이스의 콜 체인

여기서 설계가 조합 가능한 형태라는 사실에 주목할 필요가 있다. 예를 들어 회사에서 프로젝트의 니즈를 분석하는 동안 극단적인 변동성을 반드시 처리해야 한다고 하자. 매칭을 위한 콜체인을 통해 검색과 분석을 분리할 수 있다. 이럴 때 Analysis Engine을 추가해서 분석 알고리즘을 별도 집합으로 캡슐화할 수 있다. 여기서 더 나아가 "좀 더 잘할 수 있는 방법이 없을까?"와 같은 질문에 답을 주는 일종의 비즈니스 지능을 구현하는 데 TradeMe를 활용할 수도 있다. 예를 들어 그림 5-23과 같은 콜 체인을 "2016년부터 2019년까지 수행한 프로젝트를 모두 분석하기"와 같이 난이도 높은 시나리오에 적용할 수 있다. 이때 컴포넌트 설계는 전혀 건드릴 필요 없다. 이러한 유스케이스의 수에는 한계가 없다. 이 점이 핵심이다. 나중에 등장할 어떤 시나리오도 구현해서 확장할 수 있는, 진정으로 조합 가능한 개방형 설계를 만들 수 있다.

5.5.4 기술자 할당 유스케이스

기술자 할당(Assign Tradesman) 유스케이스의 관심 영역은 네 가지다(그림 5-24). 클라이언트와 멤버십, 규제, 그리고 시장이다. 여기서 유스케이스는 이를 구동한 주체와 독립적이다. 실제 내부 사용자일 수도 있고, 다른 서브시스템에서 버스로 보낸 요청 메시지일 수도 있다. 예를 들어 기술자 매칭 유스케이스는 자동 매칭 및 할당을 수행하는 과정에서 워크플로의 후속 작업으로 할당 유스케이스를 구동시킬 수 있다.

여기서도 마찬가지로 활동 다이어그램을 리팩토링하고 나면 서브시스템을 매핑하기 쉬워진다(그림 5-25).

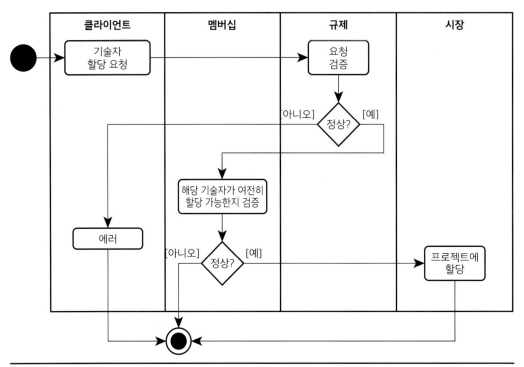

그림 5-24 기술자 할당 유스케이스에 수영장 레인을 적용한 모습

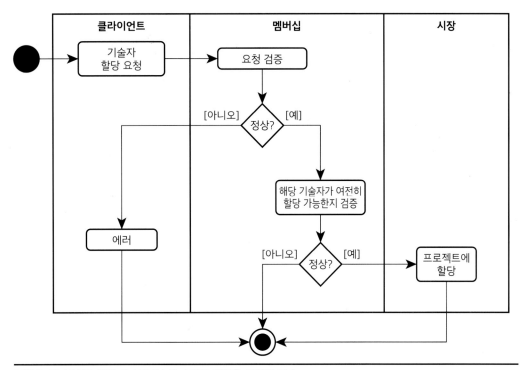

그림 5-25 기술자 할당 유스케이스의 수영장 레인을 통합한 모습

앞에서 본 콜 체인과 마찬가지로 그림 5-26을 보면 Membership Manager가 워크플로를 실행하는 방식을 볼 수 있다. 이 워크플로는 최종적으로 기술자를 프로젝트에 할당한다. 이 작업은 각자 별도 서브시스템을 관리하는 Membership Manager와 Market Manager 가 협업하여 처리한다. 참고로 Membership Manager는 Market Manager의 존재를 모른다. 그저 메시지 버스에 메시지를 게시할 뿐이다. Market Manager는 이 메시지를 받아서 내부 워크플로에 따라 프로젝트를 업데이트한다. 그러면 Market Manager는 다른 메시지를 Message Bus에 게시해서 또 다른 유스케이스(예, 프로젝트 리포트 생성이나 계약자 결제 등)를 구동시킨다. 이것이 '메시지가 애플리케이션이다' 설계 패턴의 전부다. 논리적인 "할당" 메시지는 여러 서비스 사이를 오가면서 로컬 동작을 작동시킨다. 클라이언트 역시 Message Bus를 모니터링하다가 사용자에게 할당 작업이 진행되고 있음을 알려줄 수 있다.

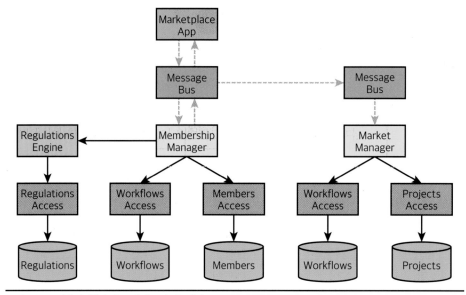

그림 5-26 기술자 할당 유스케이스의 콜 체인

5.5.5 기술자 종료 유스케이스

이전 유스케이스에서 초기 다이어그램 수영장 레인에 규제 영역도 포함했다. 이는 나중에 멤버십 서브시스템과 통합했다. 이 패턴은 반복적으로 나타난다. 그림 5-9는 기술자 종료 유스케이스에 대해 리팩터링된 다이어그램을 보여준다. 이 다이어그램은 설계와 명확히 매핑할 수 있도록 차이점을 잘 보여주고 있다.

그림 5-27은 기술자 종료에 대한 콜 체인을 보여주고 있다. 여기서 Market Manager는 종료 워크플로를 초기화한 뒤 Membership Manager에게 알린다.

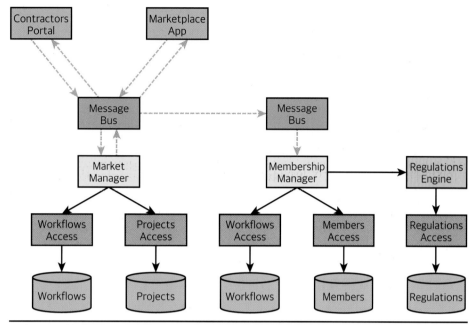

그림 5-27 기술자 종료 유스케이스에 대한 콜 체인

올바른 경로를 벗어나거나 에러가 발생하면 Membership Manager에서 Message Bus로 향한 뒤, 최종적으로 클라이언트로 되돌아가는 회색 점선이 나타나게 된다. 그림 5-28은 ResourceAccess 서비스와 Resource 사이의 호출 없이 이루어지는 상호작용에 대한 시퀀스 다이어그램이다.

마지막으로 그림 5-27에 나온 콜 체인(또는 그림 5-28의 시퀀스 다이어그램)에서는 기술자 종료 유스케이스는 프로젝트가 완료될 때 구동되고, 계약자는 할당했던 기술자를 종료시킨다고 가정한다. 하지만 기술자가 Tradesman Portal에서 Membership Manager로 메시지를 보내는 방식으로도 구동할 수 있다. 이때 콜 체인은 반대 방향으로(Membership Manager에서 Market Manager나 클라이언트 앱으로) 흐르게 된다. 여기서도 마찬가지로 설계의 다용도성을 보여주는 예다.

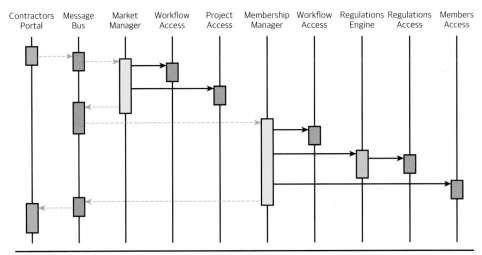

그림 5-28 기술자 종료 유스케이스에 대한 시퀀스 다이어그램

5.5.6 기술자 결제 유스케이스

나머지 유스케이스는 앞서 소개한 유스케이스의 디자인 패턴이나 상호 작용이 비슷하므로, 여기서는 간략히만 설명한다. 또한 콜 체인도 매우 유사하다. 그림 5-6은 기술자 결제(Pay Tradesman) 유스케이스를, 그리고 이를 검증하는 콜 체인은 그림 5-29에 보여주고 있다.

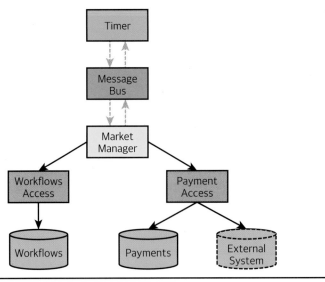

그림 5-29 기술자 결제 유스케이스에 대한 콜 체인

앞에서 본 콜 체인과 달리, 결제는 고객이 이미 서비스를 받고 있는 스케줄러나 타이머에 의해 구동된다. 스케줄러는 실제 컴포넌트와 분리되어 있고, 시스템 내부에 대한 정보는 없다. 메시지를 버스에 게시하는 일만 할 뿐이다. 실제 결제는 Payments 저장소를 업데이트하거나, 외부 결제 시스템이나 TradeMe에 대한 리소스에 접근할 때 PaymentAccess에서 처리한다.

5.5.7 프로젝트 생성 유스케이스

프로젝트 생성(Create Project) 유스케이스는 Market Manager가 요청에 응답하여 해당 워크플로를 실행하는 방식으로 프로젝트를 생성한다(그림 5-30과 그림 5-7의 유스케이스 다이어그램 참고). 이 과정에서 몇 단계가 걸리든, 얼마나 많은 오류가 발생하든 상관없이, 워크플로 매니저 패턴은 본질적으로 다양하게 변형할 수 있다.

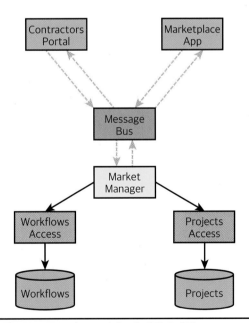

그림 5-30 프로젝트 생성(Create Project) 유스케이스에 대한 콜체인

5.5.8 프로젝트 종료 유스케이스

프로젝트 종료(Close Project) 유스케이스는 Market Manager와 Membership Manager 모두 참여한다(그림 5-31과 그림 5-8 유스케이스 참고). 여기서도 마찬가지로 TradeMe는 이 작업을 두 가지 주요 추상 개체 사이의 상호 작용으로 처리한다. 이 과정은 그림 5-27과 같다.

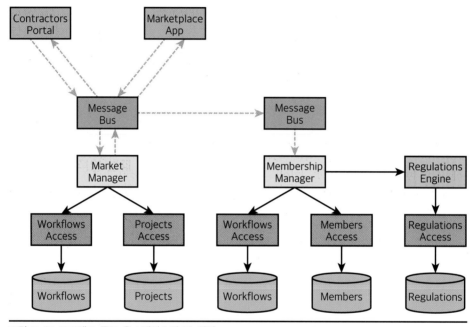

그림 5-31 프로젝트 종료 유스케이스의 콜 체인

> **노트** 이 장에서 설명한 아키텍처를 바탕으로 TradeMe를 위한 프로젝트 설계 과정은 13장에서 살펴본다. 시스템 설계와 마찬가지로 프로젝트의 시간과 비용, 리스크 측면에서 최적의 프로젝트 설계를 결정하는 데 관련된 다양한 케이스를 분석한다.

5.6 다음 단계는?

지금까지 오랫동안 살펴본 시스템 설계 사례 분석으로 이 책의 전반부를 마무리한다. 시스템 설계 확보는 성공에 필요한 여러 요소 중 하나일 뿐이다. 다음 단계로 프로젝트 설계를 해보자. 쇠뿔도 단김에 빼는 게 좋다. 시스템 설계 뒤에는 항상 프로젝트 설계가 뒤따른다. 이처럼 두 설계가 서로 맞물려서 지속하는 방식이 이상적이다.

2부
프로젝트 설계

6장

동기부여

소프트웨어 시스템을 설계하듯, 시스템을 구축하는 프로젝트도 설계해야 하다. 그러기 위해서는 기간과 비용을 정확히 계산하고, 여러 가지 실행 방안을 고안하고, 리소스를 스케줄링해야 할 뿐만 아니라, 수립한 계획이 합리적이고 실현 가능한지 검토해야 한다. 프로젝트를 설계하기 위해서는 서비스와 활동 사이의 의존성, 통합의 크리티컬 패스, 인력 분배, 잠재 위험 등을 파악해야 한다. 이런 요구사항들은 모두 시스템 설계로부터 나오기 때문에 적절히 해결해야 한다. 결국 프로젝트 설계는 소프트웨어 아키텍트 및 담당 엔지니어인 여러분의 몫이다.

프로젝트 설계도 시스템 설계의 연장선에 있다고 봐야 한다. 시스템 설계와 프로젝트 설계가 결합되면 프로젝트 성공 가능성이 비선형적으로 급격히 향상한다. 또한 프로젝트 설계는 프로젝트 관리에 속하지 않는다는 인식이 중요하다. 프로젝트 설계와 프로젝트 관리의 관계는 아키텍처와 프로그래밍의 관계에 가깝다.

이 책의 후반부는 프로젝트 설계에 대해 설명한다. 이어지는 장에서는 전통적인 프로젝트 설계 기법뿐만 아니라, 실전 경험으로 검증된 필자 고유의 기법과 방법론을 소개하면서 최신 소프트웨어 프로젝트 설계에 대한 핵심 사항을 다룬다. 이 장에서는 프로젝트 설계의 배경과 주요 동기를 소개한다.

6.1 프로젝트 설계가 필요한 이유

프로젝트에 투입할 수 있는 시간과 비용과 리소스에는 한계가 있다. 프로젝트 계획에는 항상 시간과 비용의 트레이드오프 관계를 반영한다. 또한 프로젝트마다 일정과 비용의 비율이 다르다. 개발자가 한 명일 때와 네 명일 때, 기간이 2년일 때와 6개월일 때, 리스크를 최소화할 것인지 아니면 성공 가능성을 극대화할 것인지 등에 따라 프로젝트 설계가 달라진다.

프로젝트를 설계할 때 반드시 스케줄과 비용과 리스크의 비율을 적절히 조정한 실질적인 방안을 마련하여, 관리자나 의사 결정권자의 요구사항과 기대에 가장 적합한 솔루션을 제시해야 한다. 프로젝트 설계에서 여러 가지 방안을 제시하는 것은 프로젝트 성공의 핵심 요인이다. 균형 잡힌 최적의 솔루션은 고도의 공학적 설계 작업을 통해 나온다. 여기서 '공학적'이란 말은 설계와 계산 뿐만 아니라, 트레이드오프 관계를 고려하고 현실에 적용 가능하도록 만드는 데 필요한 모든 노력을 의미한다.

프로젝트 설계에 대한 요구사항을 만족하는 솔루션은 다양하다. 동일한 제약 사항을 가진 프로젝트라도 그렇다. 시스템에 대한 설계 방법이 다양한 것과 마찬가지다. 공격적인 스케줄로 설계된 프로젝트는 비용과 리스크를 최소화한 프로젝트에 비해 당연히 비용이 많이 들뿐만 아니라 리스크가 훨씬 크다. 완벽한 프로젝트는 없다. 여러 가지 방안이 존재할 뿐이다. 여러분이 할 일은 이렇게 무수한 가능성의 스펙트럼을 몇 가지 좋은 프로젝트 설계 방안으로 좁히는 것이다. 예를 들면 다음과 같다.

- 가장 적은 비용으로 시스템을 구축하는 방법
- 시스템을 배포하는 가장 빠른 방법
- 목표를 달성하기 위한 가장 안전한 방법
- 스케줄과 비용과 리스크의 최적의 조합

이어지는 장에서는 바람직한 프로젝트 설계 방안을 구분하는 방법을 소개한다. 이러한 방안을 제시하지 않는다면 관리 부서와의 충돌에 대한 책임은 오로지 여러분에게 있다. 관리 부서로부터 1년이라는 기간과 개발자 네 명을 승인받기 위해서는 얼마나 자주 시스템 설계 작업을 해서 관리 부서에게 소개해야 할까? 기간과 개발자 수의 상관관계와, 시스템을 배포하는 데까지 실제로 걸리는 시간은 추정하기 힘들다. 프로젝트 성공 여부도 마찬가지다. 하지만 동일한 아키텍처를 소개하더라도 실현 가능한 프로젝트 설계 방안을 서너 개 첨부해서 스케줄과 비용과 리스크의 다양한 조합을 설명하면 관리 부서와의 협의의 질이 완전히 달라지게 된다. 논의의 방향이 '주어진 방안 중에서 어느 것을 선택하는가'로 흘러갈 것이다.

매니저가 올바른 결정을 내릴 수 있도록 환경을 조성하는 것이 중요하다. 여기서 핵심은 이러한 방안이 모두 좋아야 한다는 데 있다. 어느 방안을 선택하더라도 올바른 결정 이어야 한다.

6.1.1 프로젝트 설계와 프로젝트 상태

프로젝트 설계는 어둠 속에서 빛을 밝혀 주는 역할을 한다. 다시 말해 프로젝트의 실질적인 범위를 미리 볼 수 있다. 프로젝트 설계가 있으면 관리자는 실제로 작업에 들어가기 전에 비정상적인 관계나 한계가 없는지, 모든 활동을 표현하는지 등 시스템 구축을 위한 다양한 방안에 대한 검토를 고려할 수 있다. 그러면 조직에서도 이 프로젝트를 달성하는지 여부를 판단할 수 있다. 결국 실제 비용과 기간이 허용 범위를 벗어난다면, 애초에 작업을 시작할 필요가 없다. 즉 정해진 비용과 시간을 모두 소진하여 취소될 수밖에 없는 프로젝트를 시작할 이유가 없다.

프로젝트 설계를 마쳤다면, 비용, 무리한 개발 일정, 프로젝트 성공에 대한 희망, 끔찍할 정도로 비용이 많이 드는 시도와 실패 등과 같은 도박과 같은 요소를 제거한다. 일단 작업이 시작되고 나면, 제대로 설계된 프로젝트는 의사 결정권자로 하여금 주어진 예산과 일정에 대해 제안된 변경 사항으로 인한 파급 효과를 평가하고 숙고하는 기반이 되기도 한다.

6.1.2 조립 설명서

프로젝트 설계에 드는 노력은 적절한 의사 결정에 그치지 않는다. 프로젝트 설계는 시스템 조립 설명서와 같은 역할을 한다. 비유하자면, 이케아에서 가구를 구매할 때, 조립 설명서가 없다면 사고 싶을까? 아무리 편하고 유용하더라도 수많은 핀과 볼트, 나사 등을 결합하는 방법과 순서를 일일이 추측해야 한다면 구매를 꺼릴 것이다.

물론 여러분이 설계해서 만들어갈 소프트웨어 시스템은 이케아 가구보다 훨씬 복잡하다. 하지만 아키텍트는 개발자나 프로젝트 관리자가 시스템을 조립하고, 문제가 발생한 곳을 파악할 수 있다고 가정하는 경우가 많다. 이처럼 임기응변과 같은 방식으로 접근하면 시스템 조립을 효율적으로 처리할 수 없다. 이어지는 장에서 설명하겠지만 얼마나 오래 걸릴지, 그리고 비용은 얼마나 많이 드는지 알아내기 위해서는 무엇보다도 먼저 빌드 방법부터 알아야 하기 때문에 프로젝트 설계에 따라 상황이 달라진다. 결론적으로 프로젝트 설계 방안에는 항상 조립 설명서가 담겨 있어야 한다.

6.1.3 욕구 단계

1943년, 에이브러햄 매슬로(Abraham Maslow)는 매슬로 욕구 단계설(Maslow's hier-archy of needs)이라는 인간의 행동에 대한 획기적인 연구 결과를 발표했다[1]. 매슬로는 인간의 욕구를 상대적인 중요도를 기준으로 순위를 매겼으며, 하위 단계의 욕구를 충족했을 때만 상위 단계의 욕구 충족에 관심을 가진다고 설명했다. 이러한 단계적 접근 방식은 소프트웨어 프로젝트에도 적용할 수 있다. 그림 6-1은 소프트웨어 프로젝트의 욕구 단계를 피라미드 형태로 표현한 것이다.

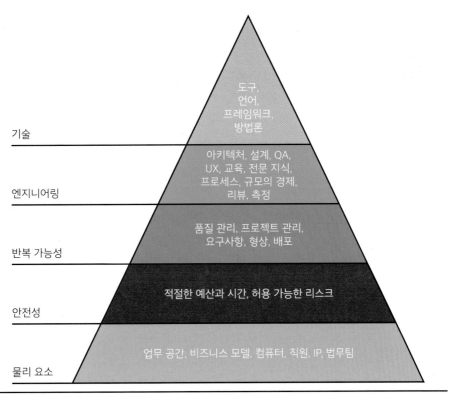

그림 6-1 소프트웨어 프로젝트 욕구 단계

---

1 A. H. Maslow, "A Theory of Human Motivation," Psychological Review 50, no. 4 (1943): 370–396.

프로젝트는 크게 다섯 단계(물리 요소, 안전성, 반복 가능성, 엔지니어링, 기술)로 분류할 수 있다.

1. **물리 요소(physical)**: 프로젝트의 욕구 피라미드에서 가장 낮은 단계로, 물리적인 생존에 관련된 것이다. 사람이 공기와 음식과 물과 옷과 집이 없으면 살 수 없듯이, 프로젝트도 (가상으로라도) 업무 공간과 현실적인 비즈니스 모델 등을 갖춰야 한다. 또한 코드를 작성하고 테스트할 수 있는 컴퓨터도 있어야 하고, 이러한 업무를 수행할 사람도 있어야 한다. 프로젝트는 반드시 법적 보호를 받아야 하며 다른 지적재산권을 침해하지 않는 동시에 자체 IP를 보호해야 한다.

2. **안전성(safety)**: 물리적 욕구가 충족됐다면 (주로 리소스 형태로 주어지는) 적절한 펀딩, 넉넉한 시간 등을 확보해야 한다. 업무에 수반하는 리스크는 감당할 수준이어야 한다. 가치가 없을 정도로 너무 안전해서도 안 되고, 실패 가능성이 높을 정도로 리스크가 커서도 안 된다. 한 마디로 적절한 수준으로 안전해야 한다. 프로젝트 설계는 이 단계에서 수행한다.

3. **반복 가능성(repeatability)**: 성공적으로 소프트웨어를 만들어내는 개발 조직의 역량에 대한 단계로, 관리와 실행의 토대를 이룬다. 이 단계는 일정한 스케줄과 비용을 계획하고 실천한다면, 주어진 목표를 달성한다고 보장한다. 반복 가능성은 팀과 프로젝트의 신뢰를 반영한다. 반복 가능성을 확보하려면 요구사항을 관리하고, 프로젝트의 계획 대비 진행 상태를 추적하고, 단위 테스트나 시스템 테스트와 같은 품질 관리 수단을 적용하고, 효과적인 형상 관리 시스템을 도입하고, 배포와 운영을 적극적으로 관리해야 한다.

4. **엔지니어링(engineering)**: 프로젝트의 반복 가능성 단계를 충족했다면, 소프트웨어 프로젝트는 이제 소프트웨어 공학이라는 매혹적인 영역으로 넘어가게 된다. 여기에는 아키텍처, 상세 설계, 품질 관리 활동(예, 근본 원인 분석(root cause analysis), 시스템 수준의 교정 등), 엄격한 운영 절차를 통한 예방 작업 등이 있다. 이 책의 전반부에서 다룬 시스템 설계가 여기에 해당한다.

5. **기술(technology)**: 이 단계는 개발 기술, 도구, 방법론, 운영 체계, 하드코어 기술 등에 대한 것이다. 욕구 피라미드의 정점으로 하위 욕구를 완전히 충족했을 때만 극대화할 수 있다.

이러한 욕구 단계를 보면 상위 단계 욕구가 하위 단계 욕구를 뒤따른다. 예를 들어 매슬로에 따르면 음식은 고용보다 하위 욕구지만 대부분 사람들은 먹기 위해 일하지, 일하기 위해 먹지 않는다. 마찬가지로 기술도 (설계와 같은) 엔지니어링 욕구를 충족하기 위해 존재하고, 엔지니어링 욕구도 (프로젝트 설계가 제공하는) 안전성 욕구를 위해 존재한다. 이 말은 먼저 시스템부터 설계해야 한다는 뜻이기도 하다. 그리고 나서 그 시스템을 구축하기 위한 프로젝트를 설계할 수 있다.

이 피라미드를 검증하려면 일반적인 소프트웨어 프로젝트의 성공 요인을 모두 나열하면 된다. 그리고 나서 우선순위를 정해서 정렬하고, 욕구 범위에 따라 그룹으로 묶는다.

이 프로세스에 대한 실험으로 다음 두 프로젝트를 고려해 보자. 첫 번째 프로젝트는 응집도가 높은 설계로, 관리 비용이 높고 재사용성도 낮으며 확장성도 떨어진다. 반면 작업 수행에 주어진 기간이 넉넉하고 인원도 충분하다. 두 번째 프로젝트는 아키텍처의 모듈화와 확장성과 재사용성이 모두 뛰어나며, 요구사항을 완벽히 충족하고 검증도 거쳤다. 하지만 인원이 부족하고 주어진 시간도 턱없이 모자라서 시스템을 안전하게 개발할 수 없다. 여러분이 개발자라면 두 프로젝트 중에 어디에 참여하고 싶은가?

당연히 첫 번째 프로젝트를 선택할 것이다. 결국 프로젝트 설계는 욕구 피라미드에서 아키텍처보다 아래에 있다. 수많은 소프트웨어 프로젝트가 실패한 이유 중 대부분은 욕구 피라미드를 거꾸로 적용했기 때문이다. 그림 6-1을 뒤집어보자. 개발팀이 기술과 프레임워크와 라이브러리와 플랫폼에만 전념하고, 아키텍처와 설계에는 거의 신경 쓰지 않으며, 시간과 비용과 리스크는 완전히 무시한다고 하자. 그러면 욕구 피라미드는 불안정하게 되고 프로젝트가 실패해도 별로 놀랍지 않을 것이다. 프로젝트 설계 도구를 이용하여 이 피라미드의 안전성 단계를 좀 더 투자하면, 프로젝트 욕구를 계층화해서 상위 단계를 안정적으로 지지하는 토대를 마련하고 프로젝트를 성공으로 이끌 수 있다.

7장

프로젝트 설계 개요

이 장에서는 프로젝트 설계에 적용할 수 있는 기본 방법론과 기법을 소개한다. 제대로 된 프로젝트 설계라면 인력 구성 계획, 예상 범위와 공수, 서비스 생성 및 통합 계획, 활동에 대한 상세 일정, 비용 계산, 계획의 실현 가능성 및 검증, 실행 및 추적 설정 등이 담겨 있어야 한다.

이 장에서는 프로젝트 설계에 관련된 기본 개념 위주로 소개한다. 세부 사항이나 다른 개념은 다음 장에서 다룬다. 개요를 다루지만 소프트웨어 프로젝트를 성공적으로 설계하고 수행하는 데 필요한 핵심 요소는 모두 나온다. 또한 설계 활동에 대한 개발 프로세스 동기도 제공한다. 다른 장에서는 기술적인 세부 사항 위주로 다룬다.

7.1 성공의 기준

여기서 잠시 멈추고 프로젝트 설계의 성공 기준과 이를 위해 필요한 것이 무엇인지 확실히 짚고 넘어가자. 그동안 소프트웨어 업계는 성공의 정의가 계속 변하는 부끄러운 과거를 갖고 있다. 요즘은 회사가 당장 파산하지 않게 하는 모든 것을 성공이라고 정의한다. 이처럼 기준점을 낮추면 품질이 낮거나 고객이 불만을 갖더라도 성공에 분류될 수 있다. 필자가 생각하는 성공은 이와 다르다. 내 기준도 역시 낮은 편이긴 하지만 말이다. 나는 약속을 지키는 것을 **성공**이라고 본다.

어떤 프로젝트에 1년 동안 백만 달러를 투입했다면, 그 프로젝트가 2년이 아닌 1년에 끝나고 비용도 삼백만 달러가 아닌, 백만 달러만 들어야 한다. 소프트웨어 업계에서 이처럼 낮은 성공 기준을 맞추는 데도 실력과 교육이 부족한 사람이 많다. 이 장에서 제시하는 아이디어는 모두 이러한 기준을 달성하는 데 필요한 것들이다.

기준을 좀 더 높이면 프로젝트를 빠르고 적은 비용으로 안전하게 수행해야 한다. 이렇게 기준을 높게 잡기 위한 기법은 이어지는 장에서 소개한다. 기준을 그보다 더 높이면서 시스템 아키텍처는 수십 년 동안 좋은 상태를 유지하고, 유지보수성이 좋고 재사용과 확장이 가능하며 전체 생명 주기 동안 보안을 유지해야 한다. 그러기 위해서는 이 책의 전반부에 소개한 설계 개념을 적용할 수밖에 없다. 일반적으로 뛰기 전에 걷는 과정이 필요하듯이, 가장 낮은 수준의 성공 기준부터 적용해서 점차 높이는 것이 바람직하다.

7.1.1 성공 보고하기

1부에서는 보편적인 설계 원칙을 소개했다. 기능은 언제나 구현이 아닌 통합 관점으로 봐야 한다. 따라서 초기 서비스에는 기능이 없다. 통합이 충분히 진행된 어느 시점부터 기능이 보이기 시작할 것이다. 필자는 이 시점을 **시스템**(system)이라고 부른다. 시스템은 프로젝트가 끝날 시점까지 보이지 않을 수 있다. 소프트웨어 테스팅이나 배포와 같이 마무리 단계가 있기 때문이다. 시스템은 대체로 막바지에 드러난다. 서비스와 클라이언트가 대부분 갖춰져야 하기 때문이다. '더 메서드'를 적용하면 매니저, 엔진, 리소스액세스, 유틸리티 등이 내부적으로 통합된 후에야 클라이언트가 원하는 동작을 지원할 수 있다.

시스템이 통합의 산물이긴 하나, 통합이 반드시 매니저 내부에서만 이루어지는 것은 아니다. 어떤 통합(예, 엔진의 리소스액세스 통합)은 매니저가 완성되고 나서야 발생하고, 또 어떤 통합은 매니저 이후(예, 클라이언트와 매니저 사이)에 이루어진다. 또한 (시뮬레이터를 이용하여 서비스에 대한 클라이언트를 개발하고 나서, 실제 서비스와 클라이언트를 통합하는 것처럼) 통합이 명시적으로 진행될 수도 있다.

시스템과 관련하여 프로젝트 막바지에 이르러서야 나타나는 문제로 관리에 대한 반발이 있다. 소프트웨어 개발을 관리하는 사람들은 대부분 이 책에서 제시하는 설계 개념을 이해하지 못하고 단순히 기능만 요구하는 경향이 있다. 기능이 프로젝트 초반에 빨리 나오지 않으면 비즈니스나 고객에게 가치를 주지 못한다는 생각에 얽매여 있다. 회사나 팀이 기능에 많은 노력을 기울이지 않았기 때문에 그런 거라고 생각하는 것이다. 일반적으로 관리 담당자는 기능을 진행 상태나 성공의 척도로 삼는다. 그래서 더 이상 진전이 없는 비실비실한 프로젝트를 취소하는 경향이 있다. 일정에 완벽하게 맞추어 진행되고 있음에도 불구하고, 시스템이 막바지에 드러나기 때문에 기능을 기준으로 프로젝트 진행을 평가하면 프로젝트 자체가 취소될 수 있기 때문이다. 이럴 때의 해결 방법은 다음과 같이 간단하다.

기능을 기준으로 진행 상태를 보고하지 않는다. 항상 통합을 기준으로 진행 상태를 보고한다.

'더 메서드' 기반 프로젝트는 진행 과정에서 통합을 수없이 진행한다. 이러한 통합은 소규모로 실행 가능한 형태로 구성된다. 따라서 프로젝트로부터 좋은 소식이 지속적으로 나와서 신뢰를 형성하고 프로젝트 취소를 방지할 수 있다.

> **노트**   진행 상황을 보고하는 접근 방법은 다른 업계에서도 흔히 적용한다. 예를 들어 주택 건설 업자는 건축주에게 토대와 그 토대 위에 세운 벽, 그리고 상하수도나 전기 등에 연결된 집 등을 보여줘서 진행 상태에 대한 불안감은 낮추고 이해도는 높이는 전략을 취한다. 건축주가 세부 사항에 관심이 있어서 그러는 것이 아니다.

7.2 프로젝트 초기 인력 구성

좋은 아키텍처는 단독으로 우연히 나올 수 없고, 적절한 시간과 비용을 들이기만 해서 자연스레 나오는 것도 아니다. 좋은 아키텍처는 소프트웨어 아키텍트가 특별한 노력을 들인 결과로 나온다. 따라서 모든 소프트웨어 프로젝트에서 가장 먼저 할 일은 유능하고 실력을 갖춘 아키텍트를 프로젝트에 투입하는 것이다. 이 점을 소홀히 하면 안 된다. 프로젝트에서 가장 큰 리스크는 아키텍처를 책임지는 아키텍트가 없다는 것이다. 이러한 리스크는 프로젝트 초기에 겪는 다른 리스크보다 훨씬 크다. 개발자의 기술 감각이 어느 정도 수준인지, 그리고 그 기술이 얼마나 성숙됐는지, 또는 개발 환경이 얼마나 잘 갖춰졌는지 등과는 관련이 없다. 시스템 설계에 결함이 있다면, 이 모든 것은 아무 소용이 없다. 주택 비유로 표현하면 최상의 자재를 사용하고 최고의 일꾼을 투입하여 최고의 위치에 집을 짓더라도, 아키텍처가 없거나 문제가 있다면 집을 짓고 싶지 않을 것이다.

7.2.1 아키텍트는 한 사람

아키텍트는 요구사항을 수집하고 분석하며, 코어 유스케이스와 변동성 영역을 식별하고, 시스템 및 프로젝트 설계를 하는 데 시간을 들여야 한다. 설계 자체에 걸리는 시간은 크지 않지만(아키텍트가 시스템과 프로젝트 설계를 하는 데 대체로 1~2주가 걸린다), 설계를 할 수 있는 상태에 이르기까지 여러 달이 걸릴 수 있다.

설계만 서너 달을 하는 경우와 설계를 건너뛰는 경우 모두에 대해 거부감을 갖는 관리자가 많다. 그래서 설계를 빨리 끝내고 싶은 마음에 아키텍트를 여러 명 투입하고 싶을 수도 있다. 하지만 요구사항 분석과 아키텍처는 시간을 충분히 들여서 고민을 많이 해야 하는 작업이다. 아키텍트를 여러 명 투입하더라도 결코 앞당길 수 없다. 오히려 상황을 악화시키기만 할 뿐이다. 아키텍트는 보통 자신감과 경력이 풍부하며 독립적으로 일하는 데 익숙하다. 아키텍트가 여러 명이면 서로 충돌만 많아질 뿐, 시스템 및 프로젝트 설계는 더 늦어진다.

여러 아키텍트의 충돌을 해결하기 위한 한 가지 방법은 설계 위원회를 구성하는 것이다. 하지만 이는 일을 망치는 가장 확실한 방법이기도 하다. 또 다른 방법은 시스템을 쪼개서 아키텍트마다 특정 영역의 설계를 맡기는 것이다. 하지만 그리스 신화에 등장하는, 사자 머리에 용의 날개를 달고, 앞다리는 소, 뒷다리는 염소인 키메라와 같은 시스템이 나올 수 있다. 각 부분은 설계와 최적화 수준이 매우 높을지라도, 용처럼 날지도 못하고, 사자처럼 달리지도 못하고, 소처럼 힘이 세지도 않고, 염소처럼 절벽을 타지도 못하는, 어느 하나 제대로 하지 못하는 시스템이 나올 수 있다. 키메라와 같은 시스템은 설계 완결성이 부족하다. 시스템을 설계하는 아키텍트가 여럿일 때가 그렇다.

설계 완결성(design integrity)을 위해서는 아키텍트는 반드시 한 명이어야 한다. 이를 일반화시켜 설계 완결성을 달성하기 위한 유일한 방법은 설계를 담당하는 아키텍트를 단 한 명만 두는 것이라는 규칙을 세울 수 있다. 반대도 성립한다. 설계를 담당하고 전체를 시각화하는 사람이 없다면 설계 완결성이 결여된 시스템이 나온다.

또한 아키텍트가 여럿일 때, 각자의 경계를 담당하는 사람이 없기 때문에 서비스나 서브시스템 사이의 연동에 영향을 미친다. 즉, 시스템 전체에 대해 설계를 책임지는 사람이 없는 것이다. 책임지는 사람이 없으면 일이 제대로 안 되거나 어설픈 결과가 나온다.

아키텍트 한 사람이 책임진다는 말은 시스템 설계를 그 사람 혼자 담당한다는 말이다. 결국 책임져야만 존경과 신뢰를 받을 수 있다. 존경심은 언제나 책임감으로부터 나온다. 여러 아키텍트로 구성된 그룹처럼 아무도 책임지지 않는다면 경영진의 원망만 받게된다.

> **주의**   책임지는 아키텍트가 한 명이어야 한다고 해서 그 아키텍트가 다른 아키텍트의 리뷰를 받지 않아도 된다는 말은 아니다. 설계에 대해 책임진다는 것은 독단적으로 일하거나 건설적인 비판을 받지 않아도 된다는 말이 아니다. 아키텍트는 자신의 설계가 적합한지 반드시 검증을 받아야 한다.

주니어 아키텍트

소프트웨어 프로젝트는 대부분 아키텍트 한 명으로 충분하다. 프로젝트 규모와 관계없이 적용되는 진리이자 성공의 열쇠다. 하지만 프로젝트 규모가 크면 아키텍트의 업무가 금세 감당할 수 있는 수준을 넘어서서 시스템 설계의 핵심 목표에 집중하지 못하고 개발 기간 내내 표류하기 쉽다. 또한 아키텍트는 기술 리더십, 요구사항 검토, 설계 검토, 시스템을 구성하는 서비스에 대한 코드 리뷰, 설계 문서 업데이트, 마케팅 부서와 기능 요구사항 토론 등을 수행해야 한다.

관리자는 주니어 아키텍트를 임명해서 아키텍트의 부담을 덜 수 있다. 주니어 아키텍트는 여러 명을 둬도 된다. 아키텍트는 부수적인 업무를 주니어 아키텍트에게 넘기고 시스템과 프로젝트 설계에 전념하면서 처음부터 끝까지 설계에 맞게 진행되도록 할 수 있다. 아키텍트와 주니어 아키텍트는 상하 관계와 역할이 명확해서 충돌이 발생할 일이 없다. 또한 주니어 아키텍트를 두면 조직의 차기 아키텍트를 양성하기에도 좋다.

7.2.2 코어 팀

프로젝트에서 아키텍트의 역할이 중요한 만큼, 아키텍트는 혼자서 일할 수 없다. 프로젝트 첫날 가장 먼저 할 일은 **코어 팀**(core team)을 구성하는 것이다. 코어 팀은 프로젝트 관리자, 제품 관리자, 아키텍트라는 세 가지 역할로 구성된다. 논리적인 구분이므로 반드시 세 명일 필요는 없다. 여의치 않으면 한 명이 아키텍트와 프로젝트 관리자 역할을 동시에 맡거나 제품 관리자를 여러 명 둘 수도 있다.

대부분 조직이나 팀에서는 이런 역할을 맡은 사람이 있다. 하지만 직함은 각자 다르다. 필자가 정의하는 역할은 다음과 같다.

- **프로젝트 관리자:** 프로젝트 관리자(project manager)의 역할은 조직으로부터 팀을 보호하는 것이다. 대다수의 조직은 규모가 작든 크든 잡음이 많다. 그 잡음이 개발팀을 방해할 정도라면 프로젝트 진행에 걸림돌이 될 수 있다. 뛰어난 프로젝트 관리자는 방화벽과 같다. 잡음을 차단하고 허가된 경로로만 소통한다. 프로젝트 관리자는 진행 상태를 추적하고 관리 부서나 다른 프로젝트 관리자에게 보고하고, 기간을 조율하고 업무를 할당하고, 활동 계획을 수립하고, 일정과 예산대로 진행하고 품질을 달성하게 만든다. 프로젝트 관리자 말고는 조직에서 개발자에게 업무를 할당하거나 개발자의 진행 상황 보고를 요청할 수 없다.

- **제품 관리자:** 제품 관리자(product manager)는 고객을 캡슐화한다. 고객 역시 끊임없는 잡음의 원천이다. 제품 관리자는 고객의 대리인 역할을 맡는다. 예를 들어, 아키텍트가 요구사항을 명확히 하려면 고객을 직접 상대하지 않고, 제품 관리자에게 답을 구한다. 제품 관리자는 고객 사이의 모순되는 요구사항을 해결하고, 우선순위를 정하고, 어떤 기능을 얼마 만에 만들지에 대한 소통을 담당한다.

- **아키텍트:** 아키텍트(architect)는 기술 관리자다. 설계 리더이자 프로세스 리더며, 프로젝트의 기술 리더다. 아키텍트는 시스템 설계뿐만 아니라 개발 전체를 총괄한다. 아키텍트는 제품 관리자와 협업하여 시스템 설계를 만들고, 프로젝트 관리자와 협업하여 프로젝트 설계를 만든다. 제품 관리자, 프로젝트 관리자와 협력하는 것도 중요하지만 두 설계에 대한 책임은 아키텍트에게 있다. 프로세스 리더로서 개발팀이 시스템을 점진적으로 빌드하게 만들어야 한다. 프로젝트 설계와 시스템 설계를 따르고 끊임없이 품질을 향상해야 한다. 기술 리더로서 주어진 업무를 달성하기 위한 최선의 방법을 결정하고 세부 사항은 개발자에게 위임한다. 그러기 위해서는 지속적인 멘토링과 교육, 검토가 필요하다.

어쩌면 코어 팀의 정의에서 빠진 가장 중요한 부분은 개발자다. 개발자(와 테스터)는 프로젝트에 들어왔다 나가는 단기 리소스다. 이점은 굉장히 중요하므로 활동 스케줄링과 리소스 할당에 대해 설명할 때 다시 얘기한다.

개발자와 달리 코어 팀은 프로젝트 기간 동안 꾸준히 유지된다. 프로젝트의 시작부터 끝까지 이 세 가지 역할이 필요하기 때문이다. 하지만 프로젝트에서 이 세 가지 역할은 시간에 따라 변할 수 있다. 예를 들어, 프로젝트 관리자는 이해관계자와 합의하기보다는 상태를 보고하게 되고, 제품 관리자는 요구사항을 수집하던 역할에서 제품을 데모하는 역할로 변하게 된다. 아키텍트는 시스템과 프로젝트 설계 업무를 담당하다가 설계가 제대로 구현되도록 감독하고, 서비스 레벨의 코드를 리뷰하고, 기술적인 충돌이 발생하면 해결하는 역할로 변하게 된다.

코어 미션

코어 팀의 초기 미션은 프로젝트를 설계하는 것이다. 즉, 프로젝트 기간과 비용을 안정적으로 추정하는 것이다. 프로젝트 설계 없이는 이를 제대로 추정할 수 없다. 프로젝트를 설계하기 위해서는 아키텍처가 필요하다. 이런 점에서 아키텍처는 프로젝트 설계라는 목표 달성 수단에 불과하다. 아키텍트는 제품 관리자와 협업하여 아키텍처를 도출하고, 프로젝트 관리자와 협업하여 프로젝트 설계를 내놓아야 하며, 프로젝트는 시작부터 코어팀이 필요하다.

퍼지 프론트 엔드

코어 팀은 **퍼지 프론트 엔드**(fuzzy front end)에서 설계한 결과를 토대로 개발 단계로 넘어간다. 퍼지 프론트 엔드란 프로젝트의 극초기 단계를 일컫는 용어다[2]. 퍼지 프론트 엔드는 누군가 프로젝트 아이디어를 제시할 때 시작해서 본격적인 개발에 들어갈 때 끝난다. 퍼지 프론트 엔드는 생각보다 오래 진행되는 경우가 많다. 프로젝트에 합류한 시점을 기준으로 수년 째 진행 중일 수도 있다. 프로젝트마다 편차가 커서 정확한 기간을 딱 잘라서 말하기 힘들다. 이러한 기간은 해당 프로젝트에 적용되는 제약 사항에 따라 크게 달라진다. 제약 사항이 많을수록 프론트 엔드에 드는 시간이 적어진다. 반대로 제약 사항이 적을수록 주어진 문제를 파악하고 이를 해결하는 데 걸리는 시간이 늘어난다.

소프트웨어 프로젝트에 제약 사항이 없을 수는 없다. 어떤 프로젝트라도 시간이나 범위, 노력, 리소스, 기술, 레거시, 비즈니스 문맥 등에 관련된 제약 사항이 존재한다. 이러한 제약 사항은 명시적일 수도 있고 암묵적일 수도 있다. 명시적 제약 사항을 검토하고, 암묵적 제약 사항을 밝혀내는 데 일정한 시간을 투입하는 것이 중요하다. 이러한 제약 사항을 무시한 채 설계한 시스템과 프로젝트는 실패로 이어지기 마련이다. 내 경험에 따르면 소프트웨어 프로젝트의 전체 기간 중에서 제약 사항의 정도에 따라 대략 15%에서 25% 정도는 프론트 엔드에 투입해야 한다.

---

2 https://en.wikipedia.org/wiki/Front_end_innovation

7.3 노련한 결정

스케줄과 비용, 위험을 제대로 파악하지 않고 프로젝트를 결정하는 것은 의미 없다. 가격을 모르고 집을 구매하는 것과 마찬가지다. 당장 살 수는 있지만 유지비, 세금, 대출금 등을 감당할 수 없다면 사지 않는 것만 못하다. 소프트웨어 프로젝트도 실제 걸리는 시간과 들어가는 비용도 모른 채 무작정 진행하는 경우가 많다.

조직에서 프로젝트에 들어가는 시간과 비용을 검토하고 진행을 결정하기도 전에 인력과 리소스를 투입하는 것은 의미가 없다. 실제로 프로젝트가 결정되기 전에 인력과 리소스를 투입하면, 감당할 수 있는 여력을 고려하지 않고 프로젝트를 강행하는 셈이다. 애초에 진행하지 않는 것이 적절한 프로젝트라면 조직은 애꿎은 비용만 낭비하게 된다. 리소스 투입에 서두르면 거의 대부분 어설픈 기능 설계와 무계획으로 이어진다. 이는 성공의 요소와는 거리가 멀다.

올바른 설계와 범위 계산을 토대로 내린 **노련한 결정**(educated decision)은 성공의 필수 요소다. 희망 사항은 전략이 아니고, 직관은 지식이 아니다. 특히 복잡한 소프트웨어 시스템을 다룰 때는 그렇다.

> **노트** 소프트웨어 팀과 일하면서 시간과 비용에 대해 노련한 결정을 내리지 못하면 비즈니스 이해 관계자에게 끊임없이 좌절만 안겨주게 된다. 결정권을 가진 경영진은 그저 투입 비용이 어느 정도인지, 그만한 노력의 결과가 언제쯤 실현되는지만 알고 싶어한다. 이러한 그들의 궁금증을 외면하면 개발 팀과 경영진 사이에 갈등과 의혹과 반감만 키울 뿐이다. 경영 관련 부서는 계획과 예산 수립을 중심으로 생각하는 데 익숙하다. 그래서 소프트웨어 전문가들도 비슷한 방식으로 생각하길 바라는 경향이 있다.

7.3.1 계획은 하나가 아닌 여러 개로

프로젝트 설계의 결과로 나오는 계획은 하나가 아닌, 여러 개다. 이전 장에서 설명했듯이 프로젝트 계획은 단순히 시간과 비용만으로 나타나지 않는다. 시스템을 구축하는 방법은 여러 가지가 있기 마련이며, 그중 어느 하나만이 시간과 비용과 위험을 고려할 때 적합하다. 아키텍트는 그저 경영진에게 프로젝트의 설계 결정 요인에 대해서만 묻고서는 그 한 가지 방안만을 토대로 설계를 진행해 버리는 유혹에 빠지기 쉽다. 문제는 경영진이 자신이 원하는 바를 제대로 표현하지 못하거나, 표현한 말의 의미를 제대로 이해하지 못하는 경우가 많다.

예를 들어 프로젝트에 투입되는 모든 활동에 대한 노력의 합이 10 맨이어(Man-Year)인 프로젝트에 대해 경영진이 최대한 경제적으로 시스템을 구축해 달라고 했다고 하자. 이 정도 규모라면 한 명이 10년에 걸쳐 진행할 분량이지만, 경영진이 10년씩 기다려줄 리 만무하다. 또한 경영진이 최대한 빨리 구축해 달라고 했다고 하자. 이런 시스템은 3,650명이 투입되면 하루 만에 구축하고, 365명이 투입되면 10일 걸릴 규모. 역시 경영진이 그 정도 인력을 채용해 줄 가능성은 없다. 그리고 경영진은 시스템을 최대한 안전하게 구축해 달라는 요구를 절대 하지 않는다(가치 있는 일은 위험이 따르기 마련이고, 위험 없는 일은 가치 없다는 이유 때문이다). 때로는 알면서도 프로젝트를 위험한 방식으로 밀어붙이기도 한다.

7.3.2 소프트웨어 개발 계획 검토

모호하게 표현된 경영진의 본래 의도를 정확히 알아내기 위한 유일한 방법은 시간과 비용과 위험에 대해 현실적으로 계산된 선택 사항을 다양하게 제시하는 것이다. 이렇게 다양한 선택 사항을 경영진에게 비공식 회의를 통해 제시하는 것을 **피드미/킬미(Feed Me/Kill Me)** 미팅이라 부른다. 이름에서 풍기듯이 이 미팅의 목적은 경영진으로 하여금 프로젝트 설계 옵션을 결정한 뒤, (피드미로 결론 나는 경우) 이에 필요한 리소스를 투입하게 만드는 것이다. 선택 사항에 '프로젝트를 수행하지 않는다(킬미를 선택하는 경우)'도 포함돼야 한다. 이 미팅의 공식 명칭은 "**소프트웨어 개발 계획 검토(Software Development Plan Review)**", 줄여서 SDP 미팅이라 부른다. 현재 프로세스에 SDP 리뷰 사항이 없더라도 상관없다. 그냥 미팅을 소집하면 된다("소프트웨어 개발 계획 검토"란 주제로 소집하는 미팅에 응하지 않을 관리자는 없을 것이다).

의도한 선택 사항으로 결정됐다면 경영진은 SDP 문서를 승인해야 한다. 그러면 이 문서는 여러분의 프로젝트에 대한 생명 보험 증서가 된다. 프로젝트 계획의 주요 사항으로부터 크게 벗어나지 않는 한, 프로젝트가 취소될 이유가 없다. 이를 위해 (부록 A에서 설명하는) 적절한 추적 기법과 프로젝트 관리 방법이 필요하다.

선택 사항을 나열할 수 없다면 올바른 결정으로 끌고 가야 한다. 다시 말해 프로젝트를 끝내는 것이다. 충분한 시간과 리소스를 확보하지 못해 시작부터 장래가 불투명한 프로젝트는 아무에게도 도움 되지 않는다. 이런 프로젝트는 결국 시간과 비용만 날려버리고, 조직으로 하여금 예산과 시간뿐만 아니라 그러한 리소스를 더 가능성 있는 프로젝트에 투입할 기회까지 놓치게 만든다. 또한 실현되지 못한 프로젝트에 속했다는 사실은 코어 팀 멤버의 경력에도 좋지 않은 영향을 미친다. 실적을 쌓아 더 높이 올라가는 데 주어진 시간은 몇 년에 불과하므로, 참여하는 프로젝트 하나하나가 매우 중요한 경력이 된다. 한두 해를 실패한 프로젝트에 허비하면 경력을 쌓을 기회가 줄어든다. 따라서 그런 프로젝트는 개발에 들어가기 전에 취소하는 것이 모든 이에게 도움이 된다.

7.4 서비스와 개발자

프로젝트 설계를 확보하고 경영진으로부터 구체적인 선택 사항을 승인받았다면, 시스템 구축에 들어가도 된다. 일반적으로 개발자마다 서비스(혹은 컴포넌트, 모듈, 클래스 등) 단위로 업무를 할당한다. 업무 할당에 대한 구체적인 방법론을 설명하자면 한 섹션을 할애해야 할 정도이므로, 이 장의 뒤에서 따로 다루기로 하자. 일단 개발자마다 서비스를 1:1 비율로 할당한다고만 알아두자. 1:1 비율이란 개발자가 서비스 하나만 담당한다는 말이 아니다. 특정 시간을 기준으로 어느 시점에 팀원의 역할을 딱 잘라서 보면, 개발자마다 단 하나의 서비스만 작업한다는 말이다. 개발자가 한 서비스를 끝내고 다른 서비스 작업에 들어가는 것은 얼마든지 가능하다. 하지만 동시에 여러 서비스를 작업하거나, 여러 개발자가 어느 한 프로젝트에 동시에 뛰어들면 안 된다. 이를 지키지 않고 서비스에 개발자를 투입하면 결국 실패하게 된다. 잘못된 업무 할당의 예를 들면 다음과 같다.

- **한 서비스에 여러 개발자 투입하기**: 한 서비스에 둘 이상의 개발자를 투입하는 이유는 개발자가 남아돌아서가 아니라, 작업을 빨리 끝내고 싶은 마음 때문이다. 하지만 두 사람이 같은 일을 동시에 수행하기 위해서는 또 다른 체계가 필요하다.
  - **직렬화(serialization)**. 어느 한 시점에 서비스를 한 사람이 작업하도록 작업을 직렬화해야 한다. 이렇게 하면 시간이 더 든다. 작업 전환에 드는 오버헤드 때문이다. 다시 말해 자신이 마지막으로 작업한 이후로 진행된 내역을 파악해야 하기 때문이다. 그러면 애초에 두 사람을 투입하는 의도가 무색해진다.
  - **병렬화(parallelization)**. 각자 병렬로 작업한 뒤에 합치는 방법이다. 이렇게 하면 한 서비스를 한 사람이 작업하는 것보다 훨씬 오래 걸린다. 예를 들어 한 달 분량으로

예상되는 서비스를 두 사람이 병렬로 작업하도록 할당하는 경우를 생각해 보자. 그러면 예상의 절반인 두 주 만에 끝날 것이라 기대하기 쉽지만, 그렇지 않다. 우선 작업 단위를 이렇게 병렬로 나눌 수 없는 경우가 있다. 또한 개발자가 작업한 결과를 통합하는 작업에 최소한 한 주가 더 필요하다. 게다가 통합 작업이 반드시 성공한다는 보장도 없다. 개발하는 동안에는 서로 소통이 없기 때문이다. 통합을 할 수 있더라도 각자가 수행한 테스트 결과가 무용지물이 된다. 통합 과정에 변경 사항이 발생하기 때문이다. 서비스 전체를 테스트하는 데 또 다른 시간이 투입된다. 결국 총 투입 시간은 한 달을 훌쩍 넘길 가능성이 매우 높다. 한편, 이 서비스가 2주 후에는 제공될거라고 기다리던, 그 서비스에 의존하는 서비스를 담당하는 개발자의 대기 시간은 더욱 늘어나게 된다.

- **한 개발자가 여러 서비스 작업하기**: 한 개발자에게 서비스를 두 개 이상 맡기는 것도 마찬가지로 좋지 않다. 각각 한 달 걸릴 것으로 예상되는 A와 B라는 두 서비스를 한 개발자에게 맡기면 모두 한 달에 완성될 것이라 생각하기 쉽다. 작업은 두 달 분량인 데다, 완성되는 데 한 달 이상 걸릴 뿐만 아니라 마무리하는 데 훨씬 오래 걸린다. 개발자가 A 서비스를 만드는 동안, B 서비스 개발은 멈춘 상태에 놓인다. 그러면 B 서비스에 의존하는 개발자는 B 서비스 작업을 요청하게 된다. 그래서 B 서비스로 전환해서 작업하는 동안, 이번에는 A 서비스에 의존하는 개발자들이 아우성치게 된다. 이렇게 두 서비스를 왔다 갔다 하다 보면, 개발 효율이 떨어지고 개발 기간은 두 달을 훌쩍 넘어서게 된다. 결국 서너 달이 흘러서야 두 서비스가 완성될 것이다.

서비스마다 개발자를 한 명 이상 투입하거나 한 개발자가 여러 서비스를 개발하면 해당 서비스의 일정이 지연되면서 그 여파가 프로젝트 전체로 퍼지게 된다. 그 서비스에 의존하는 개발자의 일정도 덩달아 밀리기 때문이다. 그러면 일정을 추정하기가 더욱 어려워진다. 안정적으로 예상 기간을 맞출 확률을 높이는 유일한 방법은 서비스와 담당 개발자를 1:1로 할당하는 것뿐이다.

> **노트** 서비스를 담당할 개발자를 1:1로 할당한다고 해서 페어 프로그래밍(pair programming)을 할 수 없게 되는 것은 아니다. 페어 프로그래밍을 하면 한 서비스에 두 배수의 개발자가 동시에 투입되는 효과가 발생하긴 하지만, 짝을 이루는 개발자끼리 작업을 직렬화하거나 병렬화하는 것은 아니기 때문이다.

7.4.1 설계와 팀 효율

서비스와 개발자를 1:1로 매칭하면 서비스 사이의 상호 작용과 개발자 사이의 상호 작용을
완벽히 일치시킬 수 있다. 예를 들어 그림 7-1을 보자.

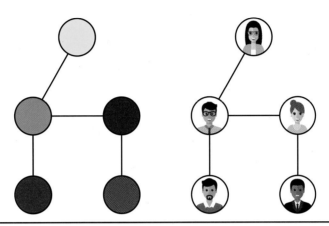

그림 7-1 시스템 설계가 곧 팀 설계다(이미지 출처: Sapann Design/Shutterstock).

여기서 서비스 사이의 관계와 이들의 상호 작용 및 커뮤니케이션 관계는 개발자 사이의
관계와 상호 작용을 표현하기도 한다. 1:1로 할당하면 시스템 설계가 곧 팀 설계가 된다.

이번에는 그림 7-2와 같은 경우를 보자. 서비스 수와 규모는 그림 7-1의 경우와 같지만,
바람직한 설계라고 볼 수 없다.

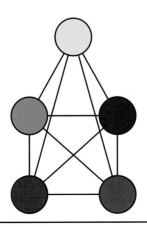

그림 7-2 시스템과 팀이 밀접하게 결합된 경우

바람직한 시스템 설계는 모듈 사이의 상호 작용을 최소화하는 것이다. 그림 7-2의 상황과 완전히 반대여야 한다. 그림 7-1처럼 느슨하게 결합된 시스템 설계는 여러 상호 작용 중 어느 하나를 제거하면 시스템이 작동할 수 없을 정도로 상호 작용의 수를 줄인다.

그림 7-2의 설계는 결합도가 높고(tightly coupled), 팀 운영 방식도 드러난다. 그림 7-1에 나온 팀과 그림 7-2의 팀을 놓고 볼 때 어느 팀에 가고 싶은가? 그림 7-2와 같은 팀은 스트레스가 높고, 깨지기 쉽다. 팀원끼리 영역 다툼도 많고 수정 작업도 꺼릴 가능성이 높다. 어느 한 부분을 수정하면 그 여파가 전체로 퍼지기 때문에 거부감이 강하다. 또한 내부 이슈를 해결하기 위해 미팅을 가지는 시간이 지나치게 늘어난다. 반면, 그림 7-1과 같은 팀은 이슈를 자체적으로 해결해서 더 이상 키우지 않는다. 각 팀 멤버는 서로 독립적으로 일해서 작업 조율에 시간이 많이 들지 않는다. 한 마디로 그림 7-1과 같은 팀이 그림 7-2에 비해 훨씬 효율적이다. 결국 시스템 설계가 좋은 팀이 기한을 앞당길 가능성이 훨씬 크다.

방금 마지막으로 언급한 사항은 굉장히 중요하다. 관리자는 대부분 시스템 설계를 입으로 대충 때우는 경향이 있다. 유지보수성(maintainability), 확장성(extensibility), 재사용성(reusability)과 같은 아키텍처의 진정한 효과는 나중에 드러나기 때문이다. 부족한 자원과 빡빡한 일정이라는 냉혹한 현실에 맞서고 있는 관리자에게는 나중에서야 드러나는 효과가 크게 와닿지 않는다. 오히려 일정을 맞추기 위해 작업 범위를 최소화할 뿐이다. 시스템 설계는 본래 당장의 목표 달성에 도움 되지 않는다. 그래서 관리자는 설계에 큰 시간을 투자하지 않게 된다. 아쉽게도 그러면 프로젝트의 제약 조건을 모두 충족시킬 기회를 잃어버리게 된다. 프로젝트 기한을 최대한 앞당기는 유일한 방법은 가장 효율적인 팀을 구성하게 만드는 최상의 설계에 있기 때문이다. 여러분이 설계에 들이는 노력에 대해 경영진의 지원을 받기 위해서는 설계가 중간 목표 달성에 얼마나 도움이 되는지를 보여주는 것이다. 그러면 장기적인 장점은 자연스레 흘러나오게 된다.

개인 관계와 설계

설계가 팀 효율에 영향을 미칠 뿐만 아니라, 팀도 설계에 영향을 미친다. 그림 7-1을 보면 두 개발자가 서로 대화하지 않으면, 그 부분의 설계는 취약하게 된다. 서로 연결된 두 서비스가 있다면 이를 담당하는 두 개발자도 서로 협력하면서 개발해야 한다.

7.4.2 작업 연속성

서비스 또는 UI 개발 활동을 할당할 때, **작업 연속성**(task continuity)을 최대한 유지하는 것이 좋다. 작업 연속성이란 각 개발자에게 할당한 작업 사이의 논리적인 연속성을 말한다. 흔히 이런 식으로 작업을 할당할 때 서비스 의존성 그래프를 따르게 된다. A라는 서비스가 B라는 서비스를 의존할 때, A를 B의 개발자에게 할당하는 것이다. 그러면 B에 익숙한 A 개발자는 적응 시간을 크게 단축할 수 있다. 이러한 작업 연속성에 대해 중요하지만 간과하기 쉬운 장점은 프로젝트와 개발자의 성공 조건이 서로 일치한다는 것이다. 개발자는 B에 적절한 작업을 수행하여 A를 수행하는 데 드는 고생을 최소화하려고 한다. 작업 연속성을 완벽하게 유지하긴 힘들겠지만 최대한 노력해야 한다.

마지막으로 작업을 할당할 때 개발자 개인의 기술적 성향도 고려해야 한다. 예를 들어 보안 전문가가 UI를 제대로 설계할 가능성은 낮다. 데이터베이스 전문가에게 비즈니스 로직을 맡기는 것도 마찬가지다. 초급 개발자가 메시지 버스나 진단 기능과 같은 유틸리티를 개발하는 것도 적절치 않다.

7.5 공수 추정

공수 추정(effort estimation)이란 어떤 작업이 걸릴 시간을 최대한 추측하는 것이다. 이러한 추정에는 두 가지가 있다. 하나는 **개별 활동 추정**(individual activity estimation)으로 리소스 하나에 할당된 활동에 드는 노력을 추정하는 것이다. 다른 하나는 **전체 프로젝트 추정**(overall project estimation)이다. 두 가지 추정은 서로 관련이 없다. 프로젝트 전체 기간은 리소스마다 투입되는 활동의 총합이 아니기 때문이다. 이는 사람을 활용하는 데 필연적인 비효율과 각 활동 사이의 내부 의존성과 모든 위험 회피 활동에 기인한다.

추정에 신경 쓰는 것은 잘해봐야 보여주기에만 좋고, 최악의 경우 시간만 날린다고 생각하는 소프트웨어 팀이 많다. 소프트웨어 분야에서 추정이 어려운 이유는 다음과 같다.

1. 어떤 활동에 걸리는 시간이 불확실하고, 그런 활동을 나열한 목록조차 불분명하다는 것이 부정확한 추정의 주된 요인이다. 하지만 원인과 결과를 반대로 이해하지 않도록 주의하라. 불확실성이 원인이고, 추정의 부정확성이 결과다. 앞에서 설명했듯이 이러한 불확실성을 최대한 줄이도록 적극적으로 대처해야 한다.

2. 소프트웨어 개발자 중에서 간결하면서도 효과적인 추정 기법에 숙달한 사람은 드물다. 대부분 편견과 짐작과 직관에만 의존한다.

3. 이러한 불확실성을 만회하려는 마음에 너무 크거나 작게 추정하는 사람이 많다. 그러면 결과는 더 나빠질 뿐이다.

4. 활동을 나열할 때 빙산의 일각만 보는 경향이 많다. 프로젝트 성공에 핵심적인 활동을 빠뜨리면 당연히 추정치가 크게 어긋나게 된다. 프로젝트 전반에 걸쳐 진행하는 활동을 빠뜨리는 경우뿐만 아니라, 어떤 활동의 내부에서 진행되는 상태를 빠뜨리는 경우도 그렇다. 예를 들어, 추정치가 단순히 코딩 활동만 나열하거나, 코딩 활동 안에서도 설계나 테스팅은 포함하지 않고 코딩만 고려하는 경우가 그렇다.

7.5.1 전형적인 실수들

앞에서 설명했듯이 불확실성을 만회하려는 마음에 너무 크거나 너무 작게 추정하는 경향이 있다. 프로젝트 결과에 치명적인 결과를 초래하기는 둘 다 마찬가지다.

파킨슨 법칙(Parkinson's law)[3]에 따르면 과도한 추정은 절대 성공할 수 없다. 예를 들어, 2주짜리 활동에 3주를 할당하면, 개발자는 2주 만에 작업을 끝내고 나머지 한 주를 쉬는 식으로 일하는 것이 아니라, 3주 내내 그 활동에 전념한다. 실제 업무를 수행한 기간은 3주 중 2주고, 나머지 한 주는 본래 설계에 없는 불필요한 기능을 만들거나 예쁘게 보이는 작업을 하게 된다. 이런 부가적인 작업은 본래 업무의 복잡도를 증가시키고, 이렇게 커진 복잡도는 성공 가능성을 크게 떨어뜨린다. 결국 개발자는 그 일을 완수하는 데 4~6주나 소모하게 된다. 3주 후 결과물을 받아서 작업해야 하는 다른 개발자의 일정도 지연된다. 더 심각한 것은, 팀이 코드 모듈을 수 년 동안 여러 버전에 걸쳐 소유하면서 코드 모듈의 복잡도가 쓸데 없이 복잡해진다.

반대로 과소한 추정도 프로젝트를 실패로 이끈다. 2주 걸릴 코드 활동에 2일만 주면 불필요한 작업은 확실히 제거할 수는 있지만, 황급히 처리하는 바람에 여러 부분을 생략하고 널리 알려진 모범 사례는 모두 무시한 채 작업해 버리게 된다. 마치 외과 의사에게 황급히 수술하라고 부탁하거나, 건축업자에게 최대한 빨리 대충 지어달라고 말하는 것과 같다.

---

3 Cyril N. Parkinson, "Parkinson's Law," The Economist (November 19, 1955).

안타깝게도 까다로운 작업은 빠르면서 지저분하게 만들게 되는 경우는 없다. 빠르고 깔끔하게 만들거나 지저분하고 천천히 만들게 된다. 테스팅과 상세 설계, 문서화 등을 비롯한, 소프트웨어 개발에 관련된 모범 사례를 모두 빠뜨리면 주어진 작업을 최악의 방법으로 진행해야 한다. 결과적으로 개발자는 품질이 떨어지고 복잡도가 늘어나는 바람에 2주면 되는 활동을 6주 이상이나 걸려 처리하게 된다. 과도한 추정의 경우처럼, 결과물을 기다리는 프로젝트의 다른 개발자의 일정도 크게 지연된다. 게다가 최악의 방법으로 만든 코드 모듈을 수년에 걸쳐 여러 버전으로 관리해야 한다.

성공 가능성

이런 결과는 누구나 이해할 수 있는 반면, 그 결과가 미치는 파장을 제대로 이해하는 사람은 적다. 그림 7-3은 성공 가능성을 추정 함수로 보여주고 있다. 예를 들어 1년짜리 프로젝트에서 아키텍처와 프로젝트 설계가 제대로 됐을 때, 그 프로젝트의 **정규 추정(normal estimation)**은 1년이며, 그림 7-3에서 N 지점이 여기에 해당한다. 이런 프로젝트에 하루, 한 주, 한 달을 줄 때의 성공 가능성은 어떻게 나올까? 당연히 가능성은 0일 것이다. 그렇다면 6개월을 주면 어떻게 될까? 1년짜리 프로젝트를 6개월 만에 완성할 가능성은 극도로 낮지만, 기적이 일어날 가능성을 배제할 순 없기에 0은 아닐 것이다. 11개월 3주를 주면 성공은 크게 높아진다. 11개월만으로도 꽤 충분한 편이다. 하지만 9개월은 가능성이 높지 않다. 따라서 정규 추정 기간의 왼편에 프로젝트 성공 가능성이 비선형적으로 급격하게 증가하는 티핑 포인트(tipping point)가 있다. 마찬가지로 1년짜리 프로젝트가 13개월이나 걸리고, 심지어 14개월까지 갈 수도 있다. 하지만 이 프로젝트에 18개월이나 24개월을 할당한다면, 파킨슨 법칙에 의해 실패로 끝나게 된다. 늘어난 시간에 맞게 일도 증가하고, 그로 인해 늘어난 복잡도가 프로젝트를 망치는 것이다. 따라서 정규 추정치의 오른편에는 그 프로젝트의 성공 가능성을 급격하게 떨어뜨리는 또 다른 티핑 포인트가 존재한다.

그림 7-3은 올바른 정규 추정이 얼마나 중요한지를 보여주고 있다. 제대로 추정하면 성공 확률을 비선형적으로 극대화할 수 있기 때문이다. 과소 추정하거나 과대 추정하던 시절에는 자기 자신과 다른 사람에게 피해를 주기 쉬웠다. 이런 문제는 자주 발생할 뿐만 아니라, 대표적으로 손꼽히는 실수다.

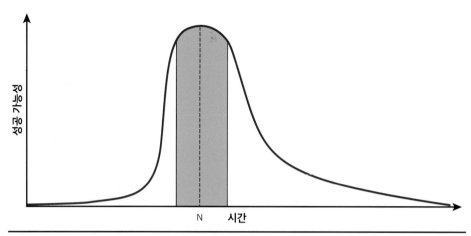

그림 7-3 추정 함수로 표현한 성공 확률 [스티브 맥코넬의 'Rapid Development(Microsoft Press, 1996)' 에서 인용 및 수정]

7.5.2 추정 기법

이미 수십 년 전부터 다양한 분야에서 효과적인 추정 기법이 나왔음에도 불구하고 소프 트웨어 업계에서는 유난히 추정에 실패한 경우가 많다. 정확한 추정과 올바른 프로젝트 설 계를 토대로 진행하는 경우를 아직 본 적 없다. 이 절에서는 이와 관련된 모든 기법을 빠 짐없이 살펴보기 보단, 필자의 경험을 토대로 가장 간결하면서도 효과적인 기법과 개념을 중점적으로 소개한다.

정밀도 대신 정확도

올바른 추정은 정확하지만 정밀하진 않다. 예를 들어 실제로 13일 걸리는 활동에 대해 추 정한 결과가 두 가지(10일과 23.8일)가 있다고 하자. 두 번째 추정치가 훨씬 정밀하지만, 첫 번째 추정치가 훨씬 정확하므로 바람직하다. 추정에 대해서는 **정밀도(precision)**보다는 **정 확도(accuracy)**가 중요하다. 소프트웨어 프로젝트는 인도 시점에 본 궤도를 상당히 벗어 나는 경우가 많기 때문에(초기 추정의 몇 배나 벗어나는 경우도 있다), 프로젝트에 참여한 사람들이 몇 시간 또는 며칠 단위로 활동 기간을 추정하는 것은 의미가 없다.

추정은 반드시 **추적 해상도(tracking resolution)**에 맞게 해야 한다. 프로젝트 매니저가 주 단위로 진행 상황을 추적한다면, 추정치를 그보다 작은 단위로 표현하는 것은 의미가 없다. 측정 해상도보다 작기 때문이다. 마치 집을 지을 때 치수를 마이크론(μ, 100만 분의 1미터) 단위로 측정하는 셈이다.

활동에 실제로 걸리는 기간이 13일이라도 12.5일보다는 15일로 추정하는 것이 낫다. 어느 정도 규모가 있는 프로젝트라면 수행하는 활동이 수십 개 이상이다. 정확도를 추구하다 보면 어떤 활동은 약간 과대 추정하고, 어떤 것은 살짝 과소 추정할 것이다. 하지만 평균적으로 추정 결과는 정확한 편이다. 반면 정밀도를 추구하다 보면, 서로 상쇄되는 오차가 없기 때문에 오차가 누적될 수 있다. 게다가 엄밀한 측정값을 요구하면 사람들은 엄청난 스트레스를 받으며 고민하게 될 것이다. 이와 달리 정확도를 강조하면 그보다는 쉽고 빠르게 추정치를 뽑아낼 수 있다.

불확실성 줄이기

추정치를 벗어나게 하는 주된 원인은 불확실성(uncertainty)이다. 불확실성과 모르는 것(unknown)은 분명히 구별해야 한다. 예를 들어 나의 수명은 정확히 모르지만, 불확실하지는 않다. 전 세계 모든 보험 회사들이 이 수치를 추정하는 데 사활을 걸고 있다. 추정치가 정밀하진 않더라도 상당히 정확한 값을 산출하고 있다.

사람들에게 예상 기간을 물어볼 때 추정의 두려움을 덜어줘야 한다. 과거에 형편없이 추정해서 피해를 본 경험을 가진 사람이 많다. 예상 기간을 물어보면 "모르겠다"거나 "추정은 언제나 어긋난다"라고 대답하며 추정을 피할 수도 있다. 이런 반응은 괜히 추정치를 제시했다가 발목 잡힐까 봐 두려워하거나, 추정하는 수고를 피하고 싶기 때문이지, 추정이 근본적으로 불가능하기 때문이 아니다.

불확실성에 맞서기 위해서는 다음 단계를 따른다.

- 가장 먼저 단위를 물어본다. 활동 기간을 일(day) 단위로 할 것인지, 아니면 주(week)나 월(month), 또는 연(year) 단위로 표현할지 묻는다. 이렇게 단위가 정해지면, 두 배수로 좁혀 나간다. 예를 들어, 월 단위라고 답했다면, 2주가 걸릴지, 아니면 한 달이나 두 달, 또는 넉 달이 걸릴지 물어본다. 월 단위라고 했기 때문에 8개월이라고 물어보는 것은 의미 없다. 거의 연 단위에 가깝기 때문이다. 또한 1주라고 물어볼 필요도 없다. 그 랬다면 애초에 주 단위라고 답했을 것이다.

- 프로젝트에서 불확실한 부분을 나열하는 작업에 특별히 시간을 들여 수행하고 그렇게 나온 항목에 대한 추정을 수행한다. 큰 활동은 언제나 작은 단위로 쪼갠다. 활동을 관리하기 용이할수록 측정의 정확도는 높아진다.
- 문제의 본질을 파악하고 불확실성을 줄이는 탐색 활동에 시간을 할애한다. 팀 또는 조직의 히스토리를 검토하고, 자신의 히스토리를 돌아보면서 과거의 활동 처리 시간을 가늠한다.

PERT 추정

불확실성이 높을 때 특히 효과적인 측정 기법 중 하나로 **PERT**(Program Evaluation and Review Technique)라는 것이 있다[4]. 각 활동마다 세 가지 추정치(가장 낙관적으로 추정한 것, 가장 비관적으로 추정한 것, 가장 현실적인 것)를 측정한다. 최종 추정치는 다음 공식에 따라 구한다.

$$E = \frac{O + 4 * M + P}{6}$$

- E: 최종 추정치
- O: 낙관적 추정치
- M: 현실적 추정치
- P: 비관적 추정치

예를 들어, 어떤 활동에 대한 낙관적인 추정치가 10일이고, 비관적인 추정치가 90일이고, 가장 현실적인 추정치가 25일이면, PERT 추정치는 33.3일이 된다.

$$E = \frac{10 + 4 * 25 + 90}{6} = 33.3$$

---

4 https://en.wikipedia.org/wiki/Program_evaluation_and_review_technique

7.5.3 전체 프로젝트 추정

프로젝트 전체에 대한 추정치는 주로 활용되는 프로젝트 설계 검증 단계뿐만 아니라, 처음 프로젝트를 설계하는 데도 도움이 된다. 상세 프로젝트 설계가 끝나면 **전체 프로젝트 추정**(overall project estimation)과 비교한다. 서로 완벽하게 일치할 필요는 없지만 어느 정도 비슷해야 한다. 예를 들어, 상세 프로젝트 설계가 13개월 걸리고, 전체 프로젝트 추정치가 11개월로 나왔다면 상세 프로젝트 설계에 대한 추정치가 더 정확하다. 반면 전체 프로젝트 추정치가 18개월로 나왔다면 둘 중 어느 하나가 잘못된 것이므로 어디서 차이가 발생했는지 반드시 조사해야 한다. 또한 전체 프로젝트 추정치는 제약 사항이 매우 적은 프로젝트를 처리하는 데도 활용할 수 있다. 이렇게 백지 상태의 프로젝트는 알 수 없는 부분(unknown)이 상당히 많아서 설계하기가 힘들어진다. 이럴 때는 반대로 특정 활동을 제약하는 방식으로 설계 프로세스를 시작하는 데 전체 프로젝트 추정치를 활용할 수 있다.

과거 기록

전체 프로젝트 추정에서 가장 중요한 것은 자신의 실적과 과거 수행 내역을 비롯한 **과거 기록**(historical record)이다. 반복 가능성(repeatability)이 있더라도(그림 6-1), 조직에서 과거 수행했던 유사 프로젝트보다 빠르거나 느리게 마칠 가능성은 낮다. 처리량과 효율성에 관련하여 가장 두드러진 요인은 조직의 속성과, 그 조직만의 타고난 성숙도 수준이다. 이런 부분은 하루아침에 또는 프로젝트 수행 중에 바뀌지 않는다. 과거에 비슷한 프로젝트를 수행하는 데 1년 걸렸다면, 미래에도 1년 걸릴 것이다. 다른 조직이라면 6개월 걸릴 수도 있겠지만, 여러분이 속한 조직은 1년 걸린다. 그렇다고 해서 비관적으로만 볼 필요는 없다. 반복 가능성은 프로젝트를 마치는 데 걸리는 기간이 그보다 길지 않다는 것을 의미하기 때문이다.

추정 도구

전체 프로젝트 추정에 굉장히 효과적이지만 잘 알려지지 않은 기법 중에 프로젝트 **추정 도구**(estimation tool)를 활용하는 방법이 있다. 이런 도구는 일반적으로 규모와 비용 사이에 제곱 함수와 같은 비선형 관계가 있다고 가정하며, 사전에 분석한 수많은 프로젝트를 훈련 데이터로 사용한다. 어떤 도구는 프로젝트의 속성과 과거 기록을 토대로 몬테카를로 시뮬레이션을 이용하여 변수들의 범위를 줄인다. 나도 이런 도구를 수십 년 동안 써봤는데 결과가 상당히 정확했다.

브로드밴드 추정

브로드밴드 추정(broadband estimation)이란 와이드밴드 델파이[5] 추정 기법을 내가 변형한 것이다. 이 추정 기법은 여러 개별 추정치를 이용하여 전체 프로젝트 추정치의 평균을 구한다. 그리고 나서 그 이상과 이하의 대역(band)에 있는 추정치를 추가한다. 주어진 대역을 벗어난 추정치를 통해 프로젝트의 본질을 파악하고 추정치를 정제한다. 이 과정은 대역과 프로젝트 추정이 수렴할 때까지 반복한다.

브로드밴드 추정을 시작하려면, 먼저 프로젝트 이해관계자를 모두 소집한다. 이해관계자는 개발자부터 테스터, 매니저, 지원 인력 등을 포함한다. 브로드밴드 추정 기법에서 이해관계자를 다양하게 구성하는 것이 중요하다. 신입과 고참, 데블스 애드버킷(devil's advocate, 악역을 맡아 쓴소리 하는 사람), 특정 분야 전문가와 박학다식한 사람, 창의적인 사람과 단순 반복을 좋아하는 사람 등을 최대한 골고루 섞는다. 이렇게 구성한 그룹의 지식과 경험과 지능과 직관과 위험 평가의 시너지를 최대한 활용한다. 그룹 규모는 12명에서 30명이 적당하다. 12명보다 적어도 되지만, 통계 효과는 떨어지게 된다. 30명보다 많으면 한 번 회의로 추정치를 구하기 쉽지 않다.

미팅을 소집하면 가장 먼저 프로젝트의 현재 상태와 진행 단계를 간단히 소개하고, 현재 달성된 사항(예, 아키텍처)과 부가적인 문맥 정보(예, 시스템의 운영 개념) 등을 포함한, 코어 팀에 속하지 않은 이해 관계자가 잘 모르던 내용을 소개한다. 각 구성원은 프로젝트에 대한 두 가지 추정치를 구한다. 하나는 프로젝트가 걸릴 월단위 기간이고, 다른 하나는 이에 필요한 인원이다. 각자 추정한 사항을 이름과 함께 노트에 기록한다. 이렇게 작성된 노트를 거둬서 스프레드시트에 입력한 후, 평균과 표준 편차를 구한다. 그리고 나서 (시간과 인원에 대한) 추정치를 구한다. 이때 평균으로부터 표준 편차는 1 이상이어야 한다. 다시 말해 컨센서스의 대역(브로드밴드)을 벗어난 값을 찾는다(그래서 브로드밴드 추정 기법이라 부른다). 이 값은 아웃라이어(outlier)다.

---

5 Barry Boehm, Software Engineering Economics (Prentice Hall, 1981).

이렇게 분석 결과로 나온 아웃라이어를 (통계 분석 기법에서 흔히 하듯이) 제거해버리지 말고, 이 값을 산출한 사람으로부터 입력을 받는다. 왜냐하면 그 사람이 다른 사람은 모르는 뭔가를 알 수도 있기 때문이다. 이렇게 아웃라이어에 대한 근거를 다 수집했다면, 다시 한번 추정한다. 이 과정은 모든 결괏값이 1 표준 편차 이내에 들어오거나, 주어진 측정 해상도(예, 1명 또는 1개월) 보다 적어질 때까지 반복한다. 브로드밴드 추정 결과는 대체로 3 라운드 이내에 수렴한다.

> **주의**   브로드밴드 추정 미팅에서 자유롭고 협력적인 분위기를 유지하는 것이 중요하다. (높은 값과 낮은 값 모두를 포함한) 아웃라이어를 내는 사람들은 모두 이 과정에 참여해야 하며, 그들의 추정 결과가 관리자나 조직으로부터 어떠한 비난도 받지 않도록 주의해야 한다.

경고의 말

전체 프로젝트 추정에서 과거 기록을 이용하거나, 추정 도구를 이용하거나, 브로드밴드 기법을 사용하거나 어떤 방법을 이용하더라도 결과가 대체로 정확한 편이다. 다양한 전체 추정치를 비교해 보면 정말 그렇다는 것을 알 수 있다. 아쉽게도 전체 프로젝트 추정치가 대체로 정확하긴 하나, 상세 프로젝트 설계 노력을 보충하거나 검증하는 용도로만 사용할 수 있다. 즉, 확신을 보태거나 오류를 찾아낼 수만 있다. 그 자체로는 액션을 취할 수 없기 때문이다. 프로젝트를 수행하는 데 18개월 동안 6명이 필요하다는 확신이 들지만, 마감에 맞게 프로젝트를 마치려면 그만큼의 리소스를 활용하는 방법은 모를 수 있다. 이를 알기 위해서는 프로젝트를 설계해야 한다.

7.5.4 활동 추정

프로젝트 설계는 개별 활동에 대한 예상 기간(estimated duration)을 바탕으로 시작한다. 개별 활동을 추정하기 앞서, 반드시 프로젝트에 필요한 코딩 활동뿐만 아니라, 코딩이 아닌 활동까지 모두 빠짐없이 나열한다. 어떻게 보면 이렇게 나열한 활동 리스트가 곧 실제 활동들에 대한 추정이라고 볼 수 있다. 따라서 여기서도 마찬가지로 불확실성을 줄여야 한다는 논리가 동일하게 적용된다. 시스템 아키텍처에 명시된 구조적 코딩 활동에 집중하고 싶은 유혹을 뿌리치고, 수면 아래 가려진 빙하의 본체를 직시한다. 활동을 찾아내는 데 시간을 할애하고, 다른 사람에게도 이처럼 리스트를 작성하게 해서 자신이 작성한 것과 비교한다. 동료 검토를 거치고 지적 사항을 수집하면서 작성된 활동 리스트에 빠졌거나 잘못된 부분을 찾는다. 그러면 상당히 많은 부분을 놓쳤다는 사실을 깨닫게 된다.

정밀도보다 정확도가 중요하므로, 어떤 활동을 추정하든지 5일의 퀀텀(quantum)을 사용하는 것이 바람직하다. 1일에서 2일이 걸리는 활동은 계획에 포함시켜선 안 된다. 3일이나 4일 걸리는 활동은 추정치를 항상 5일로 잡는다. 활동 추정치는 항상 5, 10, 15, 20, 25, 30, 35 등으로 잡아야 한다. 40일 이상 걸릴 것으로 예상되는 활동은 더 작은 단위로 쪼개서 불확실성을 낮추는 것이 좋다. 각 활동마다 5일 단위로 맞추면 프로젝트 기간이 주 단위로 깔끔하게 떨어질 수 있고, 각 활동 전이나 후에 애매하게 며칠이 남지 않게 할 수 있다. 이 방식은 현실에도 잘 맞는다. 어떤 활동을 금요일부터 시작하는 일은 거의 없기 때문이다.

보통 규모의 활동도 불확실성을 줄이면 도움이 된다. 코딩 뿐만 아니라, 학습 곡선(learning curve), 테스트 클라이언트, 설치, 통합 지점, 동료 검토, 문서화 등과 같은 활동도 태스크 단위로 나누도록 자신 뿐만 아니라 다른 사람에게도 독려한다. 여기서도 마찬가지로 코딩에만 집중하지 않고 주어진 업무 전체를 검토함으로써, 개별 활동 추정치의 불확실성을 크게 줄일 수 있다.

추정 대화

다른 사람에게 어떤 활동에 대한 추정을 요청할 때 반드시 올바른 자세로 대화해야 한다. 절대로 "2주 내에 끝내주세요"란 식의 명령조로 얘기하면 안 된다. 근거가 없을 뿐만 아니라, 활동 담당자가 느끼기에도 정말 2주 안에 끝내야 한다고 생각하지 않게 된다. 책임감이 떨어지면 진행 속도나 품질이 떨어지게 된다. "2주면 되겠죠?"와 같은 유도 질문도 피한다. 앞서 명령조로 기간을 추정한 것보다 낫겠지만, 자신의 추정치에 맞추도록 은근히 강요한다고 여기게 된다. 설사 상대방이 동의하더라도 그 추정치에 대한 신뢰도는 낮다. 그보다는 "얼마나 걸릴까요?"처럼 어떤 기준도 정하지 않고 물어보는 것이 좋다. 이에 대한 대답을 즉시 달라고 하지 않는다. 항상 생각해 보고 나중에 내게 알려달라고 한다. 그래야 실제로 필요한 일을 헤아려보고 정확한 기간을 추정할 수 있기 때문이다. 담당자에 대한 신뢰도뿐만 아니라 프로젝트의 성공 확률을 극대화하도록 잘 추정해야 한다(그림 7-3).

7.6 크리티컬 패스 분석

프로젝트의 여러 측면을 함께 고려하여 프로젝트 수행에 실제로 걸리는 기간을 계산하려면, 프로젝트의 크리티컬 패스(critical path)를 찾아야 한다. **크리티컬 패스 분석(critical path analysis)**은 프로젝트 설계 기법 중에서도 가장 중요하다. 그런데 이 기법은 다음과 같은 것들이 준비되어 있어야 한다.

- **시스템 아키텍처**: 시스템을 여러 서비스와 구성 요소(예, 클라이언트, 매니저)로 분해한 상태여야 한다. 아키텍처가 나쁜 상태여도 얼마든지 프로젝트를 설계할 수는 있지만, 이 상적이라고 볼 수 없다. 시스템 설계가 나쁘면 변경 사항이 지속적으로 발생하기 때문에 프로젝트 설계도 덩달아 바꿔야 한다. 시스템 아키텍처가 올바르게 마련되어야 시간이 지나도 지속 가능하다.

- **모든 프로젝트 활동에 대한 리스트**: 작성한 리스트에는 코딩 활동뿐만 아니라, 코딩이 아닌 활동도 모두 담고 있어야 한다. 아키텍처를 보고 코딩에 관련된 활동을 대부분 나열하는 것은 쉽다. 코딩이 아닌 활동은 앞서 설명한 방식으로 나열할 수 있으며, 비즈니스의 속성에 따라 결정되기도 한다. 예를 들어, 은행용 소프트웨어 회사는 규제 준수에 관련된 활동이 포함되어야 한다.

- **활동 공수 추정**: 리스트에 나열된 각 활동에 드는 노력에 대해 정확히 추정한다. 정확도를 높이려면 다양한 추정 기법을 적용한다.

- **서비스 의존성 트리**: 아키텍처를 구성하는 다양한 서비스 사이의 의존성은 콜 체인으로 표현한다.

- **활동 의존성**: 서비스 사이의 의존성뿐만 아니라, 활동 사이의 의존성도 정리해야 한다. 코딩 활동뿐만 아니라 코딩이 아닌 활동도 마찬가지다. 필요에 따라 통합 활동도 명시적으로 추가한다.

- **계획 가정**: 프로젝트에 주어진 리소스를 파악해야 한다. 구체적으로 표현하면, 여러분이 수립한 계획에 필요한 지원 시나리오를 마련해야 한다. 시나리오가 여러 개라면 시나리오마다 프로젝트 설계가 달라진다. 계획 가정(planning assumption)에는 리소스의 타입에 대한 정보가 그 리소스가 필요한 프로젝트 단계에 대한 정보와 함께 포함되어야 한다.

7.6.1 프로젝트 네트워크

프로젝트를 구성하는 활동은 네트워크 다이어그램을 통해 시각적으로 표현할 수 있다. **네트워크 다이어그램**(network diagram)은 프로젝트를 구성하는 모든 활동과 상호 의존 관계를 표현한다. 먼저 시스템에 흐르는 콜 체인과 마찬가지로 활동 의존성도 찾아낸다. 검증을 마친 유스케이스마다 시스템의 구성 요소 사이에 상호 작용이 어떤 식으로 일어나는지를 보여주는 시퀀스 다이어그램이나 콜 체인이 있어야 한다. 어떤 다이어그램에 ManagerA를 호출하는 ClientA가 있는데, 다른 다이어그램에는 ClientA가 ManagerB를 호출한다고 나와 있으면, ClientA는 ManagerA와 ManagerB를 모두 의존하는 것이다. 이런 식으로 아키텍처의 구성 요소 사이의 의존성을 시스템적으로 찾아낸다. 그림 7-4는 메서드 기반 아키텍처 예제에서 코드 모듈 사이의 의존성을 그림으로 표현한 것이다.

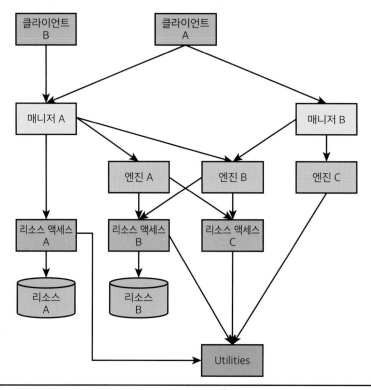

그림 7-4 서비스 의존성 차트

그림 7-4에 나온 의존성 차트(dependency chart)에는 몇 가지 문제점이 있다. 첫째, 너무 구조적이며 비구조적 코딩 활동과 코딩이 아닌 활동들은 모두 빠져 있다. 둘째, 차트가 너무 커서 프로젝트가 커지면 시각적으로 빽빽해지고 관리하기 힘들어진다. 셋째, 이 그림에 나온 Utilities처럼 활동을 그룹으로 묶지 말아야 한다.

그림 7-4에 나온 다이어그램을 그림 7-5와 같이 상세 추상 차트로 바꿔야 한다. 이 차트를 보면 코딩 활동뿐만 아니라, 아키텍처나 시스템 테스팅처럼 코딩이 아닌 활동도 빠짐없이 나와 있다. 또한 각 활동을 쉽게 찾아볼 수 있도록 색인도 추가하면 좋다.

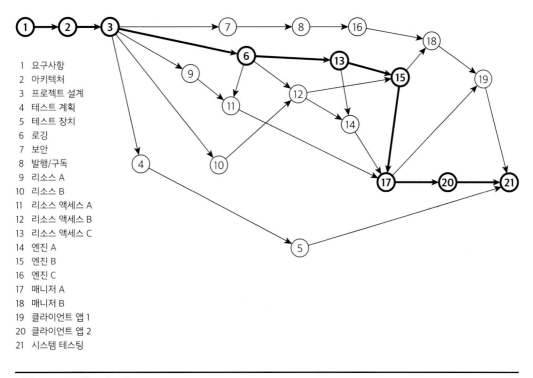

1 요구사항
2 아키텍처
3 프로젝트 설계
4 테스트 계획
5 테스트 장치
6 로깅
7 보안
8 발행/구독
9 리소스 A
10 리소스 B
11 리소스 액세스 A
12 리소스 액세스 B
13 리소스 액세스 C
14 엔진 A
15 엔진 B
16 엔진 C
17 매니저 A
18 매니저 B
19 클라이언트 앱 1
20 클라이언트 앱 2
21 시스템 테스팅

그림 7-5 프로젝트 네트워크

활동 시간

활동 하나에 드는 공수 추정(effort estimation)만으로는 그 활동이 끝나는 시점을 알 수 없다. 다른 활동에 대한 의존성도 함께 고려해야 하기 때문이다. 따라서 각 활동이 끝나는 시점은 그 활동뿐만 아니라, 프로젝트 네트워크에서 그 활동에 도달하는 데 걸리는 시간을 더해야 한다. 어떤 활동에 도달하는 데 걸리는 시간, 또는 그 활동을 시작할 준비에 걸리는 시간은 그 활동에 도달하는 모든 네트워크 경로 중에서 가장 큰 시간으로 결정된 다. 이를 수식으로 표현하면, 어떤 활동 i를 마치는 데 걸리는 시간은 다음과 같이 재귀식 으로 표현할 수 있다.

$$T_i = E_i + Max(T_{i-1}, T_{i-2}, ..., T_{i-n})$$

여기서 Ti는 활동 i를 마치는 데 걸리는 시간이고, Ei는 활동 i에 드는 공수 추정치고, n은 활동 i에 도달하는 데 필요한 활동 수다.

이전 활동에 걸리는 시간도 마찬가지로 계산한다. 재귀를 적용하면 프로젝트의 마지막 활 동에서 출발해서 네트워크를 구성하는 각 활동의 완료 시간을 찾을 수 있다. 예를 들어 그 림 7-6처럼 구성된 활동 네트워크를 살펴보자.

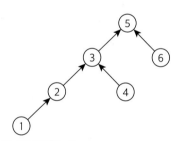

그림 7-6 시간 계산 예제에서 사용한 프로젝트 네트워크

그림 7-6에 나온 다이어그램을 보면, 활동 5가 마지막 활동이다. 따라서 활동 5를 끝내는 데 걸리는 시간을 정의하는 재귀식은 다음과 같다.

$$T_5 = E_5 + Max(T_3, T_6)$$
$$T_6 = E_6$$
$$T_3 = E_3 + Max(T_2, T_4)$$
$$T_4 = E_4$$
$$T_2 = E_2 + T_1$$
$$T_1 = E_1$$

여기서 활동 5를 마치는 데 걸리는 시간은 이전 활동에 드는 예상 공수뿐만 아니라, 네트워크 토폴로지에도 큰 영향을 받는다. 예를 들어, 그림 7-6에 나온 활동에 걸리는 시간이 모두 같다면, 다음 식이 성립한다.

$$T_5 = E_1 + E_2 + E_3 + E_5$$

반면, 활동 6만 20일 걸리고, 나머지는 모두 5일 걸린다면, 다음 식이 성립한다.

$$T_5 = E_6 + E_5$$

네트워크가 그림 7-6처럼 작다면 직접 계산할 수 있지만, 네트워크 규모가 늘어날수록 금세 계산량이 늘어난다. 이런 재귀식은 컴퓨터로 처리하는 것이 유리하다. 마이크로소프트 프로젝트나 파워포인트로 계산하면 좋다.

7.6.2 크리티컬 패스

활동 시간을 계산하면 활동 네트워크에서 최장 경로를 찾을 수 있다. 여기서 **최장 경로(longest path)**란, 기간(duration)이 가장 큰 경로를 말한다. 그래서 활동 개수가 가장 많은 경로가 아닐 수도 있다. 예를 들어, 그림 7-7에서 활동 수는 모두 17개고, 각각에 대한 추정 기간(estimated duration)은 각기 다르다(그림 7-7에 나온 숫자는 활동 ID다. 여기서 기간은 표시하지 않았다).

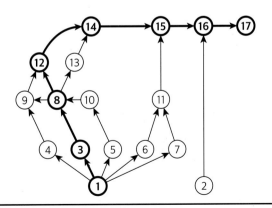

그림 7-7 크리티컬 패스 찾기

각 활동에 대한 예상 공수(effort estimation, 공수 예측(치))와 의존성을 토대로, 앞서 소개한 공식을 이용하여 활동 17부터 시작할 때 가장 긴 경로를 굵게 표시했다. 이렇게 이 네트워크에서 찾아낸 최장 경로가 바로 **크리티컬 패스(critical path)**다. 네트워크의 크리티컬 패스는 다른 색 또는 다른 종류의 선으로 표시해야 한다. 시스템 구축에 걸리는 최대 시간을 도출하는 유일한 방법은 크리티컬 패스를 계산하는 것이다.

크리티컬 패스가 네트워크에서 가장 긴 경로이므로, 프로젝트의 최단기간을 나타내기도 한다. 크리티컬 패스에서 지연되면, 프로젝트 전체도 지연되어 실행에 위험 요소가 된다.

크리티컬 패스보다 빠르게 진행할 수 있는 프로젝트는 없다. 다르게 말하면, 크리티컬 패스에 따라 시스템을 구축하는 것이 가장 빠른 길이다. 이는 프로젝트에서 사용하는 기술이나, 아키텍처나, 개발 방법론이나, 개발 프로세스나, 관리 스타일, 팀 규모 등에 관계없이 모든 종류의 프로젝트에 적용할 수 있다.

여러 사람이 함께 참여하는 활동으로 구성된 프로젝트라면, 활동 네트워크에 크리티컬 패스가 있기 마련이다. 이때 크리티컬 패스는 여러분이 인식 여부에 관계없이 존재한다. 크리티컬 패스 분석을 하지 않고서 개발자들이 크리티컬 패스에 따라 시스템을 구축할 가능성은 거의 없다. 그러면 진행 속도가 엄청나게 떨어진다.

> **노트**   지금까지는 프로젝트에 크리티컬 패스가 단 하나만 있다고 가정했지만, (기간이 모두 같은) 크리티컬 패스가 여러 개 존재할 가능성은 얼마든지 있다. 심지어 모든 경로가 크리티컬 패스일 수도 있다. 이처럼 크리티컬 패스가 여러 개인 프로젝트는 그중 어느 하나라도 지연되면 프로젝트 전체가 지연되기 때문에 더욱 위험하다.

7.6.3 리소스 할당

프로젝트를 설계하는 동안, 아키텍트는 프로젝트 설계 옵션마다 추상 리소스(예, Developer1)를 할당한다. 프로젝트 매니저는 의사 결정권자가 특정 프로젝트 설계 옵션을 선택하고 나서야 실제 리소스를 할당할 수 있다. 크리티컬 패스 중 어느 한 곳에서라도 지연되면 프로젝트 전체가 지연되기에, 프로젝트 관리자는 무엇보다도 크리티컬 패스에 대한 리소스부터 할당해야 한다. 또한 크리티컬 패스에 항상 최상의 리소스를 할당하면 한 단계 더 앞서 나갈 수 있다. 여기서 "최상"이란 가장 안정적이고 신뢰할 수 있는, 마감을 반드시 지킬 수 있는 개발자를 말한다. 가시성은 높지만 크리티컬 하지 않거나, 고객이나 경영진이 가장 신경 쓰는 활동부터 개발자를 투입하는 전형적인 실수를 저지르지 않도록 주의한다. 개발 리소스를 크리티컬 하지 않은 활동부터 투입해서 프로젝트 기간을 앞당길 수 없다. 반면 크리티컬 패스가 지연되면 프로젝트 전체가 지연되는 것은 피할 수 없다.

적정 인력 투입량

프로젝트를 설계하는 동안, 아키텍트는 각 프로젝트마다 전반적으로 얼마나 많은 리소스(예, 개발자)가 필요한지 알아내야 한다. 아키텍트는 필요한 개발자의 적정한 수준(staffing level)을 반복적인 방식으로 찾는다. 그림 7-7에 나온 네트워크를 생각해 보자. 여기서 크리티컬 패스는 이미 찾은 상태고, 각 노드는 서비스라고 가정한다. 그렇다면 이 프로젝트의 첫날에 필요한 개발자는 몇 명일까? 단 한 명만 투입한다면, 그 사람은 분명히 가장 실력 좋은 개발자일 것이다. 따라서 활동 1에 할당한다. 개발자를 두 명 투입한다면, 두 번째 개발자는 활동 2에 투입한다. 그 활동이 당장 급하지 않더라도 말이다. 개발자가 세 명이라면 세 번째 개발자는 최선의 경우라면 대기하고, 최악의 경우라면 활동 1에 투입된 개발자를 방해하게 된다. 따라서 첫날 필요한 개발자 수는 최대 두 명이다.

그렇다면 활동 1이 끝난 후에는 개발자 몇 명이 필요할까? 정답은 (활동 3, 4, 5, 6, 7, 2에 대한) 최대 6명이다. 그런데 여섯 명을 요청하는 것은 바람직하지 않다. 크리티컬 패스를 따라 활동 8이나 12까지 진행하는 시점에 이르면, 개발자가 두세 명 정도면 충분하기 때문이다. 그렇다면 활동 1이 끝난 시점에 여섯 명이 아닌 네 명만 요청하는 것이 나을 수 있다. 여섯 대신 네 명만 활용하면 크게 두 가지 장점이 있다. 하나는 프로젝트 비용을 절감할 수 있다. 개발자 네 명인 프로젝트는 개발자 여섯 명인 프로젝트에 비해 비용이 33% 적게 든다. 또 다른 장점은 개발자 넷으로 구성된 팀이 개발자 여섯 명으로 구성된 팀보다 훨씬 효율적이다. 팀 규모가 작을수록 커뮤니케이션 오버헤드가 줄고, 잉여 인력으로부터 방해받을 가능성이 적기 때문이다.

이러한 기준만 놓고 보면 개발자 세 명 또는 두 명인 팀이 네 명보다 나아 보일 수 있다. 하지만 그림 7-7에 나온 네트워크를 보면, 단 세 명이 시스템을 마감 전에 구축하기는 불가능에 가깝다. 개발자 수가 너무 적으면 크리티컬 패스에 투입된 개발자가 아직 준비되지도 않은(크리티컬한 정도가 떨어지는) 서브크리티컬 한 활동(subcritical activity)에 투입되는 상황에 몰릴 가능성이 높다(예, 활동 11이 필요한 활동 15). 그러면 크리티컬 하지 않은 활동이 크리티컬 한 활동으로 변해버려서, 크리티컬 패스가 더 길어지는 결과를 초래하게 된다. 이러한 상황을 **서브크리티컬 인력 투입**(subcritical staffing)이라고 부른다. 프로젝트가 크리티컬하지 않은 활동에 빠지면 기존의 크리티컬 패스를 더 이상 적용할 수 없기 때문에 마감을 놓치게 된다.

여기서 중요한 것은 필요한 리소스의 양이 아니다. 프로젝트의 모든 지점에서 중요한 질문은 바로 다음이다.

　　크리티컬 패스의 지연 없이 프로젝트를 진행할 수 있는 최소 리소스는 얼마인가?

이러한 최소 리소스 양을 파악하면 모든 크리티컬 한 지점에 필요한 인력을 제때 투입하면서 최소 비용을 통해 최대한 효율적으로 프로젝트를 진행할 수 있다. 이때 인력 투입량은 프로젝트 기간 동안 얼마든지 변할 수 있고, 또 그래야만 한다.

프로젝트 설계 없이 개발자 집단만 있다고 생각해 보자. 이 집단이 크리티컬 패스의 지연 없이 최소 리소스 양으로 구성될 가능성은 거의 없다. 이처럼 프로젝트에 필요한 인력 투입량을 모르는 상황을 만회하는 유일한 방법은 인력을 더 많이 투입하는 것인데, 이는 엄청난 낭비와 비효율을 초래한다. 앞서 설명했듯이, 이런 식으로 일해서는 프로젝트를 제때 끝낼 수 없다. 게다가 시스템 구축에 드는 비용도 필요 이상으로 든다. 내 경험에 따르면 인력 초과 투입은 최소 비용 수준보다 여러 배나 많은 비용이 든다.

플로트 기반 할당

다시 그림 7-7에 나온 네트워크로 돌아가보자. 개발자 네 명만으로 시스템을 구축할 수 있다고 결론 내리고 나면 또 다른 문제에 부딪힌다. 그 개발자 네 명을 언제 어디에 배치해야 할까? 가령 활동 1이 끝나면 개발자를 활동 3, 4, 5, 6에 배치할 수도 있고, 3, 5, 6, 7에 배치할 수도 있고, 아니면 3, 4, 6, 2에 배치할 수도 있다. 아무리 간단한 네트워크라도 가능한 조합의 수는 급격히 늘어난다. 어느 것을 선택하느냐에 따라 후속 할당 방법도 달라진다.

다행히 모든 조합을 다 해볼 필요는 없다. 그림 7-7의 활동 2를 보면, 실제로 리소스를 할당하는 시점은 (크리티컬 패스에 있는) 활동 16이 시작한 날에서 활동 2의 추정 기간을 뺀만큼 지난 시점이다. 활동 2는 활동 16에 도달하기 전까지 상단에 "떠 있는 상태(float, 할당되지 않고 시작하지도 않은 상태)"로 머물 수 있다. 이는 이 활동들을 완료하는 시간을 지연시켜도 프로젝트 전체를 지연시키지 않는 시간을 의미하는데, 이렇게 지연시킬 수 있는 시간의 양을 플로트(float)라고 부른다. 크리티컬 패스에 있지 않은 활동은 모두 플로트를 갖고 있다. 그래서 그 기간만큼 전체 프로젝트 지연 없이 미룰 수 있다. 크리티컬 한 활동은 플로트가 없다(좀 더 정확히 말하면 플로트가 0이다). 이런 활동이 지연되면 프로젝트 전체가 지연되기 때문이다. 프로젝트에 리소스를 할당할 때, 다음과 같은 규칙을 따른다.

항상 플로트 기반으로 리소스를 할당한다.

앞에서 말한 예에서 활동 1이 끝난 후, 개발자를 할당하는 방법을 알아내려면, 활동 1이 끝난 후에 진행할 수 있는 모든 활동에 대해 플로트를 계산한 뒤, 이를 기반으로 낮은 값부터 높은 값 순으로 개발자 네 명을 할당한다. 먼저 크리티컬 패스에 개발자 한 명을 할당한다. 이는 특별해서가 아니라, 플로트가 가장 낮게 예상되기 때문이다. 만약 활동 2의 플로트가 60일이고, 활동 4의 플로트가 5일이라면, 활동 4에 이르기까지 5일 이상 미루면, 프로젝트에 차질이 생긴다. 이와 반대로, 활동 2에 이르기까지 최대 60일을 미룰 수 있다. 그래서 다음 개발자를 활동 4에 할당한다. 활동 2에 개발자가 할당되지 않은 상태에 있는 동안 그 활동의 플로트를 소비하는 셈이다. 활동 2의 플로트가 15일이 될 즈음에 아마도 그 활동에 개발자 한 명을 할당할 수 있을 것이다.

전형적인 실수

톰 디마코(Tom Demarco)가 발견한 바에 따르면[6], 프로젝트의 인력 투입과 관련하여 잘못된 보상 체계를 적용하는 조직이 많다. 아무리 좋은 의도로 시작했더라도 말이다. 매니저는 프로젝트 설계가 끝나고 나서야 필요한 개발자를 정확히 할당할 수 있다. 그러기 위해서는 아키텍처가 먼저 마련되어야 한다. 이런 활동 설계는 본질적으로 짧더라도 프로젝트의 퍼지 프론트 엔드를 정한다. 작업 범위를 파악하고, 프로토타입을 만들고, 기술을 평가하고, 고객을 만나보고, 요구사항을 분석하는 등과 같이, 이 단계를 수행하는 데만 몇 달이 걸릴 수 있다. 프로젝트 관리자는 이렇게 수립한 계획에 따라 개발자를 할당할 수 있는 수준에 이르기 전에는 개발자를 미리 뽑을 필요가 없다. 당장 할 일이 없기 때문이다.

---

6 Tom Demarco, The Deadline (Dorset House, 1997).

몇 달이 지나도록 사무실은 썰렁하고 책상이 비어 있으면, 매니저가 놀고 있다고 오해받기 쉽다. 매니저는 (소프트웨어 프로젝트가 항상 그렇듯이) 프로젝트가 지연되면 개발자를 일찍 뽑지 않았다고 비판받을 까봐 걱정한다. 이런 책임 추궁을 피하기 위해 퍼지 프론트 엔드가 시작되자마자 개발자를 뽑아서 사무실을 채운다. 개발자는 당장 할 일이 없기 때문에, 게임을 하고, 블로그를 읽고, 점심시간을 길게 갖게 된다. 하지만 이런 분위기는 사무실이 비어 있을 때보다 매니저를 더 나쁘게 평가하게 된다. 매니저가 위임과 관리할 줄 모르면서 비용만 낭비한다고 생각하기 때문이다.

앞서 말했듯이, 매니저는 프로젝트가 지연되고 모든 책임을 떠맡을 까봐 두려워한다. 프론트 엔드가 시작되자마자 프로젝트 인력을 투입하고, 기능 A를 첫 번째 개발자에게 맡기고, 기능 B를 두 번째 개발자에 맡기는 식으로 처리하게 된다. 아키텍처를 제대로 도출하거나, 크리티컬 패스 분석을 하지 않더라도 말이다. 몇 주에서 몇 달이 지나 아키텍트가 아키텍처와 프로젝트 설계를 마치더라도, 전혀 개의치 않게 된다. 개발자는 이미 완전히 다른 시스템과 프로젝트를 진행하고 있기 때문이다. 결국 일정은 크게 벗어나고, 예산은 금세 바닥나게 된다. 이는 아키텍처와 크리티컬 패스 분석의 부족뿐만 아니라, 시스템과 팀 모두에 대해 기능 분해를 했기 때문이다.

시스템 분해에 대해 2장에서 강조한 사항은 팀 분해에도 그대로 적용할 수 있다. 이렇게 진행됐다면 프로젝트의 시스템 설계와 팀 설계가 최악의 상태에 있을 것이다. 매니저는 경영진에게 시간과 리소스가 필요하다고 끊임없이 항변할 것이다. (소프트웨어 업계에서 흔히 볼 수 있듯이) 프로젝트가 지연되면, 매니저는 조직에서 가장 초라해진다.

주어진 시간과 예산 안에서 결과물을 낼 줄 안다고 인정받았다면, 처음보다 올바르게 처리하는 것이 훨씬 쉽다. 어떻게 그렇게 해낼 수 있는지는 (또는 다른 매니저는 왜 항상 실패하는지를) 조직에서 결코 이해할 수 없겠지만, 나온 결과물에 대해서는 반박할 수 없다. 하지만 성공 사례를 갖고 있지 않다면, 이 경로로 갈 때 가장 먼저 엄청난 저항에 부딪히게 된다. 가장 좋은 대처 방안은 이러한 실수를 직시하고 해결하는 것을 프로젝트 설계의 일부분으로 만드는 것이다. 여기에 대해서는 11장에서 설명한다.

이러한 프로세스는 본질적으로 반복적이다. 처음에는 최소 인력 수준을 모르기 때문이기도 하고, 플로트 기반 할당을 통해 활동의 플로트가 변하기 때문이기도 하다. 우선 일정한 리소스 수준으로 프로젝트에 인력을 투입하기 시작하고, 그 리소스를 플로트 기반으로 할당한다. 어떤 리소스가 특정 활동을 마치도록 스케줄 될 때마다, 인접한 활동 후보를 물색해서 플로트가 가장 낮은 것을 다음 리소스 할당 대상으로 선택한다. 프로젝트 인력을 제대로 투입했다면, 다시 시도한다. 이번에는 인력 수준을 낮춘다(예, 원래 6이었다면 이번에는 5나 4까지 낮춘다). 어느 시점에 가용 리소스에 비해 활동이 많다고 느껴질 때가 온다. 이처럼 미할당 활동의 플로트 수준이 높다고 판단되면, 리소스가 충분히 확보될 때까지 이에 대한 리소스 할당을 미룬다. 이렇게 활동에 대한 리소스가 할당되지 않은 동안, 그 활동에 대한 플로트를 소진하게 된다. 그중에서 크리티컬 한 활동이 발생하면, 주어진 인력 수준으로는 프로젝트를 진행할 수 없으므로, 더 많은 리소스를 확보하도록 노력해야 한다.

플로트 기반 할당의 또 다른 장점은 리스크를 줄일 수 있다는 것이다. 플로트가 최소인 활동이 가장 위험하고, 프로젝트를 지연시킬 가능성이 가장 크다. 이런 활동에 먼저 리소스를 할당하면 가장 안전한 방식으로 프로젝트에 인력을 투입할 수 있고, 주어진 인력 수준으로 발생할 수 있는 전체 리스크를 줄일 수 있다. 여기서도 마찬가지로 프로젝트 설계를 하지 않았다면 프로젝트 관리자나 개발자 그룹에게 활동을 플로트 기반으로 할당할 가능성은 거의 없다. 이런 식으로 진행하면 속도가 떨어지고 비용도 많이 들 뿐만 아니라, 리스크도 커진다.

네트워크와 리소스

지금까지는 네트워크를 구축하는 방법 중에서 활동 사이의 의존성을 집중적으로 살펴봤다. 그런데 리소스도 네트워크에 영향을 미친다. 예를 들어, 그림 7-7에 나온 네트워크에 개발자 한 명만 할당한다면, 실제 네트워크 다이어그램은 그림 7-7과 같은 모양이 아니라 아주 긴 스트링 형태가 된다. 리소스 하나에만 의존하면 네트워크 다이어그램의 형태가 크게 달라진다. 따라서 네트워크 다이어그램은 실제로는 활동 네트워크가 아니라, 의존성에 대한 네트워크다. 리소스가 무한하고 인력도 자유자재로 투입할 수 있다면, 활동 사이의 의존성만 고려해도 된다. 플로트를 소진하기 시작하는 순간, 리소스에 대한 의존성도 네트워크에 추가해야 한다. 여기서 중요한 점은 다음과 같다.

리소스 의존성이 의존성이다.

리소스를 프로젝트 네트워크에 실제로 할당하는 방법은 여러 변수를 곱하는 것이다. 리소스를 할당할 때 반드시 고려할 사항으로 다음과 같은 것이 있다.

- 계획 가정
- 크리티컬 패스
- 플로트
- 가용 리소스
- 제약 사항

이러한 사항으로 인해 프로젝트 설계가 크게 달라질 수 있다. 아무리 단순한 프로젝트라도 그렇다.

7.7 활동 스케줄링

프로젝트 네트워크와 크리티컬 패스와 플로트 분석을 함께 이용하면, 프로젝트 기간뿐만 아니라, 프로젝트 초반에 각 활동의 적절한 시작 시점을 계산할 수 있다. 하지만, 네트워크에 담긴 정보는 달력의 날짜가 아니라 근무일(workday)을 기준으로 나온 것이다. 이 정보는 활동을 스케줄링하여 달력 날짜에 맞게 변환해야 한다. 이런 작업은 마이크로소프트 프로젝트(Microsoft Project)와 같은 도구를 이용하면 쉽게 처리할 수 있다. 사용하는 도구에서 모든 활동을 정의한 뒤, 의존성을 추가하고, 수립한 계획에 맞게 리소스를 할당한다. 프로젝트 시작일을 지정하면, 나머지 활동에 대한 스케줄을 도구가 알아서 정해줄 것이다. 이때 간트 차트(Gantt chart)도 생성될 수 있다. 물론 이는 핵심 정보인 프로젝트의 모든 활동에 대해 계획한 시작일과 마감일을 토대로 도구에서 부수적으로 생성하는 것이다.

> **주의** 간트 차트만 따로 놓고 보면 해롭다. 경영진이 이를 보고 계획대로 잘 제어되고 있다는 착각을 할 수 있기 때문이다. 간트 차트는 프로젝트 네트워크에 대한 여러 뷰 중 하나일 뿐이다. 프로젝트 설계 전체를 아우르는 것이 아니다.

7.7.1 인력 투입 분포

프로젝트에 필요한 인력을 투입하는 시점은 일정하지 않다. 처음에는 코어 팀만 필요하다. 경영진이 프로젝트 설계 옵션을 결정하고 그 프로젝트를 승인하고 나서야 개발자와 테스터를 비롯한 리소스를 투입할 수 있다.

의존성과 크리티컬 패스 때문에 리소스마다 필요한 시점이 다를 수 있다. 리소스를 프로젝트에서 빼는 시점도 마찬가지로 다양하다. 코어 팀은 전체 기간 내내 필요하지만, 개발자가 프로젝트 마지막 날까지 필요한 것은 아니다. 이상적으로는 프로젝트 초반에는 활동 증가에 맞춰서 개발자를 단계적으로 도입하고, 프로젝트 후반으로 갈수록 서서히 개발자를 줄인다.

이처럼 리소스를 단계적으로 늘렸다가 줄이는 방식은 크게 두 가지 장점이 있다. 하나는 소프트웨어 프로젝트에서 흔히 겪는 **쏠림 현상**(feast-or-famine cycles)을 방지할 수 있다. 프로젝트에 필요한 평균 인원을 충족했더라도, 프로젝트의 어느 한 부분에는 인력이 부족하고, 또 어떤 부분에는 인력이 넘칠 수 있다. 이처럼 부족하거나 넘치는 인력은 프로젝트 분위기를 망치고 효율을 떨어뜨릴 수 있다. 또 다른 장점은 (첫 번째보다 더 중요한데) 리소스를 단계적으로 조절함으로써 규모의 경제를 실현할 수 있다. 조직에서 맡은 프로젝트가 여러 개일 때, 개발자가 어느 한 프로젝트에서 빠져나오면 곧바로 다른 프로젝트에 투입하도록 구성할 수 있다. 이런 식으로 일하면 생산성이 여러 개로 증가한다. "적은 노력으로 큰 성과를 얻는" 대표적인 예다.

> **노트**   프로젝트에 투입하는 리소스를 단계적으로 늘리고 줄이는 방식은 개발자와 컴포넌트가 결합되지 않는 일관성 있게 구성된 시스템 구조를 가진 올바른 시스템과 프로젝트 설계에서 실행할 수 있다.

인력 투입 분포 차트

그림 7-8은 제대로 설계되고 인력도 적절히 갖춘 프로젝트에 대한 전형적인 인력 투입 배포 차트를 보여주고 있다. 프로젝트를 시작하는 시점에는 프론트 엔드가 있고, 그동안 코어팀은 시스템과 프로젝트 설계에 전념한다. 이 단계는 SDP 리뷰로 마무리한다. 만약 이 시점에 프로젝트가 중단되면, 인력 투입은 없어지고 코어 팀은 다른 프로젝트에 투입 가

능한 상태가 된다. 프로젝트가 승인됐다면, 여러 활동 중에서도 다른 활동의 토대가 되는, 프로젝트에서 가장 낮은 수준의 활동을 담당하는 개발자나 다른 리소스에 대한 초기 인력 증가가 발생하게 된다. 그런 활동이 가능한 상태가 된다면 추가 인력을 투입할 수 있다. 어느 시점에 이르면 프로젝트에 필요한 모든 리소스가 충족되는 상태에 도달한다. 한동안 그렇게 인력이 모두 투입된 상태를 유지한다. 시스템은 이런 상태의 막바지에 등장하는 경향이 있다. 이제 프로젝트에 투입된 리소스를 줄이고, 남은 리소스는 가장 의존성이 강한 활동을 처리한다. 프로젝트는 시스템을 테스트하고 릴리스하는 데 필요한 수준의 인력만 남긴 상태로 종료한다.

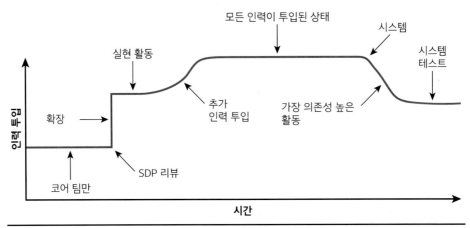

그림 7-8 올바른 인력 투입 분포

그림 7-9는 그림 7-8의 동작을 보여주는 인력 투입 분포 차트다. 그림 7-9와 같은 차트는 먼저 프로젝트에 필요한 인력을 투입하고 나서, **주요 날짜**(dates of interest, 어떤 활동이 시작하고 끝나는 고유한 날짜)를 시간 순으로 나열한다. 다음으로 주요 날짜 사이의 기간마다 리소스의 카테고리별로 필요한 리소스 수를 센다. 특별한 활동이 없지만 인력 투입이 필요한 리소스(예, 코어 팀, 품질 관리, 코딩 활동에 필요한 개발자 등)도 인력 투입 분포에 빠뜨리지 않는다. 이렇게 막대를 쌓은 듯한 형태의 다이어그램은 스프레드시트로 쉽게 표현할 수 있다. 이 책에서 제공하는 파일을 보면, 여기 나온 차트에 해당하는 템플릿과 예제 프로젝트를 볼 수 있다.

주요 날짜 사이의 간격이 일정하지 않을 수 있기 때문에, 인력 투입 분포 차트에서 막대는 시간 단위가 다를 수 있다. 하지만 충분한 활동으로 구성된 적당한 규모의 프로젝트라면 대부분 차트의 모양이 그림 7-8과 같을 것이다. 인력 투입 분포 차트를 참고하면 프로젝트 설계의 품질 수준을 빠르게 평가해서 피드백을 줄 수 있다.

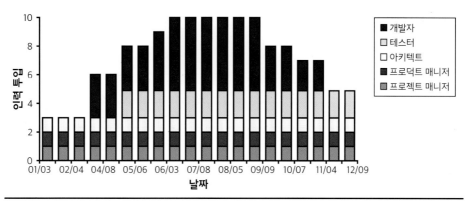

그림 7-9 인력 투입 분포의 예

인력 투입 관련 실수

프로젝트 인력 투입과 관련하여 흔히 저지르는 실수는 인력 투입 분포 차트에 명확히 드러나기도 한다. 차트가 직사각형 형태라면 인력 투입 수준이 일정하다는 뜻이다. 앞에서 경고한 문제가 발생한 것이다.

인력 투입 분포 차트에서 가운데를 보면 높은 봉우리가 있다(그림 7-10). 이런 부분은 낭비를 의미하기 때문에 바람직하지 않다.

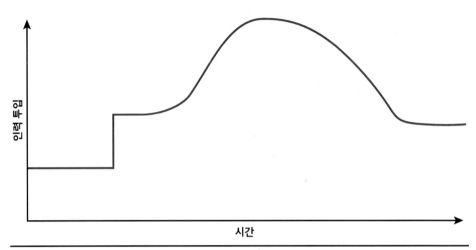

그림 7-10 인력 투입 분포에 봉우리가 발생한 경우

짧은 기간만 사용할 인력을 채용하고, 이들에게 해당 분야와 아키텍처와 기술에 대해 교육하는 데 투입한 노력을 생각해보자. 정점이 발생하는 이유는 프로젝트에서 플로트를 충분히 소진하지 않아서 리소스 수요가 단기간에 몰리기 때문이다. 프로젝트에서 리소스에 대한 플로트를 어느 정도 타협한다면 곡선이 더 부드러워질 것이다. 그림 7-11은 인력 투입에 정점이 발생하는 프로젝트의 예를 보여주고 있다.

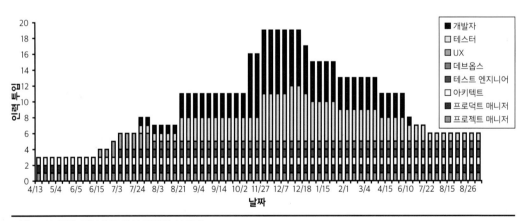

그림 7-11 인력 투입 분포에서 발생한 봉우리

(그림 7-12의) 인력 투입 분포 차트에서 직선 부분 역시 흔히 저지르는 실수를 보여준다. 여기서 평평한 부분은 그림 7-8에 나온 고원(high plateau)이 없다는 것을 의미한다. 이런 프로젝트는 본래 계획에서 크리티컬 하지 않은 활동(noncritical activity)에 인력을 투입해서 프로젝트가 서브크리티컬한 상태에 빠지고 리소스가 부족하게 될 수 있다.

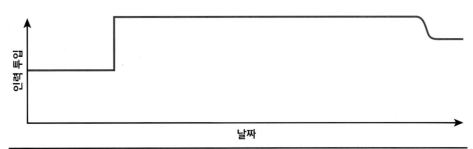

그림 7-12 위험한 상태에 빠진 평평한 인력 투입 분포

그림 7-13은 이렇게 서브크리티컬 상태에 빠진 프로젝트에 대한 인력 투입 분포의 예를 보여주고 있다. 이 프로젝트는 리소스가 11 또는 12 수준일 때 서브크리티컬 상태에 빠진다. 평원이 없을 뿐만 아니라, 골짜기도 있다.

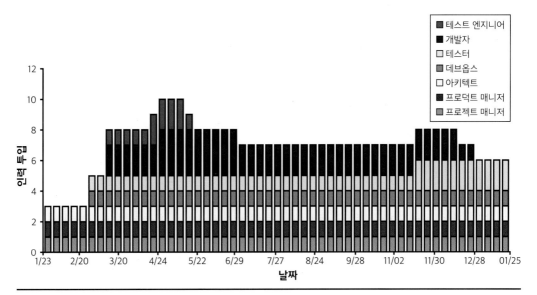

그림 7-13 서브크리티컬 상태에 빠진 인력 투입 분포의 예

(그림 7-14처럼) 인력 투입 분포가 불규칙적이어도 문제가 있다는 뜻이다. 이 정도로 기복이 심하게 설계된 프로젝트는 결국 좌절스러운 상황(그림 7-15)을 맞이하게 된다. 인력 투입이 이렇게 탄력적일 수 없기 때문이다. 갑자기 많은 사람을 어디선가 데려올 수도 없고, 그렇게 뽑은 사람의 생산성이 즉시 높아질 수도 없으며, 얼마 지나지 않아서 내보내기도 쉽지 않다. 게다가 프로젝트에 왔다가 가는 사람이 많으면 교육에 드는 비용도 매우 높아진다. 이런 환경에서는 사람들이 책임감을 갖기도 힘들고, 지식을 쌓기도 어렵다.

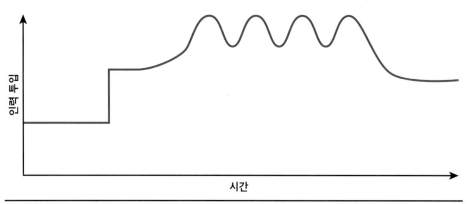

그림 7-14 불규칙적인 인력 투입 분포

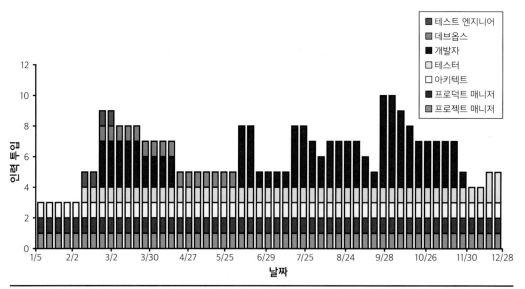

그림 7-15 불규칙적인 인력 투입 분포의 예

그림 7-16은 우리가 피해야 할 인력 투입 분포의 또 다른 유형인, 급격한 증가 패턴을 보여주고 있다. 여기에 아무런 숫자가 담겨 있지는 않지만, 뭔가 희망 사항이 담겨 있음을 쉽게 알 수 있다. 인력을 이처럼 0에서 정점 수준으로 한 순간에 증가시키는 것은 불가능하다. 게다가 그렇게 투입한 인력이 프로젝트에 도움이 되거나 품질이 높은, 프로덕션 수준의 코드를 만들어 낼 수 없다. 프로젝트 초기에 아무리 병렬 작업이 많다 하더라도, 또 리소스가 그만큼 충분하더라도, 네트워크의 다운스트림은 프로젝트에서 실제로 수용할 수 있는 리소스의 양을 제한하고 필요한 인력 투입은 없어지게 된다.

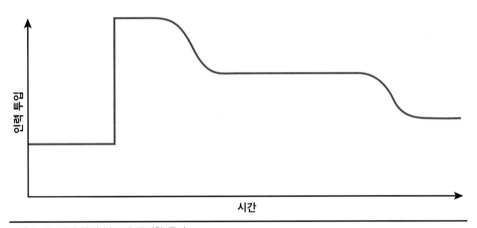

그림 7-16 인력 투입 분포의 급격한 증가

그림 7-17은 그런 프로젝트의 예를 보여주고 있다. 여기서는 갑자기 11명을 투입했다가 잠시 후 6명 수준으로 줄인 후, 프로젝트 종료 시점까지 비슷한 수준을 유지한다. 인력을 이렇게 갑자기 늘릴 수도 없고, 과도한 인원으로 리소스 사용 효율이 떨어지게 된다.

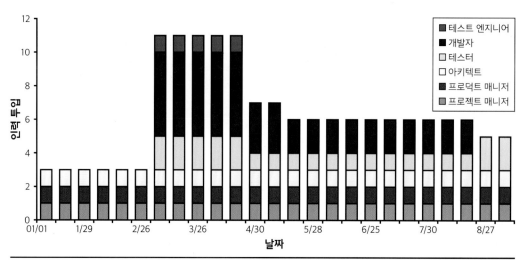

그림 7-17 인력 투입 분포에서 초기의 급격한 증가 패턴이 발생하는 예

곡선 완만하게 만들기

지금까지 여러 차트를 통해 시각적으로 표현한 실수 유형을 보면, 올바른 프로젝트는 모두 인력 투입 분포가 완만한 곡선을 이룬다는 것을 알 수 있다. 갑자기 빨라졌다가 급하게 멈추는 것처럼 기복이 심한 것보다는, 프로젝트를 꾸준히 진행하는 것이 훨씬 편하다.

앞에서 설명했듯이, 잘못된 인력 투입의 원인 두 가지는 인력 투입의 탄력성을 너무 높게 가정하고, 리소스 할당에 플로트 소비를 하지 않는다는 것이다. 인력 투입 탄력성(staffing elasticity)을 고려할 때, 반드시 현재 팀을 잘 파악해야 하고, 가용성과 효율성 관점에서 가능한 대안을 잘 알고 있어야 한다. 인력 투입 탄력성의 수준은 조직의 속성과 시스템의 품질, 그리고 프로젝트 설계에도 영향을 많이 받는다. 설계가 뛰어날수록 개발자가 새로운 시스템과 활동을 받아들이기도 쉽다. 대다수의 프로젝트에서 플로트를 소비하는 것은 쉽다. 또한 인력 투입의 변동성과 필요한 인력에 대한 절대적인 수준을 모두 줄이기도 쉽다. 인력 투입 탄력성과 플로트 소비를 좀 더 현실적으로 대처하면, 정점과 기복과 급격한 증가를 제거할 가능성이 높아진다.

> **노트**　(프로젝트 기간을 연장하거나 비용을 추가하지 않으면서) 인력 투입 분포 차
> 트를 완만하게 만드는 것과 로드 레벨링을 분명히 구분해야 한다. 로드 레벨링(load
> leveling)이란 부족한 리소스에 대처하기 위해 프로젝트 기간을 연장하는 기법을 말
> 한다. 로드 레벨링은 앞서 정의한 서브크리티컬 인력 투입의 또 다른 표현이기도 하
> 다.

7.8 프로젝트 비용

프로젝트 설계 방안마다 인력 투입 분포 차트를 그리면 그 방안이 적합한지, 문제는 없는
지 검증하는 데 크게 도움이 된다. 주어진 프로젝트 설계가 뭔가 이상하다는 느낌이 들면,
정말 그럴 가능성이 높다.

인력 투입 분포 차트를 그리면 좋은 장점이 또 있다. 바로 프로젝트 비용을 파악할 수 있
다. 건축 공사 프로젝트와 달리, 소프트웨어 프로젝트는 자재나 물품에 들어가는 비용이
없다. 소프트웨어 비용은 대부분 노동력으로 구성된다. 이러한 노동력은 코어 팀부터 개발
자와 테스터에 이르기까지 모든 팀원으로 구성된다. 노동 비용은 인력 투입 수준에 시간
을 곱하면 쉽게 구할 수 있다.

비용 = 인력 * 시간

인력에 시간을 곱한 결과는 인력 투입 분포 차트의 면적에 해당한다. 이 영역을 계산하면
비용을 구할 수 있다.

인력 투입 분포 차트는 주요 날짜(226.P) 구간마다 그려진 수직 막대로 구성된 이산 모델
이다. 인력 투입 분포 차트 면적은, 각 수직 막대(인원)를 주요 날짜 사이의 기간을 곱하는
방식으로 계산한다(그림 7-18). 이렇게 곱한 값들을 모두 합치면 총면적이 나온다.

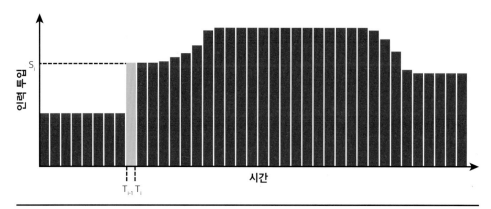

그림 7-18 프로젝트 비용 계산

인력 투입 분포 차트의 면적을 계산하는 공식은 다음과 같다.

$$\text{Cost} = \sum_{i=1}^{n}(S_i * (T_i - T_{i-1}))$$

- S_i: i번째 주요 날짜의 인력 수준
- T_i: i번째 날짜 (T_0은 프로젝트를 시작한 날짜)
- n: 프로젝트의 주요 날짜 수

프로젝트 비용을 알아 내기 위한 유일한 방법은 인력 투입 분포 차트 면적을 계산하는 것이다.

인력 투입 분포 차트를 스프레드시트를 이용하여 생성했다면, 차트 면적을 계산하는 열을 하나 더 추가한다(수치적분법(numerical integration)을 수행하는 것이다). 이 책에서 제공하는 파일을 보면 이를 계산하는 몇 가지 예를 볼 수 있다.

비용은 인력에 시간을 곱한 것이므로, 비용은 맨-먼스(man-month)나 맨이어(man-year)와 같은 노력과 시간 단위로 표현한다. 통화 단위를 사용하는 것보다 이런 단위를 사용하는 것이 급여와 예산 차이를 없앨 수 있다. 그래서 여러 프로젝트 설계 방안끼리 비용을 객관적으로 비교해 볼 수 있다.

아키텍처가 정해지고, 초기 작업이 분해되고, 공수가 추정된 상태라면, 시스템을 구축하는 데 걸리는 예상 기간과 비용을 몇 시간 또는 아무리 길어도 하루 안에 계산해 낼 수 있다. 아쉽게도 이런 분석 없이 진행되는 소프트웨어 프로젝트가 대부분이다. 마치 패를 보지도 않고 포커 게임을 하는 것과 같다. 프로젝트와 경력, 회사의 운명을 고려하면 결코 무시할 수 없다.

7.8.1 프로젝트 효율

프로젝트 비용을 파악했다면, 프로젝트 효율을 계산할 수 있다. **프로젝트 효율(project efficiency)**이란 (각 인원을 100% 활용한다고 가정할 때) 모든 활동에 드는 노력과 실제 프로젝트 비용 사이의 비율이다. 예를 들어, 모든 활동에 대한 노력의 합이 10 맨-먼스고 (한 달에 근무일이 30일이라고 가정), 프로젝트 비용은 50 맨-먼스라면, 프로젝트 효율은 20%다.

프로젝트 효율은 프로젝트 설계의 품질과 상태를 가늠하기에 좋은 지표다. 올바른 프로젝트 설계와 인력 투입이 뒷받침된다면 제대로 설계된 시스템의 기대 효율은 15%에서 25% 사이다.

효율 수준이 기대 이하로 낮아 보일 수 있지만, 효율이 높게 나오면 프로젝트 계획이 비현실적일 가능성이 매우 높다. 자연에서 효율이 100%인 프로세스는 없다. 또한 제약 조건 없는 프로젝트는 없으며, 그러한 제약 조건으로 인해 리소스를 효율적으로 활용할 수 없게 된다. 코어 팀과 테스터, 빌드 및 데브옵스를 비롯한, 프로젝트에 투입되는 리소스에 대한 비용을 추가하는 시점에 이르면, 순수 코드 작성 비중은 급격히 줄어든다. 효율이 40%가량으로 매우 높은 프로젝트는 빌드가 불가능하다.

효율이 25%만 되더라도 매우 높은 편이며, 그것도 시스템 아키텍처에 문제가 없고 가장 효율적인 팀이 투입되고(그림 7-1 참조), 리소스를 최소한으로 사용하고 플로트 기반으로 할당하도록 프로젝트도 올바르게 설계되어야 한다. 기대 효율을 높이기 위한 또 다른 조건으로, 소규모의 숙련된 팀이 있다. 이런 팀의 멤버는 서로 합이 잘 맞고, 프로젝트 매니저도 품질에 최선을 다하며 프로젝트의 복잡도를 잘 다룰 수 있어야 한다.

효율은 인력 투입의 탄력성과도 관련이 많다. 인력 투입이 정말 탄력적이라면(즉, 언제든지 필요한 리소스를 즉시 확보할 수 있고, 일이 끝나면 곧바로 보낼 수 있다면), 효율은 높아질 것이다. 물론 인력 투입이 그처럼 탄력적일 수는 없다. 그래서 더 이상 필요 없는 리소스가 발생해서 효율이 떨어지는 경우도 많다. 특히 크리티컬 패스가 아닌 곳에서 리소스를 활용할 때 이런 경우가 많이 발생한다. 한 사람이 크리티컬 활동을 모두 처리하고 있다면, 그 사람의 효율은 최대라고 볼 수 있다. 왜냐하면 모든 활동을 끊이지 않고 처리하며, 공수의 비용이 크리티컬 활동 비용의 합에 근접하기 때문이다. 크리티컬 하지 않은 활동에 대해서는 항상 플로트가 존재한다. 인력 투입이 완벽히 탄력적일 수 없기 때문에, 크리티컬 패스에 있지 않은 리소스의 효율은 결코 높아질 수 없다.

프로젝트 설계 방안의 기대 효율이 높게 나왔다면, 그 원인을 반드시 분석해야 한다. 어쩌면 인력 투입을 비현실적으로 탄력적으로 가정했거나 프로젝트 네트워크가 너무 크리티컬하기 때문일 수 있다. 결국, 네트워크 경로는 대부분 크리티컬 하거나 크리티컬에 가깝다면 (대부분의 활동에서 플로트가 낮다면), 효율이 매우 높게 나온다. 하지만 그런 프로젝트는 주어진 조건을 만족하지 못할 가능성이 매우 높다.

효율을 통한 총 추정

소프트웨어 프로젝트의 효율은 조직의 속성과 밀접한 관계가 있다. 비효율적인 조직이 하루아침에 효율적으로 바뀌지 않고, 그 반대도 마찬가지다. 효율은 비즈니스의 속성과도 관련이 있다. 의료 장비용 소프트웨어를 제작하는 프로젝트에 드는 오버헤드는 소셜미디어용 플러그인을 개발하는 조그만 스타트업의 오버헤드와 분명 다르다.

효율을 총 프로젝트 추정 기법으로도 활용할 수 있다. 가령 그동안 프로젝트 효율이 20% 수준이었다고 가정하고, 개별 활동을 분해해서 각각의 추정치를 구했다면, (100% 활용한다고 가정할 때) 전체 활동에 든 노력의 합에 5만 곱하면 총 프로젝트 비용을 개략적으로 구할 수 있다.

7.9 획득 가치 계획

통찰력 있는 프로젝트 설계를 위한 또 다른 기법으로 **획득 가치 계획**(earned value planning)이라는 것이 있다. **획득 가치**(earned value)란, 프로젝트 추적에 널리 사용되는 기법인데, 프로젝트 설계 용도로도 활용할 수 있다. 획득 가치 계획을 이용하면 모든 활동에 대해 프로젝트 완성에 기여하는 가치를 할당할 수 있다. 이렇게 할당한 값을 각 활동의 스케줄에 합쳐서 시간 흐름에 따른 획득 가치를 계획할 수 있다.

예정 획득 가치(planned earned value)를 구하는 공식은 다음과 같다.

$$EV(t) = \frac{\sum_{i=1}^{m} E_i}{\sum_{i=1}^{N} E_i}$$

- E_i는 활동 i에 대한 예상 기간이다.
- m은 t 시간에 마치는 활동 개수다.
- N은 프로젝트를 구성하는 활동 개수다.
- t는 어느 한 시점이다.

t 시간의 획득 가치(earned value)는 t 시점에 완료된 모든 활동의 예상 기간을 모두 더한 값을 모든 활동의 예상 기간의 합으로 나눈 비율이다.

예를 들어 표 7-1에 나온 아주 간단한 테이블을 살펴보자.

표 7-1 프로젝트 획득 가치의 예

활동	기간 (일 단위)	가치(%)
프론트 엔드	40	20
액세스 서비스	30	15
UI	40	20
매니저 서비스	20	10
유틸리티 서비스	40	20
시스템 테스팅	30	15
총합	200	100

표 7-1에 나온 모든 활동에 대한 총 예상 기간은 200일이다. 가령, UI 활동은 40일로 예상된다. 40은 200의 20%이므로, UI 활동이 끝나면 프로젝트 완료 기준으로 20%의 가치를 획득했다고 볼 수 있다. 활동 스케줄을 정할 때, UI 활동을 완료할 시점을 정하게 된다. 따라서 획득 가치에 대한 계획을 시간에 대한 함수로 계산할 수 있다(표 7-2).

표 7-2 시간에 대한 함수로 표현한 예정 획득 가치의 예

활동	완료 시점	가치(%)	획득 가치(%)
시작	0	0	0
프론트 엔드	t_1	20	20
액세스 서비스	t_2	15	35
UI	t_3	20	55
매니저 서비스	t_4	10	65
유틸리티 서비스	t_5	20	85
시스템 테스팅	t_6	15	100

이러한 진행 단계를 그래프로 표현하면 그림 7-19와 같다. 프로젝트의 예상 완료일에 다다르면, 획득 가치는 100%가 돼야 한다. 이 그림에서 핵심은 예정 획득 가치 곡선의 기울기가 팀의 처리량을 표현한다는 데 있다. 같은 프로젝트를 더 뛰어난 팀에 맡긴다면, 획득 가치가 100%에 도달하는 시간이 더 짧아진다. 즉, 그래프의 기울기가 더 커진다.

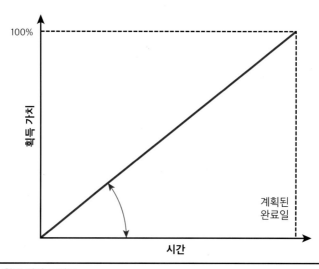

그림 7-19 예정 획득 가치 그래프

7.9.1 대표적인 실수

획득 가치 차트로부터 팀의 예상 처리량을 가늠할 수 있다면 프로젝트 계획에서 실수를 금세 잡아낼 수 있다. 예를 들어, 획득 가치 차트가 그림 7-20과 같다고 하자. 세상에서 이런 계획을 지킬 수 있는 팀은 아마도 없을 것이다. 프로젝트의 상당 부분에서 예상 처리량은 굉장히 낮다. 그럼에도 불구하고 프로젝트 막바지에 갑자기 획득 가치가 로켓처럼 솟구치는 것은 기적에 가깝다.

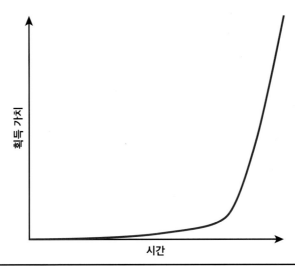

그림 7-20 비현실적으로 낙관적인 계획

이처럼 비현실적이고, 과도하게 낙관적인 계획은 대부분 **역스케줄링(back-scheduling)**의 결과다. 계획 자체는 좋은 의도로, 크리티컬 패스를 따라 진행하도록 수립했을지 모른다. 하지만 누군가 이미 특정 날짜에 프로젝트를 마치도록 정했고, 이 날짜는 프로젝트 설계나 실제 팀의 역량과는 무관하게 정한 것이다. 그러면 남은 활동을 모두 마감일에 끝내도록 스케줄을 거꾸로 정하게 된다. 예정 획득 가치를 그래프에 표시해야만 이렇게 비현실적인 계획의 위험성을 쉽게 인지해서 프로젝트가 실패로 이어지는 것을 방지할 수 있다. 그림 7-21은 이렇게 계획한 프로젝트를 보여주고 있다.

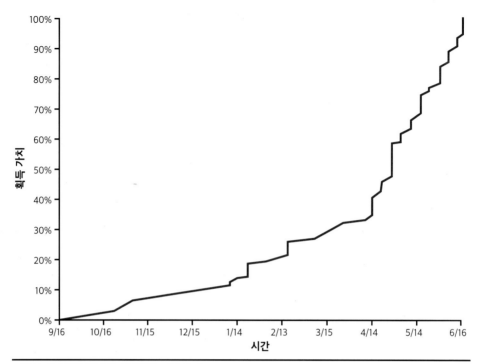

그림 7-21 비현실적으로 낙관적인 계획의 예

마찬가지로, 그림 7-22와 같이 비현실적으로 비관적인 계획도 쉽게 발견할 수 있다. 프로젝트는 무난히 시작했지만, 생산성이 급격히 떨어진다. 또는 프로젝트에 할당한 시간이 필요 이상으로 많을 수도 있다. 그림 7-22와 같은 프로젝트는 실패할 수밖에 없다. 왜냐하면 프로젝트 성과를 꾸미거나 필요 없는 일에만 치중할 수 있기 때문이다. 프로젝트가 완료되어야 할 시점을 정확히 예측하려면 (그래프의 무릎 주변에 해당하는) 정상적인 곡선 부분을 기반으로 추정할 수도 있다.

7.9.2 완만한 S 커브

팀의 규모가 고정된 프로젝트는 예정 획득 가치 차트에서 직선으로 표현된다. 앞에서 설명했듯이, 팀 규모를 고정시키면 안 된다. 인력을 적절히 투입해서 잘 설계된 프로젝트는 획득 가치 차트에서 완만한 S 곡선으로 표현된다(그림 7-23).

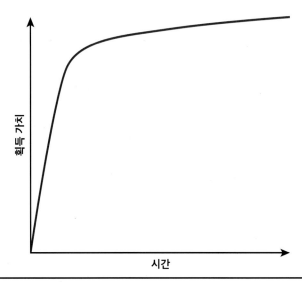

그림 7-22 비현실적으로 비관적인 계획

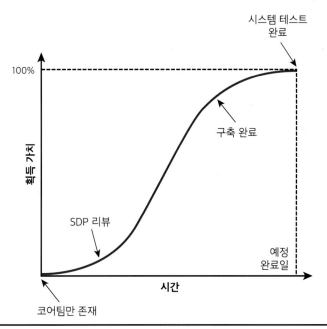

그림 7-23 완만한 S 곡선

예정 획득 가치 곡선의 모양은 예정 인력 투입 분포와 관련 있다. 프로젝트를 시작할 때는 코어팀만 있기 때문에, 프론트 엔드에 추가될 가치는 많지 않다. 또한 획득 가치 곡선의 기울기도 거의 평평하다. SDP 리뷰가 지나면, 프로젝트에 인력을 투입할 수 있게 된다. 팀 규모를 키울수록, 처리량도 늘어나면서, 획득 가치 곡선의 기울기가 점점 가팔라진다. 어느 시점에 인력 투입의 정점에 도달하게 되는데, 그러면 한 동안 팀 규모는 고정된다. 따라서 곡선의 중심에서 최대 처리량이 직선을 그리게 된다. 리소스를 단계적으로 줄이면서 획득 가치 곡선의 기울기는 프로젝트 완료 시점까지 줄어들게 된다. 그림 7-24는 이렇게 완만한 S 곡선의 예를 보여주고 있다.

로지스틱 함수

예정 획득 가치에 대해 완만한 S 곡선으로 나타나는 것은 **로지스틱 함수**(logistic function)[7]의 특수한 예다. 로지스틱 함수의 일반형은 임의의 S 형태(S, 반전된 S, 대칭된 S, 상승형 또는 감소형 등)를 표현할 수 있으며, 값의 범위도 임의로 정할 수 있고, 심지어 비대칭일 수도 있다.

변화가 발생하는 모든 프로세스는 로지스틱 함수로 모델을 만들 수 있다. 예를 들어, 방 안의 온도가 상승하고 하강하는 것도 로지스틱 함수로 표현할 수 있다. 사람의 몸무게나 회사의 주가, 방사성 붕괴, 불꽃으로부터의 거리에 따른 피부 화상 위험도, 통계 분포, 인구 증가, 설계의 유효성(effectiveness), 신경망의 지능 등을 비롯하여 거의 모든 것을 표현할 수 있다. 로지스틱 함수는 인류 역사상 가장 중요한 함수로 손꼽힌다. 왜냐하면 굉장히 동적인 세상을 정량적인 모델로 표현할 수 있기 때문이다.

표준 로지스틱 함수는 다음과 같이 정의한다.

$$F(x) = \frac{1}{1 + e^{-x}}$$

---

7   https://en.wikipedia.org/wiki/Logistic_function

그림 7-25는 표준 로지스틱 함수를 그래프로 표현한 것이다. 표준 로지스틱 함수는 0 과 1에 점근적으로 다가가며, x=0과 y=0.5일 때 y축을 지난다.

이어지는 장에서 리스크와 복잡도를 모델링할 때 로지스틱 함수를 정량 표현 수단으 로 사용할 것이다.

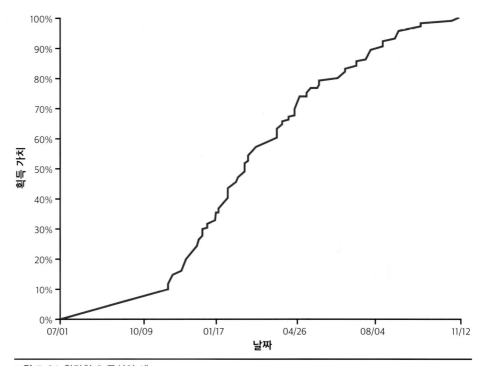

그림 7-24 완만한 S 곡선의 예

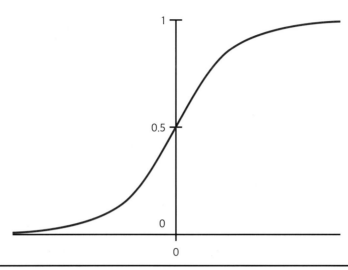

그림 7-25 표준 로지스틱 함수

획득 가치 곡선은 "주어진 계획이 합리적인가?"란 질문에 대한 답을 간단하면서도 쉽게 구하는 방법 중 하나다. 예정 획득 가치가 직선이라면, 또는 그림 7-20이나 7-22에서 문제점이 눈에 띈다면, 프로젝트가 위험한 상태라고 판단할 수 있다. 반면 완만한 S 곡선이라면 적어도 프로젝트 계획만큼은 문제없이 잘 수립됐다고 생각할 수 있다.

7.10 역할과 책임

시스템 구축을 위한 프로젝트 설계와 시스템 설계는 아키텍트의 몫이다. 아키텍트는 팀에서 올바른 아키텍처, 기술의 한계, 활동 사이의 의존성, 시스템과 프로젝트 모두에 대한 설계 제약사항, 리소스 스킬 등에 대한 경험과 주관을 갖춘 유일한 사람일 가능성이 높다. 경영진이나 프로젝트 매니저, 프로덕트 매니저 또는 개발자가 프로젝트를 제대로 설계할 수 있다고 생각하면 안 된다. 이들은 식견과 정보가 부족할 뿐만 아니라, 프로젝트 설계에 필요한 훈련을 거치지 못했다. 게다가 프로젝트 설계는 본래 이들의 역할이 아니다. 하지만 아키텍트도 리소스 비용이나 가용 시나리오, 계획에 대한 가정(planning assumption), 우선순위, 타당성(feasibility), 심지어 정치적 상황에 대해 프로젝트 관리자의 의견과 통찰과 주관을 구해야 한다. 프로덕트 매니저가 주어진 아키텍처를 실현하는 데 중요한 것처럼 말이다.

아키텍트는 지속적인 설계 노력을 통해 시스템 설계가 도출되는 방식으로 프로젝트를 설계한다. 이 프로세스는 다른 공학 분야에서 적용된 것과 동일하다. 프로젝트 설계는 엔지니어링 노력의 일부분으로, 건설 노동자나 감독관이 공사 현장이나 공장에서 판단할 대상이 아니다.

아키텍트는 프로젝트 관리와 추적에 대한 책임은 없다. 이러한 역할은 프로젝트 매니저의 몫이다. 프로젝트에 개발자를 투입하고, 프로젝트가 계획대로 진행되는지 추적하는 일은 프로젝트 매니저가 한다. 진행 중에 변경 사항이 발생하면, 프로젝트 매니저와 아키텍트는 함께 머리를 맞대고 프로젝트를 다시 설계해야 한다.

프로젝트를 아키텍트가 설계해야 한다는 사실을 깨닫기 위해서는 아키텍트 역할의 성숙도가 뒷받침되어야 한다. 아키텍트 역할에 대한 필요성은 소프트웨어 시스템의 비용과 복잡도가 증가하기 시작한 1990년대 후반부터 등장했다. 이제 아키텍트는 유지보수성, 재사용성, 확장성(scalability), 타당성, 확장 용이성(extensibility), 처리량, 가용성, 민감성(responsiveness), 성능, 보안 등을 제공하는 시스템을 설계하는 역할을 담당하는 존재가 됐다. 이러한 설계 속성은 특정 기술이나 키워드로 해결할 수 없고, 올바른 설계로만 가능하다.

하지만 방금 나열한 설계 속성이 전부가 아니다. 이 장에서는 먼저 성공의 정의부터 제시했다. 이를 위해서는 스케줄, 비용, 위험 또한 다른 속성만큼이나 중요하게 여겨야 하며, 이를 만족하도록 프로젝트를 설계해야 한다.

8장

네트워크와 플로트

프로젝트 네트워크는 프로젝트를 논리적으로 표현한 것으로 계획(planning) 단계에 활용할 수 있다. 프로젝트 네트워크는 **크리티컬 패스 기법(critical path method)**으로 분석하는데, 이름과 달리 크리티컬 하지 않은 활동도 크리티컬 활동과 비슷한 비중으로 다룬다. **크리티컬 패스 분석(critical path analysis)**은 건설 프로젝트부터 소프트웨어 시스템 구축에 이르기까지 다양한 분야의 복잡한 프로젝트에 놀라울 정도로 잘 어울린다. 또한 지난 수십 년 동안 여러 성공 사례를 통해 그 효과가 입증됐다. 크리티컬 패스를 분석하는 동안 프로젝트 기간을 파악하고, 언제 어디에 리소스를 투입할지를 결정할 수 있다.

프로젝트 네트워크는 프로젝트 설계에 꼭 필요한 도구이기 때문에, 이 장에서는 프로젝트 설계에 대해 7장에서 소개했던 몇 가지 개념을 좀 더 자세히 다룬다. 분야나 프로젝트에 관계없이 자주 등장하는 기법과 용어와 개념이 있다. 이 장에서 소개하는 개념을 통해 프로젝트를 객관적이고 반복적으로 분석할 수 있을 것이다. 어떠한 아키텍트라도 동일한 프로젝트 네트워크에 대해 비슷한 결과를 도출할 것이다.

8.1 네트워크 다이어그램

소프트웨어 프로젝트에서 **활동(activity)**은 시간과 리소스가 필요한 모든 태스크를 가리킨다. 아키텍처와 프로젝트 설계, 서비스 구축, 시스템 테스팅, 심지어 교육 프로그램도 활동이다. 프로젝트는 이러한 활동을 모은 것이고, 네트워크 설계는 이러한 활동과 상호 의존 관계를 표현한 것이다. 네트워크 다이어그램에서는 활동 사이의 실행 순서나 병렬성은 표현하지 않는다.

네트워크 다이어그램은 네트워크에 담긴 의존성과 전반적인 토폴로지에만 집중할 수 있도록 확장성을 지원하지 않는다. 확장성을 배제하면 프로젝트 설계를 더욱 간결하게 만들 수 있다. 네트워크 다이어그램을 확장하면 변경 사항에 대해 추정하거나, 활동을 추가 또는 삭제하거나, 활동 스케줄을 조정할 때 부담이 커진다.

프로젝트 네트워크 다이어그램을 표현하는 방법은 두 가지가 있다. 하나는 노드 다이어그램이고, 다른 하나는 애로우 다이어그램이다(그림 8-1).

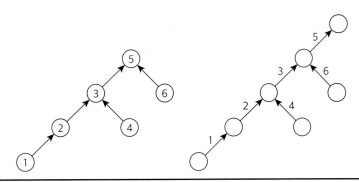

그림 8-1 노드 다이어그램(좌측)과 이와 동일한 내용을 표현한 애로우 다이어그램(우측)

8.1.1 노드 다이어그램

노드 다이어그램(node diagram)에서 각 노드는 활동을 표현한다. 예를 들어, 그림 8-1의 왼쪽 다이어그램에서 원은 활동이다. 노드 다이어그램에서 화살표는 활동 사이의 의존성을 표현하며, 화살표의 길이에 의미는 없다. 소요 시간은 화살표가 아닌 노드에 표현된다. 노드 다이어그램을 확대하는 가장 쉬운 방법은 노드의 반경을 증가시키는 것이다. 이렇게 하면 다이어그램이 복잡해지고 제대로 해석하기 힘들어진다.

8.1.2 애로우 다이어그램

애로우 다이어그램(arrow diagram)에서는 화살표가 활동을 표현하고, 노드는 들어오는 화살표로 표현된 활동에 대한 의존성 뿐만 아니라, 그렇게 입력된 모든 활동이 완료된 시점에 발생하는 이벤트를 표현한다(그림 8-1의 오른쪽). 여기서 주목할 점은, 그림 8-1의 두 다이어그램은 동일한 네트워크를 표현한다는 것이다. 다시 말해 어느 한 다이어그램으로 표현한 네트워크는 다른 다이어그램으로도 표현할 수 있다. 애로우 다이어그램에서 노드가 이벤트를 표현하기 때문에 노드 안에서는 시간이 흐르지 않는다. 다시 말해 이벤트는 즉각적으로 발생한다. 노드 다이어그램과 마

찬가지로, 시간은 화살표 방향을 따라 흐른다. 애로우 다이어그램을 확장하려면 화살
표 길이만큼 시간을 늘려야 한다. 하지만 화살표의 길이는 일반적으로 큰 의미가 없다
(이 책에서 별도의 언급이 없다면 모든 네트워크 다이어그램은 확장할 수 없다고 가정한다).

애로우 다이어그램에서 모든 활동은 반드시 시작 이벤트와 완료 이벤트가 있어야 한다. 전
체 다이어그램에 대한 시작과 완료 이벤트를 추가하는 것도 바람직한 습관이다.

더미 활동

그림 8-1에 나온 네트워크에서 활동 4가 활동 1에도 의존한다고 가정해 보자. 만약 활동
2가 이미 활동 1에 의존하고 있다면 애로우 다이어그램에서는 이를 표현하는 데 문제가 발
생한다. 활동 1의 화살표를 쪼갤 수 없기 때문이다. 이를 해결하는 방법은 활동 1의 완료
이벤트와 활동 4의 시작 이벤트 사이에 더미 활동을 추가해서 연결하는 것이다(그림 8-2
에서 점선으로 표현했다). **더미 활동(dummy activity)**은 기간(duration)이 0인 활동으
로, 꼬리에 연결된 노드에 대한 의존성을 표현하기 위한 용도로만 사용된다.

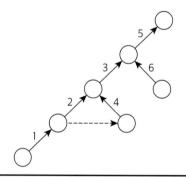

그림 8-2 더미 활동 활용

8.1.3 애로우 다이어그램 vs 노드 다이어그램

두 다이어그램이 동등하다고 하지만, 각각의 장점과 단점은 분명 존재한다. 애로우 다이어
그램의 대표적인 장점은 완료 이벤트를 마일스톤에 자연스럽게 표현할 수 있다는 것이다.
마일스톤(milestone)이란 프로젝트의 주요 부분이 완료됐음을 표현하는 이벤트다. 노드 다
이어그램에서 완료 이벤트를 표현하려면 기간이 0인 활동을 추가해야 한다.

애로우 다이어그램을 제대로 그리고 해석하려면 어느 정도 연습이 필요한 반면, 노드 다이어그램은 누구나 쉽게 그리며 해석할 수 있다. 이는 노드 다이어그램의 가장 큰 장점이다. 노드 다이어그램은 얼핏 보기에 더미 활동이 없어도 될 것처럼 보인다. (그림 8-1의 왼쪽 다이어그램에서 활동 1과 4 사이 같은 곳에) 의존성 화살표를 쉽게 추가할 수 있기 때문이다. 바로 이런 단순한 이유 때문에 네트워크 다이어그램을 지원하는 도구의 상당수가 노드 다이어그램을 사용한다.

하지만 IDesign의 고객 중 최소한 네 곳은 애로우 다이어그램 도구를 사용했다(그중 둘은 이 책의 부록 파일을 통해 제공된다). 이 고객은 노드 다이어그램에 존재하는 치명적인 단점 때문에 애로우 다이어그램 도구에 투자한 것이다. 예를 들어, 그림 8-3과 같은 네트워크를 살펴보자.

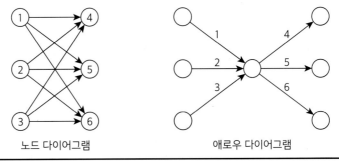

그림 8-3 노드 다이어그램과 애로우 다이어그램에서 반복적인 의존성을 표현한 예 [수정 인용: James M. Antill and Ronald W. Woodhead, Critical Path in Construction Practice, 4th ed. (Wiley, 1990).]

그림 8-3에 나온 두 다이어그램은 동일한 네트워크를 표현한다. 둘 다 여섯 개의 활동(1, 2, 3, 4, 5, 6)으로 구성된다. 활동 4, 5, 6은 모두 활동 1, 2, 3에 의존한다. 이런 네트워크를 애로우 다이어그램으로 표현하면 이해하기 쉬운 반면, 노드 다이어그램으로는 거미줄처럼 복잡하다. 노드 다이어그램에 기간이 0인 더미 노드를 추가하면 간결하게 만들 수 있지만, 마일스톤이 불분명해질 수 있다.

사실 그림 8-3과 같은 상황은 아키텍처 계층 사이에 반복적인 의존성이 존재하는 소프트웨어 시스템에서 굉장히 흔하다. 예를 들어 활동 1, 2, 3은 리소스액세스(ResourceAccess) 서비스고, 활동 4, 5, 6은 매니저(Manager)나 엔진(Engine)이면서 각각 세 가지 리소스액세스 서비스를 모두 사용할 수 있다. 노드 다이어그램에서는 그림 8-3과 같이 간단한 프로젝트 네트워크라도 이를 파악하기 쉽지 않다. 리소스(Resource), 클라이언트(Client), 유틸리티(Utility)를 추가하는 순간, 다이어그램은 상당히 복잡해진다.

이해하기 힘든 네트워크 다이어그램은 그릴 이유가 없다. 네트워크 다이어그램의 주목적은 소통이다. 여러분이 생각한 프로젝트 설계를 다른 구성원뿐만 아니라 자기 자신과 소통해야 하는데, 아무도 이해할 수 없고 아무도 언급할 수 없는 모델은 애초에 네트워크 다이어그램을 그릴 이유가 없는 것이다.

따라서 노드 다이어그램보다는 애로우 다이어그램을 사용하는 것이 좋다. 처음에는 애로우 다이어그램에 익숙해지는 데 상당한 노력이 들지만, 프로젝트에 대한 모델을 간결하고 명확하고 군더더기 없이 표현할 수 있다는 장점이 더 크다. 애로우 다이어그램을 지원하는 도구가 드물어서 직접 손으로 그려야 한다는 점은 단점이라고 보기 힘들다. 프로젝트 네트워크를 손으로 그려보면 활동 의존성을 검증할 수 있고, 미처 보지 못했던 속성도 발견할 수 있다.

크리티컬 패스 메서드의 역사

활동 네트워크와 크리티컬 패스란 개념을 프로젝트 빌드 방식과 기간, 비용 등에 적용하는 아이디어는 오래전부터 있던 것이다. 건설 업계에서 이미 수십 년 전부터 성공적으로 적용하고 있다. 크리티컬 패스 메서드는 1940년대에 맨해튼 프로젝트[a]에 참여한 듀폰(DuPont) 사와, 1950년대 폴라리스 잠수함 미사일 프로젝트[b]를 수행했던 미 해군에서 처음 적용했다. 두 경우 모두, 요즘 볼 수 있는 대규모 소프트웨어 프로젝트에서 흔히 발생하는 문제와 통제 불능의 복잡도를 억제하기 위한 수단으로 크리티컬 패스 분석을 수행했다. 1959년, 제임스 켈리(James Kelley)는 듀폰에서 수행한 공장 설계 경험을 토대로 짧은 논문[c]을 발표했다. 첫 여덟 페이지는 이 책에서 소개하는 방법론의 구성 요소인 크리티컬 패스, 애로우 다이어그램, 더미, 플로트 등을 비롯하여 이상적인 시간-비용 곡선까지 등장한다.

1960년대에 이르러 나사(NASA)는 달 착륙 경쟁에 이기기 위한 주된 계획 도구로써 크리티컬 패스 기법을 적용했다.[d] 크리티컬 패스 메서드는 한참 지연된 시드니 오페라 하우스 프로젝트[e]를 구제하고, 세계에서 가장 높은 빌딩인 뉴욕시의 월드 트레이드 센터를 빠르게 짓는 데 큰 공헌을 하면서 명성을 얻게 됐다. 둘 다 1973년에 완공됐다.

a. https://en.wikipedia.org/wiki/Critical_path_method#history
b. https://en.wikipedia.org/wiki/Program_evaluation_and_review_technique#history
c. James E. Kelley and Morgan R. Walker, "Critical Path Planning and Scheduling," Proceedings of the Eastern Joint Computer Conference, 1959.
d. https://ntrs.nasa.gov/search.jsp?R=19760036633
e. James M. Antill and Ronald W. Woodhead, Critical Path in Construction Practice, 4th ed. (Wiley, 1990).

8.2 플로트

프로젝트 지연을 방지하기로 계획을 세웠다면 크리티컬 패스에 있는 활동은 반드시 완료해야 한다. 크리티컬 하지 않은 이벤트는 지연되더라도 스케줄에 영향을 미치지 않는다. 다시 말해 시작하기 전까지는 융통성 있게 처리해도 되는 요소다. 이러한 **플로트(float)** 없이 모든 네트워크 패스가 크리티컬 한 프로젝트는 이론적으로 목표 달성이 가능하지만, 현실적으로 어느 한 곳에서 계획에 어긋나는 부분이 발생하면 지연이 발생한다. 설계 관점에서 볼 때, 플로트는 프로젝트의 안전 마진(safety margin)이다. 프로젝트를 설계할 때는 항상 네트워크에 플로트를 충분히 확보해야 한다. 그래야 개발팀이 크리티컬 하지 않은 활동에서 미처 예상치 못한 지연이 발생할 때 플로트로 대체해서 시간을 벌 수 있다. 프로젝트에 플로트가 적을수록 지연 위험이 커진다. 플로트가 낮은 활동에서 조금이라도 지연되더라도 해당 활동이 크리티컬해지면서 프로젝트가 중단될 수 있다.

지금까지는 플로트를 다소 간단하게 설명했지만, 실제로는 여러 타입이 있다. 이 장에서는 그중에서 두 가지 타입인 토탈 플로트와 프리 플로트를 소개한다.

8.2.1 토탈 플로트

어떤 활동의 **토탈 플로트**(total float)란, 전체 프로젝트를 지연시키지 않으면서 그 활동의
완료 시점을 최대한 미룰 수 있는 시간을 말한다. 어떤 활동의 지연 시간이 토탈 플로트보
다 적다면 그 뒤에 이어지는 다운스트림 활동도 지연될 수는 있지만, 프로젝트 완료 시점
은 지연되지 않는다. 따라서 토탈 플로트는 개별 활동의 속성이라기 보다는, 여러 활동으로
구성된 체인의 속성이다. 그림 8-4의 상단에 나온 네트워크를 보면, 크리티컬 패스를 굵게
표시했고, 크리티컬 하지 않은 패스나 활동 체인은 그 위에 표시했다.

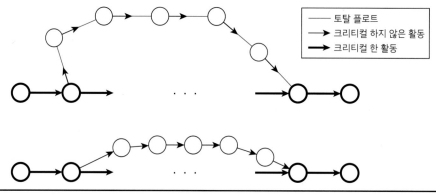

그림 8-4 활동 체인의 속성인 플로트

설명의 편의를 위해 그림 8-4는 라인의 길이가 활동의 기간을 표현할 수 있도록 확장해서
그렸다. 크리티컬 하지 않은 활동은 모두 동일한 양의 토탈 플로트를 갖고 있다. 그림 8-4
에서는 각 활동의 끝에 빨간 선을 붙였으며, 각각의 길이가 모두 같다. 이 그림의 상단 네
트워크에서 크리티컬 하지 않은 활동 중 첫 번째 활동이 늦게 시작되거나, 그 활동이 예상
보다 오래 걸리는 경우를 생각해 보자. 그 활동을 수행하는 동안 지연되는 시간은 (그림의
하단 그래프처럼) 다운스트림 활동의 토탈 플로트를 소진하게 된다.

크리티컬 하지 않은 활동은 모두 토탈 플로트를 어느 정도 갖고 있다. 또한 크리티컬 하지
않은 체인에 속한 활동은 모두 토탈 플로트를 어느 정도 공유한다. 여기에 모든 활동을 즉
시 시작하도록 스케줄을 정했다면, 그 체인에 있는 모든 활동의 토탈 플로트 양은 모두 같
아진다. 체인의 상단 부분에서 토탈 플로트를 소진하면 다운스트림 활동의 플로트를 소진
하게 되어 리스크와 크리티컬 한 수준은 더 커지게 된다.

> **노트** 이 장의 뒤에서 설명하겠지만, 네트워크에 있는 각 활동의 토탈 플로트는 프로젝트 설계에서 고려할 사항 중에서도 가장 핵심에 해당한다. 앞으로 이 책에서는 토탈 플로트를 간단히 "플로트"라고 부를 것이다.

8.2.2 프리 플로트

어떤 활동의 **프리 플로트**(free float)란, 프로젝트에 있는 다른 활동을 방해하지 않으면서 그 활동의 완료를 최대한 지연시킬 수 있는 시간을 말한다. 활동이 지연되는 정도가 프리 플로트보다 작거나 같다면, 다운스트림 활동에는 아무런 영향을 미치지 않는다. 따라서 전체 프로젝트도 지연되지 않는다. 그림 8-5를 보자.

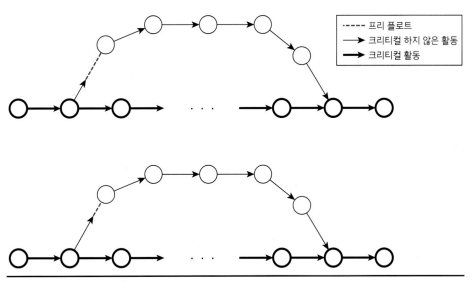

그림 8-5 프리 플로트 사용하기

그림 8-4와 마찬가지로 그림 8-5도 확장해서 그렸다. 상단 그림에서 크리티컬 하지 않은 체인의 첫 번째 활동에 프리 플로트가 어느 정도 있다고 가정한다. 그림에서는 이를 활동 화살표 끝의 빨간 점선으로 표시했다. 이 활동이 프리 플로트보다 작거나 같은 시간만큼 지연됐다고 하자. 그래도 (하단 그림에서 보는 바와 같이) 다운스트림 활동은 지연 발생 사실을 전혀 모른다.

흥미롭게도 크리티컬 하지 않은 활동은 항상 토탈 플로트를 어느 정도 갖고 있지만, 프리 플로트는 활동에 따라 없을 수도 있다. 크리티컬 하지 않은 활동이 모두 즉시 시작하도록 스케줄을 정했다면, 각 활동이 크리티컬하지 않음에도 불구하고 각각의 프리 플로트는 0이 된다. 왜냐하면 지연이 발생하면 그 체인에 있는 다른 크리티컬 하지 않은 활동에 영향을 미치기 때문이다. 하지만 크리티컬 패스에 연결된, 크리티컬 하지 않은 체인의 마지막 활동은 항상 프리 플로트를 어느 정도 갖게 된다(그렇지 않으면 이것 역시 크리티컬 활동이 된다).

프리 플로트는 프로젝트 설계 과정에서 사용하는 일이 거의 없지만, 프로젝트 실행 단계에서는 상당히 유용하다. 어떤 활동이 지연되거나 예상 공수를 초과하면, 프로젝트 매니저는 지연된 활동의 프리 플로트를 통해 다른 프로젝트에 영향을 미치기 전까지 남은 시간이 어느 정도인지 파악할 수 있다. 지연 시간이 지연된 활동의 프리 플로트보다 적다면, 특별히 조치를 취할 필요가 없다. 반면 (토탈 플로트보다 적지만) 프리 플로트보다 크다면, 프로젝트 매니저는 지연 시간에서 프리 플로트를 빼서 그 지연 시간으로 인해 다운스트림 활동에 영향을 미치는 수준을 정확히 측정해서 적절한 조치를 취해야 한다.

8.2.3 플로트 계산

프로젝트 네트워크에서 플로트는 활동 기간과 의존성과 기타 지연 시간에 대한 함수로 표현할 수 있다. 이러한 활동에 대한 스케줄을 정할 때, 플로트는 실제 달력 날짜와는 전혀 상관없다. 프로젝트의 실제 시작 날짜가 아직 정해지지 않더라도 플로트를 계산할 수 있다.

규모가 어느 정도 되는 네트워크에서 플로트를 손으로 계산하면 오차가 발생하기 쉽고, 계산하기 힘들 정도로 복잡해지고, 네트워크에 변경 사항이 조금이라도 발생하면 그 값이 무효가 된다. 다행히 계산 과정은 굉장히 단순해서 도구를 활용할 수 있다.[8] 토탈 플로트 값을 구했다면, 그림 8-6과 같이 프로젝트 네트워크에 그 값들을 기록한다. 이 그림은 프로젝트 네트워크의 예를 보여주고 있는데, 화살표 위의 검은색 숫자는 활동의 ID를, 화살표 아래의 파란색 숫자는 크리티컬 하지 않은 활동의 토탈 플로트를 표시한다.

---

8 마이크로소프트 프로젝트(Microsoft Project)를 이용하면 각 활동에 토탈 플로트와 프리 플로트에 해당하는 Total Slack과 Free Slack 컬럼을 추가하는 방식으로 플로트를 계산할 수 있다. 플로트를 손으로 계산하는 방법을 알고 싶다면 "James M. Antill and Ronald W. Woodhead, Critical Path in Construction Practice, 4th ed. (Wiley, 1990)"를 참고한다.

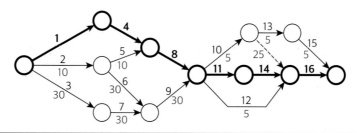

그림 8-6 네트워크에 토탈 플로트 기록하기

프로젝트 설계 단계에서는 토탈 플로트만 적어도 충분하지만, 네트워크 다이어그램에는 프리 플로트도 기록한다. 프로젝트 매니저는 이 정보를 프로젝트 실행 과정에서 유용하게 활용할 수 있다.

8.2.4 플로트 시각화

그림 8-6에 나온 것처럼 네트워크 다이어그램에서 플로트에 대한 정보를 추출하는 것은 바람직하지 않다. 사람은 문자와 숫자로 구성된 데이터를 처리하는 데 느리고, 그런 데이터와 연관 짓는 것을 힘들어한다. 복잡한 네트워크뿐만 아니라, 그림 8-6처럼 간단한 네트워크조차도 한 번 보고 검토해서 크리티컬 한 정도를 평가하기는 어렵다. 네트워크의 **크리티컬 한 정도**(criticality, 이하 **임계도**)는 위험한 영역이 있는 지점과, 크리티컬 한 네트워크에 프로젝트가 얼마나 가까운지를 가리킨다. 토탈 플로트는 화살표와 노드에 컬러를 넣으면(컬러 코딩을 하면) 시각적으로 더 잘 표현할 수 있다. 예를 들어, 플로트 값이 낮으면 빨강, 중간 정도면 노랑, 높으면 초록으로 표시할 수 있다. 이러한 세 가지 플로트 값의 범위는 다음과 같이 다양한 방법으로 분할(partition)할 수 있다.

- **상대 임계도**(relative criticality): 상대 임계도는 네트워크에 있는 모든 활동의 플로트의 최댓값을 삼등분한다. 예를 들어, 최대 플로트가 45일이라면, 빨강은 1에서 15일, 노랑은 16에서 30일, 초록은 31에서 45일을 표현한다. 이 기법은 특히 최대 플로트가 크고 (가령 30일 이상일 때) 균일하게 분포될수록 효과적이다.

- **지수 임계도**(exponential criticality): 상대 임계도는 지연 위험이 플로트 범위에 고르게 퍼져 있다고 가정한다. 실제로는 플로트가 5일인 활동과 플로트가 10일인 활동은 상대 임계도로는 둘 다 빨강으로 분류되지만, 전자가 후자보다 프로젝트를 지연시킬 가능성이 더 클 수 있다. 이런 문제를 해결하기 위해 지수 임계도는 최대 플로트 구간을 세

부분으로 나눌 때 서로 크기가 다르고 지수적으로 점점 작아지게 만든다. 필자가 추천하는 비율은 1/9와 1/3이다. 이렇게 나누면 1/4와 1/2로 나눌 때보다 크기가 적당하면서도 더 적극적으로 만들 수 있다. 이때 제수(divisor)는 색깔의 개수에 비례한다. 예를 들어, 최대 플로트가 45일이라면, 빨강은 1에서 5일이고, 노랑은 6에서 15일, 초록은 16에서 45일로 나눈다. 상대 임계도와 마찬가지로, 지수 임계도 역시 최대 토탈 플로트가 크고(예, 30일 이상) 고르게 분포될수록 효과적이다.

- **절대 임계도(absolute criticality)**: 절대 임계도 분류는 최대 플로트와 플로트 분포의 고른 정도와 관련 없다. 절대 임계도는 각 컬러 분류마다 플로트 범위를 절대적으로 설정한다. 예를 들어, 빨강 활동은 1에서 9일, 노랑은 10에서 26일, 초록은 27일 또는 그 이상으로 지정한다. 절대 임계도 분류는 직관적이고 대다수의 프로젝트에 잘 적용된다. 단점은 리스크를 반영하려면 구간을 프로젝트에 맞게 직접 커스터마이즈해야 할 수도 있다는 것이다. 예를 들어, 2개월짜리 프로젝트에서는 10일이 초록이지만, 1년짜리 프로젝트에서는 빨강일 수 있다.

그림 8-7은 그림 8-6과 동일한 네트워크를 방금 설명한 절대 임계도 분류에 맞게 컬러 코딩한 것을 보여준다. 검정으로 표시한 크리티컬 활동에는 플로트가 없다.

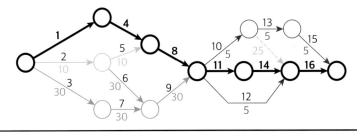

그림 8-7 플로트 컬러 코딩

그림 8-7처럼 정보를 시각적으로 표현하면 그림 8-6처럼 텍스트로 표시할 때보다 훨씬 해석하기 쉽다는 것을 알 수 있다. 여기서는 프로젝트의 두 번째 부분이 더 위험하다는 것을 즉시 발견할 수 있다.

선제적 프로젝트 관리

실력이 뛰어난 프로젝트 매니저라면 대부분 프로젝트를 크리티컬 패스에 대해서는 적극적으로 관리한다. 이 경로에서 발생한 지연은 프로젝트 전체에 영향을 미치기 때문에 프로젝트 매니저는 매의 눈으로 크리티컬 패스를 감시한다. 관리를 잘한 프로젝트가 마감을 놓치더라도, 크리티컬 한 활동의 지연 때문이 아니다. 내 경험에 의하면 잘 관리된 프로젝트에서 발생한 지연의 주된 원인은 크리티컬 하지 않은 활동이 크리티컬 해졌기 때문이다. 이러한 경우는 본래 크리티컬 하지 않은 활동이 예상된 스케줄에 맞게 리소스를 받지 못해서 토탈 플로트를 소진하여 크리티컬 해지면서 프로젝트 전체를 지연시키기 때문인 경우가 많다.

이처럼 크리티컬 하지 않은 활동에 의해 습격당하지 않으려면, 프로젝트 매니저는 크리티컬 하지 않은 활동 체인 전체를 선제적으로 추적해야 한다. 프로젝트 매니저는 각 체인의 토탈 플로트를 일정한 주기로 계산하여 추이를 지켜보면서 크리티컬 해지는 시점을 찾는다. 프로젝트 매니저는 이러한 체인을 상대적으로 높은 해상도로(예, 매주 단위로) 추적한다. 체인의 플로트는 다른 활동이나 리소스에 대한 의존성 때문에 많은 경우 단계 함수로 작용하며, 비선형적으로 감소하기 때문이다.

8.3 플로트 기반 스케줄링

7장에서 설명했듯이, 활동에 리소스를 할당하는 가장 안전하면서도 효율적인 방법은 플로트(이 장에서 정의한 바에 따르면 토탈 플로트)를 기반으로 하는 것이다. 이렇게 하면 위험도가 높은 활동을 우선적으로 처리하기 때문에 가장 안전하고, 리소스를 활용하는 시간의 비중을 극대화할 수 있기 때문에 가장 효율적이다.

그림 8-8에 나온 스케줄링 차트의 일부분을 보자. 여기서 컬러로 표시한 막대의 길이는 각 활동의 기간을 표현하고, 왼쪽과 오른쪽 지점은 스케줄에 맞춘 것이다.

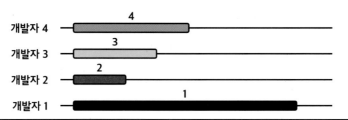

그림 8-8 플로트를 소비하지 않을 때 리소스 요구 극대화하기

그림에는 네 가지 활동(1, 2, 3, 4)이 있다. 모두 동일한 날짜에 시작할 수 있다. 그림에는 나오지 않았지만 다운스트림 활동 때문에 활동 1이 크리티컬 하고, 활동 2, 3, 4는 컬러 코딩을 통해 토탈 플로트의 수준이 각기 다르게 표시됐다. 2는 빨강(낮은 플로트), 3은 노랑(중간 플로트), 4는 초록(높은 플로트)이다. 여기 나온 활동은 모든 개발자가 동등한 수준으로 수행하고, 작업 연속성 관련 문제는 없다고 가정한다. 이 프로젝트에 인력을 투입할 때, 크리티컬 한 활동인 1에 가장 먼저 개발자를 할당한다. 다른 개발자가 있다면 플로트가 가장 낮은 활동 2에 투입한다. 이런 식으로 각 활동을 전담하는 총 네 명의 개발자를 최대한 빠르게 투입할 수 있다.

또 다른 방법은 그림 8-9와 같이 개발자를 단 두 명만 투입하는 것이다. 앞에서 설명한 방법처럼 활동 1에 먼저 한 명을 투입하고, 두 번째 개발자는 활동 2에 최대한 빨리 투입하는 것이다. 아직 크리티컬하지 않은 활동을 굳이 지연시켜 크리티컬 한 활동으로 만들 이유가 없기 때문이다.

활동 2가 끝나면 두 번째 개발자는 그다음으로 낮은 플로트를 가진 활동인 3으로 이동한다. 이를 위해 활동 3을 활동 2를 완료해서 두 번째 개발자를 투입할 수 있는 시점까지 타임라인 뒤로 옮기도록 스케줄을 조정해야 한다. 이렇게 하려면 활동 3의 플로트를 소비(감소)시켜야 한다. 다운스트림 의존성이 있기 때문이다. 그래서 활동 3이 빨강이 된다. 활동 3이 끝나면 두 번째 개발자는 활동 4로 이동한다. 이번에도 역시 활동 4의 남은 플로트를 소진해야 된다. 활동 4가 초록에서 노랑으로 변경되는데, 이 예제에서는 용납할 수 있는 수준이긴 하다.

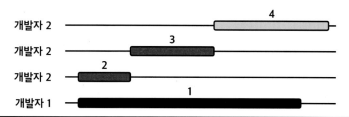

그림 8-9 리소스에 맞게 플로트 교환하기

이 방식으로 인력을 투입하면 리소스와 비용을 위해 플로트를 쓰게 된다. 리소스를 할당할 때, 플로트를 사용하는 방법은 두 가지다. 플로트를 기반으로 낮은 것부터 높은 순서로 가용 활동에 리소스를 할당한다. 필요하다면 프로젝트 지연 없이 리소스 수준이 낮은 프로젝트에 인력을 투입하여 활동의 플로트를 소진해야 한다.

> **노트** 활동 2에 투입됐던 개발자를 활동 3에 투입할 수 있도록 활동 3을 타임라인에서 더 뒤쪽으로 옮기면 활동 3이 활동 2에 의존하게 된다. 리소스에 대한 의존성을 반영하도록 네트워크를 수정할 때 이렇게 처리하는 것이 좋다. 7장에서 설명했듯이 네트워크 다이어그램은 활동 네트워크만을 나타낸 게 아니라, 리소스에 대한 의존성 네트워크를 표현한 것이다.

8.3.1 플로트와 리스크

방금 설명했듯이 플로트를 기반으로 리소스를 할당하면 비용을 낮추는 데 플로트를 쓸 수 있다. 프로젝트 플로트를 비용을 낮추는 데 모두 쓰고 싶은 유혹에 빠지기 쉽지만, 프로젝트의 플로트가 적을수록 지연에 따른 피해가 더 커지기 때문에 그렇게 하지 않는 것이 좋다. 리소스를 플로트에 따라 교환할 때, 비용은 감소하겠지만 위험은 증가하게 된다. 실제로 비용을 낮추기 위해 플로트를 교환하기보다는, 낮은 비용을 위해 높은 위험을 선택하는 셈이다. 따라서 플로트 사용은 세 갈래다. 그림 8-9와 같이, 개발자를 네 명이 아닌 두 명을 투입하면 비용은 줄이겠지만, 부작용으로 프로젝트의 리스크는 증가한다. 프로젝트를 설계하는 동안에는 남은 플로트를 관리하는 데 꾸준히 신경 써야 한다. 그래야만 프로젝트의 리스크를 관리할 수 있다. 이를 통해 스케줄과 비용과 리스크를 다양하게 조합하는 옵션을 만들어낼 수 있다.

9장

시간과 비용

시스템을 가장 빨리 출시하는 방법은 크리티컬 패스를 따라 구축하는 것이다. 잘 설계된 프로젝트라면 필요한 리소스도 크리티컬 패스를 따라 최소한으로 할당한다. 이때 프로젝트 기간은 여전히 크리티컬 패스에 의해 제한된다. 실행 속도를 높이는 방법은 빠르고 깔끔한 개발에 관련된 소프트웨어 공학 기법을 도입하는 것이다. 이처럼 개발에 관련된 모범 기법(best practice)도 유용하지만, 이 장에서 설명할 크리티컬 패스를 압축하여 스케줄을 앞당기는 방법도 있다. 이러한 스케줄 단축의 주된 기법은 짧고 더욱 압축된 프로젝트 설계 솔루션을 여러 개 산출하도록 프로젝트를 다시 설계하는 것이다. 그러고 나서 시간-비용 곡선이란 기본 개념을 소개하고 시간과 비용이 프로젝트에서 서로 어떻게 영향을 미치는지 살펴본다. 그 결과, 여러 가지 프로젝트 설계 옵션이 나오는데, 이를 통해 시간과 비용 관리라는 목적에 가장 맞는 조합을 찾아서 상황 변화에 재빨리 대처할 수 있다.

9.1 소프트웨어 프로젝트 진행 속도 높이기

많은 이들이 생각하는 것과 달리, 마감을 지키는 최선의 방법은 단순히 열심히 일하거나, 프로젝트에 투입하는 인력을 늘리는 것과는 거의 관계없다. 일을 더 똑똑하고 깔끔하며 정확하게 처리하면서, 여러 가지 모범 기법을 도입하는 것이 훨씬 도움 된다. 소프트웨어 프로젝트에 적용해서 전반적인 기간을 단축시킬 수 있는 기법으로 다음과 같은 것들이 있다.

- **QA(Quality Assurance, 품질 보장)**: 흔히 QA(quality assurance)를 품질 관리와 테스팅 활동으로 오해하는 사람이 많다. 진정한 QA는 테스팅과 관련이 적다. 품질을 보장하는 방법은 고참 전문가 한 명에게 물어보는 것으로 충분하다. 그러면 전반적인 개발 프로세스의 방향을 품질 보장에 맞추고, 문제가 애초에 발생하지 않게 하고, 문제의 근본 원인을 추적해서 고치는 것이라는 대답이 나와야 한다. QA 인력이 있다는 것은 그 조직의 성숙도를 나타내는 지표로, 품질에 얼마나 신경 쓰는지 알 수 있고, 품질은 단독

으로 형성되는 것이 아니며 조직 차원에서 품질에 적극적으로 대응해야 한다는 사실을 이해했는지 알 수 있다. 간혹 QA 담당자가 프로세스 설계와 핵심 단계에 대한 절차를 구성하는 경우가 있다. 품질은 생산성에 직접적인 영향을 미치기 때문에, QA가 올바르면 스케줄을 앞당길 수 있고, QA를 실천하는 조직은 다른 곳에 비해 두각을 나타낸다.

- **테스트 엔지니어 고용:** 테스트 엔지니어(test engineer)는 테스터와 다르다. 코드를 설계하고 작성하는 정식 소프트웨어 엔지니어다. 다만 설계와 코드 작성의 목적이 현재 시스템 코드의 허점을 찾아내는 것일 뿐이다. 테스트 엔지니어는 일반적으로 정식 소프트웨어 엔지니어보다 실력이 뛰어나다. 왜냐하면 테스트 엔지니어링 코드를 작성하려면 가짜 통신 채널을 만들고, 회귀 테스트(regression testing)를 설계해서 구현하고, 테스트 리그(test rig)와 시뮬레이터, 자동화 등을 설계하는 등 어려운 작업을 수반하기 때문이다. 테스트 엔지니어는 시스템 아키텍처와 내부 작동 방식에 능통하며, 이러한 지식을 이용하여 시스템의 구석구석을 뒤져가며 허점을 찾는다. 이처럼 품질 향상 목적의 '반-시스템(anti-system)'을 위한 체계를 갖추고 여기서 여러분이 만든 제품을 샅샅이 살펴본다. 이렇게 하면 문제가 발생하는 즉시 발견할 수 있고, 근본 원인을 제거하고, 변경 사항으로 인한 파급 효과를 제거하고, 다른 결점을 가리는 중첩 결함을 제거하고, 문제 해결 시간을 크게 단축시킬 수 있다. 코드 베이스를 결함 없이 한결같게 유지하면 그 어떤 방법보다 스케줄을 크게 앞당길 수 있다.

- **소프트웨어 테스터 추가:** 대부분은 테스터보다 개발자가 많다. 테스터가 한 두 명 정도로 매우 적은 프로젝트는 규모의 증가 속도에 제대로 대응할 수 없으며, 가치가 적은 테스트를 수행하는 경향이 있다. 이런 테스팅은 반복적이고 증가하는 팀 규모나 시스템 복잡도를 따라가지 못하고, 시스템을 블랙박스처럼 다루는 경우가 많다. 그렇다고 해서 올바른 테스팅을 수행할 수 없다는 말은 아니다. 그보다는 테스팅 업무의 상당 부분이 개발자에게 넘어간다. 테스터와 개발자의 비율을 1:1이나 심지어 2:1까지 높이면, 개발자가 테스팅에 투입하는 시간이 크게 줄어서, 프로젝트에 직접적으로 가치를 높이는 일에 더 많은 시간을 할애할 수 있다.

- **인프라스트럭처 투자:** 소프트웨어 시스템이라면 어느 것이나 보안, 메시지 큐, 메시지 버스, 호스팅, 퍼블리싱, 로깅, 인스트루먼테이션, 진단, 프로파일링, 회귀 테스팅, 테스트 자동화 등과 같은 공통 유틸리티가 필요하다. 최신 소프트웨어 시스템은 설정 관리, 배포 스크립트, 빌드 프로세스, 데일리 빌드, 스모크 테스트 등이 필요하며, 이러한 활동을 흔히 데브옵스(DevOps)라고 부른다. 개발자마다 따로 인프라스트럭처를 구축하지

말고, 방금 언급한 활동을 포용할 수 있는 프레임워크를 구축하고 운영하여 팀 전체가 공유하도록 투자하는 것이 좋다. 그러면 개발자는 비즈니스에 직접적으로 관련된 코딩 활동에 전념할 수 있으며, 규모의 경제를 실현할 수 있고, 새로운 개발자가 합류하기도 편하고, 스트레스와 갈등을 줄이고 개발 시간을 단축시키게 된다.

- **개발 능력 향상**: 최신 소프트웨어 환경은 변화의 속도가 높다. 대다수의 개발자는 최신 언어와 도구, 프레임워크, 클라우드 플랫폼 등을 비롯한 수많은 혁신의 속도를 따라가는 것조차 힘들다. 뛰어난 개발자도 새로운 용어와 기술을 만나게 되고, 상당한 시간을 체계적이지 않고 임시방편으로 문제를 해결하는 데 쓰곤 한다. 더 심한 경우는 격차가 너무 큰 나머지 웹에서 검색한 결과를 카피 앤 페이스트 방식으로 처리하는데, 그러면 단기적으로나 장기적으로 그 대가를 치르게 된다. 이러한 문제를 개선하려면 새로운 기술과 방법론과 도구에 대한 개발자 교육에 시간과 리소스를 할애해야 한다. 개발자가 경쟁력을 갖추게 함으로써 소프트웨어 개발 속도를 크게 높일 수 있다.

- **프로세스 개선**: 대다수의 개발 환경은 프로세스가 제대로 갖춰지지 않아서 발생한다. 프로세스를 수행한다고 무언가 하지만 각 활동의 목적과 의미를 제대로 파악하지 못한 상태인 경우가 많다. 이렇게 모양새만 갖춰서는 실질적인 효과를 거둘 수 없다. 오히려 화물 신앙(카고 컬트, Cargo cult)[9]이 형성되어 상황이 악화될 위험이 있다. 소프트웨어 개발 프로세스에 대해 설명하는 자료는 많이 나와 있다. 실전에서 검증된 최고의 방법론을 찾아 익혀서 품질을 높이고, 스케줄과 예산 문제를 해결하기 위한 계획을 수립한다. 이렇게 만든 개선 계획에서 효과와 도입 용이성을 기준으로 최선의 방법을 추려내서, 계획에 명시된 사항이 처음에 누락됐던 원인을 선제적으로 해결해 나간다. 표준 운영 절차를 작성해서 본인뿐만 아니라 팀 전체가 따르도록 한다. 필요하다면 강제적으로 따르게 한다. 그러면 시간이 지날수록 프로젝트가 보다 반복 가능하고 정해진 스케줄을 지킬 수 있게 된다.

- **표준 도입**: 명명규칙, 스타일, 코딩 기법, 프로젝트 설정과 구조, 프레임워크에 종속적인 가이드라인, 자체 가이드라인, 팀에서 정한 바람직한 행동과 하면 안 되는 행동에 대한 목록, 널리 알려진 실수 등을 해결하기 위해 수많은 코딩 표준이 나와 있다. 이러한 표준은 바람직한 개발 방법을 정착시키고 실수를 줄이며 초보에서 고수로 실력을 향상하는 데 도움이 된다. 또한 코드를 일관성 있게 만들고, 다른 사람이 작성한 코드를 다룰

---

9 https://en.wikipedia.org/wiki/Cargo_cult

때 발생하는 문제를 해결하기 쉽게한다. 표준을 준수하면 개발자의 성공 가능성을 높이고, 이를 따르지 않았을 때보다 개발 시간을 단축시킬 수 있다.

- **외부 전문가 활용**: 세계 최고 수준의 전문가가 팀원으로 있는 곳은 흔치 않다. 팀의 목표는 비즈니스를 이해해서 시스템을 구축하는 것이지, 보안, 호스팅, UX, 클라우드, AI, BI, 빅데이터, 데이터베이스 아키텍처 등의 전문가가 되는 것이 아니다. 이미 있는 것을 다시 만드는 것만큼 시간 낭비가 없다. 당장 쓸 수 있거나 충분히 검증된 지식을 활용하는 것보다 결코 나을 수 없다(2장의 2% 문제를 떠올리기 바란다). 따라서 외부 전문가를 활용하는 것이 훨씬 좋고 빠르다. 이러한 전문가를 적재적소에 활용하면 실수를 상당히 줄일 수 있다.

- **동료 검토**: 가장 뛰어난 디버거는 사람 눈이다. 코드를 시스템에 배포한 후에 문제를 찾아서 해결하는 것보다, 다른 개발자가 코드의 문제점을 찾아내는 것이 훨씬 빠르다. 요구사항이나 설계서, 테스트 계획도 마찬가지다. 이러한 것들은 항상 동료 검토를 거쳐서 코드 베이스를 최상의 품질로 유지해야 한다.

> **노트** 　요즘 개발자의 대다수가 이처럼 상식적인 기본 활동들을 생소하게 느낄 정도로 소프트웨어 개발 업계가 다소 무질서하다. 이러한 활동을 무시하고 같은 실수를 반복하면 결코 스케줄을 맞출 수 없다. 문제를 발생시킨 행동을 똑같이 반복해서는 결코 문제를 해결할 수 없다. 앞서 언급한 방법론을 도입하면 시간이 지날수록 생산성은 향상되고, 성공에 대한 집념도 높아지고, 스케줄을 좀 더 앞당기는 자신감이 생길 것이다.

지금까지 설명한 소프트웨어 공학에 관련된 최선의 방법들을 활용하면 프로젝트 전체 일정을 앞당길 수 있다. 특정한 활동이나 프로젝트 네트워크 자체와는 관련이 없다. 이러한 방법론은 모든 프로젝트와 모든 환경, 모든 기술에 대해 똑같이 효과를 발휘한다. 이런 방식으로 프로젝트를 개선하는 것이 상당한 비용이 들 것 같지만, 결과적으로는 비용을 크게 줄이게 된다. 시스템 개발에 소요되는 시간이 줄어들면 개선 비용을 만회할 수 있다.

9.2 스케줄 압축

앞에서 설명한 스케줄 단축 기법의 문제점은 스케줄을 금세 보완할 수 없다는 것이다. 설명한 기법들은 하나 같이 효과를 내는 데 시간이 걸린다. 하지만 스케줄을 빠르게 앞당기는 데 할 수 있는 일이 두 가지가 있다. 하나는 리소스를 보강하는 것이고, 다른 하나는 병렬 처리하는 것이다. 이러한 기법을 적용하면 프로젝트 스케줄을 압축시킬 수 있다. 여기서 **스케줄 압축(schedule compression)**은 같은 일을 빠르게 처리한다는 뜻이 아니라, 동일한 목표를 더 빨리 달성하고, 주로 일을 더 많이 해서 주어진 태스크나 프로젝트를 더 빨리 끝낸다는 뜻이다. 프로젝트의 일부분 또는 전체, 또는 개별 활동에 이러한 두 가지 압축 기법을 조합하거나 각각 따로 적용할 수 있다. 두 가지 압축 기법은 (뒤에서 설명할) 직접적인 비용 증가와 스케줄 단축의 효과가 동시에 발생하게 된다.

9.2.1 리소스 보강

고급 개발자는 초급 개발자보다 맡은 일을 더 빨리 끝낸다. 하지만 코딩 속도가 빨라서 그렇다고 흔히 오해하고 있다. 오히려 코딩 속도는 초급 개발자가 더 빠른 경우가 많다. 고급 개발자는 코딩에 투입하는 시간을 최소화하는 대신, 상당한 시간을 코드 모듈과 이들의 상호 작용을 설계하고, 테스팅에 적용할 방법을 고민하는 데 투입한다. 고급 개발자는 현재 작업 중인 컴포넌트와 그 컴포넌트가 접속할 서비스에 대한 테스트 리그(test rig)와 시뮬레이터와 에뮬레이터를 작성한다. 그리고 작업 내역에 대한 문서를 남기고 매번 코딩에 관련된 결정을 내릴 때마다 향후 어떤 영향을 미칠지 깊이 생각한다. 또한 서비스에 대한 관리의 용이함과 확장 가능성뿐만 아니라 보안과 같은 다른 측면도 고려한다. 따라서 고급 개발자가 단위 시간에 작성하는 코드의 양은 초급 개발자보다 현저히 적음에도 불구하고, 주어진 업무는 오히려 더 빨리 끝내게 된다. 일반적으로 고급 개발자는 초급 개발자에 비해 요구사항도 많고 급여도 많이 줘야 한다. 이러한 고급 리소스는 크리티컬 활동에만 투입해야 한다. 크리티컬 패스가 아닌 영역에 활용하면 일정에 영향을 줄 수 없기 때문이다.

9.2.2 병렬 작업

보통 순차적으로 수행할 활동들이 주어졌을 때, 최대한 병렬로 처리하는 방법을 고민하는 것이 좋다. 그래야 스케줄을 앞당길 수 있기 때문이다. 병렬 작업을 수행하는 방법은 크게 두 가지가 있다. 하나는 활동에서 내부 단계들을 도출해서 프로젝트의 다른 곳으로 옮기는 것이다. 또 다른 방법은 활동 사이의 의존성을 제거해서 동시에 진행하는 것이다(7장에서 설명했듯이, 동일한 활동에 여러 사람을 동시에 투입한다고 무조건 되는 것이 아니다).

활동 쪼개기

어떤 활동의 내부 단계를 순차적으로 수행하지 않고, 여러 개로 분할할 수 있다. 그중 덜 중요한 단계는 다른 활동과 동시에 수행하도록 스케줄을 조정한다. 그 활동 전에 할 수도 있고, 그 후에 할 수도 있다. 내부 단계에서 추출해서 프로젝트의 상위 단계로 올리기 좋은(가령, 다른 활동보다 먼저 할) 것으로 세부 설계, 문서화, 에뮬레이터, 서비스 테스트 계획, 서비스 테스트 하네스, API 설계, UI 설계 등이 있다. 프로젝트의 하위 단계로 이동할 만한 내부 단계로는 다른 서비스와 통합, 단위 테스트, 반복 문서화 등이 있다. 활동을 쪼개면 크리티컬 패스가 차지하는 시간을 줄여서 프로젝트를 단축시킬 수 있다.

의존성 제거하기

의존 관계에 있는 활동들을 순차적으로 처리하는 대신, 의존성을 줄이거나 아예 제거하는 방법을 찾아서 동시에 처리할 수도 있다. 프로젝트의 A 활동이 B 활동에 의존하고 있고, B는 다시 C 활동에 의존하고 있다면, 프로젝트 기간은 A, B, C 활동에 걸리는 기간을 합한 것과 같다. 하지만 A와 B의 의존성을 없애면 A를 B, C와 동시에 수행하도록 스케줄을 압축시킬 수 있다.

의존성을 제거하려면 병렬 작업을 가능하게 하는 활동을 추가하는 데 투자해야 하는 경우가 많다.

- **계약 설계**: 서비스 계약에 대한 설계 활동을 별도로 수행하면, 서비스의 사용자를 위한 인터페이스나 계약을 제공할 수 있기 때문에 그 서비스가 완성되지 않더라도 작업을 시작할 수 있다. 계약을 제공한다고 해서 의존성을 완벽하게 제거할 수는 없더라도, 병렬성을 어느 정도 높일 수 있다. UI나 메시지, API, 서브시스템 사이의 프로토콜 등에 대한 설계도 마찬가지다.
- **에뮬레이터 개발**: 주어진 계약 설계에 대해 실제 서비스를 에뮬레이션 하는 간단한 서비스를 만들 수 있다. 이렇게 만든 서비스는 굉장히 단순해서(가령 항상 똑같은 결과를 에러 없이 리턴해서) 의존성을 더 줄일 수 있다.

- **시뮬레이터 개발**: 단순히 에뮬레이터만 개발하는 대신, 해당 서비스에 대한 완전한 시
  뮬레이터를 개발할 수도 있다. 시뮬레이터는 상태를 관리하고, 에러를 주입할 수 있으
  며, 실제 서비스와 구분할 수 없게 만든다. 때로는 시뮬레이터를 제대로 만드는 것이 실
  제 서비스를 개발하는 것보다 힘들 수 있다. 그래도 시뮬레이터를 통해 서비스와 클라
  이언트 사이의 의존성을 제거해서 작업의 병렬성을 크게 높일 수 있다.
- **반복 통합과 테스트**: 서비스에 대한 시뮬레이터를 잘 만들더라도, 시뮬레이터에 대해서
  만 개발한 클라이언트는 완전하지 않다. 실제 서비스가 완성되면 시뮬레이터를 기준으
  로 개발한 클라이언트와 통합해서 테스트를 다시 수행해야 한다.

병렬 작업 후보

병렬 작업하기 가장 좋은 대상은 인력 투입 분포 차트에 명확히 드러날 때가 있다. 이 차트
에 펄스가 여러 개 존재한다면 각 펄스를 분리할 수 있다.

예를 들어, 그림 9-1처럼 펄스가 세 개인 차트를 보자. 원래 계획에서는 이 세 가지가 서
로 입력과 출력으로 순차적으로 연결되어 서로 의존 관계에 있다. 이러한 의존성을 제거
할 방법을 찾을 수 있다면, 한 두 펄스는 나머지 펄스와 병렬로 처리할 수 있어서 스케줄
을 크게 압축시킬 수 있다.

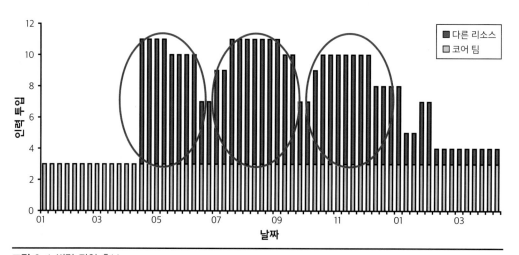

그림 9-1 병렬 작업 후보

9.2.3 병렬 작업과 비용

활동 쪼개기와 활동 사이의 의존성 제거라는 두 가지 병렬 기법을 적용하려면 리소스를 추가해야 하는 경우가 많다. 추출한 단계를 다른 활동과 병렬로 수행하기 위해서는 프로젝트에 투입할 리소스가 더 필요하다. 또한 이렇게 병렬 수행을 위해 추가한 활동에 대해서도 리소스가 더 필요하다. 가령 반복 통합에 대한 개발자와 반복 테스트에 대한 테스터가 더 투입되어야 한다. 그래서 프로젝트 비용과 작업량이 늘어나게 된다. 특히 추가된 리소스로 인해 팀의 규모가 커지고, 최대 팀 크기도 커지고, 노이즈도 증가하고, 실행 효율성도 떨어진다. 이처럼 낮아진 효율성으로 인해 비용은 더 증가하게 된다. 팀원 한 명당 수행하는 작업은 줄기 때문이다.

여러 이유(아키텍트 부족, 고급 개발자 부족, 부적합한 팀 규모 등)로 인해 주어진 팀에서 병렬 수행하기 힘들 수 있다. 그래서 비용이 매우 높은 외부 전문가에 의존하게 된다. 프로젝트 총비용을 감당할 수 있더라도, 병렬 작업으로 인해 지출이 증가해서 프로젝트 비용이 부족해질 수도 있다. 한마디로 병렬 작업은 거저 얻을 수 있는 것은 아니다.

병렬 작업의 위험

일반적으로 활동 사이의 의존성을 제거하는 작업은 폭탄을 해체하듯, 매우 신중하게 처리해야 한다. 병렬 작업은 프로젝트의 실행 복잡도를 증가시키는 경우가 많아서 프로젝트를 책임지는 매니저의 부담도 급격히 증가한다. 병렬 작업을 추진하기 전에 활동 사이의 의존성에 영향을 주지 않고도 프로젝트의 모든 활동 속도를 높일 수 있는 인프라스트럭처에도 투자해야 한다. 그 방법이 병렬 작업보다 훨씬 안전하고 쉬울 가능성이 높다.

하지만 병렬 작업은 시장 출시까지의 시간을 단축시킬 수 있다. 병렬화를 통한 스케줄 압축 전략을 고민할 때, 그로 인해 발생할 수 있는 위험과 비용 대비 예상 스케줄 단축 시간을 신중하게 따져봐야 한다.

9.3 시간-비용 곡선

초반에는 투입한 비용만큼 프로젝트 납품 시기를 단축시킬 수 있다. 대다수의 프로젝트에서 시간 대 비용의 상충 관계는 선형적이지 않고, 그림 9-2처럼 이상적인 곡선을 형성한다.

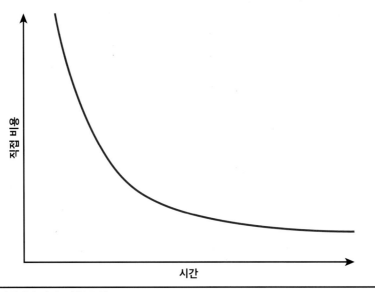

그림 9-2 이상적인 시간-비용 곡선

예를 들어, 코딩 활동으로만 구성된 10-맨-이어 프로젝트를 생각해 보자. 이 프로젝트에 개발자 한 명만 할당하면 시간은 10년이 걸리고, 비용은 10-맨-이어다. 반면, 이 프로젝트에 개발자 두 명을 투입하면 5년이 아니라 7년가량 걸리게 된다. 이 프로젝트를 5년 안에 끝내려면 개발자가 적어도 세 명 이상이고, 안전하게는 다섯 또는 여섯 명이 필요하다. 이러한 비용(10 맨-이어 비용에 대해서는 10년, 14 맨-이어에 대해서는 7년, 30 맨-이어에 대해서는 5년)을 통해 시간과 비용의 상충 관계가 비선형적임을 확인할 수 있다.

9.3.1 시간-비용 곡선 상의 점

그림 9-2에 나온 시간-비용 곡선은 이상적이면서 비현실적이다. 여기서는 예산이 충분히 주어졌고, 프로젝트를 거의 순간적으로 처리할 수 있다고 가정하고 있다. 하지만 상식적으로 볼 때 잘못된 가정이다. 예를 들어, 아무리 돈을 많이 투입해도 10-맨-이어 프로젝트

를 한 달(또는 1년) 안에 끝내는 것은 불가능하다. 아무리 압축해도 어쩔 수 없는 한계가 있다. 마찬가지로, 그림 9-2의 시간-비용 곡선은 주어진 시간이 많을수록 프로젝트 비용은 감소한다고 나오는데, 실제로는 (7장에서 설명했듯이) 프로젝트에 필요 이상의 시간을 투입하면 비용이 오히려 늘어난다.

그림 9-2의 시간-비용 곡선이 정확하진 않지만, 모든 프로젝트의 시간-비용 곡선에서 공통적으로 나타나는 점들을 따져볼 수는 있다. 이러한 점은 계획(planning)에 대한 몇 가지 고전적인 가정의 결과물이다. 그림 9-3은 실제 시간-비용 곡선을 보여주고 있다.

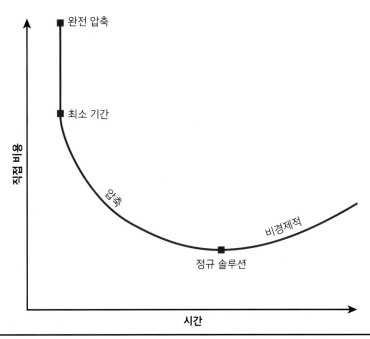

그림 9-3 실제 시간-비용 곡선 [수정 인용: James M. Antill and Ronald W. Woodhead, Critical Path in Construction Practice, 4th ed. (Wiley, 1990).]

정규 솔루션

리소스에 제한이 없고 언제나 필요한 시점에 투입할 수 있다는 가정으로 프로젝트를 설계하는 것은 언제나 가능하다. 이와 동시에 비용을 최소화하면서 리소스를 필요 이상으로 요청하지 않도록 프로젝트를 설계해야 한다. 7장에서 설명했듯이, 크리티컬 패스를 따라 걸림돌 없이 진행하는 데 필요한 최소한의 리소스를 알아낼 수 있다. 이를 통해 가장 효율적인 팀에 의해 가장 적은 비용으로 시스템을 구축할 수 있다. 이러한 프로젝트 설계 방식을 **정규 솔루션**(normal solution)이라고 부른다. 정규 솔루션은 가장 제약 없거나 가장 자연스러운 시스템 구축 방식이다.

비경제적인 영역

프로젝트의 정규 솔루션 기간이 일 년이라고 하자. 같은 프로젝트에 일 년 이상을 할당하면 비용은 증가하기 마련이다. 비용이 증가하는 이유는 리소스 고용 기간이 늘어나고, 오버헤드가 누적되고, 불필요한 데 돈을 쓰고, 복잡도가 증가하며, 성공 가능성이 낮아지기 때문이다. 따라서 시간-비용 곡선에서 정규 솔루션의 오른쪽에 위치한 지점은 프로젝트의 **비경제적인 영역**(uneconomical zone)에 속한다.

압축 솔루션

정규 솔루션은 이 장의 앞에서 소개한 압축 기법을 이용하면 압축할 수 있다. 그래서 나온 **압축 솔루션**(compressed solution)은 항상 기간이 짧은 반면, 비용은 대체로 비선형적으로 증가한다. 물론 압축에 드는 노력은 크리티컬 패스에 있는 활동에만 투입해야 한다. 크리티컬 하지 않은 활동을 압축해도 스케줄에는 영향을 미치지 않기 때문이다. 압축된 솔루션은 모두 시간-비용 곡선에서 정규 솔루션의 왼편에 있다.

최소 기간 솔루션

프로젝트를 압축하면 비용은 지속적으로 늘어난다. 어느 시점에 이르면 크리티컬 패스가 완전히 압축되는데, 더 이상 병렬 처리할 일이 없고 이미 크리티컬 활동에 최상의 인력을 배치했기 때문이다. 이 지점에 이르면 **최소 시간**(least time) **솔루션** 또는 **최소 기간**(minimum duration) 솔루션을 갖게 된다. 비용이나 노력, 의지력을 아무리 높여도 더 이상 기간을 단축시킬 수 없는 최소 기간 지점이 프로젝트마다 존재한다.

완전 압축 솔루션

프로젝트를 최소 기간보다 빨리 진행시킬 수는 없지만, 돈은 얼마든지 낭비할 수 있다. 크리티컬 한 활동과 크리티컬 하지 않은 활동 여부를 가리지 않고, 프로젝트의 모든 프로젝트를 압축하는 것은 얼마든지 가능하다. 프로젝트는 최소 기간보다 더 빨리 마칠 수 없다. 하지만 비용은 분명히 늘어난다. 시간-비용 곡선에서 이런 지점을 **완전 압축 지점**(full compression point)이라고 부른다.

> **노트**　개인적인 경험에 따르면 거의 모든 소프트웨어 프로젝트에서 30%가 압축의 상한선이었고, 그마저도 도달하기 힘들었다. 이 한계를 바탕으로 거의 모든 데드라인 제약 사항을 검증할 수 있다. 예를 들어, 프로젝트의 정규 솔루션이 12개월이고, 데드라인은 7개월로 정해졌다고 하자. 그러면 스케줄을 41%나 압축해야 하기 때문에 제때 완성하는 것은 불가능하다고 판단할 수 있다.

9.3.2 이산 모델링

그림 9-3에 나온 실제 시간-비용 곡선을 보면 정규 솔루션과 최소 기간 솔루션 사이에 무한한 지점들이 존재한다. 하지만 프로젝트 솔루션을 무한 개나 설계할 시간은 없을뿐더러, 그럴 필요도 없다. 그보다는 아키텍트와 프로젝트 매니저가 경영진에게 해야 할 일은 정규 솔루션과 최소 기간 솔루션 사이에서 현실적인 지점을 한 두 개를 제시하는 것이다. 이러한 옵션은 시간대 비용의 상충 관계에 대한 합리적인 타협의 여지를 제공한다. 이를 통해 경영진은 결정을 내릴 수 있으며, 이는 특정한 네트워크 압축의 결과가 된다. 따라서 프로젝트 설계 기간 동안 생성되는 실제 그래프는 그림 9-4와 같은 **이산 모델**(discrete model)이다. 그림 9-4의 시간-비용 곡선에 존재하는 지점이 그림 9-3보다 훨씬 적지만, 프로젝트가 어떻게 작동하는지를 명확히 판단하기에 충분한 정보를 담고 있다.

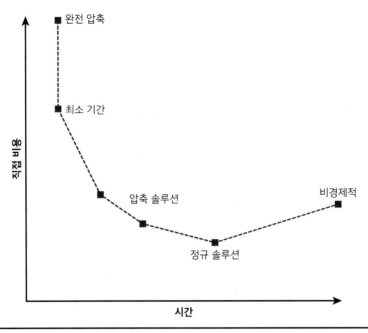

그림 9-4 이산 시간-비용 곡선 [수정 인용: James M. Antill and Ronald W. Woodhead, Critical Path in Construction Practice, 4th ed. (Wiley, 1990)]

9.3.3 흔히 저지르는 실수 피하기

경영진에게 비현실적인 완전 압축 솔루션과 비경제적인 솔루션도 함께 제시해야 한다. 그런 솔루션이 얼마나 비현실적인지 이해하는 사람이 적기 때문이다. 프로젝트의 진행 추이에 대해 잘못 이해하고 있는 이들이 많다. 대부분이 생각하는 심상 모델은 그림 9-2와 같다. 이처럼 심상 모델이 잘못되어 있으면 잘못된 결정을 내리게 된다.

스케줄의 우선순위가 가장 높으며, 경영진은 마감을 지키기 위해서라면 어떠한 비용도 감수할 수 있다고 하자. 프로젝트에 돈과 사람을 쏟아부으면 결국 데드라인을 맞출 것이라 생각하기 쉽지만, 아무리 많은 돈을 투입해도 최소 기간은 극복할 수 없다.

또한 예산은 제한되어 있지만 스케줄은 유연하게 생각하는 경영진도 많다. 이들은 초보 인력을 투입하거나 프로젝트에 꼭 필요한 리소스를 제공하지 않는 식으로 비용을 줄일지도 모른다. 그러면 정규 솔루션 상태의 프로젝트가 비경제적인 영역으로 넘어가서 결국 비용 증가로 이어지게 된다.

9.3.4 프로젝트 타당성

시간–비용 곡선은 프로젝트에서 상당히 중요한 특성인 **타당성(feasibility)**을 보여준다. 시간–비용 곡선에 있거나 그 위에 있는 지점에 해당하는 프로젝트 설계 솔루션은 모두 실행 가능하다. 예를 들어, 그림 9-5에서 A 지점을 살펴보자. A 솔루션은 시간은 T_2만큼, 비용은 C_1만큼 필요하다. A는 타당한 솔루션이지만 최적은 아니다. T_2가 데드라인으로 적당하다면, 시간–비용 곡선에서 T_2에 해당하는 값인 C_2 비용에 프로젝트를 완료할 수도 있다. A가 이 곡선 위에 있기 때문에 $C_2 < C_1$가 성립한다. 반대로 비용으로 C_1이 적당하다면, 동일한 비용으로 시간–비용 곡선에서 C_1에 해당하는 시간인 T1에 프로젝트를 완료할 수 있다. A는 곡선의 오른편에 있으므로 $T_1 < T_2$가 성립한다.

시간–비용 곡선상에 있는 점은 시간과 비용에 대한 최적의 조합을 표현한다. 시간–비용 곡선이 최적인 이유는 (같은 비용이라면) 프로젝트를 빨리 마칠수록 좋고, (같은 시간이라면) 비용이 적게 들수록 좋기 때문이다. 이보다 나쁠 수는 있지만, 시간–비용 곡선보다 더 좋아질 수는 없다. 이 말은 시간–비용 곡선 아래에 있는 점은 불가능하다는 뜻이기도 하다. 예를 들어, 그림 9-6에서 B 지점을 보자. B 솔루션은 T_3 시간과 C_4 비용이 든다. 하지만 프로젝트를 T_3에 마치려면 비용이 적어도 C_3가 든다. B는 시간–비용 곡선 아래에 있기 때문에 $C_3 > C_4$가 성립한다. C_4 이상을 투입할 수 없다면, 프로젝트 수행 시간으로 최소한 T_4를 확보해야 한다. B는 시간–비용 곡선의 왼편에 있으므로, $T_4 > T_3$가 성립한다.

죽음의 영역

시간–비용 곡선상의 점이 주어진 기간에 대한 최소 비용만 표현한 것이라면, 시간–비용 곡선은 영역을 두 갈래로 나눈다. 하나는 타당한 솔루션을 나타내는 영역으로, 시간–비용 곡선 상의 점과 그 윗 영역을 가리킨다. 다른 하나는 **죽음의 영역(death zone)**으로 시간–비용 곡선 아래에 속한 솔루션이 모두 여기에 해당한다(그림 9-7).

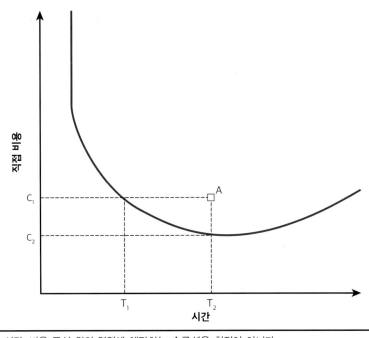

그림 9-5 시간–비용 곡선 위의 영역에 해당하는 솔루션은 최적이 아니다.

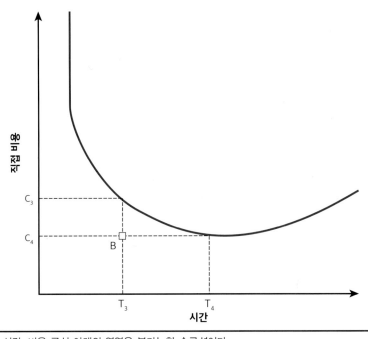

그림 9-6 시간–비용 곡선 아래의 영역은 불가능한 솔루션이다.

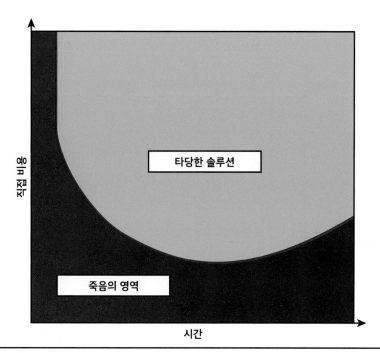

그림 9-7 죽음의 영역

프로젝트가 죽음의 영역에 놓이지 있지 않게 설계하는 것이 엄청나게 중요하다. 죽음의 영역에 있는 프로젝트는 코드 한 줄 써보기도 전에 실패한다. 프로젝트 성공은 아키텍처나 요소 기술에 따라 결정되는 것이 아니라, 프로젝트를 죽음의 영역에서 벗어나게 하는 데 있다.

9.3.5 정규 솔루션 찾기

정규 솔루션(normal solution)을 찾을 때, 어느 수준으로 인력을 투입해야 크리티컬 패스에 문제가 발생하지 않는지 미리 알 수 없는 경우가 많다. 예를 들어, 프로젝트에 개발자 12명을 투입할 수 있다고 해서 8명 또는 6명 만으로 프로젝트 지연 없이 완료할 수 없다는 말은 아니다. 따라서 적절한 수준의 인력을 찾는 과정은 그림 9-8과 같은 반복 프로세스로 구성된다.

정규 솔루션을 찾기 위해 매번 반복할 때마다, 리소스와 플로트를 적극적으로 바꾼다. 이렇게 하면 플로트가 줄어들어서 프로젝트의 리스크가 높아지게 된다. 또한 진정한 정규 솔루션은 이미 리스크 수준이 상당히 높다. 하지만 이런 진정한 정규 솔루션을 찾는 데 필요한 최소 인력만으로도 리스크 관점에서는 충분한 경우가 많다. 왜냐하면 프로젝트 마감을 지키는 데 필요한 플로트가 충분히 남아 있기 때문이다.

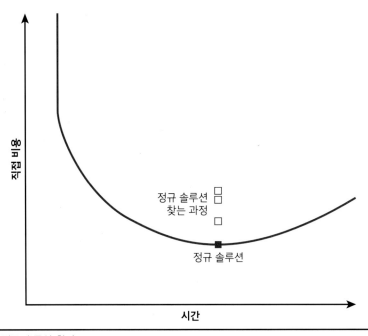

그림 9-8 정규 솔루션 찾기

현실과 타협하기

정규 솔루션의 인력 투입 수준을 알아내려면, 어느 정도 현실에 타협할 필요가 있다. 예를 들어, 1년짜리 프로젝트에서 마감을 일주일 늦춰서 추가 리소스를 확보하지 않아도 된다면, 그렇게 하는 것이 좋다. 또한 프로젝트 실행 과정을 단순화하거나 통합 위험을 줄이는 대신, 기간이나 비용을 약간 희생하는 것도 좋다. 이런 식으로 현실과 타협하는 것은 바람직하다. 결과적으로 정규 솔루션을 찾는 과정이 서로 수직으로 정확히 정렬되지 않고, 약간 왼쪽이나 오른쪽으로 벗어날 수 있다.

현실과 타협하기 위해 조정할 수 있는 것으로는 어떤 것이 있으며, 정규 솔루션을 찾기 위해 본래 의도를 어느 정도 희생할 것인지는 경험을 토대로 판단해야 한다. 나의 경험칙에 따르면 본래 일정이나 비용의 2~3% 정도는 얼마든지 타협할 수 있어서 계획을 수정할 수 있다고 판단한다. 2~3% 기준은 프로젝트 설계와 추적 해상도(tracking resolution)와 관련 있다. 활동이 주 단위고, 프로젝트도 주 단위로 추적하고 있다면, 일 년에 대한 설계 및 측정 해상도는 2%이므로, 그보다 더 세부적인 것은 무시할 수 있다. 11장과 13장에서 이러한 타협 방법에 대한 예를 소개한다.

9.4 프로젝트 비용 요소

지금까지 설명한 프로젝트 비용은 단순했다. 프로젝트 총비용은 직접 비용과 간접 비용이라는 두 가지 요소로만 구성됐기 때문이다. 프로젝트를 설계할 때 이러한 두 가지 비용뿐만 아니라, 프로젝트의 총비용도 계산해야 한다. 이러한 프로젝트 비용 요소 사이의 상호작용을 제대로 이해해야 프로젝트를 올바르게 설계하고 의사 결정도 제대로 내릴 수 있다.

9.4.1 직접 비용

프로젝트의 **직접 비용**(direct cost)은 직접 측정할 수 있는 값을 프로젝트에 추가하는 활동으로 구성된다. 이는 프로젝트의 획득 가치 계획 차트에서 본 명시적 프로젝트 활동과 같다. 7장에서 설명하듯이, 계획된 획득 가치(와 직접 비용)는 프로젝트 수명 동안 일정하지 않고 완만한 S 곡선을 형성한다.

소프트웨어 프로젝트의 직접 비용은 일반적으로 다음과 같은 항목으로 구성된다.

- 서비스를 구현하는 개발자
- 시스템 테스팅을 수행하는 테스터
- 데이터베이스를 설계하는 데이터베이스 아키텍트
- 테스트 하네스를 설계하고 구현하는 테스트 엔지니어
- 사용자 인터페이스와 사용자 경험을 설계하는 UI/UX 전문가
- 시스템 또는 프로젝트를 설계하는 아키텍트

프로젝트의 직접 비용 곡선은 그림 9-3과 같다.

9.4.2 간접 비용

프로젝트의 **간접 비용**(indirect cost)은 프로젝트에 간접적으로 측정할 수 없는 값을 추가하는 활동으로 구성된다. 이런 활동은 일반적으로 현재 진행 중이며, 획득 가치 차트나 프로젝트 계획에 나타나지 않는다.

소프트웨어의 간접 비용은 일반적으로 다음과 같은 항목으로 구성된다.

- SDP 검토 이후의 코어팀(즉, 아키텍트, 프로젝트 매니저, 프로덕트 매니저)
- 현재 진행 중인 설정 관리, 일일 빌드, 일일 테스트, 데브옵스 등
- 휴가와 휴일
- 할당 시점 사이에 투입된 리소스

대다수의 프로젝트에서 간접 비용은 대체로 프로젝트 기간에 비례한다. 프로젝트가 오래 걸릴수록 간접 비용도 많이 든다. 프로젝트의 간접 비용을 시간축 그래프로 그리면 거의 직선으로 나타난다.

간접 비용을 불필요한 오버헤드라고 생각하면 오해다. 전담 아키텍트와 프로젝트 매니저가 없으면 프로젝트는 실패한다. 하지만 SDP 검토를 거치고 나면 이들의 계획에 명시적인 활동은 없다.

9.4.3 비용과 가치

직접 비용과 간접 비용이란 개념이 과도하게 사용되는 경향이 있다. 팀 멤버와 직접적인 관련이 있으면 직접 비용이고, 외부 컨설턴트나 용역 비용 등은 간접 비용이라고 생각하는 사람도 있다. 또 어떤 사람은 자신이 지불해야 하면 직접 비용이고, 다른 사람이나 조직에서 지불하면 간접 비용이라고 한다. 그런데 리소스에 대한 비용의 지불 주체는 회계 문제이지 프로젝트 설계 문제가 아니다. 이 장에서는 가치의 관점에서 정의한다. 어떤 리소스나 활동에 측정 가능하거나 측정 불가능한 가치가 있는지에 따라 판단한다.

9.4.4 총비용, 직접 비용, 간접 비용

프로젝트의 **총비용**(total cost)은 직접 비용과 간접 비용의 합이다.

총비용 = 직접 비용 + 간접 비용

직접 비용과 간접 비용의 정의에 따르면, 그림 9-9는 비용의 두 가지 요소와 그로 인해 발생하는 프로젝트의 총비용을 보여주고 있다.

간접 비용은 직선으로 표시했고, 직접 비용은 곡선으로 표시했다. 이 그림에 나온 직접 곡선과 간접 곡선은 이산 솔루션을 곱한 것이고, 총비용 곡선은 직접 비용과 간접 비용을 각 지점마다 더한 것이다.

죽음의 영역 다시 보기

직접 비용 곡선과 마찬가지로, 총비용 곡선 위의 솔루션은 실현 가능하고, 그 아래의 솔루션은 실현 불가능하다. 따라서 총비용 곡선 아래의 영역은 사실상 프로젝트의 **죽음의 영역**(death zone)이다. 왜냐하면 간접 비용과 직접 비용 모두 고려해야 하기 때문이다. 직접 비용 곡선이 죽음의 영역 위에 있다고 해서 프로젝트가 안전한 것은 아니다. 간접 비용이 남아 있기 때문이다. 충분히 시간을 들여 총비용 곡선의 모델을 만들고 나서, 주어진 매개변수가 위험에 빠지지 않는지 관찰한다. 이를 위한 방법은 11장에서 자세히 소개한다.

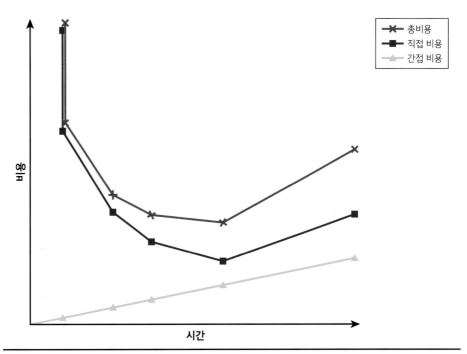

그림 9-9 프로젝트의 직접 비용과 간접 비용과 총비용 곡선
[인용: James M. Antill and Ronald W. Woodhead, Critical Path in Construction Practice, 4th ed. (Wiley, 1990)]

9.4.5 압축과 비용 원소

압축된 프로젝트 설계 솔루션은 프로젝트 기간을 줄여주기 때문에 프로젝트의 간접 비용도 줄일 수 있다. 그래서 프로젝트를 압축하는 데 드는 비용도 줄일 수 있다. 예를 들어, 그림 9-9에서 세 곡선 전체에서 정규 솔루션(직접 비용 곡선의 최저점)과 그 왼편의 압축 솔루션 사이의 선분을 보자. 직접 비용 곡선에서 압축 솔루션은 두 지점 사이에 추가되는 비용이 상당하다. 반면 총비용 곡선에서 간접 비용 곡선을 제외하면 총비용의 차이는 크게 줄어든다. 정규 솔루션과 첫 번째 압축 지점 사이의 총비용이 살짝 높아지면 그만큼 일정이 단축된다. 누적 간접 비용을 통해 압축의 효과가 적어도 초반에는 더 커진다. 압축의 효과는 저절로 받게 되기 때문이다. 간접 비용이 줄어드는 이득이 일정 단축의 이득보다 큰 프로젝트가 많다.

첫 번째 실제 시간-비용 곡선

소프트웨어 업계를 바로 잡기 위해서는 다른 분야에서 나온 엔지니어링 개념과 실천 방안을 도입해왔다. 한 가지 예외가 있다면 실제 시간-비용 곡선인데, 컴퓨터 및 소프트웨어 업계에서 나온 것이다.

1960년대 초반, 제네럴 일렉트릭(General Electric)은 세계 최초 상용 트랜지스터 컴퓨터인 GE-225라는 컴퓨터를 개발했다.[a] GE225 프로젝트는 혁신의 장이었다. (현대 OS의 설계에 영향을 끼친) 세계 최초 시분할(time-sharing) OS와 다이렉트 메모리 액세스(DMA, direct memory access), BASIC이란 프로그래밍 언어 등을 개발했다.

1960년, 제네럴 일렉트릭은 GE-225 프로젝트의 시간과 비용 사이의 관계에 대한 통찰을 자세히 다룬 논문을 발표했다.[b] 거기서 (그림 9-4와 유사한) 실제 시간-비용 곡선이 처음 소개됐으며, (그림 9-9처럼) 직접 비용과 간접 비용을 분리했다. 이러한 아이디어는 건설 업계에서 즉시 도입했다.[c] 크리티컬 패스 메소드에 대한 최초 논문의 공저자인 제임스 켈리(James Kelly)는 GE-225 프로젝트에 컨설팅했었다.

참고로 GE-225 프로젝트의 아키텍트는 (유명한 영화감독인 스티븐 스필버그의 아버지인) 아놀드 스필버그(Arnold Spielberg)[d]였다. 2006년, IEEE 협회는 스필버그에게 컴퓨터 파이어니어 어워드를 수여했다.

a. https://en.wikipedia.org/wiki/GE-200_series
b. Børge M. Christensen, "GE 225 and CPM for Precise Project Planning" (General Electric Company Computer Department, December 1960).
c. James O'Brien, Scheduling Handbook (McGraw-Hill, 1969); and James M. Antill and Ronald W. Woodhead, Critical Path in Construction Practice, 2nd ed. (Wiley, 1970).
d. https://www.ge.com/reports/jurassic-hardware-steven-spielbergs-father-was-a-computing-pioneer/

정규 솔루션과 최소 총비용

직접 비용 곡선에서 정규 지점(normal point)은 그 정의에 따라 최소 비용 솔루션이기도 하다. 그 오른편에는 비경제적 영역(uneconomical zone)이 있고, 그 왼쪽에는 시간을 추가 비용으로 맞바꾸는 압축 솔루션이 있다. 그런데 간접 비용을 추가해서 각각 설계된 솔루션에 대한 프로젝트의 총비용을 구했다면, 최소 총비용 솔루션(minimum total cost solution)은 더 이상 정규 솔루션이 아니다. 간접 비용을 추가하면 최소 총비용 지점(minimum total cost point)은 정규 솔루션의 왼쪽으로 이동하게 된다. 게다가, 간접 비용의 기울기가 가팔라질수록, 최소 총비용 지점은 더 왼쪽으로 치우치게 된다.

예를 들어, 그림 9-10을 보자. 직접 비용 곡선에서 정규 솔루션은 최소 비용 지점에 있다. 그런데, 총비용 곡선에서 최소 비용 지점은 정규 솔루션의 왼쪽 첫 번째 압축 솔루션이다. 이럴 때, 프로젝트를 압축한 것이 프로젝트 비용을 실제로 줄이게 됐다. 그래서 이 프로젝트의 최소 총비용 지점이 시간-비용 관점에서 최적의 프로젝트 설계 옵션이 됐다. 정규 솔루션보다 더 빠르게 프로젝트를 끝내고, 총비용도 더 적게 들기 때문이다.

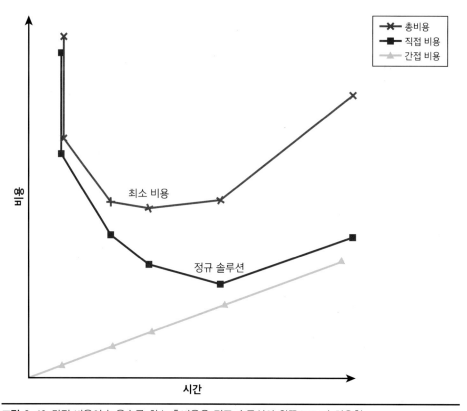

그림 9-10 간접 비용이 높을수록 최소 총비용은 정규 솔루션의 왼쪽으로 더 치우침

그림 9-10을 보면, 차트의 이산적 특성 때문에 최소 총비용 지점의 왼쪽으로 이동하는 경향이 두드러져 보인다. 하지만 그림 9-11에서 보는 것처럼 연속적 차트에서도 왼쪽으로 치우치는 것은 마찬가지이며, 그림 9-10에 나온 것보다 간접 비용 곡선의 기울기가 적다.

프로젝트 설계 솔루션에서 한 사람이 개발하는 부분은 일부이기 때문에, 그 사람에 대한 시간-비용 곡선은 항상 프로젝트의 이산 모델이 된다. 보유한 솔루션과 간접 비용 수준에 따라, 정규 솔루션은 그림 9-9처럼 실제로 최소 총비용 지점이 될 수도 있다. 하지만 이런 결과는 오해를 불러일으킬 수 있으며, 정상에서 살짝 왼쪽으로 치우친 미지의 설계 솔루션을 배제한 인위적인 현상일 뿐이다.

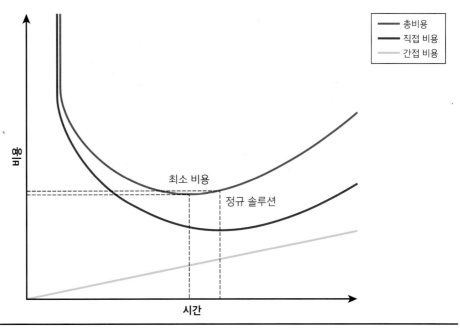

그림 9-11 연속 시간-비용 곡선에서 왼쪽으로 치우침

그림 9-12는 정규 솔루션의 바로 왼쪽의 미지의 지점을 추가해서 최소 총비용 지점으로부터 왼쪽으로 치우친 것을 표현한 걸 제외하면 그림 9-9와 같다.

이 경우의 문제는 솔루션을 만드는 방법을 모른다는 것이다. 리소스와 압축을 어떻게 결합해야 이 지점에 도달하는지 알 수 없다. 그런 솔루션이 이론상으로는 언제나 존재하지만, 실제로 대다수 프로젝트에서 정규 솔루션의 총비용을 프로젝트의 최소 총비용과 동일하게 만들 수 있다. 정규 솔루션의 총비용과 진정한 최소 총비용의 지점 사이의 차이는 정확한 지점을 찾는 노력을 들이기에 미미한 경우가 많다.

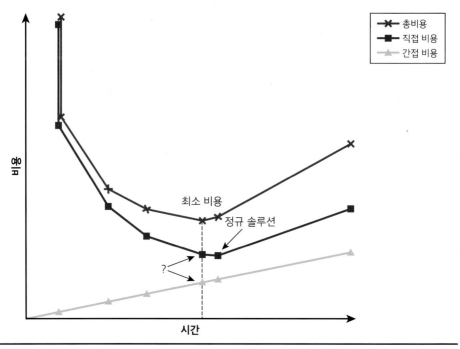

그림 9-12 미지의 지점으로 표현된 최소 총비용

간접 비용과 리스크

간접 비용 곡선의 기울기가 클수록, 최소 총비용 지점의 왼쪽으로 더 치우치게 된다. 간접 비용이 높으면, 압축된 솔루션 중 하나가 프로젝트의 최적 지점이 될 가능성이 높다. 비용이 정규 솔루션보다 낮으면서, 더 빨리 완성할 수 있기 때문이다. 하지만 이렇게 하면 문제가 발생한다. 프로젝트 설계 솔루션이 압축될수록 리스크는 더 커지기 때문이다. 이러한 리스크는 프로젝트의 크리티컬 한 정도 때문이기도 하고, 증가한 실행 복잡도 때문이기도 하다. 간접 비용이 높으면 프로젝트의 최적 설계 지점은 리스크가 큰 옵션이 된다. 최상의 옵션이 위험하다면, 성공 가능성은 낮을 수밖에 없다. 그래서 간접 비용이 높은 프로젝트는 거의 대부분 리스크가 큰 프로젝트이기도 하다. 이런 문제를 해결하는 방법에 대해서는 이어지는 장에서 소개한다.

9.4.6 인력 투입과 비용 요소

여러분이 만든 프로젝트 설계 솔루션마다 직접 비용과 간접 비용을 고려해야 한다. 7장에서 설명한 것처럼, 소프트웨어 프로젝트의 총비용은 인력 투입 분포 곡선 아래의 영역이다. 프로젝트의 총비용과 직접 비용 같은 비용 요소 중 하나를 안다면, 총비용에서 그 요소를 빼는 방식으로 다른 비용 요소도 알아낼 수 있다. 각 프로젝트 설계 솔루션마다 가장 먼저 인력을 투입하고, 다음으로 획득 가치 계획 차트와 인력 투입 분포 계획 차트를 그린다. 그러고 나서 인력 투입 분포 차트 영역을 계산해서 총비용을 구하고, (획득 가치 차트에 표시했던) 직접 비용 활동에 들어간 노력을 합산한다. 간접 비용은 그 둘 사이의 차를 구하면 된다.

그래프로 표현하면 그림 9-13과 같이 인력 투입 분포 차트 아래에 비용 요소의 일반적인 세분화가 나타난다(그림 7-8도 참조). 프로젝트 초반에는 코어 팀만 참여하고, 대다수의 작업은 간접 비용에 해당한다. 코어 팀이 쏟은 나머지 노력은 시스템과 프로젝트에 대한 설계처럼 직접적인 가치도 있다. 하지만 SDP 리뷰를 거치고 나면 코어 팀은 순수 간접 비용으로 변한다. SDP 후에는 데브옵스(DevOps), 데일리 빌드, 데일리 테스트 등과 같은 지속적인 간접 비용이 추가로 발생하게 된다. 그 외의 인력 투입(시스템 개발 인력 등)은 직접 비용이다.

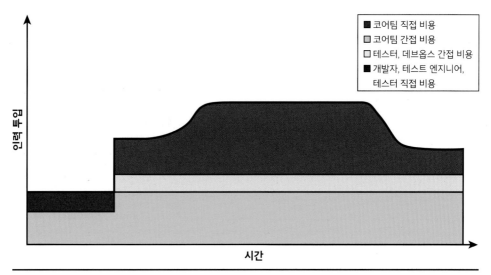

그림 9-13 인력 투입 분포 아래의 비용 요소

직접 비용 vs 간접 비용

그림 9-13에서 본 것처럼, 일반적으로 소프트웨어 프로젝트는 직접 비용보다 간접 비용이 더 많아진다. 뛰어난 품질의 복잡한 소프트웨어 시스템을 개발하는 데 드는 간접 비용이 어느 정도인지 파악하지 못하는 사람이 많다. 직접 비용과 간접 비용의 비율은 1:2인 경우가 많다. 하지만 그보다 더 높아지기 쉽다. 직접 비용 대 간접 비용의 정확한 비율은 비즈니스의 본질에 영향을 받는 경우가 많다. 예를 들어, 항공 관련 제품을 생산하는 회사는 일반적인 제품을 생산하는 비즈니스 시스템보다 간접 비용이 더 많이 든다고 예상할 수 있다.

간접 비용 vs 총비용

소프트웨어 프로젝트에서 간접 비용이 총비용의 주요 요소인 경우가 많다. 이를 통해 핵심적인 사실을 알 수 있다. 바로 모든 조건이 같다면, 프로젝트 기간이 짧을수록 간접 비용이 적게 발생해서 비용이 적게 든다는 것이다. 이는 일정을 단축시키는 방법에 관계없다. 프로젝트를 압축했든, 이 장의 앞에서 소개한 모범 기법(best practice)을 도입했든 상관없다. 프로젝트 기간이 짧으면 프로젝트를 압축하는 데 리소스가 더 들거나 비싼 리소스가 추가되어야 하는 상황에도 비용을 줄일 수 있다.

아쉽게도, 프로젝트 기간이 짧을수록 비용이 적게 든다는 사실을 모르는 매니저가 많다. 그래서 전형적인 실수를 저지른다. 예산이 빠듯하면 매니저는 리소스를 (양적으로나 질적으로) 조절하는 방식으로 비용을 줄이려고 한다. 그럴수록 프로젝트 기간은 늘어나서 결국 훨씬 더 많은 비용을 쓰게 된다.

9.4.7 고정 비용

소프트웨어 프로젝트 비용에는 시간에 고정된 비용도 있다. **고정 비용**(fixed cost)에는 컴퓨터 하드웨어 비용과 소프트웨어 라이선스 비용도 포함된다. 프로젝트의 고정 비용은 간접 비용 곡선을 일정한 만큼 위로 이동시켜서 표현한다.

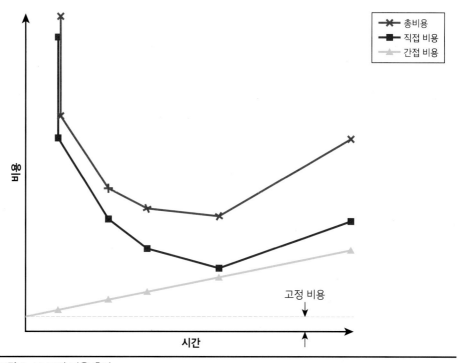

그림 9-14 고정 비용 추가

고정 비용은 총 시간–비용 곡선을 위로 이동시키기만 하기 때문에, 의사 결정 프로세서에 미치는 영향은 없다. 거의 모든 옵션에 동등하게 영향을 미치기 때문이다(팀 규모에 약간 영향을 미칠 수는 있다). 어느 정도 규모를 갖춘 소프트웨어 프로젝트라면 대부분 고정 비용은 총비용의 1~2%가량을 차지한다. 대체로 무시할 수 있는 수준이다.

9.5　네트워크 압축

프로젝트를 압축하면 프로젝트 네트워크가 바뀐다. 압축은 반복 프로세스로 구성해서 매번 다음 단계에 가장 적합한 것을 끊임없이 모색해야 한다. 프로젝트 압축은 정규 솔루션에서 출발한다. 이때 정규 솔루션은 압축에 잘 반응해야 한다. 시간–비용 곡선의 최저점에 있기 때문이다. 앞서 설명했듯이, 처음부터 효과가 나타날 수 있다. 게다가 정규 솔루션 바로 왼편의 시간–비용 곡선이 가장 평평하다. 이 말은, 첫 번째와 두 번째 압축 지점에서 압축 비용에 대한 투자 이익률(ROI, return of investment)이 가장 좋다. 하지만 그 이상 프로젝트를 압축하면 시간-비용 곡선이 점차 상승하기 시작하다가, 결국 압축 비용에 비해 그 효과가 줄어드는 현상이 나타난다. 프로젝트 스케줄의 단축 효과는 점점 줄어드는 반면, 비용은 빠르게 증가한다. 마치 프로젝트가 압축에 저항하는 듯하다. 프로젝트 전반을 압축할 때, 이전에 압축된 솔루션을 압축하는 효과도 함께 고려해야 한다. 기준점이 되는 정규 솔루션에 새로운 압축 기법을 적용하기만 하면 안 된다.

9.5.1 압축 흐름

투입된 비용에 관계없이 압축에 반응하지 않는 (아키텍처와 같은) 활동이나, 이미 최대로 압축된 활동은 압축하면 안 된다. 개별 활동마다 시간-비용 곡선이 있기 때문에, 처음에는 활동을 압축하기 쉬울지 모르나, 그 후의 압축은 비용이 추가되어 각 활동 자체의 시간-비용 곡선이 상승하게 된다. 어느 지점에 이르러 그 활동을 더 이상 압축할 수 없게 된다. 따라서 같은 활동을 반복해서 압축하기보다는 다른 활동을 압축하는 것이 대체로 좋다.

이상적으로는 크리티컬 패스에 있는 활동만 압축해야 한다. 그 외의 활동을 압축해서 좋은 점은 없다. 그렇게 하면 스케줄 단축도 없이 비용만 증가하기 때문이다. 마찬가지로 크리티컬 패스에 있는 모든 활동을 무작정 압축해서도 안 된다. 가장 적합한 압축 대상은 압축에 대한 ROI가 가장 좋은 활동이다. 이런 활동을 압축하면 최소 비용으로 최대의 스케줄 단축 효과를 얻을 수 있다. 활동의 기간도 중요하다. 압축 기법은 하나같이 파괴적인 면이 있어서 프로젝트의 리스크와 복잡도를 높이기 때문이다. 규모가 크면서 크리티컬 한 활동에 적용하여 스케줄 단축 효과를 극대화하는 것이 좋다. 또한 규모가 큰 활동은 작은 단위로 쪼개는 것도 대체로 좋다. 큰 활동을 압축하는 긍정적인 부작용을 얻을 수 있다.

크리티컬 패스는 압축하면 짧아진다. 그래서 프로젝트 네트워크에서 두 번째로 길던 경로가 가장 긴 경로가 되면서 새로운 크리티컬 패스가 등장하게 된다. 프로젝트 네트워크를 지속적으로 평가해서 새로운 크리티컬 패스가 등장하는지 살펴보고, 기존 크리티컬 패스 대신 그 경로를 압축한다. 크리티컬 패스가 여러 개 등장하면, 동시에 동일한 양만큼 압축하는 방법을 찾아본다. 예를 들어, 모든 중요 경로에 영향을 주는 하나의 활동이나, 여러 개의 활동이 있다면, 다음 압축 단계에서 이들을 대상으로 해야 한다.

프로젝트 압축은 다음 조건 중 하나를 충족할 때까지 반복한다.

- 원하는 데드라인을 충족해서, 더 비싸면서 짧은 프로젝트를 설계할 이유가 없어진 경우
- 계산된 프로젝트 비용이 프로젝트 예산 집합을 초과한 경우
- 압축된 프로젝트 네트워크가 너무 복잡해서 프로젝트 매니저나 팀이 실행할 수 없는 경우
- 압축된 솔루션의 기간이 정규 솔루션의 30%(또는 25%) 가량 단축된 경우. 앞에서 설명 했듯이, 실전에서는 프로젝트를 압축할 수 있는 근본적인 한계가 존재한다.
- 압축된 솔루션이 너무 위험하거나, 최대 리스크 지점을 지났기 때문에 리스크가 살짝 감소한 경우. 이때 프로젝트 설계 솔루션의 리스크를 양적으로 측정할 수 있어야 한다 (여기에 대해서는 다음 장에서 설명한다).
- 프로젝트를 더 이상 압축할 방법이나 아이디어가 고갈된 경우.
- 크리티컬 패스가 너무 많이 등장했거나, 모든 네트워크 경로가 크리티컬 경로가 된 경우
- 압축할 만한 대상이 크리티컬 패스 밖에 있는 활동뿐인 경우. 압축된 솔루션의 기간이 이전과 동일하고 비용은 오히려 더 드는 경우. 프로젝트의 최대 압축 지점에 도달한 것 이다.

프로젝트 이해하기

압축된 프로젝트 솔루션들을 통해 프로젝트에 대한 더 나은 모델을 만들 수 있으며, 시간 과 비용에 대한 한계 조건이 변할 때 어떻게 되는지 파악할 수 있다. (시간-비용 곡선 상 에서) 정규 솔루션의 왼쪽으로 두 세 포인트만 벗어나 보더라도 프로젝트의 동작을 이해할 수 있다. 프로젝트가 복잡하고 비용이 많이 들수록, 프로젝트를 파악하는 데 드는 비용이 늘어난다. 사소한 실수도 심각한 영향을 미치기 때문이다.

10장

위험

9장에서 설명했듯이, 프로젝트마다 존재하는 여러 가지 설계 옵션을 통해 시간과 비용을 다양하게 조합할 수 있다. 이러한 옵션 중에서 어떤 것은 다른 것보다 적극적이거나 **위험(risk)**을 무릅쓰는 경향이 있다. 프로젝트의 설계 옵션은 본질적으로 시간과 비용과 위험이라는 세 축으로 구성된 공간의 점과 같다. 결정권자는 프로젝트 설계 옵션을 결정할 때 이러한 위험을 반드시 고려해야 하며, 또한 그러한 능력을 갖추고 있어야 한다. 프로젝트를 설계할 때 각각의 옵션에 따른 위험을 정량적으로 평가할 수 있어야 한다.

대부분의 사람들은 위험 축에 대해 알고는 있지만, 정량화할 수 없다는 이유로 무시하는 경향이 있다. 그러면 (시간과 비용과 위험이라는) 3차원 문제에 (시간과 비용 축만 존재하는) 2차원 모델을 적용하게 되어 형편없는 결과를 초래하기 마련이다. 이 장에서는 몇 가지 모델링 기법을 이용하여 위험을 객관적이고 쉽게 측정하는 방법에 대해 소개한다. 여기서 위험 요소가 시간 및 비용에 어떤 영향을 미치는지, 프로젝트의 위험을 어떻게 하면 줄일 수 있는지, 프로젝트에 최적인 설계 포인트를 어떻게 하면 찾을 수 있는지 배울 것이다.

> **노트**   위험은 간단한 산수로 계산할 수 있다. 직접 계산할 때 발생하는 실수를 줄이기 위해 계산을 자동화할 수 있도록, 이 책의 부록으로 제공하는 스프레드시트 양식이 담긴 파일을 통해 위험을 계산하는 예제를 제공하고 있다.

10.1 옵션 선택

위험 모델링의 궁극적인 목적은 프로젝트 설계 옵션을 시간과 비용뿐만 아니라, 위험 관점에서도 비교하여 실행 가능한 옵션을 평가하는 데 있다. 일반적으로 여러 옵션 중에서 하나를 선택하는 데 위험이 가장 중요한 요인이다.

예를 들어, 어떤 프로젝트에 대해 두 가지 옵션이 있다고 하자. 첫 번째 옵션은 12개월에 개발자 6명이 필요하고, 두 번째 옵션은 18개월 동안 개발자 4명이 필요하다고 하자. 두 가지 옵션 중에서 이러한 사실만 놓고 비교할 때, 대부분은 첫 번째 옵션을 선택하게 된다. 총비용은 (6 맨-이어로) 동일하지만, 첫 번째 옵션의 기간이 더 짧기 때문이다(여기서 현금 흐름은 충분하다고 가정한다). 이번에는 첫 번째 옵션의 성공 가능성이 15%고, 두 번째 옵션의 성공 가능성이 70%라는 조건을 추가해 보자. 그러면 어느 옵션을 선택할 것인가? 더 극단적인 예를 들면, 두 번째 옵션은 24개월 동안 개발자 6명이 필요하고, 성공 가능성은 70%라고 하자. 두 번째 옵션의 비용이 첫 번째 옵션보다 두 배 가량 들고 기간도 두 배가 걸림에도 불구하고, 대부분 이 옵션을 선택할 것이다. 이러한 간단한 예만 보더라도 대부분은 시간과 비용보다는 위험을 토대로 옵션을 선택하는 것을 알 수 있다.

전망 이론(prospect theory)

1979년, 심리학자 대니얼 카너먼(Daniel Kahneman)과 아모스 트버스키(Amos Tversky)는 의사 결정에 관한 행동 심리학에서 가장 중요한 개념 중 하나인 전망 이론(prospect theory)을 발표했다.[a] 카너먼과 트버스키는 사람들은 기대 이익보다는 위험을 토대로 의사 결정을 내린다는 사실을 발견했다. 측정 가능한 손실이나 이익이 동일할 때, 대부분은 이익을 얻기보다는 손실을 회피하는 경향이 있다. 그래서 사람들은 이익을 극대화하기보다는 위험을 줄이는 방향을 찾는다. 설사 위험을 감수하는 것이 논리적으로 유리하더라도 말이다. 이러한 사실은 사람들이 기대 가치를 토대로 이익을 극대화하는 것이 이성적인 행동이라는 통념을 거스르는 것이다. 전망 이론은 의사 결정 프로세스에서 시간과 비용에 위험이라는 요소의 중요성을 강조한다. 2002년 대니얼 카너먼은 전망 이론에 대한 업적으로 노벨 경제학상을 수상했다.

a. Daniel Kahneman and Amos Tversky, "Prospect Theory: An Analysis of Decision under Risk," Econometrica, 47, no. 2 (March 1979): 263 - 292.

10.2 시간-위험 곡선

프로젝트에 대한 시간–비용 곡선처럼, **시간–위험 곡선(time–risk curve)**도 있다. 이 곡
선의 가장 이상적인 형태는 그림 10–1의 점선과 같다.

프로젝트를 압축할 때, 프로젝트 설계 솔루션의 기간이 짧아질수록 위험 수준은 높아진
다. 이때 위험 수준의 증가율은 비선형적이다. 그래서 그림 10–1의 점선이 위험을 나타내
는 수직 축에 대해 곡선을 띠며 시간이 늘어날수록 줄어드는 것이다. 그런데, 직관적으로
보이는 점선은 사실 잘못 됐다. 실제로 시간–위험 곡선은 그림 10–1의 실선과 같이 로지
스틱 함수처럼 나타난다.

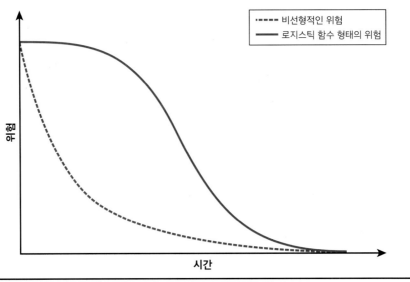

그림 10–1 이상적인 시간–위험 곡선

로지스틱 함수(logistic function)는 굉장히 뛰어난 모델이다. 복잡계에서 위험의 일반적인
특성을 잘 표현하기 때문이다. 예를 들어, 내가 저녁 식사를 준비하는 데 일반적으로 드는
시간을 줄여서 요리를 태워 먹을 가능성을 그래프로 표현해 보면, 위험 곡선은 그림 10–1
에서 실선처럼 나타날 것이다. 오븐 온도를 너무 높이거나, 트레이를 가열 기구에 너무 가
까이 두거나, 요리하기에는 간편하지만 타기 쉬운 음식을 사용하거나, 오븐을 충분히 예열
하지 않는 등과 같은 압축 기법의 종류에 따라 음식을 태울 위험이 증가하게 된다. 실선 곡

선에서 보는 것처럼, 여러 압축 기법의 효과가 쌓이다가 어느 시점에 이르러 음식이 타버릴 위험은 최대에 다다르고 심지어 그 상태를 유지하게 된다. 식사가 타버릴 수밖에 없기 때문이다. 마찬가지로 내가 주방에 아예 들어가지도 않기로 했다면, 위험은 급격히 감소하게 된다. 만약 위험이 점선과 같이 나타났다면, 음식을 태우지 않을 가능성은 충분하다. 위험 수준에 좀 더 압축할 여지가 있기 때문이다.

로지스틱 함수에서 위험이 급격히 증가하는 티핑 포인트(tipping point)가 존재한다는 점에 주목할 필요가 있다(앞의 예에 맞게 표현하면 내가 부엌에 들어가기로 결정한 것과 같다). 점선은 위험이 완만하게 증가하기 때문에 티핑 포인트가 두드러지지 않는다.

10.2.1 실제 시간-위험 곡선

사실 그림 10-1의 로지스틱 함수조차도 이상적인 시간-위험 곡선에 해당한다. 실제 시간-위험 곡선은 그림 10-2에 가깝다. 곡선이 이런 형태를 띠는 이유는 프로젝트의 직접 비용 곡선 위에 그려보면 이해하기 쉽다. 프로젝트의 동작이 3차원이기 때문에, 그림 10-2에서 두 번째 y축에 위험을 표현했다.

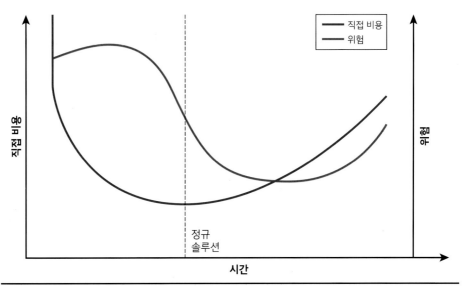

그림 10-2 실제 시간-비용-위험 곡선

그림 10-2에서 수직으로 뻗은 점선은 해당 프로젝트의 최소 직접 비용 솔루션과 정규 솔루션의 기간을 나타내고 있다. 정규 솔루션은 대체로 플로트를 약간 사용하여 인력 투입을 감소시킨다. 플로트가 줄어들면 위험 수준은 높아질 수밖에 없다.

정규 솔루션의 왼편에는 그보다 짧고 압축된 솔루션이 있다. 압축된 솔루션은 훨씬 위험하기 때문에, 위험 곡선은 정규 솔루션의 왼편으로 치우치게 된다. 위험은 점점 커지다가 어느 순간 멈춘다(앞에서 본 이상적인 로지스틱 함수와 비슷하다). 하지만 이상적인 동작과 달리, 실제 위험 곡선은 최소 기간 지점 이전에 최대점을 찍고, 심지어 약간 낮아지면서 오목한 형태를 띠게 된다. 이런 동작이 직관에 어긋나 보이긴 하나, 일반적으로 프로젝트가 짧을수록 약간 안전해지는, 일명 **다빈치 효과(da Vinci effect)**에 의해 이렇게 나타난다. 레오나르도 다빈치는 짧은 줄의 인장 강도가 긴 줄보다 강하다는 사실을 발견했다(결함이 존재할 확률은 줄의 길이에 비례하여 증가하기 때문이다).[10] 이는 프로젝트에도 똑같이 적용된다. 이해를 돕기 위해 10-맨-이어 프로젝트를 수행하는 두 가지 방법에 대해 생각해 보자. 하나는 한 명이 10년을 수행하는 것이고, 다른 하나는 3,650명이 하루 만에 마치는 것이다. 두 가지 방법 모두 가능하다고(인력도 충분하고, 시간도 충분하다고) 가정할 때, 하루짜리 프로젝트가 10년짜리 프로젝트에 비해 훨씬 안전하다. 하루 동안 나쁜 일이 발생할 가능성은 상대적으로 작지만, 10년 동안 나쁜 일이 발생할 가능성은 거의 확실하다. 이런 동작에 대해 이 장의 뒤에서 더 구체적으로 설명하겠다.

정규 솔루션의 오른편으로 갈수록 위험은 줄어든다. 최소한 초반에는 그렇다. 예를 들어, 1년짜리 프로젝트에 몇 주를 더 추가하면, 마감을 지키지 못할 위험이 줄어든다. 하지만, 프로젝트에 시간을 더 투입하면, 어느 시점에 파킨슨 법칙이 적용되어 위험이 급격히 증가한다. 따라서, 정규 솔루션의 오른편으로 갈수록 위험 곡선은 줄어들다가 0보다 큰 최소점을 지나면, 다시 위험이 증가하면서 볼록한 곡선을 그리게 된다.

---

10   William B. Parsons, Engineers and Engineering in the Renaissance (Cambridge, MA: MIT Press, 1939); Jay R. Lund and Joseph P. Byrne, Leonardo da Vinci's Tensile Strength Tests: Implications for the Discovery of Engineering Mechanics (Department of Civil and Environmental Engineering, University of California, Davis, July 2000)

10.3 위험 모델링

이 장에서는 위험을 모델링하고 정량화하는 기법을 소개한다. 각 기법에 따라 만든 모델의 위험 측정 방식은 상호 보완 관계에 있다. 여러 옵션 중에서 선택하기 위해 하나 이상의 모델이 필요한 경우가 많다. 어느 한 모델이 완벽할 수는 없기 때문이다. 그렇지만 각 위험 모델마다 도출하는 결과는 어느 정도 비슷해야 한다.

위험은 상대적이다. 예를 들어, 빠르게 달리는 기차에서 뛰어내리는 것은 위험하다. 하지만 기차가 곧 절벽으로 떨어진다면 뛰어내리는 것이 가장 현명한 행동이다. 위험은 절댓값으로 매길 수 없기에 여러 대안과 비교하는 방식으로만 평가할 수 있다. 따라서 "위험한" 프로젝트는 없고 "상대적으로 위험한" 프로젝트만 있을 뿐이다. 마찬가지로 확실히 안전한 프로젝트도 없다. 프로젝트를 하지 않는 것만이 안전한 방법이다. 따라서 "안전한" 프로젝트가 아닌 "상대적으로 안전한" 프로젝트를 찾아야 한다.

10.3.1 위험 정규화

위험을 평가하는 목적은 오로지 여러 옵션과 프로젝트를 비교하는 데 있다. 이를 위해 숫자로 비교해야 한다. 내가 모델을 만들 때 가장 먼저 내린 결정은 위험 수준을 0과 1 사이의 값으로 정규화하는 것이었다.

위험 값이 0이란 프로젝트에 위험이 없다는 말이 아니다. 위험이 0이면 그 프로젝트의 위험이 최소화됐다는 뜻이다. 마찬가지로 위험 값이 1이면 그 프로젝트가 반드시 망한다는 말이 아니라, 위험이 최대화됐다는 뜻이다.

위험 값은 성공 확률을 나타내는 것이 아니다. 확률에서 1은 확실함을, 0은 불가능을 나타낸다. 하지만 위험 값이 1인 프로젝트도 성공적으로 마칠 수 있고, 위험 값이 0인 프로젝트도 실패할 가능성이 있다.

10.3.2 위험과 플로트

네트워크에 있는 다양한 활동에 대한 플로트는 프로젝트의 위험을 객관적으로 측정하는 수단을 제공한다. 앞 장에서 위험에 대해 설명할 때 플로트를 언급한 적이 있다. 프로젝트 설계 옵션이 다르면 플로트도 다르다. 따라서 위험도 크게 달라진다. 예를 들어, 그림 10-3의 두 가지 프로젝트 설계 옵션을 살펴보자.

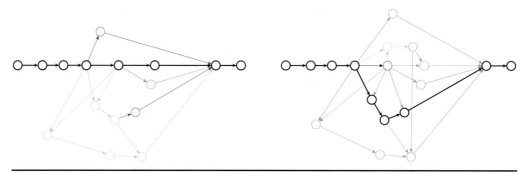

그림 10-3 두 가지 프로젝트 옵션

두 옵션 모두 동일한 시스템을 구축하는 데 적합한 프로젝트 설계 옵션이다. 그림 10-3에서 알 수 있는 정보는 두 네트워크에 대해 컬러 코딩된 플로트뿐이다. 여기서 한 번 생각해 보자. 둘 중 어느 프로젝트에 참여하겠는가? 내가 이 그림을 보여준 사람은 한결같이 오른쪽에 있는 초록색 옵션을 선택했다. 흥미로운 건, 두 가지 옵션 중에서 기간과 비용의 차이에 대해 물어본 사람이 아무도 없었다는 것이다. 심지어 내가 초록색 옵션에 참여했을 때, 기간과 비용이 30%가량 더 들었다. 이 사실이 선호도에 아무런 영향을 미치지 않았다. 그림의 왼쪽과 같이, 플로트가 낮고 스트레스가 높으며 위험이 높은 프로젝트를 선택한 사람은 아무도 없었다.

위험 설계

프로젝트는 여러 종류의 위험에 노출된다. 필요한 인력 수를 채울 수 있는지에 대한 **인력 투입 위험**(staffing risk)도 있고, 프로젝트에 주어진 기간 내에 완료할 수 있는지에 대한 **기간 위험**(duration risk)도 있고, 기술이 프로젝트 완료에 도움이 되는지에 대한 **기술 위험**(technological risk)도 있다. 또한 팀의 기술적 역량이 충분하고 협업이 가능한지에 대한 **인적 요인**(human factor)도 있고, 프로젝트 매니저가 프로젝트 계획을 올바르게 실행할 수 있는지에 대한 **실행 위험**(execution risk)도 있다.

이러한 위험 종류는 플로트로 평가하는 **위험 종류**(type of risk)와 별개다. 프로젝트 설계 솔루션은 한결같이 조직이나 팀이 주어진 일정과 비용을 감당할 수 있고, 프로젝트에 필요한 시간과 리소스가 보장된다고 가정한다. 나머지 위험 종류는 프로젝트가 예상치 못한 일에 얼마나 잘 대처하는 가에 달려 있다. 이런 종류의 위험을 나는 **설계 위험(design risk)**이라고 부른다.

설계 위험은 프로젝트가 활동의 일정 지연과 완수 능력에 얼마나 민감한지를 측정한다. 따라서 설계 위험은 프로젝트의 취약한 정도나 불안정한 정도를 정량적으로 표현한다. 플로트로 위험을 측정하는 것이 설계 위험을 정량화하는 것이다.

10.3.3 위험과 직접 비용

프로젝트 위험 측정은 주로 여러 솔루션의 기간과 직접 비용과 관련이 있다. 프로젝트에서 간접 비용은 프로젝트 위험과 무관한 경우가 많다. 간접 비용은 위험 수준이 매우 낮더라도 프로젝트 기간에 비례하여 증가한다. 따라서 이 장에서는 직접 비용만 다룬다.

10.3.4 중요도 위험

중요도(criticality) 위험은 그림 10-3에 나온 옵션들을 평가할 때 위험에 대한 직관적인 인식을 정량적으로 측정한다. 이러한 위험 모델에 대해 프로젝트의 활동을 가장 위험한 것부터 가장 덜 위험한 것까지 네 가지로 구분한다.

- **크리티컬 활동**: 크리티컬 활동은 가장 위험하다. 조금이라도 지연되면 일정과 비용을 초과하게 된다.
- **위험 수준이 높은 활동**: 플로트가 낮고 크리티컬 가까운 활동도 위험하다. 조금이라도 지연되면 일정과 비용 초과를 발생시킬 위험이 있기 때문이다.
- **위험 수준이 보통인 활동**: 플로트가 보통 수준인 활동은 위험 수준도 보통이며, 어느 정도 지연을 감당할 수 있다.
- **위험 수준이 낮은 활동**: 플로트가 높은 활동은 위험 수준이 가장 낮아서 상당히 지연되더라도 프로젝트에 영향을 미치지 않는다.

위험을 분석할 때 기간이 0인 (마일스톤이나 더미 같은) 활동은 제외해야 한다. 프로젝트 위험에 아무런 영향을 미치지 않기 때문이다. 게다가 실제 활동과 달리, 이런 활동은 프로젝트 네트워크에서 인위적으로 정한 활동일 뿐이다.

8장에서 플로트를 기반으로 활동을 분류하는 데 컬러 코딩을 적용하는 방법에 대해 설명했다. 활동의 민감도와 취약성을 평가하는 작업도 이와 동일한 기법을 사용하여 네 가지 위험 분류에 대해 컬러 코딩을 적용할 수 있다. 컬러 코딩을 적용할 때 각 활동의 중요도에 맞게 가중치를 할당한다. 이때 가중치는 위험 요인 역할을 한다. 물론 위험 수준의 차이를 표시하는 값이라면 어떠한 값으로 지정해도 된다. 한 가지 방법은 표 10–1과 같다.

표 10-1 중요도 위험 가중치

활동 컬러	가중치
검정(크리티컬)	4
빨강(높은 위험)	3
노랑(중간 위험)	2
초록(낮은 위험)	1

중요도 위험 공식은 다음과 같다.

$$위험 = \frac{W_C{}^*N_C + W_R{}^*N_R + W_Y{}^*N_Y + W_G{}^*N_G}{W_C{}^*N}$$

- W_C: 검정(크리티컬 활동)에 대한 가중치
- W_R: 빨강(낮은 플로트 활동)에 대한 가중치
- W_Y: 노랑(중간 플로트 활동)에 대한 가중치
- W_G: 초록(높은 플로트 활동)에 대한 가중치
- N_C: 검정(크리티컬 활동)의 수
- N_R: 빨강(낮은 플로트 활동)의 수
- N_Y: 노랑(중간 플로트 활동)의 수
- N_G: 초록(높은 플로트 활동)의 수
- N: 프로젝트 활동의 수 ($N = N_C + N_R + N_Y + N_G$)

표 10–1의 가중치를 적용하면, 중요도 위험 공식은 다음과 같다.

$$위험 = \frac{4{}^*N_C + 3{}^*N_R + 2{}^*N_Y + 1{}^*N_G}{4{}^*N}$$

중요도 위험 공식을 그림 10-4의 네트워크에 적용하면 다음과 같다.

$$위험 \ = \ \frac{4^*6 + 3^*4 + 2^*2 + 1^*4}{4^*16} = 0.69$$

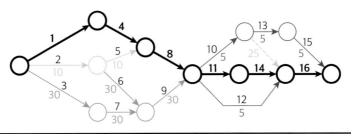

그림 10-4 위험 계산의 예를 보여주기 위한 네트워크

중요도 위험 값

중요도 위험의 최댓값은 1.0이다. 네트워크에 있는 모든 활동이 중요한(크리티컬한) 경우를 말한다. 이런 상태의 네트워크에서 N_R, N_Y, N_G는 0이고 N_C는 N과 같다.

$$위험 \ = \ \frac{W_C{}^*N + W_R{}^*0 + W_Y{}^*0 + W_G{}^*0}{W_C{}^*N} = \frac{W_C}{W_C} = 1.0$$

중요도 위험의 최솟값은 W_G/W_C다. 네트워크에 있는 모든 활동이 초록색인 경우다. 이런 상태의 네트워크에서 N_C, N_R, N_Y는 0이고, N_G는 N과 같다.

$$위험 \ = \ \frac{W_C{}^*0 + W_R{}^*0 + W_Y{}^*0 + W_G{}^*N}{W_C{}^*N} = \frac{W_G}{W_C}$$

표 10-1에 나온 가중치를 적용하면, 위험의 최솟값은 0.25다. 따라서 중요도 위험은 절대 0이 될 수 없다. 이런 가중 평균은 가중치가 0보다 크다면 항상 0보다 큰 최솟값을 가진다. 이 점은 그리 나쁜 게 아니다. 프로젝트 위험은 0이 될 수 없기 때문이다. 이 공식은 위험 값의 가장 낮은 범위는 너무 낮아서 실현될 수 없다는 것을 보여준다. 그래서 가치 있는 일이라면 언제나 위험이 뒤따른다고 생각하는 것이 합리적이다.

가중치 결정

가중치를 합리적으로 결정했다면, 중요도 위험 모델은 효과적일 것이다. 예를 들어, 가중치 집합을 [21, 22, 23, 24]로 결정했다면 바람직하지 않다. 21과 24의 차이는 14% 이하이기 때문이다. 따라서 이 집합은 초록 경로의 위험과 크리티컬 한 활동의 차이를 두드러지게 나타내지 않는다. 게다가, 이 가중치를 적용할 때 최소 위험(W_g/W_c)은 0.88로 너무 높다. 내 경험에 의하면 가중치 집합을 [1, 2, 3, 4]로 정하는 것이 무난했다.

중요도 위험 커스터마이즈하기

중요도 위험 모델은 커스터마이즈와 주관적 결정이 필요할 때가 많다. 첫째, 8장에서 설명했듯이, (빨강, 노랑, 초록 활동에 대한 기준이 되는) 다양한 컬러의 범위는 프로젝트의 기간에 맞게 정해야 한다. 둘째, (플로트가 1일인 것처럼) 플로트가 매우 낮거나 거의 크리티컬 한 수준의 활동을 크리티컬 하다고 정의할지 고민해야 한다. 이런 활동은 크리티컬 활동만큼 위험하기 때문이다. 셋째, 일부 활동의 플로트가 거의 크리티컬 상태가 아니더라도, 그런 활동이 있는 경로 체인을 검토해서 적절히 조정해야 한다. 예를 들어, 1년짜리 활동 체인이 있고, 그 체인의 플로트가 10일뿐이라면, 그 체인에 있는 각각의 활동을 크리티컬 활동으로 분류해서 위험 계산에 포함시켜야 한다. 그 체인에서 어느 한 활동이라도 삐끗하여 전체 플로트를 소진해 버리면, 그 후의 활동은 모두 크리티컬 활동으로 변하게 된다.

10.3.5 피보나치 위험

피보나치 수열은 각 숫자가 이전 두 수의 합으로 구성되는 수열이다. 단, 첫 번째와 두 번째 숫자는 예외적으로 1로 정의한다.

$$Fib_n = Fib_{n-1} + Fib_{n-2}$$
$$Fib_2 = Fib_1 = 1$$

이렇게 재귀적으로 정의하면 1, 1, 2, 3, 5, 8, 13, ⋯ 등으로 구성된 수열이 생성된다.

(충분히 큰) 연속된 두 피보나치 수 사이의 비율은 1.618⋯라는 무리수로 파이(그리스 문자 φ)로 표기하고, 수식으로 표현하면 다음과 같다.

$$Fib_i = \varphi * Fib_{i-1}$$

고대부터 φ는 황금률로 알려졌다. 자연과 인간 활동에서 확인할 수 있다. 황금률의 대표적이면서 상당히 이질적인 예로, 무척추동물인 앵무조개 껍질의 나선 형태와 시장에서 이전 가격 수준으로 되돌아가는 방식을 들 수 있다.

표 10-1에 나온 가중치를 보면 피보나치 수열의 시작 값과 비슷한 것을 알 수 있다. 표 10-1 대신, 피보나치 수열의 연속된 숫자 네 개를 지정할 수도 있다(예, [89, 144, 233, 377]). 어떤 값으로 지정하더라도 그 값을 그림 10-4의 네트워크를 평가하는 데 사용할 때, 위험은 항상 0.64를 유지한다. 가중치는 언제나 황금률 φ이기 때문이다. W_G가 초록 활동의 가중치라면, 다른 가중치는 다음과 같다.

$$W_Y = \varphi * W_G$$
$$W_R = \varphi^2 * W_G$$
$$W_C = \varphi^3 * W_G$$

그리고 중요도 위험 공식은 다음과 같다.

$$\text{위험} = \frac{\varphi^3 * W_G * N_C + \varphi^2 * W_G * N_R + \varphi * W_G * N_Y + W_G * N_G}{\varphi^3 * W_G * N}$$

W_G가 분자와 분모의 모든 요소에 나오기 때문에, 이 식을 다음과 같이 간단히 표현할 수 있다.

$$\text{위험} = \frac{\varphi^3 * N_C + \varphi^2 * N_R + \varphi * N_Y + N_G}{\varphi^3 * N}$$

φ에 대한 근사값을 구하면, 이 공식을 다음과 같이 간소화할 수 있다.

$$\text{위험} = \frac{4.24 * N_C + 2.62 * N_R + 1.62 * N_Y + N_G}{4.24 * N}$$

나는 이러한 위험 모델을 **피보나치 위험 모델**(Fibonacci risk model)이라 부른다.

피보나치 위험 값

피보나치 위험 공식의 최댓값은 모든 크리티컬 네트워크에서 1.0이다. 최솟값은 0.24(=1/4.24)로, (가중치를 [1,2,3,4]로 지정한) 중요도 위험 모델의 최솟값인 0.25보다 살짝 낮다. 따라서 위험에 대한 자연스러운 하한은 대략 0.25임을 알 수 있다.

10.3.6 활동 위험

중요도 위험 모델은 다양한 위험 분야에 적용할 수 있다. 예를 들어, 플로트가 25일 이상일 때를 초록으로 정의한다면, 플로트가 30일인 활동과 플로트가 60일인 활동을 모두 초록 칸에 둘 수 있으며, 위험 값도 동일하다. 개별 활동이 위험에 얼마나 영향을 미치는지 쉽게 분석하도록 **활동 위험 모델**(activity risk model)을 고안했다. 이 모델은 중요도 위험 모델보다 훨씬 이산적이다.

활동 위험 공식은 다음과 같다.

$$위험 = 1 - \frac{F_1 + \dots + F_i + \dots + F_N}{M * N} = 1 - \frac{\sum_{i=1}^{N} F_i}{M * N}$$

- F_i: 활동 i에 대한 플로트
- N: 프로젝트의 활동 수
- M: 프로젝트의 활동 중 최대 플로트 ($Max(F_1, F_2, \dots, F_N)$)

중요도 위험과 마찬가지로 기간이 0인 활동(마일스톤이나 더미)은 여기서 제외해야 한다.

활동 위험 모델을 그림 10-4의 네트워크에 적용하면 다음과 같다.

$$위험 = 1 - \frac{30 + 30 + 30 + 30 + 10 + 10 + 5 + 5 + 5 + 5}{30 * 16} = 0.67$$

활동 위험 값

활동 위험 모델은 모든 활동이 크리티컬 하면 정의할 수 없다. 하지만 극한으로 (N이 큰) 대규모 네트워크에서 크리티컬 하지 않은 활동 하나만 플로트가 M일 때, 이 모델은 1.0에 근접한다.

$$위험 \approx 1 - \frac{F_1}{M * N} = 1 - \frac{M}{M * N} = 1 - \frac{1}{N} \approx 1 - 0 = 1.0$$

네트워크에 있는 활동의 플로드가 모두 M으로 동일하다면 활동 위험 최솟값은 0이 된다.

$$위험 \ = 1 - \frac{\sum\limits_{i=1}^{N} M}{M^*N} = 1 - \frac{M^*N}{M^*N} = 1 - 1 = 0$$

활동 위험은 이론적으로 0에 도달할 수는 있지만, 실전에서는 그런 프로젝트를 발견하기 어렵다. 위험이 0인 프로젝트는 없기 때문이다.

계산의 허점

활동 위험 모델은 프로젝트의 플로트가 네트워크에서 가장 적은 플로트와 가장 큰 플로트 사이에서 고르게 분포된 경우에만 적합하다. 다른 플로트보다 두드러지게 큰, 아웃라이어에 해당하는 플로트 값은 계산을 왜곡시켜서 부정확하게 높은 위험 값을 도출하게 된다. 예를 들어, 프로젝트 시작과 끝 사이에 아무 곳에 배치할 수 있는 한 주짜리 활동 하나만으로 구성된 1년짜리 프로젝트를 생각해 보자. 이런 활동은 그림 10-5에 나온 네트워크처럼 거의 1년 정도의 플로트를 갖게 된다.

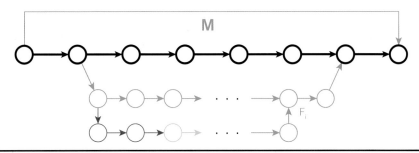

그림 10-5 아웃라이어 플로트 활동이 있는 네트워크

그림 10-5를 보면 (검은색 굵은 선으로 표시한) 크리티컬 패스와 플로트 수준을 컬러 코드로 표현한 활동들이 있다. 크리티컬 패스 위에 나온 활동은 짧지만 플로트 값(M)이 엄청 크다.

M은 다른 F_i보다 훨씬 크기 때문에, 활동 위험 공식에 적용하면 거의 1에 가깝게 나온다.

$$M >> F_i$$

$$위험 = 1 - \frac{\sum\limits_{i=1}^{N} F_i}{M*N} \approx 1 - \frac{F_i*N}{M*N} \approx 1 - \frac{F_i}{M} \approx 1 - 0 = 1.0$$

다음 장에서 이 경우에 대한 구체적인 예와 플로트 아웃라이어를 찾아내서 조정하는 쉽고 효과적인 방법에 대해 소개한다.

활동 위험은 프로젝트에 활동이 많지 않고 크리티컬 하지 않은 활동의 플로트의 차이가 크지 않거나 모두 동일한 값을 가지고 있을 때 부정확하게 낮은 활동 위험 값을 갖게 된다. 그런데, 이렇게 인위적인 예제처럼 극히 드문 경우를 제외하면, 활동 위험 모델은 위험을 정확하게 측정한다.

10.3.7 중요도 vs 활동 위험

적절한 규모의 실전 프로젝트의 경우, 중요도 위험 모델과 활동 위험 모델의 결과가 매우 비슷하다. 각 모델마다 장단점이 있다. 일반적으로 중요도 위험은 사람의 직관을 더 잘 반영하는 반면, 활동 위험은 개별 활동 사이의 차이점에 더 민감하다. 중요도 위험 모델을 만들기 위해서는 보정이나 주관적 결정이 필요한 경우가 많지만, 플로트 분포의 균일한 정도와는 무관하다. 활동 위험은 큰 아웃라이어 플로트의 존재에 민감하지만, 계산하기 쉽고 보정이 많이 필요 없다. 심지어 플로트 아웃라이어를 자동으로 조정할 수도 있다.

> **노트**   활동 위험과 중요도 위험이 크게 다르다면, 근본 원인을 찾아내야 한다. 어쩌면 플로트 분포가 균일하지 않아서 활동 위험이 왜곡됐거나, 중요도 위험을 잘못 보정했기 때문일 수 있다. 특별히 두드러지는 것이 없다면 피보나치 위험 모델로 위험 모델을 조정하면 도움이 된다.

10.4 압축과 위험

앞에서 설명했듯이, 압축률이 높으면 위험이 살짝 줄어든다. 프로젝트가 짧을수록 안전하다는 직관적인 관찰을 반영한 결과다. 정량화된 위험 모델은 이런 현상을 뒷받침한다. 높은 압축률의 소프트웨어 프로젝트에 대한 실용적인 방법은 병렬 작업을 도입하는 것뿐이다. 9장에서 병렬 작업을 도입하는 방법에 대해 소개했다. 활동을 쪼개거나 의존성이 낮은 단계를 다른 활동과 병렬로 수행하거나, 병렬 작업이 가능한 다른 활동을 도입하는 등이 있다. 그림 10-6은 이런 효과를 질적인 관점에서 보여주고 있다.

그림 10-6은 두 가지 네트워크를 보여주고 있다. 아래쪽은 위쪽에 나온 그림을 압축한 것이다. 압축한 솔루션은 크리티컬 활동이 적고, 크리티컬 패스가 짧으며 크리티컬 하지 않은 활동을 병렬로 수행한다. 이렇게 압축된 프로젝트의 위험을 측정할 때, 크리티컬 활동이 적고 플로트가 있는 활동이 있으면 중요도 위험 모델과 활동 위험 모델에 의한 위험 값은 모두 감소하게 된다.

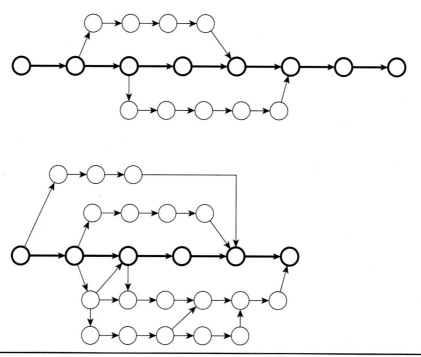

그림 10-6 압축률이 높으면 네트워크를 더 병렬화할 수 있다.

10.4.1 실행 위험

고도로 병렬화된 프로젝트의 설계 위험이 덜 압축된 솔루션의 설계 위험보다 낮지만, 스케줄을 정하고 추적해야 할 활동의 수가 늘어나고 의존성이 추가되면서 실행하기 힘들게 된다. 그런 프로젝트는 스케줄링에 상당한 제약이 있고 팀 규모도 커야 한다. 한마디로 고도로 압축된 프로젝트는 설계 위험을 실행 위험으로 전환한 셈이다. 설계 위험과 더불어 실행 위험도 반드시 측정해야 한다. 예상 실행 위험에 적합한 프록시로 네트워크의 복잡도가 있다. 실행 복잡도를 정량적으로 평가하는 방법에 대해서는 12장에서 소개한다.

10.5 위험 압축 해제

프로젝트를 압축하면 위험이 늘어날 가능성이 높아지지만, 그 반대도 (어느 정도) 성립한다. 프로젝트를 여유 있게 만들면 위험도 줄일 수 있다. 이런 기법을 **위험 압축 해제**(risk decompression)라고 부른다. 크리티컬 패스에 플로트를 도입하여 완료 일자를 늦추도록 프로젝트를 설계하는 것이다. 위험 압축 해제는 미래의 예상치 못한 상황에 대한 프로젝트의 민감도와 취약함을 줄이는 데 가장 좋은 방법이다.

주어진 솔루션이 너무 위험하다면 프로젝트를 압축 해제 해야 한다. 프로젝트를 압축해야 할 또 다른 경우로는 지난 기록을 토대로 봤을 때 현재 상태가 우려스럽거나, 미지수가 너무 많거나, 우선순위와 리소스가 자꾸 변경되는 변동성 높은 환경 등이 있다.

7장에서 설명했듯이, 위험을 줄이려고 할 때 흔히 저지르는 실수가 추정치(estimation)를 무시하는 것이다. 그러면 상황을 더욱 악화시켜 프로젝트 성공 확률을 떨어뜨리게 된다. 압축을 하는 주목적은 본래 추정치는 그대로 유지하면서 모든 네트워크 경로의 플로트를 증가시키는 데 있다.

이와 동시에 압축을 너무 해제해서도 안 된다. 위험 모델을 적용할 때 압축 해제의 효과를 측정해서 압축 해제 타깃에 도달하면 멈춘다(여기에 대해서는 이 절의 뒤에서 설명한다). 과도한 압축 해제는 모든 활동의 플로트를 높여서 그 효과를 반감시킨다. 이 수준을 넘어서 계속 압축을 해제하면 설계 위험이 줄어들지 않고 위험 추정치를 전반적으로 높이고 시간을 낭비하게 된다.

모든 프로젝트 설계 솔루션에 대해 압축을 해제할 수 있다. 물론 일반적으로는 정규 솔루션만 압축 해제한다. 압축 해제는 (그림 10-2처럼) 프로젝트의 시간과 비용을 높여서 비경제적으로 만든다. 프로젝트 설계 솔루션을 압축 해제할 때, 인력 투입 수준은 본래대로 유지한다. 압축 해제 플로트를 추가로 소비하고 인력을 줄이고 싶은 유혹을 뿌리쳐야 한다. 그러면 애초에 위험 압축 해제의 목적을 상실하게 된다.

10.5.1 압축 해제 방법

프로젝트를 압축 해제하는 간단한 방법은 프로젝트의 마지막 활동이나 이벤트를 타임라인에서 뒤로 미루는 것이다. 그러면 네트워크에서 이전에 있던 모든 활동의 플로트가 증가하게 된다. 그림 10-4에 나온 네트워크의 경우, 활동16을 10일로 압축하면 중요도 위험이 0.47, 활동 위험이 0.52가 된다. 활동 16을 30일로 압축하면 중요도 위험이 0.3, 활동 위험이 0.36이 된다.

이보다 정교한 기법으로, 크리티컬 패스에 있는 핵심 활동(예, 그림 10-4의 활동 8) 하나 또는 둘도 함께 압축 해제하는 것이다. 일반적으로 네트워크를 따라 좀 더 압축 해제할수록, 압축할 대상이 더 늘어나게 된다. 업스트림 활동 중에서 어느 하나 문제가 생기면 다운스트림 활동의 플로트를 소비할 수 있기 때문이다. 압축 대상이 네트워크의 앞쪽에 있을수록, 모든 플로트를 소비할 가능성이 낮아진다.

10.5.2 압축 해제 타깃

프로젝트를 압축 해제할 때, 위험이 0.5까지 떨어질 때까지 압축 해제해야 한다. 그림 10-7은 1과 0 지점의 수평 점근선을 가진 로지스틱 함수를 이용하여 이상적인 위험 곡선에서 위험이 0.5 아래로 떨어지는 지점을 표현한 것이다.

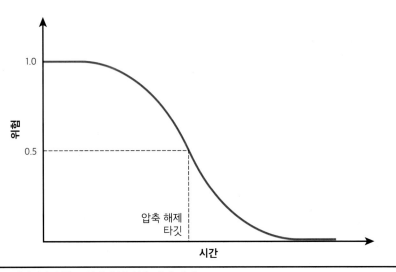

그림 10-7 이상적인 위험 곡선에서 본 압축 해제 타깃

프로젝트 기간이 아주 짧으면 위험 값은 거의 1.0에 가까운 최댓값에 도달한다. 이 지점에서 위험 곡선은 거의 평평하다. 처음에는 프로젝트에 투입한 시간에 비해 리스크 감소폭이 크지 않다. 시간을 좀 더 투입하면 어느 시점에 이르러 위험 곡선이 하강하기 시작하며, 프로젝트에 투입한 시간이 많아질수록 곡선의 기울기는 더 가파르게 된다. 하지만 그 후 시간을 더 투입하면 위험 곡선이 다시 평평해지면서 추가한 시간에 비해 위험 감소폭이 줄어들게 된다. 위험 곡선의 기울기가 가장 큰 지점은 압축 해제의 효과가 가장 큰 지점이다. 다시 말해, 최소한의 압축 해제로 위험 감소폭이 가장 크다. 이 지점을 **위험 압축 해제 타깃**(decompression target)으로 정의한다. 그림 10-7의 로지스틱 함수는 0과 1 사이에서 대칭을 이루기 때문에 티핑 포인트는 위험 값이 정확히 0.5인 지점이다.

압축 해제 타깃과 비용의 관계를 살펴보려면, 실제 위험 곡선과 직접 비용 곡선을 비교한다(그림 10-8). 실제 위험 곡선은 이상적인 위험 곡선보다 좁은 범위에 있으며 0과 1에 도달하지 않는다. 하지만 최댓값과 최솟값 사이의 로지스틱 함수와 유사한 형태를 보인다. 이 장의 앞에서 설명했듯이, 위험 곡선에서 기울기가 가장 가파른 지점(오목하다가 볼록해지는 지점)은 직접 비용이 가장 작다. 이는 압축 해제 타깃과 일치한다(그림 10-8).

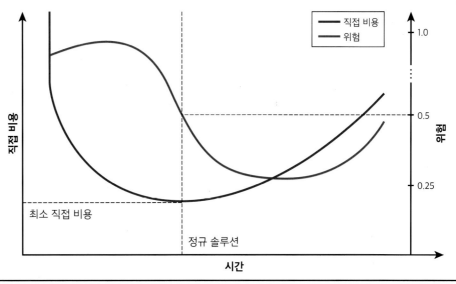

그림 10-8 최소 직접 비용은 위험이 0.5인 지점과 같다.

위험은 0.5 오른편으로 갈수록 계속 감소하기 때문에, 0.5를 최소 압축 해제 타깃으로 삼을 수 있다. 또한 과도하게 압축 해제하지 않도록 위험 곡선의 동작을 모니터링해야 한다.

프로젝트의 최소 직접 비용 지점이 위험 관점에서 최적의 지점이기도 하다면, 그 지점이 프로젝트에서 최적의 설계 지점이며, 최적의 위험에서 최저의 직접 비용이 발생한다. 이 지점은 너무 위험하지도 않고 너무 안전하지도 않으며, 프로젝트에 투입한 시간대비 최대 효과를 얻을 수 있다.

> **노트** 이론적으로 프로젝트의 최소 직접 비용 지점은 정규 솔루션과 위험 곡선의 기울기가 가장 큰 지점과 일치한다. 실전에서는 이런 경우를 거의 찾아볼 수 없는데, 모델은 근본적으로 이산 모델이며, 현실에서는 고려해야 할 점이 많기 때문이다. 정규 솔루션이 최고 직접 비용 지점에 가까워질 수는 있지만, 정확히 일치하지 않을 수 있다. 이 말은 정규 솔루션을 위험 곡선의 티핑 포인트로 압축 해제해야 하는 경우가 많다는 뜻이다.

10.6 위험 메트릭

이 장을 마무리하기 전에 마지막으로 몇 가지 기억하기 쉬운 지표와 경험법칙에 대해 소개한다. 다른 설계 지표와 마찬가지로 여기 나온 지표도 가이드라인 정도로 활용해야 한다. 이러한 지표를 벗어나면 위험하며 항상 그 원인을 찾아내야 한다.

- **위험을 0.3과 0.75 사이로 유지하기**: 프로젝트가 극단적인 값에 도달하지 않아야 한다. 위험 값이 0이거나 1인 상황은 말이 안 된다. 위험이 너무 낮아서도 안 된다. 중요도 위험 모델은 0.25 아래로 낮아질 수 없기 때문에 최소한 0.25보다는 높아야 하며, 어떤 프로젝트라도 0.3을 하한으로 삼아야 한다. 프로젝트를 압축할 때, 위험이 (가장 크리티컬 한 프로젝트를 의미하는) 1.0에 도달하기 훨씬 전부터 압축을 멈춰야 한다. 위험 값이 0.9나 0.85라도 너무 높다. 하위 ¼ 지점인 0에서 0.25 사이를 허용하지 않는다면, 대칭을 유지하기 위해 상위 1/4인 0.75에서 1.0 사이도 허용하면 안 된다.
- **0.5로 압축 해제하기**: 이상적인 압축 해제 타깃은 위험이 0.5다. 위험 곡선에서 이 지점이 티핑 포인트다.
- **과도한 압축 해제 피하기**: 앞에서 설명했듯이, 압축 해제 타깃을 벗어나서 압축 해제하면 그 효과가 감소하며 위험이 증가하게 된다.
- **정규 솔루션을 0.7 아래로 유지하기**: 솔루션을 압축하려면 위험이 커지는 것을 감수해야 하지만, 정규 솔루션에 대해서는 바람직하지 않다. 대칭성 원칙을 떠올려보면, 모든 솔루션의 위험 하한이 0.3일 때, 정규 솔루션의 위험 상한은 0.7이다. 위험도가 높은 정규 솔루션은 항상 압축 해제한다.

프로젝트를 설계할 때 항상 위험 모델링과 위험 지표를 함께 고려해야 한다. 위험을 지속적으로 측정하여 현재 어느 상태에 있고 앞으로 어떤 상태로 흘러갈지를 항상 주시한다.

11장
실전 프로젝트 설계

프로젝트 설계에 익숙하지 않은 이들이 어려움을 겪는 부분은 구체적인 설계 기법이나 개념이 아니라, 설계 프로세스의 전반적인 절차다. 또한 세부 사항의 늪에 빠져서 설계의 본래 목적을 잊어버리기도 쉽다. 경험이 부족하면 예상치 못한 상황이 닥칠 때 좌절할 수 있다. 발생 가능한 모든 문제와 해법을 완벽히 나열하기란 현실적으로 불가능하다. 그보다는 프로젝트 설계에 관련된 사고 과정을 마스터하는 것이 좋다.

이 장에서는 설계 활동(design effort)의 전반적인 과정을 살펴보면서 사고 과정(thought process)과 올바른 마음가짐을 소개한다. 여기서 핵심은 여러 단계와 반복 과정을 시스템적으로 검토하는 데 있다. 이 과정에서 프로젝트 설계 옵션 중에서 선택을 변경하는 방법, 올바른 방식을 밀어붙이는 방법, 그리고 트레이드오프 관계를 파악하는 방법 등과 같은 다양한 경험과 사례를 소개한다. 이 장에서는 이전 장에서 소개한 개념뿐만 아니라, 프로젝트 설계 기법을 조합해서 발생한 시너지 효과도 소개한다. 또한 계획 가정, 복잡도 감소, 인력 투입과 스케줄링, 제약사항 수용, 압축, 위험과 계획 등과 같은 프로젝트 설계의 다양한 측면도 다룬다. 따라서 이 장의 목적은 실전 예제를 제공하는 것이 아니라, 프로젝트 설계 흐름과 기법을 소개하는 것이다.

11.1 미션

여러분의 미션은 일반적인 비즈니스 시스템을 구축하는 프로젝트를 설계하는 것이다. 이 시스템은 '더 메서드'에 따라 설계했지만, 그 사실은 이 장에서 중요하지 않다. 일반적으로 프로젝트 설계 활동에 다음과 같은 요소를 포함해야 한다.

- **정적 아키텍처**: 초기 코딩 활동 목록을 작성하기 위해 정적 아키텍처를 사용한다.

- **콜 체인 또는 시퀀스 다이어그램**: 유스케이스를 검토하고 각각이 시스템에 어떻게 전파되는지 검토하여 콜 체인이나 시퀀스 다이어그램을 만든다. 그러면 활동에 대한 구조적 의존성을 개략적으로 볼 수 있다.
- **활동 목록**: 모든 활동을 나열한다. 코딩과 코딩이 아닌 것도 함께 나열한다.
- **기간 추정**: 각각의 활동마다 투입(되거나 다른 이들과 함께 하는) 기간(과 리소스)을 정확히 추정한다.
- **계획 가정**: 인력 투입, 가용성, 증가 시간, 기술, 품질 등에 대해 가정한 사항을 나열한다. 일반적으로 이러한 항목에 대해 가정할 것이며, 각각은 다양한 프로젝트 설계 솔루션을 도출하게 된다.
- **몇 가지 제약 사항**: 현재까지 드러난 제약 사항을 나열한다. 발생할 가능성이 있는 제약사항과 이에 대한 계획도 함께 나열한다. 이 장에서는 제약사항에 대처하는 예를 다양하게 소개할 것이다.

11.1.1 정적 아키텍처

시스템의 정적 아키텍처(static architecture)는 그림 11-1과 같다. 여기서 시스템 규모가 그리 크지 않다는 것을 알 수 있다. 클라이언트는 둘이고, 비즈니스 로직 컴포넌트는 다섯 개고, 리소스액세스 컴포넌트는 세 개, 리소스는 두 개, 유틸리티는 세 개로 구성되어 있다.

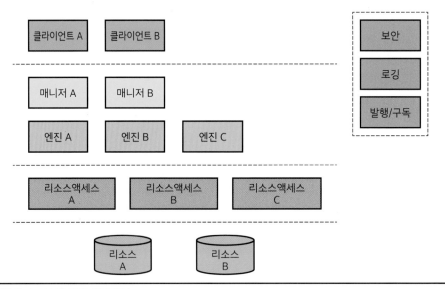

그림 11-1 시스템 정적 아키텍처

그림 11-1에 나온 시스템은 실제 시스템을 본 따 만든 것이지만, 여기 나온 아키텍처의 장점은 이 장과 무관하다. 프로젝트를 설계할 때, 프로젝트 설계 활동이 시스템 설계 검토로 전환되지 않도록 주의해야 한다. 아키텍처가 어설프더라도 적절히 프로젝트를 설계하여 목적을 달성할 가능성을 극대화해야 한다.

11.1.2 콜 체인

시스템에는 코어 유스케이스와 콜 체인(call chain)이 각각 두 개만 있다. 첫 번째 콜 체인은 그림 11-2에 나온 것처럼 이벤트를 발행하는 것으로 끝난다. 그림 11-3에 나온 두 번째 콜 체인은 이렇게 나온 이벤트를 구독자가 처리한다.

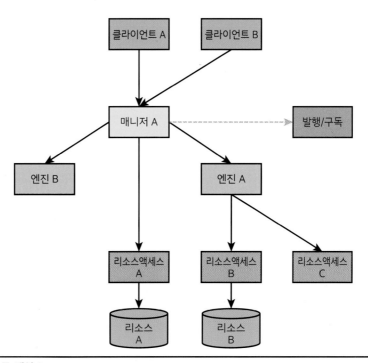

그림 11-2 콜 체인 1

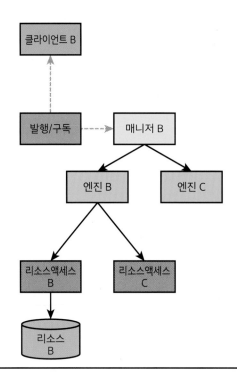

그림 11-3 콜 체인 2

의존성 차트

콜 체인을 검토해서 아키텍처의 각 컴포넌트 사이의 의존성에 대한 첫 번째 초안을 도출한다. 먼저 컴포넌트를 연결하는 모든 화살표부터 시작한다. 여기서 전송이나 연결성을 구분하지 말고 모두 의존성으로 처리한다. 어떤 의존성이든 단 한 번만 고려한다. 그런데 일반적으로 콜 체인 다이어그램에는 전반적인 상황이 드러나지 않는다. 암묵적으로 반복되는 의존성이 생략되는 경우가 많기 때문이다. 이럴 때는 (리소스를 제외한) 아키텍처의 모든 컴포넌트를 로깅(Logging)에 의존하게 만들고, 클라이언트와 매니저를 보안(Security) 컴포넌트에 의존하게 만든다. 이렇게 부가적인 정보를 추가하면 그림 11-4와 같은 **의존성 차트(dependency chart)**를 만들 수 있다.

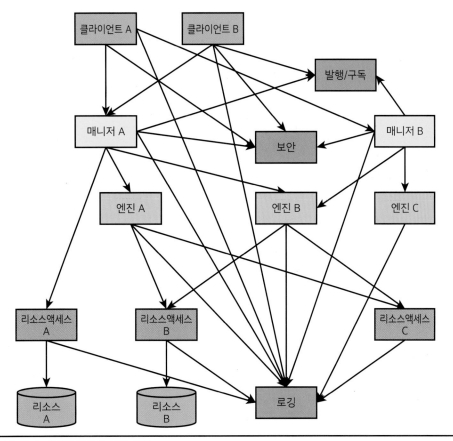

그림 11-4 의존성 차트의 초기 버전

여기서 볼 수 있듯이 유스케이스가 단 두 개인 간단한 시스템이라도 의존성 차트가 복잡해서 분석하기 힘들다는 것을 알 수 있다. 이러한 복잡도를 줄이기 위한 간단한 방법은 중복된 **상속 의존성(inherited dependency)**[11]을 제거하는 것이다. 상속 의존성은 전이 관계 의존성(transitive dependency)에 의해 발생한다. 여기서 전이 관계 의존성이란 한 활동이 다른 활동에 의존함으로써 암묵적으로 상속되는 종속성을 말한다. 그림 11-4에서 클라이언트 A는 매니저 A와 보안에 의존하고, 매니저 A는 다시 보안에 의존한다. 그래서 클라이언트 A와 보안 사이의 의존성은 제거해도 된다. 상속 의존성을 이용하면 그림 11-4를 그림 11-5와 같이 간소화할 수 있다.

---

11 https://en.wikipedia.org/wiki/Transitive_dependency

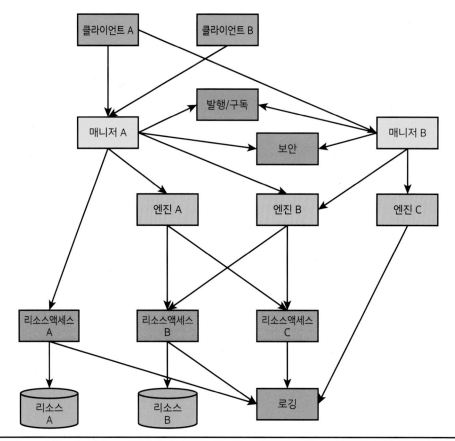

그림 11-5 상속 의존성을 제거한 의존성 차트

11.1.3 활동 목록

그림 11-5는 그림 11-4에 비해 훨씬 간결해졌지만 그대로 사용하기에는 아직 적합하지 않다. 상당히 구조적이고 코딩 활동만으로 구성되어 있기 때문이다. 프로젝트에 대한 모든 활동을 빠짐없이 나열한 활동 목록(activity list)을 만들어야 한다. 이때 코딩이 아닌 활동 목록은 요구사항과 아키텍처에 관련된 부가적인 작업(예, 기술 검증이나 데모 서비스), 프로젝트 설계, 테스트 계획, 테스트 하네스, 시스템 테스팅 등을 포함해야 한다. 표 11-1은 프로젝트의 모든 활동과 각각의 추정 기간, 이전 활동과의 의존성을 나열한 것이다.

표 11-1 활동, 기간, 의존성

ID	활동	기간 (일 단위)	의존성
1	요구사항	15	
2	아키텍처	20	1
3	프로젝트 설계	20	2
4	테스트 계획	30	3
5	테스트 하네스	35	4
6	로깅	15	3
7	보안	20	3
8	발행/구독	5	3
9	리소스 A	20	3
10	리소스 B	15	3
11	리소스액세스 A	10	6,9
12	리소스액세스 B	5	6,10
13	리소스액세스 C	15	6
14	엔진 A	20	12,13
15	엔진 B	25	12,13
16	엔진 C	15	6
17	매니저 A	20	7,8,11,14,15
18	매니저 B	25	7,8,15,16
19	클라이언트 앱1	25	17,18
20	클라이언트 앱2	35	17
21	시스템 테스팅	30	5,19,20

11.1.4 네트워크 다이어그램

이렇게 활동과 의존성을 모두 나열했다면, 프로젝트 네트워크를 화살표 다이어그램으로 표현할 수 있다. 그림 11-6은 네트워크 다이어그램(network diagram)의 초기 버전을 보여주고 있다. 여기서 숫자는 표 11-1의 활동 ID다. 굵은 선과 숫자는 크리티컬 패스를 의미한다.

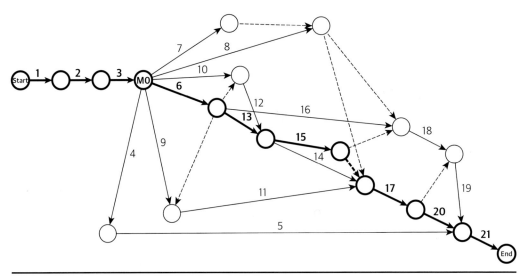

그림 11-6 네트워크 다이어그램의 초기 버전

마일스톤에 대하여

8장에서 정의했듯이, 마일스톤(milestone)은 통합 작업 등과 같은 프로젝트의 주요 부분이 끝났음을 알리는 이벤트다. 지금처럼 프로젝트 설계의 초기 단계에서도 프로젝트 설계(활동 3)가 끝났다는 이벤트를 SDP 리뷰 마일스톤 M0으로 표시해야 한다. 여기서 M0은 프로젝트의 프론트 엔드(요구사항, 아키텍처, 프로젝트 설계)가 완료됐음을 가리킨다. 이렇게 하면 SDP 리뷰를 계획의 일부로 명시적으로 만들게 된다. 마일스톤은 크리티컬 패스에 있을 수도 있고 없을 수도 있다. 또한 공개일수도 있고 비공개일수도 있다. 공개 마일스톤은 경영진과 고객에게 진행 상황을 보여주는 반면, 비공개 마일스톤은 팀 내부적인 장애물이다. 마일스톤이 크리티컬 패스 밖에 있다면, 비공개로 하는 것이 좋다. 지연으로 인해 상위 작업으로 이동할 수도 있기 때문이다. 크리티컬 패스에 있다면 공개와 비공개 모두 가능하다. 시간과 비용 관점에서 프로젝트의 목표를 달성하는 데 직접적인 상관관계가 있기 때문이다. 마일스톤의 또 다른 용도는 콜 체인에 의존성이 드러나지 않아도 의존성을 강제할 수 있다는 것이다. SDP 리뷰가 그런 마일스톤의 예이다. SDP 리뷰 전에 건설적인 활동이 시작되면 안 된다. 이처럼 강요된 의존성 마일스톤은 네트워크를 간결하게 만들기도 한다. 이에 대한 예는 잠시 후 소개한다.

초기 기간

표 11-1에 나온 활동에 대해 프로젝트 계획 도구를 이용하여 네트워크를 구성할 수 있다. 그러면 개략적인 프로젝트 기간에 대한 첫 번째 버전인 초기 기간(initial duration)을 볼 수 있다. 이렇게 하면 프로젝트가 9.0개월 걸린다는 것을 알 수 있다. 그런데 리소스를 할당하지 않고서는 프로젝트 비용을 결정할 수조차 없다.

> **노트** 이 책에서 제공하는 부록 파일 중에서 마이크로소프트 프로젝트 파일과 이에 연계된 엑셀 스프레드 시트가 있다. 이를 통해 이 장에서 소개한 각각의 반복과 조합을 표현했다. 이어지는 글에서는 설명과 요약 정보만 제공한다.

11.1.5 계획 가정

설계를 진행하기 위해서는 계획 가정을 아이템화해야 한다. 특히 계획된 인력 투입 요구사항을 다음과 같이 목록에 나열한다.

- 프로젝트 전체에 대한 프로젝트 매니저 한 명이 필요하다.
- 프로젝트 전체에 대한 프로덕트 매니저 한 명이 필요하다.
- 프로젝트 전체에 대한 아키텍트 한 명이 필요하다.
- 모든 코딩 활동에 대해 서비스 당 개발자 한 명이 필요하다. 서비스를 완성하고 나면 개발자는 다른 활동으로 이동할 수 있다.
- 각 리소스마다 데이터베이스 아키텍트 한 명이 필요하다. 이 작업은 코드 개발 작업과는 독립적이며 병렬로 실행할 수 있다.
- 시스템 서비스 구축 초기부터 테스트가 끝날 때까지 테스터 한 명이 필요하다.
- 시스템 테스트를 수행하는 동안 테스터 한 명이 더 필요하다.
- 테스트 계획과 테스트 하네스 활동을 위한 테스트 엔지니어 한 명이 필요하다.

- 구축 초기부터 테스트 완료까지 데브옵스 전문가 한 명이 필요하다.

이렇게 작성한 목록은 사실 프로젝트 완료에 필요한 리소스 목록이다. Y에 대해(대한) X 한 명 목록 형식도 주목할 필요가 있다. 충원이 필요한 인력을 이렇게 표현할 수 없다면, 인력 투입 요구사항을 제대로 파악하지 못했거나, 주요 계획 가정을 놓치고 있다는 뜻이다.

개발자에 대한 테스트 시간과 유휴 시간(idle time)의 계획 가정 두 가지를 명시적으로 세워야 한다. 첫째, 지금 보는 예제 프로젝트에서 개발자는 시스템 테스트 기간 동안에는 그들이 필요없을 정도로 고품질의 결과물을 도출할 것이다. 둘째, 활동 사이에 걸쳐 있는 개발자들은 직접 비용으로 간주한다. 엄밀히 말해서, 유휴 시간은 간접 비용으로 취급해야 한다. 프로젝트 활동과 직접적인 관계가 없으면서 지불해야 하는 비용이기 때문이다. 하지만 여러 프로젝트 매니저는 유휴(idle) 개발자를 다른 개발 활동을 지원하는 활동에 할당하려고 한다. 심지어 서비스 당 임시로 할당된 개발자가 한 명 이상이더라도 말이다. 계획 가정을 이렇게 세우면 활동 사이에 걸친 개발자는 직접 비용으로 간주하는 것이다.

프로젝트 단계

프로젝트를 구성하는 각 활동은 항상 특정한 **단계(phase)**, 또는 활동 타입에 속한다. 단계의 대표적인 예로, 프론트 엔드, 설계, 인프라스트럭처, 서비스, UI, 테스팅, 배포(deployment) 등이 있다. 단계는 여러 활동으로 구성될 수 있으며, 한 단계에 속한 활동들은 타임라인에 서로 겹칠 수 있다. 그런데 단계는 순차적이지 않고 서로 중첩되거나 시작했다 멈출 수도 있는지는 명확하지 않다. 단계를 나열하는 가장 간단한 방법은 계획 가정 리스트를 역할/단계 테이블로 만드는 것이다. 예를 들면, 표 11-2와 같다.

표 11-2 역할과 단계

역할	프론트 엔드	인프라스트럭처	서비스	테스팅
아키텍트	X	X	X	X
프로젝트 매니저	X	X	X	X
프로덕트 매니저	X	X	X	X
데브옵스		X	X	X
개발자		X	X	
테스터			X	X

여기서도 마찬가지로 단계 전체 기간 동안 필요한 역할을 더 추가할 수 있다. 예를 들어 UX(사용자 경험)나 보안 전문가를 들 수 있다. 하지만, 특정 활동만을 위한 역할(예, 테스트 엔지니어)은 추가하면 안 된다.

표 11-2를 보면 인력 분포를 개략적으로 볼 수 있다. 인력 분포 차트를 구성할 때 역할과 단계의 관계는 중요하다. 왜냐하면 모든 리소스에 대한 사용을 설명해야 하기 때문이다. 각각이 특정 프로젝트 활동에 할당되는지 여부와는 관계없이 말이다. 예를 들어, 표 11-2에서 아키텍트는 프로젝트 전반에 걸쳐 필요하다. 그러면 인력 분포 차트에서 아키텍트가 프로젝트 기간 전반에 걸쳐 나타나게 작성할 것이다. 이렇게 하면 올바른 인력 분포 차트와 비용 계산을 도출하는 데 필요한 모든 리소스를 설명할 수 있다.

> **노트**   이 장에서 소개한 것처럼 누군가 잘 작성한 계획 가정을 받는 경우는 극히 드물다. 특정한 계획 가정을 정제하기 위해서는, 프로젝트 초반에 발견, 시행착오, 협상 등을 거칠 수밖에 없다. 심지어 이 흐름을 반대로 진행할 수도 있다. 즉 여기서 제시한 방법을 토대로 수립한 계획 가정과 인력 분포로부터 시작해서, 피드백과 코멘트를 요청하는 것이다.

11.2 정규 솔루션 찾기

계획 가정, 의존성, 활동 리스트를 확보했다면, 정규 솔루션을 찾는 과정을 반복적으로 진행한다. 첫 번째 회차에서는 리소스가 무제한으로 제공된다고 가정하되, 크리티컬 패스 상에서 문제없이 진행하는 데 필요한 만큼만 사용한다. 그러면 최소한의 리소스를 사용하여 시스템을 최소한의 제약사항으로 구축하는 방법을 확보하게 된다.

11.2.1 무제한 리소스(첫 번째 반복)

처음에는 인력 투입 탄력성에도 제한이 없다고 가정한다. 현실적인 적용을 위해 미세한 조정은 할 수 있다. 예를 들어, 플로트를 교환해서 리소스 투입을 피할 수 있다면, 한 주 동안만을 위한 인력을 고용할 이유가 없다. 필요하다면 특수한 기술도 모두 제공된다고 가정한다. 이처럼 여유 있게 가정하면 리소스 할당 전에 만든 것과 같은 프로젝트 기간을 도출할 수 있다. 실제로, 이런 식으로 프로젝트에 인력을 투입하면, 기간은 그대로 9.0개월로 유지하면서 그림 11-7과 같은 획득 가치 계획 차트를 도출할 수 있다. 이 차트는 일반적인 가느다란 S 곡선 형태를 갖고 있지만 기대만큼 부드럽지 않은 것을 볼 수 있다.

7장에서 소개한 프로세스에 따른 프로젝트 인력 분포 차트는 그림 11-8과 같다. 이 계획은 최대 네 명의 개발자와 두 명의 데이터베이스 아키텍트와 테스트 엔지니어 한 명을 사용하며, 플로트는 전혀 사용하지 않고 있다. 이렇게 계산된 프로젝트의 총비용은 58.3 맨-먼스다.

9장에서 정규 솔루션을 찾는 과정을 반복 프로세스(그림 9-8)라고 설명한 이유는, 최소한의 인력 투입 수준을 설계 활동 초반에는 알 수 없기 때문이다. 따라서, 첫 번째 결과물은 정규 솔루션이 아니다. 다음 회차의 반복에서 현실을 반영하고, 플로트를 써서 인력 투입 변동성을 줄이고, 명백히 드러난 설계 결함을 해결하고, 가능하면 복잡도도 줄인다.

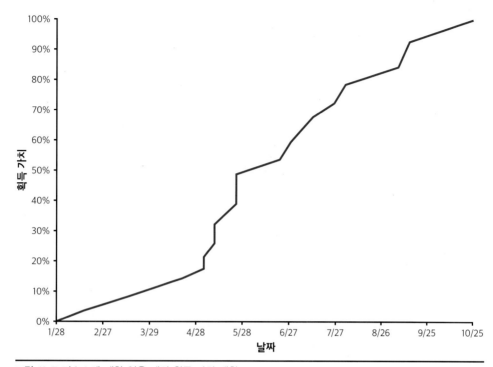

그림 11-7 리소스에 제한 없을 때의 획득 가치 계획

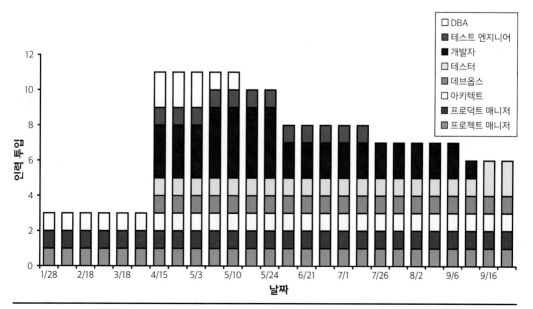

그림 11-8 리소스에 제한 없을 때의 인력 분포

11.2.2 네트워크와 리소스 문제

정규 솔루션의 첫 번째 반복에서 몇 가지 핵심적인 문제를 겪게 된다. 첫째, 특수한 기술을 비롯한 여러 가지 리소스에 제한이 없고 즉시 사용할 수 있다고 가정한다. 그러나 현실적으로 리소스에 제한이 없지 않고 특수한 기술도 쉽게 확보할 수 있는 것이 아니다. 둘째, 계획된 인력 분포 차트(그림 11-8)를 보면 (7장에서 발견했던) 우려스러운 부분이 있다. 급격히 증가하는 모습을 보이고 있는 것이다. 인력 투입 가용성과 탄력성에 대한 가정 때문에 이러한 동작이 발생한다고 예상해야 한다. 셋째, 반복하는 과정에서 일부 리소스를 단기간에만 사용하는 경우가 있다. 그러면 가용성과 온보딩 시간(onboarding time)에 문제가 발생할 수 있다. 외주를 통해 어느 정도 보완할 수는 있겠지만, 해결해야 할 문제를 새로 만들어서는 안 된다. 인력 분포 곡선은 완만해야 한다. 급격한 증가나 감소도 없어야 한다. 몇 가지 리소스 제약이 있고 현실적인 인력 투입 탄력성을 가진 형태로 프로젝트를 변형해야 한다. 이렇게 하면 인력 분포뿐만 아니라 예정 획득 가치 차트도 완만하게 만들 수 있다.

정규 솔루션의 마지막 문제는 매니저 서비스에서의 통합 압력이다. 그림 11-6의 네트워크 다이어그램과 표 11-1을 보면, 매니저(활동 17, 18)가 통합할 서비스가 4~5개다. 이상적으로는 한 번에 통합하는 서비스가 한두 개여야 한다. 동시에 통합할 서비스가 두 개 이상이면 복잡도가 비선형적으로 증가하게 된다. 문제가 여러 서비스에 걸쳐서 발생하기 때문이다. 통합이 프로젝트 막바지에 진행되기 때문에 발생한 문제를 해결할 여유가 없으면 문제는 더욱 심각해진다.

11.2.3 인프라스트럭처 우선 (두 번째 반복)

프로젝트를 단순화하기 위해 흔히 사용하는 기법은 인프라스트럭처 서비스(로깅, 보안, 발행/구독 등과 같은 유틸리티와 자동화 구축 등과 같은 인프라스트럭처 관련 활동)를 네트워크 상에서 발생하는 자연스러운 의존성에 관계없이 프로젝트 초반으로 옮기는 것이다. 다시 말해 M0 직후에 개발자는 이러한 인프라스트럭처 작업을 수행하게 된다. 심지어 그림 11-9에 나온 부분 네트워크와 같이, M1이란 마일스톤을 추가해서 인프라스트럭처가 완료됐음을 알리고, 다른 서비스가 M1에 의존하게 만들 수도 있다.

인프라스트럭처부터 완성하면 (의존성과 교차 선을 줄여서) 네트워크 복잡도를 줄이고, 매니저 단계에서 통합하는 부담도 덜게 된다. 본래 의존성을 이런 식으로 개선하면 대체로 초기 인력 투입 요구를 줄이게 된다. 다른 서비스는 M1이 완료될 때까지 시작할 수 없기 때문이다. 또한 인력 투입 변동성을 줄여서 인력 분포가 완만해지고 프로젝트 초반에 점진적으로 증가하게 된다.

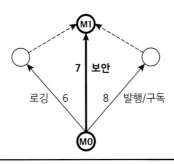

그림 11-9 인프라스트럭처 우선

인프라스트럭처부터 개발할 때의 또 다른 주요 장점은 핵심 인프라스트럭처 요소에 일찍 접근할 수 있다는 것이다. 그러면 개발자가 시스템을 구축하자마자 결과물을 통합할 수 있다. (로깅이나 보안과 같은) 인프라스트럭처 서비스를 새로 추가하거나 테스트할 필요가 없다. (리소스액세스, 엔진, 매니저, 클라이언트 등과 같은) 비즈니스 관련 요소보다 인프라스트럭처 서비스를 먼저 마련하는 것은 거의 모든 경우에 유리하다. 심지어 초반에는 그 효과가 불분명하더라도 말이다.

인프라스트럭처부터 개발하면 M1이 지나기 전까지 초기 인력 구성이 개발자 세 명으로 변경된다(서비스 당 한 명). M1이 지나면 네 번째 개발자를 수용할 수 있다(아직까지 리소스에 제한 없는 인력 투입 계획을 토대로 작업하고 있다). 이전 단계를 반복하면, 인프라스트럭처 우선 계획에 의해 일정이 3%가량 늘어나서 9.2 개월이 되고, 총비용은 2%가량 증가하여 59 맨-먼스가 된다. 총비용과 일정이 약간 증가한다는 것을 감수하면, 프로젝트의 주요 서비스에 일찍 접근할 수 있고, 계획을 더 단순하고 현실적으로 만들 수 있다. 이렇게 새로 변경한 프로젝트는 다음 반복부터 기준이 된다.

11.2.4 제한된 리소스

요청한 리소스가 필요한 시점에 제공되지 않을 수도 있다. 그래서 이러한 위험을 줄이기 위해서는 (적어도 초반에는) 리소스가 적다고 계획하는 것이 안전하다. 프로젝트 초반에 개발자 세 명을 확보할 수 없다면 프로젝트는 어떻게 될까? 개발자를 한 명도 확보할 수 없다면, 아키텍트가 인프라스트럭처를 개발하거나, 외주를 활용해야 한다. 인프라스트럭처 서비스는 도메인 지식이 필요 없기 때문에, 아웃소싱하기 적합하다. 초반에 개발자가 한 명만 있다면, 그 개발자가 인프라스트럭처에 필요한 모든 요소를 순차적으로 개발해야 한다. 어쩌면 초반에만 개발자가 한 명이고, 첫 번째 활동이 끝난 후에는 두 번째 개발자가 합류할 수도 있다.

제한된 리소스로 인프라스트럭처 우선 (세 번째 반복)

후자의 경우와 같이, 한 명이 작업하다가 중간에 한 명이 투입되는 상황이라면 인프라스트럭처부터 구축하는 프로젝트를 다시 계산해서 제한된 리소스로는 어떻게 되는지 가늠할 필요가 있다. 그림 11-9처럼 병렬 활동 세 개(그중 하나는 크리티컬 한 활동)를 초반에 두지 말고, 이제는 크리티컬한 활동이 하나이므로, 액비티티 두 개만(그중 하나는 크리티컬 한 활동) 병렬로 실행한다. 이런 식으로 활동을 직렬화하면 프로젝트 기간은 늘어난다. 이렇게 하면 일정은 8%가량 증가하여 9.9개월이 되고, 총비용은 4%가량 증가하여 61.5 맨-먼스가 된다. 이렇게 변경된 인력 분포 차트는 그림 11-10과 같다. 여기서 개발자가 한 명에서 두 명, 그리고 네 명으로 점진적으로 변하는 것을 볼 수 있다.

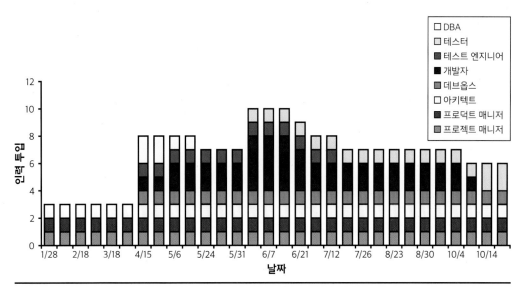

그림 11-10 제한된 리소스로 인프라스트럭처 우선 방식을 통해 진행할 때의 인력 분포

리소스를 제한해서 크리티컬 패스를 연장하면 네트워크 전반에 걸쳐 있는 크리티컬하지 않은 활동의 플로트도 덩달아 증가한다. 리소스에 제한이 없던 경우와 비교할 때, 테스트 계획(그림 11-6의 활동 4)과 테스트 하네스(그림 11-6의 활동 5)의 플로트가 30%가량 증가하고, 리소스A(그림 11-6의 활동 9)의 플로트는 50%가량 증가하고, 리소스B(그림 11-6의 활동 10)의 플로트는 100% 증가한다. 얼핏 보기에는 리소스 가용량이 조금만 변했지만 플로트는 급격하게 증가한 점에 주목할 필요가 있다. 하지만 이는 양날의 검과 같다는 점에 주의할 필요가 있다. 때로는 악영향이 없어 보이는 변경으로 인해 플로트가 무너지고 프로젝트를 망가뜨리거나 잘못된 방향으로 나가게 만든다는 것이다.

데이터베이스 아키텍트 부재 (네 번째 반복)

초반에 개발자가 부족할 뿐만 아니라, 이전 솔루션에 필요한 데이터베이스 아키텍트도 구하지 못했다고 가정하자. 현실에서 충분히 발생할 수 있는 시나리오다. 이러한 고급 리소스는 확보하기 힘든 경우가 많다. 이럴 때는 개발자가 최선을 다해 데이터베이스를 설계한다. 이 새로운 제한에 대응하기 위해, 단순히 개발자를 추가하는 것이 아니라 프로젝트를 최대 네 명의 개발자로 제한한다(개발자를 더 투입하면 데이터베이스 아키텍트를 확보한 상황과 같아져 버린다). 놀랍게도 이렇게 해도 기간에는 변화 없고 총비용이 62.7 맨-먼스로 단 2%만 증가했다. 그 이유는 네 명의 개발자가 초반에 작업을 시작해서 플로트를 소비할 필요가 없기 때문이다.

더 제한된 리소스 (다섯 번째 반복)

개발자 네 명으로 프로젝트를 쉽게 진행할 수 있음을 알았으니, 다음으로 가용 개발자 수를 셋으로 제한하는 계획을 세울 수 있다. 이렇게 해도 프로젝트 기간에는 변화가 없다. 플로트를 약간 써서 대처할 수 있기 때문이다. 비용은 3%가량 줄어서 61.1 맨-먼스가 된다. 개발자를 더욱 효율적으로 활용하기 때문이다. 이 시나리오의 인력 분포 차트는 그림 11-11과 같다.

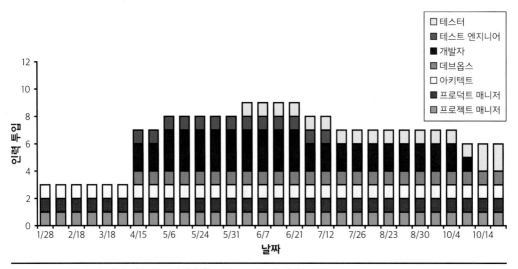

그림 11-11 개발자 세 명과 테스트 엔지니어 한 명으로 구성된 인력 분포

여기서 개발자 세 명과 함께 테스트 엔지니어 한 명을 활용했기 때문에 그림 11-11은 최상의 인력 분포를 보여주고 있다. 이는 7장에서 본 예상 패턴과 매우 흡사하다(그림 7-8 참조).

그림 11-12를 보면 예정 획득 가치 곡선이 완만한 S 형태를 띠고 있다. 이 그림을 보면 S 곡선이 상당히 완만하게 펼쳐지는데, 너무 완만하다고 볼 수 있다. 이런 형태의 의미에 대해서는 뒤에서 자세히 설명한다.

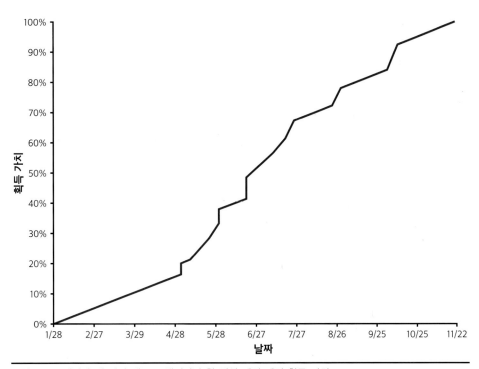

그림 11-12 개발자 세 명과 테스트 엔지니어 한 명일 때의 예정 획득 가치

그림 11-13은 이에 대한 네트워크 다이어그램을 보여주고 있다. 여기서는 8장에서 소개했던 절대 중요도 플로트 컬러-코딩 방식을 적용했다. 이 예제 프로젝트는 빨간색 활동에 대한 상한을 9일로 잡았고, 노란색 활동에 대한 상한은 26일로 잡았다. 검은 화살표 위에 활동 ID를 적고, 플로트 값은 컬러 화살표 아래에 적었다. 테스트 엔지니어의 활동인, 테스트 계획(활동 4)과 테스트 하네스(활동 5)는 65일로 플로트를 굉장히 높게 잡았다. 여기서 프론트 엔드가 끝나는 M0 마일스톤과 인프라스트럭처가 끝나는 M1 마일스턴을 주목할 필요가 있다. 이 다이어그램은 인프라스트럭처를 구축하기 위해(활동 6, 7, 8) M0과 M1 사이에 리소스를 단계적으로 투입하는 과정도 보여준다.

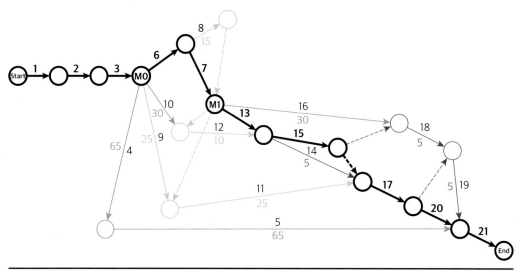

그림 11-13 개발자 세 명과 테스트 엔지니어 한 명일 때의 네트워크 다이어그램

테스트 엔지니어가 없는 경우 (여섯 번째 반복)

리소스 감축을 위한 다음 실험은 개발자 세 명은 그대로 유지하고 테스트 엔지니어는 빼는 것이다. 이번에도 설계 솔루션에서 프로젝트 기간과 비용은 변경하지 않는다. 세 번째 개발자는 기존에 할당된 낮은 플로트의 활동을 완료하고 나면 테스트 엔지니어의 활동을 넘겨받는다. 여기서 문제는 테스트 계획과 테스트 하네스 활동을 훨씬 뒤로 미루면 플로트는 (65일에서 15일로) 77%를 소비하게 된다. 이렇게 되면 굉장히 위험하다. 플로트를 100% 소진되면 프로젝트가 지연되기 때문이다.

> **주의** 소프트웨어 프로젝트에는 테스트 엔지니어가 반드시 있어야 한다. 테스트 엔지니어의 역할은 프로젝트 성공에 너무나 중요하기 때문에 전문 테스트 엔지니어를 줄이기 보다는 차라리 개발자를 줄이는 방안을 고려하는 것이 좋다.

11.2.5 서브크리티컬한 상태에 빠지기 (일곱 번째 반복)

9장에서 결정권자에게 서브크리티컬 인력 투입의 효과를 제시하는 것이 얼마나 중요한지 설명했다. 비용 절감을 위해 리소스를 줄이는 것이 현실성이 떨어진다는 사실을 모르는 결정권자가 너무 많다. 예제 프로젝트에서 개발자를 단 두 명으로 제한하고 테스트 엔지니어를 빼면 프로젝트는 서브크리티컬한 상태가 된다. 크리티컬 패스에 있는 활동이 시작할 시점에 이르면, 크리티컬 하지 않은 활동에 대한 지원의 일부가 미처 준비되지 않아서 기존 크리티컬 경로를 방해하게 된다. 그러면 제한 요인은 크리티컬 패스의 기간이 아닌, 개발자 두 명이라는 점이다. 결국, 이전 네트워크(그중에서도 특히 기존 크리티컬 패스)는 더 이상 적용되지 않는다. 따라서 두 개발자에 대한 의존성을 반영하도록 네트워크 다이어그램을 다시 그려야 한다.

7장에서 설명했듯이, 리소스 의존성은 말 그대로 의존성이고, 프로젝트 네트워크는 활동 네트워크가 아니라 의존성 네트워크다. 따라서 리소스에 대한 의존성을 네트워크에 반영한다. 네트워크를 설계할 때 어느 정도 융통성을 발휘할 수 있다. 활동 사이에서 자연적으로 발생하는 의존성을 만족하는 한, 활동의 순서를 바꿀 수 있다. 네트워크를 새로 만들기 위해서는 두 개발자를 플로트 기반으로 할당한다. 각 개발자는 현재 활동을 끝낸 후에는 두 번째로 낮은 활동을 담당한다. 이와 동시에 개발자의 다음 활동과 현재 활동 사이의 의존성을 추가하여 그 개발자에 대한 의존성을 반영한다. 예제 프로젝트에 대해 서브크리티컬 네트워크 다이어그램은 그림 11-14와 같다.

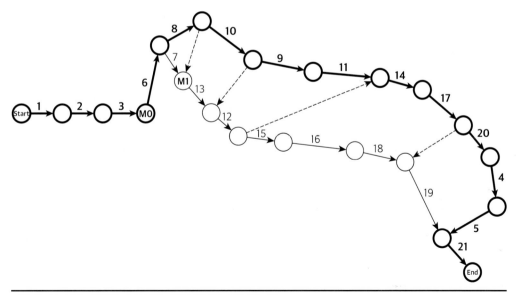

그림 11-14 서브크리티컬 솔루션에 대한 네트워크 다이어그램

대부분의 작업을 개발자 두 명만으로 처리한다면, 서브크리티컬 네트워크 다이어그램은 두 줄이 길게 늘어진 형태를 띠게 된다. 그중 한 줄은 긴 크리티컬 패스고, 다른 줄에서 두 번째 개발자가 채우는 활동들이다. 여기서 긴 크리티컬 패스는 프로젝트의 위험을 높이는데, 프로젝트에서 크리티컬 활동이 많기 때문이다. 일반적으로 서브크리티컬 프로젝트는 항상 위험이 높다.

개발자가 단 한 명만 있는 극단적인 경우에는 프로젝트의 모든 활동이 중요해지고, 네트워크 다이어그램은 긴 줄 하나로만 구성되어 리스크는 1.0이 된다. 프로젝트 기간은 모든 활동을 더한 것과 같지만, 최대 위험에 의해 기간은 초과될 가능성이 높다.

서브크리티컬 기간과 비용

활동이 순차적으로 이어졌기 때문에, 개발자 세 명과 테스트 엔지니어 한 명으로 제한된 리소스로 구성한 솔루션에 비해 프로젝트 기간이 35%만큼 증가하여 13.4개월이 됐다. 개발팀 규모를 적게 하면 기간과 간접 비용이 늘어나서 프로젝트 총비용은 25%가 증가하여 77.6 맨-먼스가 된다. 이 결과를 통해 서브크리티컬 인력 투입으로는 비용을 줄일 수 없다는 사실을 확인할 수 있다.

예정 획득 가치

그림 11-15는 서브크리티컬 예정 획득 가치를 보여주고 있다. 여기서 완만한 S 곡선이 거의 직선 가까이 된 것을 확인할 수 있다.

개발자 단 한 명이 모든 작업을 처리하는 극단적인 경우에, 예정 획득 가치는 직선이 된다. 일반적으로 예정 획득 가치 차트에서 곡선이 사라지면 서브크리티컬 프로젝트라는 신호다. 그림 11-12와 같이 굉장히 완만한 S 곡선은 서브크리티컬 프로젝트에 가까워 짐을 나타낸다.

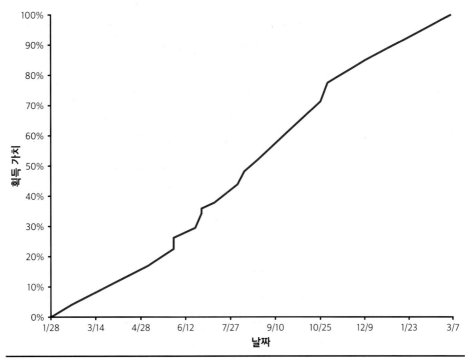

그림 11-15 서브크리티컬 예정 획득 가치

전담 리소스와 플로트

지금까지 반복하면서 데이터베이스 아키텍트나 테스트 엔지니어 등과 같은 전담 리소스에 대한 접근을 일정이나 비용에 대한 아무런 실질적 효과 없이 제한하기만 했다. 일부 매니저는 본능적으로 그렇게 생각한다. 아키텍트를 비롯한 다른 프로젝트 리더가 전문 리소스에 대한 접근을 호소할 때, 매니저는 비용 증가가 일정을 앞당길 수 없다는 근거로 요청을 거부하는 경우가 많다. 이런 관점에서 볼 때 매니저의 의견이 맞긴 하다. 하지만 전담 전문가에 대한 접근을 제한하면, 그런 전문가에 맞게 설계된 활동의 플로트를 소진하여 프로젝트 위험이 급격히 증가하게 된다. 매니저는 대부분 이런 결과를 전혀 예상하지 못한다. 개발자를 단 두 명만 투입하는 것처럼 리소스를 과도하게 제한하면 프로젝트 위험은 굉장히 높아질 수밖에 없다. 게다가 개발자는 비즈니스 도메인 전문가인 경우가 많고 또 그래야만 한다. 개발자에게 모든 역할을 기대하는 것은 비현실적이며 기대 이하의 결과를 초래하기 쉽다.

11.2.6 정규 솔루션 선택하기

정규 솔루션을 찾기 위해서는 리소스와 네트워크 설계를 다양하게 조합해봐야 한다. 이렇게 만든 것 중에서 지금까지 가장 좋은 것은 (개발자 세 명과 테스트 엔지니어 한 명으로 구성된) 반복 5다. 그 이유는 다음과 같다.

- 프로젝트의 크리티컬 패스에 영향을 주지 않고 진행할 수 있는 최소한의 리소스를 사용한다는 정규 솔루션의 정의에 부합한다.
- 데이터베이스 아키텍트와 같은 전문가에 대한 접근이 제한되어도 대처할 수 있고 핵심 리소스인 테스트 엔지니어에 대한 타협도 하지 않는다.
- 모든 개발자가 동시에 작업을 시작하지 않아도 된다.
- 인력 분포 차트와 예정 획득 가치 차트가 모두 무난한 형태를 띤다.

이 솔루션의 프론트 엔드는 예상한 것처럼 프로젝트 기간의 25%를 차지하고, 효율은 23%로 적당하다. 7장에서 설명했듯이, 효율은 25%를 초과하지 않는 것이 바람직하다.

이 장의 나머지는 반복 5를 정규 솔루션으로 채택하고 다른 반복의 기준으로 삼는다. 표 11-3은 정규 솔루션에 대한 여러 가지 프로젝트 메트릭을 정리한 것이다.

표 11-3 정규 솔루션의 프로젝트 메트릭

프로젝트 메트릭	값
총비용 (맨-먼스)	61.1
직접 비용 (맨-먼스)	21.8
기간 (개월)	9.9
평균 인력 수	6.1
최대 인력 수	9
평균 개발자 수	2.3
효율	23%
프론트 엔드	25%

11.3 네트워크 압축

정규 솔루션을 확보했다면, 프로젝트를 압축해 보고 어떤 압축 기법이 효과적인지 살펴볼 수 있다. 프로젝트를 압축하는 방법은 여러 가지다. 가용성, 복잡도, 비용에 대한 가정을 세워야 한다. 9장에서 다양한 압축 기법에 설명한 적 있다. 일반적으로 가장 좋은 방법은 가장 쉬운 압축 방법부터 적용하는 것이다. 예를 살펴보기 위해 이 장에서는 다양한 기법을 적용하여 프로젝트를 압축하는 방법을 소개한다. 자신이 처한 상황은 이와 다를 수 있다. 여기서 소개한 기법과 개념 중 각각의 효과에 대해 신중하게 분석해서 그중 몇 가지만 선별해서 적용해야 할 수도 있다.

11.3.1 더 나은 리소스로 압축하기

프로젝트를 압축하는 가장 간단한 방법은 더 나은 리소스를 사용하는 것이다. 프로젝트 네트워크나 활동을 변경할 필요가 없기 때문이다. 가장 간단한 압축 방식이지만 필요한 리소스를 확보할 수 없을 가능성이 있기 때문에 가장 쉽다고 볼 수는 없다(14장에서 자세히 설명한다). 여기서는 더 나은 리소스로 압축했을 때 프로젝트가 어떻게 달라지는지, 그럴 가치가 있는지, 만약 그렇다면 어떻게 해야 할지 등을 가늠하는 것이 목적이다.

최상급 개발자로 압축하기 (여덟 번째 반복)

코딩 활동을 기존 개발자보다 30%가량 더 빨리 처리할 수 있는 최상급 개발자를 확보할 수 있다고 하자. 그런 개발자는 일반 개발자에 비해 비용은 30%보다 훨씬 더 많이 필요할 가능성이 높다. 현재 프로젝트에서 최상급 개발자의 비용이 일반 개발자의 80%가량 더 든다고 가정하자.

그런 리소스는 크리티컬 패스에만 투입하는 것이 이상적이겠지만, 항상 그럴 수 있는 것은 아니다(7장에서 설명한 작업 연속성을 떠올리기 바란다). 기준이 되는 정규 솔루션은 크리티컬 패스에 개발자를 두 명 할당하는데, 여러분의 목표는 이들 중 한 명을 최상급 개발자로 교체하는 것이다. 누굴 교체할지는 각각이 크리티컬 패스에서 수행한 활동과 이를 위해 소모한 시간을 고려해야 한다.

표 11-4는 정규 솔루션에서 크리티컬 패스에 영향을 미치는 두 개발자와, 각각의 크리티컬 활동과 크리티컬하지 않은 활동 수, 그리고 크리티컬 패스와 이를 벗어난 지속 기간이

명시되어 있다. 이를 보면 개발자 2를 최상급 개발자로 교체하는 것이 가장 좋다는 것을 알 수 있다.

표 11-4 개발자, 크리티컬 활동, 기간

리소스	크리티컬 하지 않은 활동	크리티컬 하지 않은 기간 (일 단위)	크리티컬 한 활동	크리티컬 한 기간 (일 단위)
개발자 1	4	85	2	35
개발자 2	1	5	4	95

다음으로, (각 활동에 대한 기간을 추정한) 표 11-1로 다시 가서, 개발자 2가 담당한 활동을 확인하고, 5일 해상도를 기준으로 그 기간을 (더 나은 리소스를 투입했을 때의 기대 생산성 향상폭인) 30%만큼 단축시키도록 조정한다. 이렇게 활동 기간을 변경한 상태에서 개발자 2의 80% 상승분을 반영하여 프로젝트 기간과 비용 분석을 반복한다.

그림 11-16은 최상급 개발자로 압축하기 전과 후의 네트워크 다이어그램 상에 나온 크리티컬 패스를 보여주고 있다.

새로운 프로젝트 기간은 9.5개월로, 기존 정규 솔루션의 기간보다 4%만 단축됐다. 변화량이 이렇게 적은 이유는 새로운 크리티컬 패스가 등장했고, 그 패스가 프로젝트의 발목을 잡고 있기 때문이다. 이처럼 기간 변화가 미미한 경우가 많다. 특정 개발자의 생산성이 다른 멤버보다 월등히 높거나, 모든 활동을 최상급 개발자에게 할당하여 훨씬 빨리 처리했더라도, 다른 팀 멤버에게 할당한 활동의 기간은 달라지지 않을뿐더러, 그런 활동이 압축 효과를 상쇄한다.

비용 관점에서 볼 때, 압축된 프로젝트의 비용은 변하지 않는다. 비용이 80%가량 더 드는 최상급 개발자를 투입해도 말이다. 이것 역시 간접 비용 때문에 예상 가능하다. 대다수의 소프트웨어 프로젝트는 간접 비용이 높다. 최소한 초기 압축 시도에서 기간이 조금이라도 줄면 압축 비용을 들인 효과가 있다. 총비용 곡선의 최솟값은 정규 솔루션의 왼쪽에 있기 때문이다(그림 9-10).

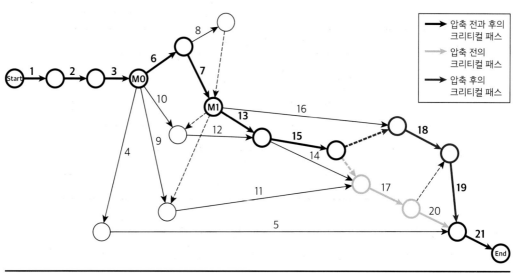

그림 11-16 최상급 개발자가 수행하는 새로운 크리티컬 패스

두 번째 최상급 개발자를 이용한 압축 (아홉 번째 반복)

최상급 개발자를 여러 명 투입해서 압축해 볼 수도 있다. 이때, 개발자 1을 교체할 두 번째 최상급 개발자만 요청하는 것이 바람직하다. 세 번째 최상급 개발자는 크리티컬 패스 밖에만 할당할 수 있기 때문이다. 두 번째 최상급 개발자를 확보한 상태에서 압축하면 그 효과가 더욱 두드러진다. 일정은 11% 단축되어 8.5개월이 되고, 총비용은 3%가량 줄어 59.3 맨-먼스가 된다.

11.3.2 병렬 작업 도입하기

병렬 작업을 도입해야 프로젝트 진행 속도를 제대로 높일 수 있는 경우가 많다. 소프트웨어 프로젝트에서 병렬 작업을 도입하는 방법에는 여러 가지가 있는데, 그중 일부는 다른 것보다 어렵다. 병렬 작업은 프로젝트 복잡도를 높이기 때문에, 이 경우에도 역시 가장 간단하면서 쉬운 방법부터 적용한다.

쉬운 목표

제대로 설계된 시스템에서 병렬 작업에 가장 적합한 대상은 인프라스트럭처와 클라이언트 설계다. 둘 다 비즈니스 로직에 독립적이기 때문이다. 앞에서 인프라스트럭처를 SDP 리뷰

직후에 바로 시작하는 반복 2에 대해 설명할 때, 이러한 독립성에 대해 살펴본 적이 있다. 클라이언트에 대해 병렬 작업을 적용하기 위해서는 클라이언트를 별도의 설계와 개발 활동으로 나눈다. 이러한 클라이언트 관련 설계 활동은 일반적으로 UX 설계, UI 설계, 그리고 (외부 시스템과 상호작용하기 위한) API와 SDK 설계 등으로 구성된다. 클라이언트를 쪼개면 클라이언트 설계와 백엔드 시스템을 분리하기도 좋다. 클라이언트는 하부 시스템을 단순히 반영하는 데 그치지 않고, 서비스를 이용하는 고객에게 최상의 경험을 제공해야 하기 때문이다. 이제 인프라스트럭처 개발과 클라이언트 설계 활동을 병렬로 진행하여 프론트 엔드로 옮길 수 있다.

하지만 이렇게 옮기면 두 가지 단점이 발생한다. 그중에서 덜 심각한 단점은 초기 지출 속도가 높아진다는 것이다. 그 이유는 단순히 시작부터 개발자뿐만 아니라 코어 팀도 필요하기 때문이다. 더 심각한 단점은 조직이 프로젝트를 수행하기로 결정하기도 전에 작업을 시작하면, 프로젝트를 취소하는 것이 현명함에도 불구하고 결국 프로젝트를 진행할 수밖에 없다는 것이다. 사람은 본능적으로 매몰 비용을 무시하거나 번듯한 UI 목업에 대한 기준점 편향[12]을 가지기 때문이다.

내가 추천하는 방법은, 프로젝트를 확실히 진행하기로 결정됐고 SDP 리뷰의 목적이 오로지 진행 방법을 결정하는 경우에만 인프라스트럭처와 클라이언트 설계를 프론트 엔드로 옮기는 것이다. 인프라스트럭처 개발만 병렬로 진행하도록 프론트 엔드로 옮기고, 클라이언트 설계를 SDP 리뷰 이후에 진행함으로써 SDP 결정이 편향될 위험을 줄일 수 있다. 마지막으로 클라이언트 설계 활동이 (UI 결과를 진행 결과로 여기는 이들에 의해) 중요한 진전으로 오해받지 않도록 주의한다. 프론트 엔드의 작업을 프로젝트 추적(부록 A 참조)과 결합하여 결정권자가 현재 프로젝트 상태를 정확히 파악하게 해야 한다.

---

12 https://en.wikipedia.org/wiki/Anchoring

흔히 저지르는 실수에 빠지지 않기

인프라스트럭처 개발과 클라이언트 설계를 프론트 엔드 시작으로 옮기면 프로젝트 압축에 굉장히 유리하다. 7장에서는 프론트 엔드가 시작되자마자 프로젝트에 인력을 배치하고 개발자에게 기능을 할당하도록 매니저를 유도하는 조직의 고전적인 실수에 관해 설명했다. 매니저는 본능적으로 썰렁한 사무실과 놀고 있는 모습을 피하려는 경향이 있기 때문에, 인프라스트럭처 개발과 클라이언트 설계를 개발자에게 할당하면 놀지 않고 일하게 만들고, 코어 팀에게 시스템과 프로젝트 설계에 필요한 시간을 줄 것이다. 인프라스트럭처와 클라이언트 설계가 완료되기 전에 (프론트 엔드를 마무리하는) SDP 리뷰에서 프로젝트를 취소하기로 했다면, 활동을 중단하고 그동안 사용한 비용을 손실 처리하면 된다.

활동 추가하고 분리하기

프로젝트의 다른 부분에서 좀 더 병렬화할 수 있는 기회를 모색하기란 더 힘들다. 창의력을 발휘해서 코딩 활동 사이의 의존성을 제거할 방법을 찾아야 한다. 그러기 위해서는 에뮬레이터, 시뮬레이터, 통합 활동 등과 같은, 병렬 작업이 가능한 추가 활동의 투자가 필요하기 마련이다. 또한 계약과 인터페이스, 메시지에 대한 상세 설계나, 의존성 서비스에 대한 설계를 위해 활동을 나누거나 새로운 활동을 추출해야 한다. 이러한 설계 활동은 다른 활동과 병렬로 진행하게 된다.

이러한 병렬 작업에는 정해진 공식 같은 것은 없다. 몇 가지 핵심 활동이나 대다수의 활동에 맞게 하는 방법이 있다. 또는 추가 활동을 미리 수행하거나 중간에 실행할 수도 있다. 그러다 보면 코딩 활동 사이의 의존성을 완전히 제거하기란 현실적으로 불가능하다는 사실을 금세 깨닫게 된다. 모든 경로가 거의 크리티컬 하면 압축의 효과가 감소하기 때문이다. 프로젝트의 직접 비용 곡선이 높아지고 최소 기간 지점 가까이 급경사가 나타나면서 일정 단축 효과는 더 적어지고 비용은 훨씬 많이 들게 된다.

인프라스트럭처와 클라이언트 설계 우선 (열 번째 반복)

다시 예제로 돌아가서, 프로젝트 설계 압축의 열 번째 반복에서는 인프라스트럭처를 프론트 엔드로 병렬로 이동시킨다. 또한 클라이언트 활동을 몇 가지 당장 주어진 설계 작업(예, 요구사항, 테스트 계획, UI 설계)과 실제 클라이언트 개발로 나누고, 클라이언트 설계를 프론트 엔드로 옮긴다. 이 예제 프로젝트에서 클라이언트 설계 활동은 인프라스트럭처와는 독립적이며 클라이언트마다 고유하다고 가정할 수 있다.

표 11-5는 이렇게 수정한 활동과 각각에 대한 기간과 압축 반복에 대한 의존성을 보여주고 있다.

여기서 로깅(활동 6)과 나머지 인프라스트럭처 활동은 클라이언트 설계 활동(활동 24와 25)과 함께 프로젝트 초반에 시작할 수 있다. 또한 실제 클라이언트 개발 활동(활동 19와 20)은 현재 더 짧고 이에 대응되는 클라이언트 설계 활동의 완료에 종속적이다.

표 11-5 인프라스트럭처와 클라이언트 설계 우선을 적용한 활동

ID	활동	기간 (일 단위)	의존
1	요구사항	15	
2	아키텍처	20	1
3	프로젝트 설계	20	2
4	테스트 계획	30	22
5	테스트 하네스	35	4
6	로깅	10	
7	보안	15	6
8	발행/구독	5	6
9	리소스 A	20	22
10	리소스 B	15	22
11	리소스액세스 A	10	9,23
12	리소스액세스 B	5	10,23
13	리소스액세스 C	10	22,23

14	엔진 A	15	12,13
15	엔진 B	20	12,13
16	엔진 C	10	22,23
17	매니저 A	15	14,15,11
18	매니저 B	20	15,16
19	클라이언트 앱1	15	17,18,24
20	클라이언트 앱2	20	17,25
21	시스템 테스팅	30	5,19,20
22	M0	0	3
23	M1	0	7,8
24	클라이언트 앱1 설계	10	
25	클라이언트 앱2 설계	15	

인프라스트럭처와 클라이언트 설계 활동을 프론트 엔드로 옮기는 방식으로 이 프로젝트를 압축하면 몇 가지 잠재된 문제가 발생하게 된다. 첫 번째 문제는 비용이다. 프론트 엔드의 기간이 인프라스트럭처와 클라이언트 설계 활동의 기간을 초과하게 된다. 동일한 리소스를 연속해서 처리하더라도 말이다. 따라서 프론트 엔드에서 작업을 동시에 시작하면 낭비가 발생한다. 개발자가 뒤로 갈수록 놀게 되기 때문이다. 인프라스트럭처와 클라이언트 설계가 크리티컬 해질 때까지 뒤로 미루는 것이 경제적이다. 그러면 프로젝트 리스크는 증가하겠지만, 비용은 줄고 프로젝트를 압축할 수 있다.

이번 반복에서 동일한 개발자 두 명을 이용하여 인프라스트럭처부터 개발하면 비용을 더 줄일 수 있다. 인프라스트럭처가 끝나면 클라이언트 설계 활동에 투입한다. 리소스 의존성 때문에, 클라이언트 설계 활동은 인프라스트럭처의 완료(M1)에 의존하게 된다. 최대한 압축하려면, SDP 리뷰가 끝나는 즉시 (M0) 프론트 엔드에 투입했던 개발자 두 명을 다른 프로젝트 활동(리소스)에 투입한다. 이 경우에 플로트를 정확하게 계산하려면 SDP 리뷰가 클라이언트 설계 활동의 완료에 의존하게 만든다. 그러면 클라이언트 설계 활동에 대한 의존성을 클라이언트 자체로부터 제거하고, 클라이언트가 SDP 리뷰의 의존성을 물려받게 만든다. 이때도 역시 네트워크의 의존성을 덮어쓸 여유가 있다. 프론트 엔드가 인프라스트

럭처와 클라이언트 설계 활동을 합친 것보다 더 길기 때문이다. 표 11-6은 이렇게 수정된
네트워크 의존성을 보여주고 있다(바뀐 부분은 붉은색으로 표기했다).

표 11-6 '인프라스트럭처와 클라이언트 설계 우선'에서 수정된 의존성

ID	활동	기간 (일 단위)	의존
1	요구사항	15	
…	…	…	…
19	클라이언트 앱1	15	17,18,~~24~~
20	클라이언트 앱2	20	17,~~25~~
21	시스템 테스팅	30	5,19,20
22	M0	0	3,24,25
23	M1	0	7,8
24	클라이언트 앱1 설계	10	23
25	클라이언트 앱2 설계	15	23

액티비티를 나누기가 힘든 또 다른 이유는 클라이언트 복잡도가 전반적으로 증가한다는
점이다. 이렇게 증가한 복잡도는 클라이언트 설계 활동과 개발을 이전 반복과 동일한 최고
급 개발자 두 명에게 맡기면 어느 정도 해소할 수 있다. 그러면 최고급 리소스로 압축의 효
과를 더욱 높일 수 있다. 하지만, 클라이언트와 프로젝트는 더욱 복잡하고 어려워졌기 때
문에, 클라이언트를 구축하는 데 드는 시간이 30% 더 단축되지 않는다고 가정해서 좀 더
보상해야 한다(하지만 개발자 비용은 80% 더 든다). 이렇게 받은 보상은 이미 표 11-5와
표 11-6의 활동 19와 20의 예상 기간에 반영되어 있다.

압축을 위한 이번 반복의 결과로 비용은 이전보다 6% 증가하여 62.6 맨-먼스이고, 일정
은 8% 단축하여 7.8개월이 됐다. 그림 11-17은 이렇게 나온 네트워크 다이어그램을 보여
주고 있다.

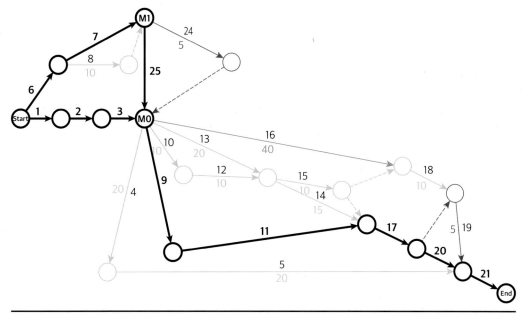

그림 11-17 '인프라스트럭처와 클라이언트 설계 우선' 반복의 결과로 나온 네트워크 다이어그램

노트   그림 11-17을 보면 [10, 12, 15, 18, 19]와 같이 활동이 긴 체인으로 나와 있는데 플로트는 5에서 10일에 불과하다. 프로젝트의 길이를 감안할 때, 플로트가 5일 (또는 10일)밖에 안 되는 긴 체인은 리스크를 계산할 때 크리티컬 패스로 간주해야 한다.

시뮬레이터로 압축하기 (열 한 번째 반복)

그림 11-17을 살펴보면 거의 크리티컬에 가까운 패스(활동 10, 12, 15, 18, 19)가 크리티컬 패스와 나란히 발달한 것을 볼 수 있다. 이렇게 되면 프로젝트를 더 압축하기 위해서는 두 패스 모두 비슷한 수준으로 압축해야 한다. 둘 중 한 패스만 압축하면 효과가 거의 없다. 다른 패스에 프로젝트 기간이 반영되기 때문이다. 이런 경우에는 대장(crown), 즉, 두 경로 모두에 걸쳐 있으면서 가장 큰 활동을 찾는 것이 가장 좋다. 대장을 압축하면 두 경로 모두 압축하게 된다. 예제 프로젝트에서 가장 적합한 대상은 클라이언트 앱 개발 활동(19, 20)과 매니저 서비스 활동(17, 18)이다. 클라이언트와 매니저는 상대적으로 큰 활동으로, 두 경로에서 대장에 해당한다. 클라이언트나 매니저, 또는 둘 다 압축해 보면 좋다.

클라이언트가 의존하는 매니저 서비스에 대한 시뮬레이터를 개발하고(9장 참조), 클라이언트 개발을 네트워크 상단으로 옮기면 클라이언트를 압축할 수 있다. 실제 서비스를 대체할 만큼 완벽한 시뮬레이터는 없기 때문에, 매니저가 완성되고 나면 클라이언트와 매니저를 통합하는 활동도 별도로 추가할 필요가 있다. 그러면 실질적으로 클라이언트 개발이 두 가지 활동(시뮬레이터 개발 활동과 매니저와 통합하는 활동)으로 나뉘는 효과가 발생한다. 따라서 클라이언트 개발은 압축할 수 없더라도, 전반적인 프로젝트 기간은 줄어든다.

매니저가 의존하는 리소스액세스 서비스와 엔진에 대한 시뮬레이터를 개발하여 이 방식을 흉내 낼 수도 있다. 그러면 매니저를 프로젝트 초반에 개발할 수 있다. 하지만, 잘 설계된 시스템과 프로젝트라면 이렇게 하기가 훨씬 힘들다. 내부 서비스를 시뮬레이션하려면 시뮬레이터가 훨씬 많이 필요하고, 프로젝트 네트워크가 복잡해지지만, 진짜 문제는 타이밍이다. 이러한 시뮬레이터를 개발하려면 시뮬레이션 대상이 되는 서비스 개발과 동시에 진행해야 하는데, 이렇게 해서는 실질적인 압축 효과에 한계가 있다. 내부 서비스에 대한 시뮬레이터는 최후의 수단으로 남기는 것이 좋다.

예제 프로젝트에서 가장 좋은 방법은 매니저만 시뮬레이션하는 것이다. (인프라스트럭처와 클라이언트 설계를 프론트 엔드에서 먼저 하는) 이전 압축 반복은 시뮬레이터로 압축하여 그 효과를 높일 수 있다. 이번 반복을 압축할 때 몇 가지 새로운 계획 가정이 적용된다.

- **의존성**: 시뮬레이터는 프론트 엔드 후에 시작할 수 있고, 인프라스트럭처도 필요할 수 있다. 이는 M0(활동 22)에 대한 의존성을 물려받은 것이다.
- **추가 개발자**: 이전 압축 반복을 시작 지점에서 적용할 때, 시뮬레이터 개발과 클라이언트 구현에 개발자 두 명을 추가로 투입해야 한다.
- **시작 지점**: 추가로 투입한 개발자에 대한 비용은 시뮬레이터와 클라이언트 작업이 크리티컬 해질 때까지 미루는 방식으로 줄일 수 있다. 하지만, 시뮬레이터를 포함한 네트워크는 다소 복잡한 경향이 있다. 이러한 복잡도는 시뮬레이터를 최대한 빨리 시작함으로써 줄일 수 있으며, 프로젝트 이득은 낮은 비용이 아닌, 높은 플로트로부터 얻게 된다.

표 11-7은 변경된 의존성을 반영한 활동 정보를 보여주고 있다. 기본 솔루션은 이전 반복을 적용하고 계획 가정을 통합했다(변경 사항은 붉은색으로 표기했다).

표 11-7 매니저 시뮬레이터를 추가한 활동

ID	활동	기간 (일 단위)	의존
1	요구사항	15	
…	…	…	…
17	매니저 A	15	…
18	매니저 B	20	…
19	클라이언트 앱1 통합	15	17,18,28
20	클라이언트 앱2 통합	20	17,29
…	…	…	…
26	매니저A 시뮬레이터	15	22
27	매니저B 시뮬레이터	20	22
28	클라이언트 앱1	15	26,27
29	클라이언트 앱2	20	26

그림 11-18은 이렇게 나온 인력 분포 차트를 보여주고 있다. 여기서 프론트 엔드 이후에 개발자 부분이 크게 증가하고 리소스 사용은 거의 일정한 것을 볼 수 있다. 이 솔루션에서 평균 인력은 8.9명이고 최대 인력은 11명이다. 이전 압축 반복과 비교할 때, 시뮬레이터를 추가한 솔루션은 기간이 9% 감소하여 7.1개월이 됐지만, 총비용은 1%만 증가하여 63.5 맨-먼스다. 이처럼 비용이 적게 늘어난 까닭은 병렬 작업으로 인해 팀의 예상 처리량과 효율이 증가하고 간접 비용이 줄었기 때문이다.

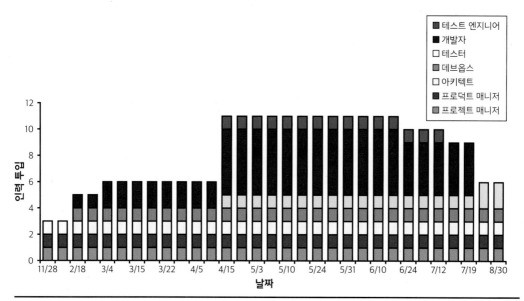

그림 11-18 시뮬레이터 솔루션의 인력 분포 차트

그림 11-19는 시뮬레이터 솔루션의 네트워크 다이어그램을 보여주고 있다. 여기서 시뮬레이터(활동 26, 27)와 클라이언트 개발(활동 28, 29)에 대한 플로트가 높은 것을 알 수 있다. 또한 다른 네트워크 경로는 크리티컬 하거나 거의 크리티컬 한 수준으로 프로젝트 후반으로 갈수록 통합 부담이 큰 것을 알 수 있다. 이 솔루션은 예상하지 못한 상황에 취약하고, 네트워크 복잡도가 실행 위험을 급격히 증가시킨다.

11.3.3 압축 반복의 끝

정규 솔루션과 비교할 때, 시뮬레이터 솔루션은 일정을 28% 단축시키는 반면, 비용은 4%만 늘어난다. 간접 비용이 높기 때문에 이번 압축의 실질적인 효과는 충분하다. 이와 대조적으로 직접 비용은 59%만큼 늘어나서, 퍼센트 관점에서 볼 때 기간은 두 배 가량 줄어든다. 9장에서 설명했듯이, 소프트웨어 프로젝트의 최대 예상 압축률은 30%인데, 시뮬레이터 솔루션은 이 수준만큼 압축된다.

이론적으로 (매니저를 압축해서) 프로젝트를 좀 더 압축할 수는 있지만, 실질적인 한계는 여기까지다. 더 압축해서 효과가 있을 가능성은 낮고, 코어 팀은 비현실적인 프로젝트를 설계하는 데 시간을 낭비하게 된다.

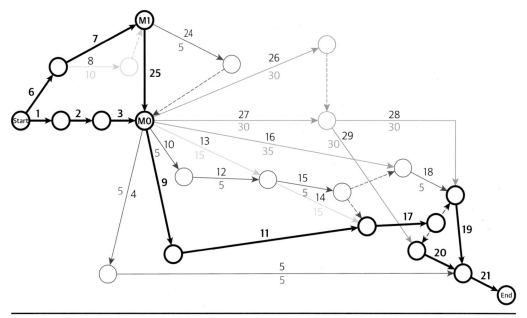

그림 11-19 시뮬레이터 솔루션의 네트워크 다이어그램

11.3.4 처리량 분석

압축이 정규 솔루션에 비해 팀의 예상 처리량에 미치는 영향을 제대로 인식하는 것이 중요하다. 7장에서 설명했듯이, 완만한 S 곡선의 정점은 팀의 처리량을 나타낸다. 그림 11-20은 정규 솔루션과 각각의 압축 솔루션에 대한 예정 획득 가치를 동일한 단위의 완만한 S 곡선으로 그린 것이다.

예상대로 압축 솔루션이 더 빨리 끝나기 때문에 완만한 S 곡선이 더 가파르게 나타난다. 필요 처리량의 차이를 측정하려면 각 곡선을 선형 회귀 추세 선으로 바꿔 보면 된다(그림 11-21).

추세선이 직선이므로, x항의 계수는 그 선의 정점이 되고, 결과적으로 팀의 예상 처리량이된다. 정규 솔루션에서 팀의 생산성은 39 단위로 예상되는 반면, 시뮬레이터 솔루션은 59단위가 필요하다(0.0039 대 0.0059를 정수로 환산할 경우). 이러한 생산성 단위의 정확한값보다는, 두 솔루션의 차이가 중요하다. 시뮬레이터 솔루션에서 팀 처리량이 51% 증가할것으로 예상된다(59-39=20은 39의 51%에 해당한다). 그래서 팀 규모를 키우더라도 이보다 큰 폭으로 처리량이 증가할 가능성은 낮다.

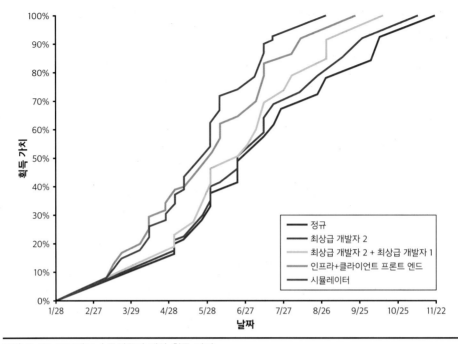

그림 11-20 프로젝트 솔루션들의 예상 획득 가치

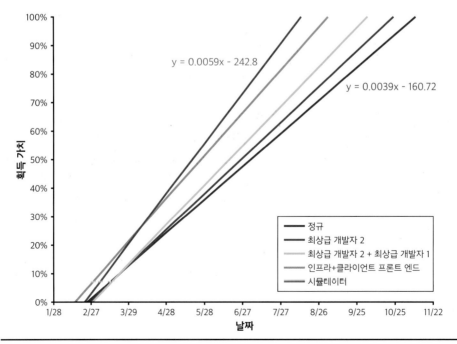

그림 11-21 프로젝트 솔루션들의 획득 가치 추세선

비록 엄격하고 빠른 규칙은 아니지만, 각 솔루션을 인력의 평균 대 정점 비율로 비교하면
처리량 차이가 현실적인지 가늠할 수 있다. 시뮬레이터 솔루션의 경우 이 비율이 81%로,
정규 솔루션의 68%과 차이가 있다. 다시 말해, 시뮬레이터 솔루션에서 리소스 활용도가
더 높은 것으로 예상된다. 시뮬레이터 솔루션을 위해서는 팀의 평균 규모가 커야 하고(정
규 솔루션은 6.1이고 시뮬레이터는 8.9), 팀이 커질수록 효율이 떨어지므로 처리량이 정말
51%까지 늘어날 수 있을지는 의심스럽다. 특히 프로젝트가 복잡할수록 그렇다. 따라서 시
뮬레이터 솔루션은 대다수의 팀에게 너무 높은 기준이라는 생각에 무게가 실린다.

11.4 효율 분석

각 프로젝트 설계 솔루션의 효율은 계산하기 쉬운 편이면서 매우 강력한 수치다. 7장에서
효율값은 프로젝트의 제약 사항, 인력 탄력성, 중요도(criticality) 등에 대한 설계 가정의
현실성과 팀의 예상 효율을 보여준다고 했다. 그림 11-22는 예제 프로젝트에 대한 프로젝
트 솔루션 효율 차트를 보여주고 있다.

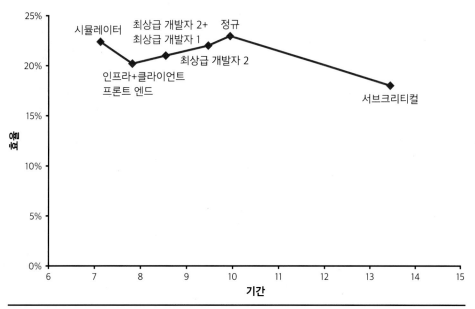

그림 11-22 프로젝트 효율 차트

그림 11-22를 보면 정규 솔루션의 효율이 가장 높은데, 이는 리소스 활용 수준이 가장 낮고 압축 비용이 들지 않기 때문이다. 이 프로젝트를 압축하면 효율은 떨어진다. 시뮬레이터 솔루션이 그 다음으로 효율이 높지만, 프로젝트가 훨씬 복잡해지고 (처리량 분석에서 본 것처럼) 실행 가능성이 떨어지기 때문에 비현실적이라고 생각한다. 서브크리티컬 솔루션은 효율 관점에서 보면 끔찍하다. 직접 비용 대 간접 비용의 비율이 나쁘기 때문이다. 한마디로 정규 솔루션이 가장 효율적이다.

11.5 시간-비용 곡선

각 솔루션을 설계하고 인력 분포를 도출했다면, 각 솔루션에 대한 비용 요소를 계산할 수 있다(표 11-8).

표 11-8 다양한 옵션에 대한 비용 요소, 기간, 총비용

설계 옵션	기간 (월)	총비용 (맨-먼스)	직접 비용 (맨-먼스)	간접 비용 (맨-먼스)
시뮬레이터	7.1	63.5	34.8	28.7
인프라+클라이언트 프론트 엔드	7.8	62.6	30.4	32.2
최상급 개발자 1 + 최상급 개발자 2	8.5	59.3	26.6	32.7
최상급 개발자 2	9.5	61.1	24.2	36.9
정규	9.9	61.1	21.8	39.2
서브크리티컬	13.4	77.6	20.9	56.7

비용이 이럴 때, 프로젝트의 시간-비용 곡선은 그림 11-23과 같다. 여기서 직접 비용 곡선은 다소 평평한데, 이는 차트의 단위 때문이다. 간접 비용은 거의 직선에 가깝다.

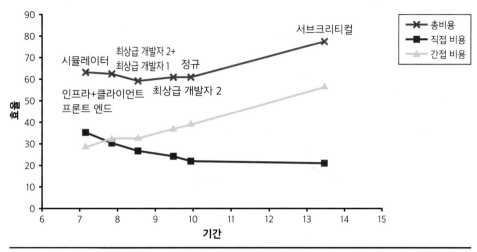

그림 11-23 프로젝트 시간-비용 곡선

11.5.1 시간-비용 상관관계 모델

그림 11-23의 시간-비용 곡선은 이산적이며, 특정한 솔루션 외부의 곡선의 동작에 대해서만 알 수 있다. 그런데, 이러한 이산 시간-비용 곡선이 있다면, 이 곡선에 대한 상관관계 모델도 찾을 수 있다. **상관관계 모델**(correlation model) 또는 **추세선**(trend line)은 이산 데이터 포인트의 분포에 가장 적합한 곡선을 생성하는 수학 모델이다(마이크로소프트 엑셀과 같은 도구를 사용하면 이런 분석을 쉽게 할 수 있다). 상관관계 모델을 이용하면 시간-비용 곡선을 이미 알고 있는 이산 솔루션뿐만 아니라, 임의의 지점에 대해 그릴 수 있다. 그림 11-23에 나온 지점에 대해 이 모델은 간접 비용에 대해서는 직선을 나타내고, 직접과 간접 비용에 대해서는 2차 다항식으로 표현된다. 그림 11-24는 이러한 상관관계 추세선을 점선으로 표시했다. 각각의 수식과 R2 값도 옆에 표기했다.

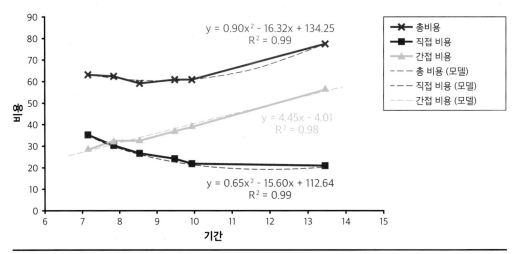

그림 11-24 프로젝트 시간-비용 추세선

(결정 계수라고도 부르는) R2는 0과 1 사이의 숫자로 모델의 품질을 표현한다. 숫자가 0.9 보다 크면 모델이 주어진 이산 지점에 가장 잘 맞는다는 뜻이다. 이때 프로젝트 설계 솔루션의 범위 안의 수식은 곡선을 굉장히 정확히 표현한다.

그림 11-24는 예제 프로젝트에서 비용이 시간에 따라 어떻게 변하는지를 표현하는 수식을 제공한다. 직접 및 간접 비용에 대한 수식은 다음과 같다.

$$직접 \ 비용 = 0.65t^2 - 15.6t + 112.64$$
$$간접 \ 비용 = 4.45t - 4.01$$

여기서 t는 월 단위로 측정한다. 총비용에 대한 상관관계 모델도 있지만, 이 모델은 통계 계산에 의해 나온 것이기에, 직접 비용과 간접 비용을 정확히 더한 것이 아니다. 총비용에 대한 정확한 모델은 직접 모델과 간접 모델에 대한 수식을 서로 더하기만 하면 구할 수 있다.

$$총비용 = 직접 \ 비용 + 간접 \ 비용$$
$$= 0.65t^2 - 15.6t + 112.64 + 4.45t - 4.01$$
$$= 0.65t^2 - 11.15t + 108.63$$

그림 11-25는 이렇게 수정된 총비용 상관관계 모델을 직접 모델과 간접 모델과 함께 보여주고 있다.

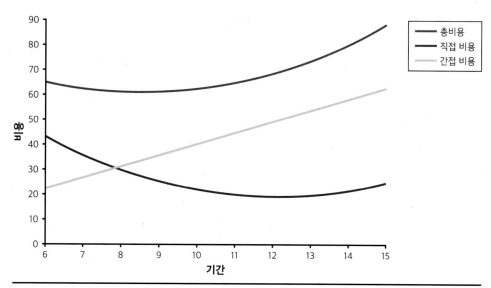

그림 11-25 프로젝트 시간-비용 모델

11.5.2 죽음의 영역

9장에서 시간-비용 곡선 아래의 영역을 가리키는 죽음의 영역(death zone)이란 개념을
소개한 적이 있다. 이 영역에 속하는 프로젝트 설계 솔루션은 실현 불가능하다. 프로젝트
총비용에 대한 모델(이산 곡선 포함)이 있다면 프로젝트의 죽음의 영역을 그림 11-26과 같
이 시각적으로 표현할 수 있다.

죽음의 영역을 식별하면 간단한 질문에 대한 답을 제대로 구할 수 있고, 불가능한 프로젝
트를 시작하는 실수를 피할 수 있다. 예를 들어, 경영진이 예제 프로젝트를 4명이서 9개월
만에 완성할 수 있는지 물었다고 하자. 이 프로젝트의 총비용 모델에 따르면 9개월에 끝내
기 위해서는 60 맨-먼스 이상이 들고, 평균 7명이 필요하다.

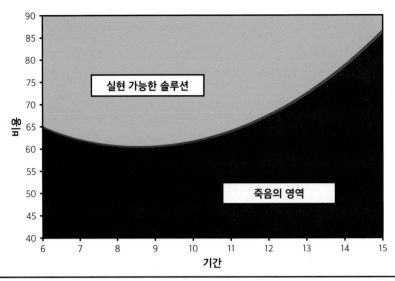

그림 11-26 프로젝트의 죽음의 영역

$$총비용 = 0.65*9^2 - 11.15*9 + 108.63 = 61.2$$
$$평균\ 인력 = 61.2/9 = 6.8$$

평균 대 최대 인력 비율이 정규 솔루션(68%)과 같다고 가정할 때, 9개월 만에 끝내는 솔루션은 10명이 최대다. 그보다 적으면 프로젝트는 서브크리티컬 한 상태로 빠지기 쉽다. 4명이서 9개월 동안 진행한다면 (100% 시간 동안 100% 효율을 발휘하더라도) 36 맨-먼스가 소요된다. 이러한 시간–비용 좌표는 그림 11-26에 표현할 수도 없는데, 죽음의 영역 내부에 너무 깊이 있기 때문이다. 이러한 사실을 경영진에게 알려서 그래도 진행해도 좋은지 물어봐야 한다.

> **노트**   아키텍트나 프로젝트 매니저는 경영진의 지시가 실현 불가능함을 직관적으로 느끼지만, 이를 반박할 수치나 도구가 부족한 경우가 많다. 프로젝트 설계는 객관적이고 대립을 피하는 방식으로 사실과 현실을 제시하고 논의할 수 있게 해 준다.

11.6 계획과 위험

프로젝트 설계 솔루션마다 일정 수준의 위험을 안고 있다. 10장에서 소개한 위험 모델링 기법을 이용하면 각 솔루션의 위험 수준을 정량적으로 표현할 수 있다(표 11-9).

표 11-9 다양한 옵션에 대한 위험 수준

설계 옵션	기간 (월)	중요도 위험	활동 위험
시뮬레이터	7.1	0.81	0.76
인프라+클라이언트 프론트 엔드	7.8	0.77	0.81
최상급 개발자 1 + 최상급 개발자 2	8.5	0.79	0.80
최상급 개발자 2	9.5	0.70	0.77
정규	9.9	0.73	0.79
서브크리티컬	13.4	0.79	0.79

그림 11-27은 직접 비용 곡선에 대한 프로젝트 설계 옵션의 위험 수준을 도표로 그린 것이다. 여기서 위험 측면에서 좋은 점과 나쁜 점을 볼 수 있다. 좋은 점은 중요도 위험과 활동 위험이 서로 가까이 붙어 있다는 것이다. 이렇게 나타나는 것이 바람직한데, 다양한 모델이 동일한 수치라면 신뢰할 수 있기 때문이다. 나쁜 점은 지금까지 나온 프로젝트 설계 솔루션이 모두 위험도가 높다는 것이다. 더 심각한 것은 그 수치가 모두 비슷하다는 것이다. 즉, 어떤 솔루션이든지 위험이 높고 일정하다는 말이다. 또 다른 문제는 그림 11-27에 서브크리티컬 지점이 있다는 것이다. 서브크리티컬 솔루션은 반드시 피해야 하며, 여기뿐만 아니라 향후 분석에서도 완전히 제외해야 한다.

정리하면, 나쁜 설계 옵션을 토대로 모델링을 하면 안 된다. 높은 위험을 해결하려면 프로젝트 압축을 해제해야 한다.

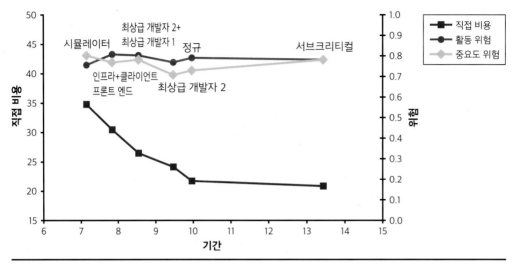

그림 11-27 다양한 옵션의 직접 비용과 위험

11.6.1 위험 압축 해제

예제에서 프로젝트 설계의 위험도가 모두 높기 때문에, 정규 솔루션의 압축을 해제하고 위험도가 적절한 수준으로 떨어질 때까지 크리티컬 패스에 플로트를 주입해야 한다. 프로젝트의 압축을 해제하는 과정은 반복적이다. 왜냐하면 압축을 얼마나 해제해야 할지, 프로젝트가 압축 해제에 얼마나 잘 반응할지 처음부터 알 수 없기 때문이다.

다소 임의적이지만, 첫 번째 반복에서는 프로젝트를 3.5개월만큼 압축 해제했는데, 이는 정규 솔루션의 9.9개월에서 서브크리티컬 한 솔루션 수준까지 끌어내린 것이다. 이 결과를 보면 전반적인 솔루션 기간 범위에 걸쳐 이 프로젝트가 어떻게 반응하는지 알 수 있다. 이렇게 함으로써 중요도 위험이 0.29고, 활동 위험이 0.39인, (프로젝트 총기간이 13.4개월인) D1이라고 부르는 압축 해제 지점을 생성하게 된다. 10장에서 설명했듯이, 어떤 프로젝트라도 위험 수준 0.3은 가장 낮다. 이 정도라면 현재 반복 회차에서 프로젝트를 과도하게 압축 해제한 것이다.

다음 반복 회차에서는 프로젝트를 정규 기간에서 2개월만큼 압축 해제한다. 이는 D1의 압축 해제의 절반 정도로, (총 프로젝트 기간이 12개월인) D2가 생성된다. 이때 중요도 위험은 그대로 0.29로 변하지 않는다. 왜냐하면 2개월이란 압축 해제 수준은 여전히 초록 활동에 대해 이 프로젝트의 하한보다 크기 때문이다. 활동 위험은 0.49로 높아진다.

마찬가지로 D2의 압축 해제를 절반으로 만들면, 중요도 위험은 0.43고 활동 위험은 0.62
인, 1개월짜리 압축 해제인 D3(총 프로젝트 기간은 10.9개월)가 생성된다. D3를 절반으
로 만들면 2주짜리 압축 해제인 (총 프로젝트 기간은 10.4개월인) D4가 생성되고, 중요도
위험은 0.45, 활동 위험은 0.7이다. 그림 11.28은 이 프로젝트에 대한 압축 해제 위험 곡
선을 보여준다.

아웃라이어 조정

그림 11.28은 두 위험 모델 사이의 두드러진 차이를 보여준다. 이 차이는 활동 리스크 모
델의 한계에 의해 발생한다. 다시 말해, 활동 위험 모델은 프로젝트의 플로트가 균일하게
분포되지 않으면 위험 값을 제대로 계산하지 못한다(자세한 사항은 10장을 보자). 압축 해
제된 솔루션의 경우, 테스트 계획과 테스트 하네스의 플로트 값이 높으면 활동 위험 값을
높게 왜곡시킨다. 이렇게 높은 플로트는 모든 플로트의 평균에 비해 표준편차가 1 이상 떨
어져서 아웃라이어(outlier)가 된다.

압축 해제 지점에서 활동 위험을 계산할 때, 아웃라이어 활동의 플로트를 모든 플로트의
평균에 모든 플로트의 표준편차 1을 더한 값으로 교체하는 방식으로 조정할 수 있다. 스
프레드시트를 이용하면 이러한 아웃라이어 조정 작업을 자동으로 처리할 수 있다. 이렇게
조정하면 위험 모델 사이의 상관관계를 더 높일 수 있다.

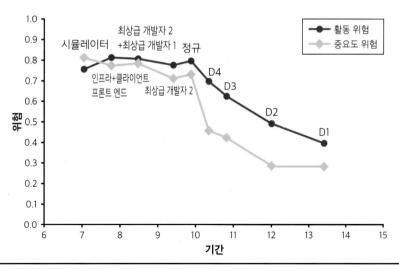

그림 11-28 위험 압축 해제 곡선

그림 11-29는 이렇게 조정한 활동 위험을 중요도 위험 곡선과 나란히 나열한 것이다. 여기서 볼 수 있듯이, 두 위험 모델이 이제 일치하게 된다.

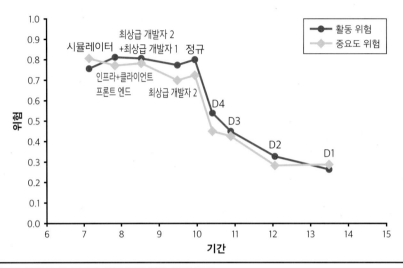

그림 11-29 중요도 및 조정된 활동 위험 압축 해제 곡선

위험 티핑 포인트

그림 11-29에서 가장 중요한 부분은 D4 주변의 위험 티핑 포인트다. 프로젝트를 D4쪽으로 조금 더 압축 해제하면 위험이 급격히 감소한다. D4는 티핑 포인트의 바로 경계에 있기 때문에, 좀 더 보수적으로 접근하여 D3로 압축 해제해서 곡선의 무릎을 통과해야 한다.

직접 비용과 압축 해제

압축 해제된 솔루션과 다른 솔루션을 비교하려면, 각각의 비용을 알아야 한다. 문제는 압축 해제 지점은 기간과 위험만 알려준다는 것이다. 이런 지점을 알려주는 프로젝트 설계 솔루션은 없다. 모두 정규 솔루션 네트워크의 위험 값에 플로트가 추가된 것뿐이다. 이미 알려진 솔루션으로부터 압축 해제된 솔루션의 직접 및 간접 비용을 추정하는 수밖에 없다.

예제 프로젝트에서 간접 비용 모델은 직선이어서 (서브크리티컬 솔루션을 제외한) 다른 프로젝트 솔루션의 간접 비용을 토대로 무난히 추정할 수 있다. 예를 들어, D1의 간접 비용 추정 값은 51.1 맨-먼스다.

직접 비용을 추정하려면 지연 효과를 감안해야 한다. (압축 해제 솔루션을 도출하는 데 사용했던 정규 솔루션보다 더) 추가된 직접 비용은 크리티컬 하지 않은 활동 사이의 긴 크리티컬 경로와 긴 유휴 시간(idle time)으로부터 도출된다. 인력 분포는 완전히 동적이거나 탄력적이지 않기 때문에, 지연이 발생하면, 다른 체인에 있는 사람들은 유휴 인력이 되어 크리티컬 활동이 끝날 때까지 기다리는 경우가 많다.

예제 프로젝트의 정규 솔루션에서 프론트 엔드가 끝나면 직접 비용은 대부분 개발자에 대한 것이다. 직접 비용의 다른 요인은 테스트 엔지니어 활동과 최종 시스템 테스팅이다. 테스트 엔지니어는 플로트가 굉장히 크기 때문에, 테스트 엔지니어는 일정 지연에 영향을 받지 않는다고 가정할 수 있다. (그림 11-11에 나온) 정규 솔루션에 대한 인력 분포를 보면 인력이 최대인 지점은 개발자 3명이고, (그것도 그리 오래 지속되지 않고) 최저 개발자 1명으로 낮아진다. 표 11-3을 보면 정규 솔루션의 경우, 개발자를 평균 2.3명 필요로 한다는 것을 볼 수 있다. 따라서 압축 해제 효과가 개발자 두 명이라고 가정할 수 있다. 둘 중 한 명은 별도의 압축 해제 플로트를 소진하고 다른 한 명은 유휴 상태가 된다.

이 프로젝트의 계획 가정에 따르면 활동 사이의 개발자는 직접 비용으로 처리된다. 따라서 프로젝트가 지연되면, 두 개발자의 직접 비용에 정규 솔루션과 압축 해제 지점 사이의 기간 차이를 곱한 금액이 추가된다. 좀 더 압축을 해제한 지점인 D1(13.4개월)의 경우, 정규 솔루션의 기간(인 9.9개월)과의 차이는 3.5개월이다. 따라서, 추가되는 직접 비용은 7 맨-먼스다. 정규 솔루션은 직접 비용이 21.8 맨-먼스이기 때문에, D1에서의 직접 비용은 28.8 맨-먼스다. 다른 압축 해제 지점도 이와 비슷한 방식으로 추가할 수 있다. 그림 11-30은 이렇게 수정된 직접 비용 곡선을 위험 곡선과 함께 보여주고 있다.

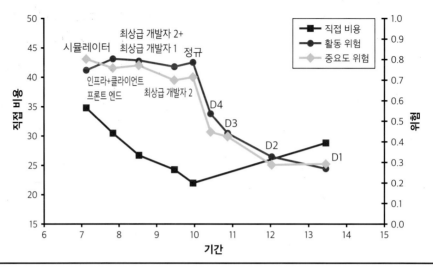

그림 11-30 수정된 직접 비용 곡선과 위험 곡선

11.6.2 시간-비용 곡선 다시 만들기

D1에 대한 비용이 달라졌기 때문에, 시간-비용 곡선을 다시 만들 수 있다. 이때 서브크리티컬 솔루션의 나쁜 데이터 포인트는 제외한다. 그러면 가능한 솔루션을 토대로 더 나은 시간-비용 곡선을 만들 수 있다. 그리고 나서 이전과 마찬가지로 상관관계 모델을 계산할 수 있다. 그러면 다음과 같은 비용 공식이 나온다.

$$직접\ 비용 = 0.99t^2 - 21.32t + 136.57$$
$$간접\ 비용 = 3.54t + 3.59$$
$$총비용 = 0.99t^2 - 17.78t + 140.16$$

이 곡선은 R^2가 0.99로 데이터 포인트에 최적이다. 그림 11-31은 이렇게 새로 만든 시간-비용 곡선 모델을 최소 총비용 지점과 정규 솔루션의 지점과 함께 보여주고 있다.

이제 더 나은 총비용 공식을 알고 있으므로, 이 프로젝트에 대한 최소 총비용 지점을 계산할 수 있다. 총비용 모델은 2차 다항식 형태로 되어 있다.

$$y = ax^2 + bx + c$$

미적분학에서 배운 내용을 토대로, 이런 다항식의 최소 지점은 한 번 미분한 값(1계 미분)이 0인 지점이다.

$$y' = 2ax + b = 0$$

$$x_{min} = -\frac{b}{2a} = -\frac{-17.78}{2 * 0.99} = 9.0$$

9장에서 설명했듯이, 최소 총비용 지점은 항상 정규 솔루션의 왼쪽으로 이동한다. 최소 총비용의 정확한 해는 알 수 없지만, 9장에 따르면 대다수의 프로젝트에서 이 지점을 찾는 것은 큰 의미가 없다. 그보다는, 간결함을 위헤 정규 솔루션의 총비용을 현재 프로젝트의 최소 총비용이라고 볼 수 있다. 이때, 최소 총비용은 60.3 맨-먼스고, 정규 솔루션의 총비용은 이 모델에 따르면 61.2 맨-먼스로, 1.5% 차이가 난다. 이 경우만 봐도 간소화 가정이 적합하다는 것을 알 수 있다. 총비용을 최소화하는 것이 목적이라면, 정규 솔루션과 최상급 개발자 한 명으로 압축한 솔루션 둘 다 적합하다.

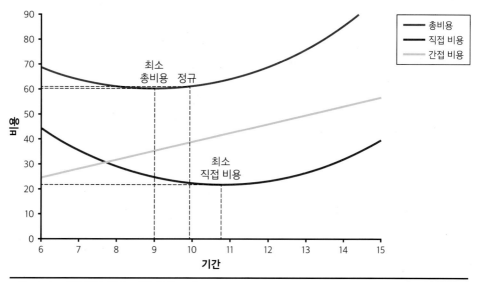

그림 11-31 다시 만든 시간-비용 곡선 모델

최소 직접 비용

최소 직접 비용의 시간 축 지점도 직접 비용 공식과 비슷한 방식을 적용하여 10.8개월이라고 쉽게 계산할 수 있다. 이상적으로는 정규 솔루션이 최소 직접 비용 지점이기도 하다. 하지만, 예제 프로젝트에서는 정규 솔루션은 9.9개월이다. 이러한 차이는 프로젝트의 이산 모델과 연속 모델 사이의 차이에 부분적으로 기인한다(그림 11-30 참고. 여기서는 그림 11-31과 대조적으로 정규 솔루션이 곧 최소 직접 비용이다). 좀 더 의미 있는 이유는, 위험 압축 해제 지점을 수용하도록 시간-비용 곡선을 다시 만들었기 때문에 이 지점이 이동했다. 실전에서는 제약 사항으로 인해 정규 솔루션이 최소 직접 비용 지점보다 약간 벗어나는 경우가 많다. 이 장의 나머지에서는 최소 직접 비용의 정확한 지점을 10.8개월 기간으로 적용한다.

11.6.3 위험 모델링

이제 이산 위험 모델에 대한 추세선 모델을 그림 11-32와 같이 만들 수 있다. 이 그림을 보면, 두 추세선이 서로 비슷하다. 이 장의 나머지에서는 이 활동 위험 추세선을 사용한다. 왜냐하면 이 추세선이 모든 옵션 범위에서 거의 높게 나오기 때문이다.

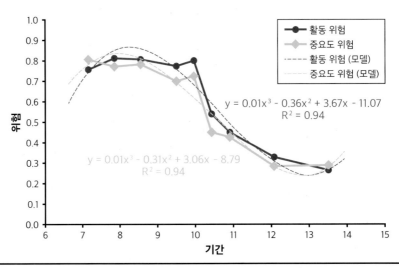

그림 11-32 프로젝트 시간-위험 추세선

다항 상관관계 모델을 적합화(fitting)하면, 현재 프로젝트의 위험에 대한 공식을 다음과 같이 만들 수 있다. 여기서 t는 월 단위로 측정한다.

$$R = 0.01t^3 - 0.36t^2 + 3.67t - 11.07$$

다항식의 첫 번째 항의 계수가 작고 차수가 (3으로) 높다면, 이 위험 공식의 정밀도가 더 높아야 한다. 본문에 자세히 표시하지 않았지만, 이 장의 나머지 모든 계산은 소수점 8자리를 적용했다.

이렇게 마련된 위험 공식을 이용하면 그림 11-33과 같이 위험 모델을 직접 비용 모델과 나란히 그릴 수 있다.

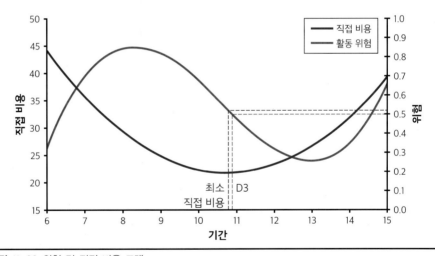

그림 11-33 위험 및 직접 비용 모델

최소 직접 비용과 위험

앞에서 설명했듯이, 직접 비용 모델의 최소 지점은 10.8개월이다. 이 시간 값을 위험 공식에 대입하면 위험 값이 0.52로 나온다. 즉, 최소 직접 비용 지점에서의 위험이 0.52란 말이다. 그림 11-33은 파란색 점선으로 이를 시각적으로 표현했다.

10장에서 설명했듯이, 이상적인 최소 직접 비용은 위험이 0.5인 지점에 있어야 하며, 이 지점은 압축 해제 대상으로 적합하다. 예제 프로젝트는 이 지점에서 4%가량 벗어나 있다. 이 프로젝트는 기간이 정확히 10.8개월인 프로젝트 설계 솔루션이 없지만, 기간이 10.9개월인 D3 압축 해제 지점이 가까이 있다(그림 11-33의 빨간색 점선으로 표시한 부분). 현실적으로 두 지점이 거의 같다고 볼 수 있다.

최적의 프로젝트 설계 옵션

D3의 위험 모델 값은 0.50이다. 이 말은 D3이 위험 압축 해제의 이상적인 타깃일 뿐만 아니라, 현실적으로 최소 직접 비용 지점이란 뜻이다. 이렇게 하면 D3는 직접 비용과 기간, 위험 관점에서 최적의 지점이다. D3의 총비용은 63.8 맨-먼스에 불과하며, 거의 최소 총비용이라고 볼 수 있다. 또한 D3는 총비용, 기간, 위험 관점에서도 최적의 지점이다.

최적의 지점이 있다는 말은 주어진 프로젝트 설계 옵션을 계획에 맞게 실행하여 제때 완료할 가능성이 가장 높다는 뜻이다(성공의 정의가 바로 이 말이다). 항상 설계할 때 최소 직접 비용 지점에 맞춰야 한다. 그림 11-34는 D3 지점에 대한 프로젝트 네트워크의 플로트를 시각적으로 표현한 것이다. 여기서 볼 수 있듯이, 네트워크는 건강한 상태임을 알 수 있다.

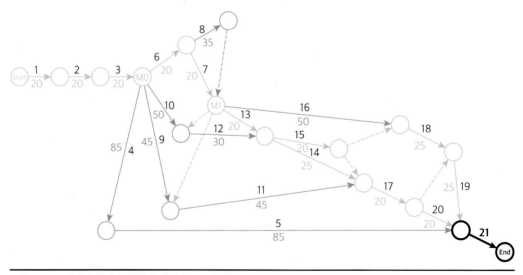

그림 11-34 최적의 설계 솔루션에 대한 플로트 분석

최소 위험

이렇게 만든 위험 공식을 이용하면 최소 위험 지점도 계산할 수 있다. 이 지점은 12.98개월과 위험 값이 0.248인 지점에 있다. 10장에서 중요도 위험 모델에서 최소 위험 값은 0.25라고 설명한 적이 있다. (가중치 [1, 2, 3, 4]를 적용한 경우) 0.248이 0.25에 굉장히 가깝긴 하나, 활동 위험 공식으로 나온 값이며, 중요도 위험 모델과 달리 이 값은 가중치 선택에 영향을 받지 않는다.

11.6.4 위험 포함과 배제

그림 11-29의 이산 위험 곡선은 압축을 통해 프로젝트를 단축시킬 수는 있는데, 그렇다고 해서 위험이 크게 높아지지는 않음을 보여준다. 이 예제 프로젝트를 좀 더 압축해서 활동 위험 곡선에서 위험을 약간 더 줄였다. 위험이 증가하는 주된 원인은 D3(또는 최소 직접 비용)의 왼쪽으로 이동했기 때문이며, 모든 압축 솔루션의 위험이 높아졌다.

이 위험 모델을 이용하면, 그림 11-35와 같이 모든 프로젝트 설계 솔루션이 프로젝트의 위험 곡선에 대응된다. 두 번째 압축 솔루션은 위험이 거의 최대고, 그보다 더 압축한 솔루션은 위험이 예상 수준으로 감소한 것을 볼 수 있다(10장에서 설명한 다빈치 효과). 당연히 최대 위험 지점 또는 그 후에 설계하는 것은 바람직하지 않다. 프로젝트의 최대 위험 지점에 가까이 가는 것도 지양해야 한다. 하지만 어디가 중단(cutoff) 지점일까? 예제 프로젝트는 현재 위험 곡선에서 최대 위험 값이 0.85다. 따라서 이 값에 근접한 프로젝트 설계 솔루션은 좋지 않다. 10장에서는 어떤 솔루션이든 최대 위험 수준이 0.75이어야 한다고 했다. 그보다 높으면 프로젝트가 취약해져서 일정이 지연될 가능성이 높아진다.

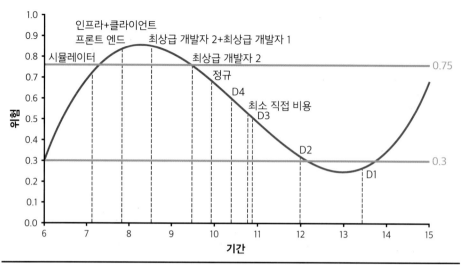

그림 11-35 전체 설계 솔루션과 위험

이 위험 공식을 이용하면 위험이 0.75인 지점의 기간이 9.49 임을 발견할 수 있다. 이 지점에 완벽히 일치하는 프로젝트 설계 솔루션은 없지만, 첫 번째 압축 지점의 기간이 9.5개월이고 위험은 0.75다. 따라서 첫 번째 압축이 현실적으로 예제 프로젝트의 상한선이 된다. 앞에서 설명했듯이 최소 위험 수준은 0.3이어야 한다. 따라서 위험이 0.27인 D1 압축 해제 지점은 제외해야 한다. D2 압축 해제 지점은 0.32가 가능하지만 경계에 있다.

11.7 SDP 리뷰

구체적인 프로젝트 설계 작업은 결국 SDP 리뷰로 귀결된다. 여기서 결정권자에게 프로젝트 설계 옵션들을 소개한다. 합리적인 추측뿐만 아니라 명백히 올바른 옵션을 선택해야 한다. 지금까지 본 프로젝트 설계 옵션 중에서 D3가 가장 좋았다. 1개월 압축 해제한 상태에서 최소 비용과 위험이 모두 0.50이었다.

이러한 결과를 결정권자에게 보여줄 때는 첫 번째 압축 지점과 정규 솔루션, 그리고 정규 솔루션으로부터 나온 최적의 1개월 압축 해제 옵션을 나열한다. 표 11-10은 이러한 실행 가능한 프로젝트 옵션을 정리한 것이다.

표 11-10 실행 가능한 프로젝트 설계 옵션

설계 옵션	기간 (월)	총비용 (맨-먼스)	위험
최상급 개발자 한 명	9.5	61.1	0.75
정규 솔루션	9.9	61.1	0.68
1개월 압축 해제	10.9	63.8	0.50

11.7.1 옵션 제시

표 11-10에 나온 원본 데이터를 그대로 제시하면 안 된다. 이 정도의 정밀도로 된 데이터를 본 사람은 없을 것이다. 따라서 신뢰성이 떨어질 수 있다. 또한 서브크리티컬 솔루션도 포함해야 한다. 서브크리티컬 솔루션은 비용이 더 들기 마련이며 (또한 위험하고 기간도 길어서) 그런 개념을 최대한 이른 시점에 제거해야 한다.

표 11-11은 SDP 리뷰에 발표하기에 적합한 프로젝트 옵션 정보다. 여기서 일정과 비용 값에서 소수점 아래를 반올림했다. 이렇게 하면 값의 분포를 더욱 두드러지게 표현할 수 있다. 이렇게 해도 의사 결정 과정이 크게 달라지지 않겠지만, 수치에 대한 신뢰도를 더욱 높일 수 있다.

표 11-11 SDP 리뷰에서 발표할 프로젝트 설계 옵션

설계 옵션	기간 (월)	총비용 (맨-먼스)	위험
최상급 개발자 한 명	9	61	0.75
정규 솔루션	10	62	0.68
1개월 압축 해제	11	64	0.50
서브크리티컬 인력	13	77	0.78

위험 수치는 반올림 하지 않았다. 각 옵션을 평가하는 데 가장 좋은 값이기 때문이다. 결정권자들은 거의 대부분 이러한 합리적인 추측을 토대로 양적으로 정리된 위험 정보를 본적이 없을 것이다. 발표할 때 여기 나온 위험 값은 비선형적임을 설명해야 한다. 다시 말해, 표 11-11에 나온 수치를 토대로, 위험이 0.68인 것이 0.5보다 더 위험한데, 그 차이가 단순히 36%는 아니라고 말해야 한다. 이러한 비선형적 추이를 이해하기 쉽도록, 보다 널리 알려진 비선형 영역인, 지진 강도를 표현하는 리히터 규모에 위험을 비유하는 방법도

있다. 위험을 지진의 리히터 규모로 표현하면, 6.8은 5.0보다 500배 이상 강하고, 7.5는 5623배 강하다. 이렇게 비유를 통해 쉽게 설명하면 위험이 0.50인 바람직한 지점으로 결정을 유도할 수 있다.

12장

고급 테크닉

프로젝트 설계는 까다로운 영역으로 이전 장에서는 기본 개념만 다뤘는데, 완만한 학습 곡선을 위해 의도적으로 그랬다. 프로젝트 설계에 대한 내용은 더 있다. 이 장에서는 굉장히 크거나 복잡한 프로젝트뿐만 아니라, 거의 모든 프로젝트에 도움 되는 기법을 소개한다. 이러한 기법은 모두 위험과 복잡도를 더 잘 다룰 수 있게 해 준다. 또한 가장 어렵고 복잡한 프로젝트도 제대로 처리할 수 있다는 것을 확인할 수 있다.

12.1 신의 활동

신의 활동(god activity)이란 이름 그대로 현재 프로젝트에서 엄청나게 큰 활동을 말한다. 여기서 "엄청나게"란 표현은 상대적이다. 신의 활동이 프로젝트의 다른 활동에 비해 너무 크다는 말이다. 신의 활동을 판별하는 쉬운 기준은 프로젝트의 모든 활동에 대한 평균 기간보다 최소한 1 표준 편차 이상 차이 나는 기간을 가진 활동을 말한다. 신의 활동은 절대적인 관점에서도 엄청나게 클 수 있다. 가령 40~60일(또는 그 이상)은 통상적인 소프트웨어 프로젝트에서 엄청나게 큰 것이다.

여러분의 직관과 경험을 통해 이런 활동을 피해야 한다고 판단할 수 있다. 일반적으로 신의 활동은 엄청난 불확실성을 숨겨둔 곳에 불과하다. 신의 활동에 대한 기간과 노력의 추정치는 대부분 정확하지 않다. 결론적으로, 실제 활동 기간은 더 길기 때문에 프로젝트를 지연시킬 가능성이 있다. 이런 위험은 가급적 빨리 직면해야 본래 목표의 달성을 보장할 수 있다.

신의 활동은 이 책에서 소개한 프로젝트 설계 기법을 변형시키는 경향도 있다. 이런 활동은 거의 대부분 크리티컬 패스에 있어서, 대다수의 크리티컬 패스 관리 기법을 효과 없게 만든다. 크리티컬 패스의 기간과 네트워크 상의 위치가 신의 활동 쪽에 쏠리기 때문이다. 설상가상으로 신의 활동이 있는 프로젝트의 위험 모델은 위험 수치를 너무 낮게 만든다.

이런 프로젝트에 들인 노력은 대부분 크리티컬 한 신의 활동에 투입되어, 위험이 매우 높은 프로젝트로 만들게 된다. 하지만 위험 계산은 덜 왜곡되는데, 크리티컬 한 신의 활동 주변을 맴도는 다른 활동의 플로트가 매우 높게 되기 때문이다. 이런 위성 활동을 제거하면, 위험 수치는 1.0으로 치솟게 되어, 신의 활동으로부터 위험이 높아지게 된다는 사실을 정확히 표현하게 된다.

12.1.1 신의 활동 처리하기

신의 활동에 대처하는 가장 좋은 방안은 더 작고 독립적인 활동으로 쪼개는 것이다. 신의 활동을 쪼개면 추정의 품질이 눈에 띄게 향상되고, 불확실성이 줄어들어서 위험 값을 정확히 표현하게 된다. 하지만, 작업의 범위가 원래 크다면 어떻게 해야 할까? 이런 활동은 미니 프로젝트로 만들어서 압축해야 한다. 먼저 신의 활동의 내부 상태를 확인하고, 각각의 신의 활동 안에 있는 내부 상태에 대해 병렬로 처리할 방안을 모색한다. 그렇게 할 수 없다면 프로젝트의 다른 활동을 방해하지 않게 만들어서 신의 활동의 중요도를 낮추는 방안을 찾아야 한다.

예를 들어, 신의 활동에 대한 시뮬레이터를 개발하면, 다른 활동이 신의 활동에 의존하는 것을 줄일 수 있다. 이렇게 하면 신의 활동에 대해 병렬로 처리할 수 있어서, 신의 활동의 중요도를 (완벽하지는 않더라도) 어느 정도 낮출 수 있다. 시뮬레이터는 숨은 가정을 드러내도록 제약 조건을 신의 활동에 추가하여 신의 활동의 상세 설계를 쉽게 만들어서 불확실성도 낮출 수 있다.

신의 활동을 별도의 사이드 프로젝트로 분리하는 방안도 고려한다. 사이드 프로젝트로 분리하는 것은 신의 활동의 내부 상태가 근본적으로 순차적일 때 특히 중요하다. 그러면 프로젝트 관리와 진행 추적이 훨씬 쉬워진다. 네트워크 상에서 통합 시점을 설계하여 최종 통합 위험을 줄여야 한다. 신의 활동을 이렇게 추출하면 프로젝트의 나머지에 대한 위험이 증가하는 경향이 있다(신의 활동을 추출하면 다른 활동의 플로트가 크게 준다). 이는 대체로 긍정적이다. 그렇게 되지 않으면 프로젝트 위험이 실제와 달리 낮게 나오기 때문이다. 이런 상황은 너무 자주 발생하여 위험 수치가 낮으면 신의 활동을 찾으라는 신호인 경우가 많다.

12.2 위험 교차 지점

11장에서 본 사례 연구에서는 위험을 0.75보다 낮고 0.3보다는 높다는 기준에 따라 프로 젝트 설계 옵션을 선택하거나 제외했다. 프로젝트 설계 옵션을 선택할 때, 이러한 일반적인 경험칙보다 좀 더 구체적인 기준을 따를 수 있다.

그림 11-33에서 최저 직접 비용 지점과 바로 왼쪽 지점에서 직접 비용 곡선은 기본적으로 평평하지만, 위험 곡선은 가파르다. 이는 예상된 동작인데, 일반적으로 가장 압축된 솔루 션에서 직접 비용이 최고 값에 도달하기 전에 위험 곡선이 최고 값에 도달하는 경향이 있 기 때문이다. 최고 직접 비용에 도달하기 전에 최고 위험을 달성하는 유일한 방법은 초기 에 최저 직접 비용의 왼쪽에서 위험 곡선이 직접 비용 곡선보다 훨씬 빨리 상승하는 것이 다. 최고 위험(과 약간 오른쪽) 지점에 위험 곡선은 평평하거나 거의 평평한 반면, 직접 비 용 곡선은 다소 가파르다.

따라서 위험 곡선이 직접 비용 곡선보다 빠르게 상승하기를 멈추는, 최저 직접 비용 지점 의 왼쪽에 있어야 한다. 이 지점을 **위험 교차 지점**(risk crossover point)라고 부른다. 이 러한 교차 지점에서 위험이 가장 높다. 이는 위험 값이 교차 지점보다 높은 압축 솔루션은 피하는 것이 좋다는 것을 의미한다. 대다수의 프로젝트에서 위험 교차 지점은 위험 곡선에 서 값이 0.75인 지점과 일치한다.

위험 교차 지점은 보수적으로 잡은 지점이다. 왜냐하면 위험이 최고인 것이 아니고, 위험 의 절댓값이 아닌, 직접 비용과 위험 동작에 기반한 것이기 때문이다. 하지만 대다수 소프 트웨어 프로젝트의 사례를 볼 때, 주의한다고 해서 나쁠 건 없다.

12.2.1 교차 지점 도출하기

위험 교차 지점을 찾으려면 직접 비용 곡선과 위험 곡선의 증가 속도를 비교해야 한다. 기 초 미적분을 이용한 해석적으로 구할 수도 있고, 스프레드시트에서 그래픽적으로 찾을 수 도 있고, 수치 해석 프로그램을 이용할 수도 있다. 이 장에 대한 부록 파일에서 제공하는 세 가지 기법에 대한 템플릿을 이용하면, 위험 교차 지점을 쉽게 찾을 수 있다.

곡선의 증가 속도는 한 번 미분한 일계 도함수(first derivative)로 표현할 수 있다. 따라서 위험 곡선의 일계 도함수와 직접 비용 곡선의 일계 도함수를 비교하면 된다. 11장의 예제 프로젝트에 나온 위험 모델은 다음과 같이 3차 다항식으로 구성된다.

$$y = ax^3 + bx^2 + cx + d$$

이 다항식의 일계 도함수는 다음과 같이 이차 다항식 형태로 나온다.

$$y' = 3ax^2 + 2bx + c$$

예제 프로젝트의 위험 공식은 다음과 같다.

$$R = 0.01t^3 - 0.36t^2 + 3.67t - 11.07$$

따라서 위험의 일계 도함수는 다음과 같다.

$$R' = 0.03t^2 - 0.72t + 3.67$$

예제 프로젝트의 직접 비용 공식은 다음과 같다.

$$C = 0.99t^2 - 21.32t + 136.57$$

따라서 직접 비용의 일계 도함수는 다음과 같다.

$$C' = 1.98t - 21.32$$

두 도함수를 비교하기 전에 반드시 두 가지 이슈를 해결해야 한다. 첫째, 두 곡선에서 최고 위험과 최저 직접 비용 사이의 값의 범위는 단조 감소한다(즉, 두 곡선의 증가 속도는 음수다). 따라서 증가 속도를 절댓값으로 비교해야 한다. 둘째, 증가 속도의 본래 값은 크기 단위가 다르다. 위험은 0과 1 사이인 반면, 비용은 예제 프로젝트의 경우 대략 30이다. 두 도함수를 제대로 비교하려면 먼저 위험 값을 최고 위험 지점의 비용 값에 맞게 단위를 조정해야 한다.

추천하는 환산 계수(scaling factor)는 다음과 같다.

$$F = \frac{R(t_{mr})}{C(t_{mr})}$$

- t_{mr}: 최대 위험의 시각
- $R(t_{mr})$: t_{mr}시점의 프로젝트 위험 공식 값
- $C(t_{mr})$: t_{mr}시점의 프로젝트 비용 공식 값

위험 곡선은 위험 곡선의 일계 도함수인 R'이 0인 지점이 최고점이다. 프로젝트 위험 공식을 t에 대해 풀면, $R'=0$일 때 t_{mr}은 8.3개월이 나온다. 이에 대응되는 위험 값 R은 0.85고, 직접 비용 값은 28 맨-먼스다. 두 값의 비율인 F는 32.93으로 예제 프로젝트의 환산 계수다.

이 프로젝트에 적절한 위험 수준은 다음 조건을 모두 만족할 때다.

- 시간은 최소 위험 지점의 왼쪽에 있다.
- 시간은 최대 위험 지점의 오른쪽에 있다.
- 위험은 절댓값을 기준으로 비용보다 빨리 증가한다.

이 조건을 다음 식 하나로 합칠 수 있다.

$$F * |R'| > |C'|$$

위험과 직접 비용 도함수에 대한 식과 환산 계수를 이용하면 다음과 같이 구할 수 있다.

$$32.93 * \left|0.03t^2 - 0.72t + 3.67\right| > \left|1.98t - 21.32\right|$$

이 식을 풀면 다음과 같이 적절한 t의 범위를 구할 수 있다.

$$9.03 < t < 12.31$$

결과로 나온 교차점은 하나가 아닌 두 개(9.03개월과 12.31개월)다. 그림 12-1은 위험과 비용 도함수를 절댓값으로 환산한 동작을 시각적으로 보여주고 있다. 여기서 절댓값 단위의 위험 도함수와 비용 도함수가 두 지점에서 교차하는 것을 확인할 수 있다(그래서 교차 지점이라고 부르는 것이다).

수학적인 이유 말고도, 두 위험 교차 지점이 두 개인 이유는 프로젝트 설계 관점에서도 설명할 수 있다. 9.03개월의 위험은 0.81이고, 12.31개월에는 위험이 0.28이다. 이 값들을 그림 12-2의 위험 곡선과 직접 비용 곡선에 중첩시키면 교차 지점의 진정한 의미가 드러난다.

9.03개월 위험 교차 지점의 왼쪽에 있는 프로젝트 설계 솔루션은 너무 위험하다. 12.31개월 위험 교차 지점의 오른쪽에 있는 프로젝트 설계 옵션은 너무 안전하다. 두 교차 지점 사이의 위험이 적절하다.

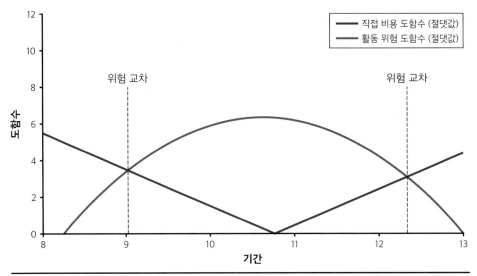

그림 12-1 위험 교차 지점

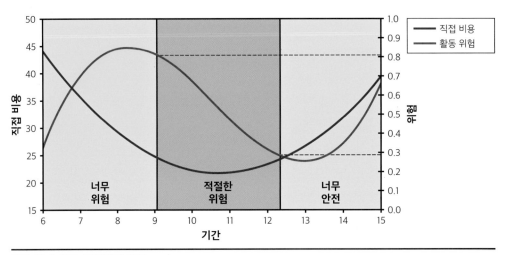

그림 12-2 위험 포함/배세 영역

적절한 위험과 설계 옵션

0.81과 0.28이 교차하는 지점의 위험 값은 경험칙의 0.75와 0.30에 거의 가깝다. 예제 프로젝트에서 적절한 위험 영역은 첫 번째 압축 솔루션과 정규 솔루션, 그리고 D4, D3, D2의 압축 해제 지점(그림 11-35)을 포함한다. 이 지점은 모두 실질적인 설계 옵션이다. 여기서 "실질적"이란 말은 프로젝트 성공 가능성이 어느 정도 있다는 뜻이다. 더 압축한 솔루션은 너무 위험하고, D1 지점은 너무 안전하다. 압축 해제 지점 사이에서 최적의 압축 해제 대상을 찾아, 추가 선택할 수 있다.

12.3 압축 해제 대상 찾기

10장에서 지적했듯이, 위험 수준이 0.5인 지점이 위험 곡선에서 가장 가파른 지점이다. 이 지점에서 보상이 가장 크기 때문에(최소한의 압축 해제로부터 최대한의 위험 감소 효과를 볼 수 있기 때문에), 압축 해제 대상으로 가장 이상적인 지점이다. 이러한 이상적인 지점이 위험의 티핑 포인트(tipping point)로, 압축 해제의 최소 지점이다.

위험 곡선을 그려보면, 이러한 티핑 포인트가 어디 있는지 살펴보고 하나라도 있다면, 그 티핑 포인트가 있는 바로 그 지점 또는 좀 더 보수적으로 그 오른쪽에서 압축 해제 지점을 선택하게 된다. 11장에서 바로 이 기법을 이용하여 그림 11-29의 D3을 압축 해제 대상으로 선정했다. 하지만, 단순히 차트를 훑어보는 것만으로는 바람직한 엔지니어링 기법이라고 볼 수 없다. 그보다는 기초 미적분학을 적용해서 압축 해제 대상을 일관성 있고 객관적으로 찾아내야 한다.

주어진 위험 곡선이 (적어도 최소 위험과 최대 위험 사이에서) 표준 로지스틱 함수를 에뮬레이션 하므로, 곡선에서 가장 가파른 지점은 곡선이 휘거나 꺾이는 지점이기도 하다. 이 지점의 왼쪽으로 위험 곡선은 오목하고, 오른쪽은 볼록하다. 미적분학에 따르면 이러한 변곡점에서 오목한 것이 볼록해지고, 곡선의 2계 도함수는 0이 된다. 이상적인 위험 곡선과 이에 대한 첫 두 가지 도함수를 그래프로 표현하면 그림 12-3과 같다.

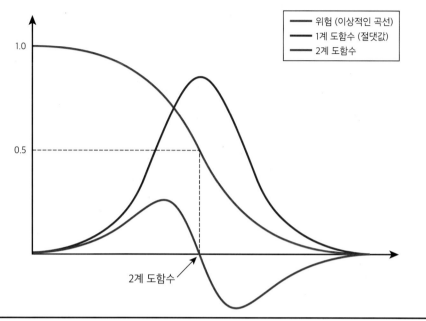

그림 12-3 압축 해제 대상이 되는 변곡점

11장에서 본 예제 프로젝트에 이 기법을 적용해 보면, 위험 방정식을 다음과 같은 3차 다항식으로 표현할 수 있다. 이에 대한 1계 및 2계 도함수는 다음과 같다.

$$y = ax^3 + bx^2 + cx + d$$
$$y' = 3ax^2 + 2bx + c$$
$$y'' = 6ax + 2b$$

2계 도함수가 0이면 다음과 같은 식을 얻을 수 있다.

$$x = -\frac{b}{3a}$$

위험 모델은 다음과 같으므로,

$$R = 0.01t^3 - 0.36t^2 + 3.67t - 11.07$$

2계 도함수가 0인 지점은 10.62개월이다.

$$t = -\frac{-0.36}{3*0.01} = 10.62$$

10.62개월에 위험은 0.55이고, 이는 이상적인 값인 0.5와 불과 10%밖에 차이 나지 않는다. 이를 그림 12-4와 같이 이산 위험 곡선으로 그려보면, 이 값은 D4와 D3 사이에 놓이게 되면서 11장에서 선택한 D3가 압축 해제 대상임이 두드러진다.

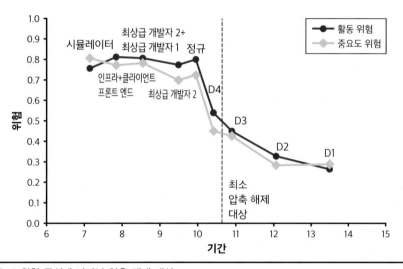

그림 12-4 위험 곡선에 나타난 압축 해제 대상

위험 차트를 시각적으로 표현하고 티핑 포인트를 식별하기 위해 판단했던 11장과 달리, 2계 도함수는 객관적이고 반복 가능한 기준을 제시한다. 이는 직접적이고 명백한 시각적인 위험 티핑 포인트가 없거나, 위험 곡선이 높거나 낮게 왜곡되어 0.5라는 가이드라인을 적용할 수 없는 상황에 특히 중요하다.

12.4 기하 위험

10장에서 본 위험 모델은 모두 플로트에 대해 산술 평균을 구하는 방식으로 위험을 계산했다. 아쉽게도 이러한 산술 평균은 균일하지 않은 값의 분포를 제대로 처리하지 못한다. 예를 들어, [1, 2, 3, 1000]과 같은 수열이 있다고 하자. 이 수열의 산술 평균은 252인데, 수열에 나온 값들을 제대로 표현하지 않는다. 이러한 현상은 위험 계산에만 국한된 것이 아니라, 균일하지 않은 분포에 산술 평균을 적용하는 모든 곳에 공통적으로 좋지 않은 결과가 나온다. 이럴 때는 산술 평균보다는 기하 평균을 적용하는 것이 낫다.

수열의 **기하 평균**(geometric mean)이란 수열에 나온 n개의 모든 값을 곱한 뒤, n에 대한 제곱근을 구하는 것이다. a_1에서 a_n까지의 값이 주어졌을 때, 이 수열의 기하 평균은 다음과 같다.

$$평균 = \sqrt[n]{a_1 * a_2 * ... * a_n} = \sqrt[n]{\prod_{i=1}^{n} a_i}$$

예를 들어, [2, 4, 6]의 산술 평균은 4인 반면, 기하 평균은 3.63이다.

$$평균 = \sqrt[3]{2 * 4 * 6} = 3.63$$

이렇게 구한 기하 평균은 항상 산술 평균보다 작거나 같다.

$$\sqrt[n]{\prod_{i=1}^{n} a_i} \leq \frac{\sum_{i=1}^{n} a_i}{n}$$

두 평균은 수열의 모든 값이 동일할 때만 같다.

기하 평균을 처음 보기에는 어색하게 보이지만, 불균일한 값의 분포에서는 빛을 발한다. 기하 평균 계산에서 극단적인 아웃라이어가 결과에 미치는 영향이 훨씬 적다. [1, 2, 3, 1000]과 같이 주어진 수열에서 기하 평균은 8.8로, 첫 세 숫자를 더 잘 표현해 준다.

12.4.1 기하 중요도 위험

산술 중요도 위험과 마찬가지로, 중요도 위험에 대한 기하 평균인 **기하 중요도 위험**(geometric criticality risk)도 플로트 컬러 코딩과 이에 대응되는 활동 수로 계산할 수 있다. 이번에는 플로트 가중치와 활동 수를 곱하지 않고, 지수로 계산한다. 기하 중요도 위험 공식은 다음과 같다.

$$위험 = \frac{\sqrt[N]{(W_C)^{N_C} * (W_R)^{N_R} * (W_Y)^{N_Y} * (W_G)^{N_G}}}{W_C}$$

- W_C: 중요 활동의 가중치
- W_R: 빨강 활동의 가중치
- W_Y: 노랑 활동의 가중치
- W_G: 초록 활동의 가중치
- N_C: 중요 활동의 수
- N_R: 빨강 활동의 수
- N_Y: 노랑 활동의 수
- N_G: 초록 활동의 수
- N: 프로젝트의 활동 수 ($N = N_C + N_R + N_Y + N_G$)

그림 10-4에 나온 예제 네트워크를 이용하여 기하 중요도 위험은 다음과 같이 구할 수 있다.

$$\text{위험} = \frac{\sqrt[16]{4^6 * 3^4 * 2^2 * 1^4}}{4} = 0.60$$

이와 동일한 네트워크에 대한 산술 중요도 위험은 0.69다. 예상대로 기하 중요도 위험은 산술 중요도 위험보다 약간 낮다.

위험 값 범위

산술 중요도 위험과 마찬가지로, 기하 중요도 위험 역시 모든 활동이 중요할 때 값이 1.0으로 가장 크고, 네트워크의 모든 활동이 초록일 때 값이 가장 작은 W_G/W_C다.

$$\text{위험} = \frac{\sqrt[N]{(W_C)^0 * (W_R)^0 * (W_Y)^0 * (W_G)^N}}{W_C} = \frac{\sqrt[N]{1 * 1 * 1 * (W_G)^N}}{W_C}$$
$$= \frac{W_G}{W_C}$$

12.4.2 기하 피보나치 위험

중요도 가중치 사이의 피보나치 비율을 이용하면 **기하 피보나치 위험 모델**(geometric Fibonacci risk model)을 만들 수 있다. 가중치에 대한 정의가 다음과 같다고 하자.

$$W_Y = \varphi * W_G$$
$$W_R = \varphi^2 * W_G$$
$$W_C = \varphi^3 * W_G$$

기하 피보나치 위험 공식은 다음과 같다.

$$
\begin{aligned}
위험 &= \frac{\sqrt[N]{(\varphi^3 * W_G)^{N_C} * (\varphi^2 * W_G)^{N_R} * (\varphi * W_G)^{N_Y} * (W_G)^{N_G}}}{\varphi^3 * W_G} \\
&= \frac{\sqrt[N]{\varphi^{3N_C + 2N_R + N_Y} * W_G{}^{N_C + N_R + N_Y + N_G}}}{\varphi^3 * W_G} = \frac{\sqrt[N]{\varphi^{3N_C + 2N_R + N_Y} * W_G{}^{N}}}{\varphi^3 * W_G} = \frac{\sqrt[N]{\varphi^{3N_C + 2N_R + N_Y}}}{\varphi^3} \\
&= \varphi^{\frac{3N_C + 2N_R + N_Y}{N} - 3}
\end{aligned}
$$

위험 값 범위

산술 피보나치 위험과 마찬가지로, 기하 피보나치 위험도 모든 활동이 중요할 때 값이 1.0 으로 가장 크고, 네트워크의 모든 활동이 초록일 때 값이 $0.24(\varphi^{-3})$로 가장 작다.

12.4.3 기하 활동 위험

기하 활동 위험 공식은 프로젝트의 플로트에 대한 기하 평균을 이용한다. 중요도 활동의 플로트가 0이면, 기하 평균이 무조건 0이 되어 문제가 발생한다. 이럴 때는 흔히 수열에 나온 모든 값에 1을 더한 후 구한 기하 평균에 1을 빼는 방식으로 해결한다.

기하 활동 위험 공식은 다음과 같다.

$$위험 = 1 - \frac{\sqrt[N]{\prod_{i=1}^{N}(F_i + 1)} - 1}{M}$$

- F_i: 활동 i에 대한 플로트
- N: 프로젝트의 활동 수
- M: 프로젝트의 활동 중에서 가장 큰 플로트(즉, $\mathrm{Max}(F_1, F_2, \cdots, F_N)$)

그림 10-4에 나온 예제 네트워크를 이용하면, 기하 활동 위험은 다음과 같다.

$$위험 = 1 - \frac{\sqrt[16]{1*1*1*1*1*1*31*31*31*31*11*11*6*6*6*6} - 1}{30} = 0.87$$

동일한 네트워크에 대한 산술 활동 위험은 0.67이다.

위험 값 범위

중요도가 높은 활동이 많아질수록, 기하 활동 모델의 최댓값이 1.0에 가까워지지만, 모든 활동이 중요할 때는 정의되지 않는다. 기하 활동 위험은 모든 활동의 플로트 수준이 동일하면 값이 가장 낮은 0이 된다. 산술 활동 위험과 달리, 기하 활동 위험은 아웃라이어에 해당하는 비정상적으로 높은 플로트를 조정할 필요가 없고 플로트도 균일하게 분포될 필요도 없다.

12.4.4 기하 위험 동작

기하 중요도 위험과 기하 피보나치 위험 모델은 모두 산술 위험과 매우 유사한 결과를 도출한다. 그러나 기하 활동 공식은 산술 활동을 잘 추적하지 못해서 전반적으로 값이 훨씬 더 높다. 그 이유는 기하 활동 위험 값이 이 책에서 제시하는 위험 값 가이드라인에 부합하지 않는 경우가 많기 때문이다.

그림 12-5는 11장에 나온 예제 프로젝트에 대한 모든 위험 곡선을 그려서 기하 위험 모델 사이의 차이를 보여주고 있다.

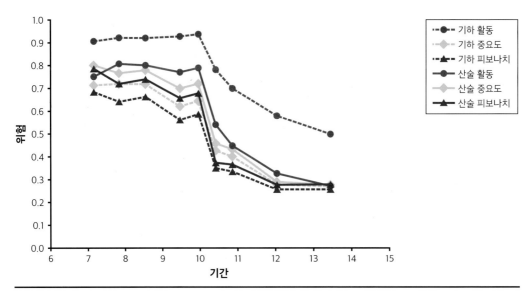

그림 12-5 기하 위험 모델 vs 산술 위험 모델

예상대로 기하 중요도와 기하 피보나치 위험은 모두 산술 모델보다 살짝 낮을 뿐, 형태
는 비슷한 것을 볼 수 있다. 위험 티핑 포인트도 명확히 볼 수 있다. 기하 활동 위험은 크
게 상승했고, 그 동작도 산술 활동 위험과 상당히 차이가 있다. 두드러지게 높은 위험 티
핑 포인트가 없다.

기하 위험이 필요한 이유

산술 중요도 위험 모델과 (피보나치를 포함한) 기하 중요도 위험 모델이 상당히 유사하기 때
문에, 둘 중 어느 것을 사용하더라도 큰 차이가 없다. 그래서 군이 시간과 노력을 들여 또
다른 위험 모델을 만들 가치가 없다. 혹시 만들더라도 위험 모델을 다른 사람에게 설명할
때 간결하게 만들려면 산술 모델을 이용하는 것이 좋다. 기하 활동 위험은 산술 활동 위험
보다 유용성이 떨어지지만, 특정한 경우 때문에 기하 위험에 대해 설명했다.

기하 활동 위험은 신의 활동이 있는 프로젝트에서 위험을 계산하는 데 최후의 수단으로
사용할 수 있다. 이런 프로젝트는 실제로 위험이 굉장히 높다. 대다수의 노력이 중요한 신
의 활동에 투입되기 때문이다. 예전에 설명했듯이, 신의 활동의 크기로 인해서 다른 활동
의 플로트가 상당히 커지고, 그래서 산술 위험을 낮추는 방식으로 왜곡하여 안전에 대해
잘못된 인상을 줄 수 있다. 이에 반해, 기하 활동 위험 모델은 신의 활동이 있는 프로젝트

의 위험 값이 높게 나온다. 기하 활동 위험에 대해 상관관계 모델을 만들어서 산술 모델과 동일한 위험 분석을 수행할 수 있다.

그림 12-6은 11장에서 소개한 예제 프로젝트에 대한 기하 활동 위험과 상관관계 모델을 보여주고 있다.

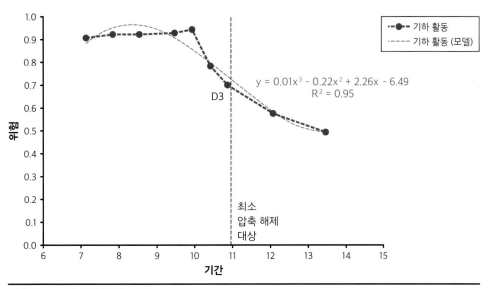

그림 12-6 기하 활동 위험 모델

최대 위험 지점인 8.3개월은 산술 모델과 기하 모델 모두 공유한다. 기하 활동 모델에서 (2계 도함수가 0인) 최소 압축 해제 대상은 10.94개월로, 산술 모델의 10.62개월과 비슷하며 D3의 바로 오른쪽에 있다. 기하 위험 교차 지점은 9.44개월과 12.25개월로, 산술 활동 위험 모델에서 얻은 9.03개월과 12.31개월보다 살짝 좁다. 여기서 볼 수 있듯이, 위험 곡선의 동작이 상당히 다름에도 불구하고 두 모델에 대한 결과가 상당히 비슷하다.

물론 신의 활동이 있는 프로젝트의 위험을 계산하는 방법을 찾는 대신, 앞에서 설명한 대로 신의 활동을 수정해야 한다. 하지만 기하 위험을 이용하면 바람직한 방식이 아닌, 현재 방식 그대로 처리할 수 있다.

12.5 실행 복잡도

작업을 시작하기 전에 합리적인 결정을 내리는 데 초점을 맞춘 프로젝트 설계에 대해 살펴봤다. 기간과 비용, 위험을 정량적으로 측정해야만 프로젝트를 수행할 여력이 되고 가능한 프로젝트인지 결정할 수 있다. 그런데, 두 가지 프로젝트 설계 옵션이 기간과 비용과 위험 측면에서 비슷하지만, 실행 복잡도는 상당히 다를 수 있다. 여기서 **실행 복잡도**(execution complexity)란 프로젝트 네트워크가 복잡하고 난해한 정도를 가리킨다.

12.5.1 순환 복잡도

순환 복잡도(cyclomatic complexity)는 연결 복잡도의 척도로, 코드나 프로젝트와 같은 네트워크 형태의 복잡도를 측정하는 데 유용하다.

순환 복잡도 공식은 다음과 같다.

$$복잡도 = E - N + 2 * P$$

프로젝트 실행 복잡도에서 E, N, P는 다음과 같다.

- E: 프로젝트에 있는 의존성의 수
- N: 프로젝트에 있는 활동 수
- P: 프로젝트에 연결이 끊긴 네트워크의 수

잘 설계된 프로젝트라면 P는 언제나 1이다. 프로젝트에 대한 네트워크가 하나뿐이기 때문이다. 네트워크가 많을수록(P > 1) 프로젝트가 복잡해진다.

순환 복잡도 공식을 적용하는 예를 살펴보기 위해 표 12-1과 같이 주어진 네트워크에서 E는 6이고, N은 5고, P는 1일 때 순환 복잡도는 3이다.

$$복잡도 = 6 - 5 + 2 * 1 = 3$$

표 12-1 순환 복잡도가 3인 예제 네트워크

ID	활동	의존
1	A	
2	B	
3	C	1,2
4	D	1,2
5	E	3,4

12.5.2 프로젝트 타입과 복잡도

프로젝트의 실행 복잡도를 측정하는 직접적인 방법은 없지만, 순환 복잡도 공식을 프록시로 활용할 수는 있다. 프로젝트 내부에 의존성이 많을수록, 실행하기에 위험하고 어려움이 많다. 모든 의존성이 지연되어 프로젝트의 여러 곳에서 연쇄적으로 지연될 수 있다. 활동이 N개인 프로젝트의 최대 순환 복잡도는 N^2이며 모든 활동이 다른 활동에 의존하고 있는 상태다.

일반적으로 프로젝트의 병렬성이 높을수록 실행 복잡도도 높아지게 된다. 모든 병렬 활동에 필요한 대규모 인력을 제때 공급하기란 어렵기 때문이다. 병렬 작업(과 그 병렬 작업을 수행하는 데 필요한 부가 작업)은 작업량과 팀 규모를 모두 증가시킨다. 팀 규모가 클수록 효율은 떨어지고 관리하기 힘들어진다. 또한 병렬 작업은 순환 복잡도도 높인다. 병렬 작업에 의해 N의 증가 속도보다 E의 증가 속도가 높아지기 때문이다. 극단적인 예로, 동시에 시작해서 끝나는 활동이 N개 있고, 각 활동은 서로 독립적이며 모두 병렬로 처리되는 프로젝트의 순환 복잡도는 N+2다. 이런 프로젝트는 실행 위험이 매우 크다.

마찬가지로, 프로젝트가 순차적일수록 실행 복잡도가 낮아진다. 극단적인 예로, 활동 N개가 순차적으로 구성된 프로젝트에서, 순환 복잡도의 최솟값은 정확히 1이다. 리소스가 매우 적은 서브크리티컬 프로젝트에서 특히 이렇게 활동이 길게 늘어진 형태를 띠는 경향이 있다. 이런 서브크리티컬 프로젝트는 설계 위험이 높은 반면, 실행 위험은 매우 낮다.

내 경험에 의하면 잘 설계된 프로젝트는 순환 복잡도가 10 또는 12다. 다소 낮아 보일 수 있지만, 목표를 달성할 가능성은 실행 복잡도에 반비례함을 명심해야 한다. 예를 들어, 순환 복잡도가 15인 프로젝트는 순환 복잡도가 12인 프로젝트에 비해 25%만 복잡하지만,

복잡도가 낮은 프로젝트는 성공 가능성이 두 배가 된다. 따라서 높은 실행 복잡도는 실패 가능성과 양의 상관관계에 있다. 프로젝트가 복잡할수록 목표를 달성하지 못할 가능성이 높아진다. 게다가 어떤 복잡한 프로젝트를 성공적으로 완수한다고 해서 다른 복잡한 프로젝트도 성공한다고 보장할 수 없다.

높은 순환 복잡도 수준의 프로젝트를 반복적으로 완수하는 것은 분명 가능하다. 하지만 그런 능력을 조직 차원에서 갖추는 데는 시간이 걸린다. 올바른 아키텍처와 위험 가이드라인 범위 안에서 잘 설계한 프로젝트와, 서로 협업이 잘 되는 멤버로 구성된 팀, 그리고 높은 생산성과 세부 사항을 놓치지 않고 충돌을 선제적으로 해결하는 최상급 프로젝트 매니저 등이 필요하다. 이러한 요소를 갖추지 못하면 이 장의 뒤에서 설명할 계층별 설계와 네트워크의 네트워크 기법을 동원하여 실행 복잡도를 낮추도록 적극적으로 대응해야 한다.

12.5.3 압축과 복잡도

복잡도는 압축할수록 비선형적으로 높아진다. 이상적으로는 프로젝트 설계 솔루션의 복잡도를 기간에 대한 함수로 나타낼 때 그림 12-7의 점선과 같이 나타나야 한다.

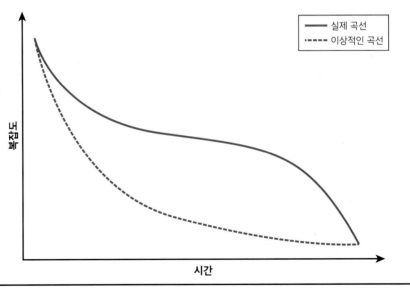

그림 12-7 프로젝트의 시간-복잡도 곡선

이렇게 전형적인 비선형 동작은 프로젝트 네트워크를 전혀 변경하지 않고 더 뛰어난 리소스를 이용하여 프로젝트 압축하는 것을 고려하지 않는다는 문제가 있다. 점선 역시 지속적으로 늘어나는 시간 할당에 따라 복잡도가 더 줄어든다고 간주하지만, 앞서 설명했듯이 복잡도는 1보다 낮아질 수 없다. 그보다 더 나은 프로젝트 복잡도 모델은 (그림 12-7의 실선과 같은) 로지스틱 함수 형태다.

이 로지스틱 함수에서 다소 평평한 영역은 뛰어난 리소스와 함께 작업하는 것을 표현한다. 이 곡선의 왼쪽에서 급격히 상승하는 부분은 병렬 작업과 프로젝트 압축을 나타낸다. 이 곡선의 오른쪽에서 가파르게 떨어지는 부분은 프로젝트에 대해 (시간도 상당히 많이 걸리는) 서브크리티컬 한 솔루션을 의미한다. 그림 12-8은 11장에서 소개한 예제 프로젝트에 대한 복잡도 곡선을 보여주고 있다.

11장에서 설명했듯이, 최대한 압축된 솔루션조차 정규 솔루션에 비해 비용이 실질적으로 더 많이 들지 않는다. 복잡도 분석을 통해 최대 압축의 실제 비용은 순환 복잡도가 25%가량 높아지는 것이다. 이는 프로젝트 실행이 훨씬 위험하고 어렵다는 것을 나타낸다.

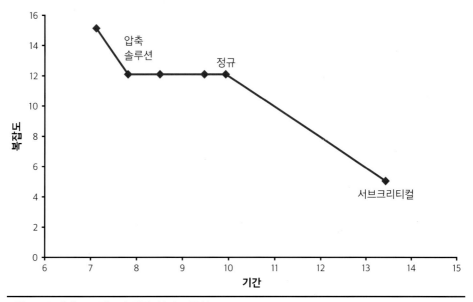

그림 12-8 예제 프로젝트의 시간-복잡도 곡선

12.6 대규모 프로젝트

이 책에서 소개하는 프로젝트 설계 방법론은 모든 규모에 적용할 수 있다. 하지만, 프로젝트 규모가 커질수록 어려움이 더 많아진다. 사람의 두뇌는 최대 용량이 정해져 있어서 세부 사항과 제약 사항, 의존성 등을 머리에 담기에는 한계가 있다. 그래서 프로젝트 규모가 어느 정도에 이르면 설계 능력을 상실하게 된다. 대다수는 활동이 100개 정도인 프로젝트까지는 설계할 수 있다. 경험이 쌓일수록 그 숫자는 더 커지게 된다. 잘 설계된 시스템과 프로젝트는 활동이 몇 백 개 정도여도 처리할 수 있다.

수백 혹은 수천 활동으로 구성된 거대 규모의 메가프로젝트(megaproject)라도 저마다 복잡도가 다르다. 일반적으로 여러 사이트와 수백 명의 인력과 엄청난 예산과 빠듯한 스케줄로 구성된다. 실제로 이렇게 구성되는 경우가 일반적인데, 회사가 처음에는 공격적인 스케줄로 시작해 놓고서는 이에 맞추도록 점차 인력과 비용을 프로젝트에 투입하기 때문이다.

프로젝트 규모가 커질수록 설계 난이도가 높아지고 프로젝트 설계의 중요성도 커진다. 우선, 프로젝트가 클수록 실패 가능성도 높아진다. 게다가 더 중요한 것은 작업을 병렬로 진행해야 한다. 완성까지 500년이 걸린다면 아무도 기다릴 수 없을 것이다. 심지어 단 5년이라도 그렇다. 더 심각한 것은, 대규모 프로젝트(large project)는 그 부담이 첫날부터 지속된다. 왜냐하면 그런 프로젝트는 회사의 미래와 구성원의 경력을 결정짓기 때문이다. 성난 말벌 떼처럼 몰려드는 매니저들로부터 스포트라이트를 한 몸에 받게 될 것이다.

메가 프로젝트는 거의 대부분 거대한 실패로 끝난다. 크기는 나쁜 결과에 직접적인 영향을 미친다.[13] 프로젝트가 클수록 본래 목표에서 벗어날 가능성이 높고, 기간과 비용도 초기 스케줄과 예산보다 훨씬 늘어나게 된다. 거대 프로젝트는 성경에 나오는 바벨탑의 현대판이라고 볼 수 있다.

12.6.1 복잡계와 취약성

대규모 프로젝트가 실패하기 쉽다는 사실은 우연이 아니라 복잡도에 의한 직접적인 결과라고 볼 수 있다. 이런 맥락에서 복잡도(complexity)와 복잡함(complicated)을 구분하는 것이 중요하다. 대다수의 소프트웨어 시스템은 복잡하지만 복잡도가 높지는 않다. 복

---

13 Nassim Nicholas Taleb, Antifragile (Random House, 2012).

잡한 시스템이라도 동작이 결정론적이어서 내부 동작을 정확히 이해할 수 있다. 그런 시스템은 주어진 입력에 대해 반복적으로 일정하게 응답하며, 과거 동작으로부터 미래 동작을 알 수 있다. 반면, 날씨, 경제, 인체 등은 **복잡계(complex system)**이다. 복잡계는 내부 동작을 알 수 없고, 미래 동작을 추정하기 힘들다는 특징이 있다. 이렇게 복잡계 동작은 복잡한 내부 동작이 많기 때문만은 아니다. 예를 들어, 서로에 대해 궤도를 도는 세 물체는 비결정론적 복잡계다. 피벗이 있는 간단한 진자도 복잡계다. 이들은 복잡한 것은 아니지만 여전히 복잡계다.

과거에는 복잡계 소프트웨어는 내부 영역이 근본적으로 복잡계로 구성된 미션 크리티컬 시스템뿐이었다. 지난 20년 동안 엔터프라이즈 시스템과 클라우드 컴퓨팅의 규모와 시스템 연결성과 다양성이 높아지면서 일반 소프트웨어 시스템조차 복잡계의 특성을 보이기 시작했다.

복잡계의 근본적인 특성은 상태의 사소한 변화에 비선형적으로 반응한다는 것이다. 이는 눈송이 한 조각에 의해 눈 쌓인 산 중턱에 눈사태가 발생하게 되는, 일명 마지막 눈송이 효과(last-snowflake effect)다.

눈송이 하나가 그렇게 위험한 이유는 복잡도는 규모에 대해 비선형적으로 증가하기 때문이다. 규모가 큰 시스템에서 복잡도가 증가한 만큼 실패 위험도 그만큼 높아진다. 위험 함수 자체는 지수 함수처럼 복잡도에 대해 상당히 비선형적으로 증가하는 함수일 수 있다. 지수 함수의 밑이 1이고 시스템 크기는 (한 번에 코드 한 줄 추가한 것, 즉 산비탈에 눈송이 하나씩 더 놓인 것처럼) 서서히 증가하더라도 시간에 따른 복잡도 증가와 이로 인한 위험에 대한 복합적인 효과는 폭발적으로 반응해서 실패로 이어지게 된다.

복잡도 요인

복잡계 이론(complexity theory)[14]은 복잡계의 동작 원인을 연구한다. 복잡계 이론에 따르면, 모든 복잡계는 연결성, 다양성, 상호작용, 피드백 루프라는 네 가지 핵심 요소를 갖고 있다. 비선형적인 실패 동작은 이러한 복잡계 요인(complexity driver)의 결과로 발생한다.

---

14 https://en.wikipedia.org/wiki/Complex_system

시스템 규모가 크더라도 부분이 연결되어 있지 않다면 복잡도는 증가하지 않는다. n개의 부품이 연결된 시스템에서, **연결성 복잡도(connectivity complexity)**는 N^2에 비례하여 증가한다(이를 **메칼프 법칙(Metcalf's law)**[15]이라고 부른다). 연결성 복잡도는 어느 한 변화가 n가지 변화를 야기하고, 각각이 다시 n가지 변화를 야기하는 파급 효과로 N^n만큼 증가할 수도 있다.

시스템은 연결된 부분으로 구성되어 있지만, 그 부분을 복제하거나 간단히 변형하더라도 관리와 통제가 힘들 정도로 복잡한 것은 아니다. 반면, (팀마다 도구와 코딩 표준과 설계가 다른 것처럼) 시스템의 다양성이 커질수록 복잡도가 높고 에러가 발생하기 쉬워진다. 예를 들어, 비행기가 20종류인 항공사를 생각해 보자. 각 비행기마다 시장도 다르고 부품도 다르고, 기름과 파일럿과 유지보수 스케줄도 다르다. 이런 복잡계는 다양성으로 인해 실패할 수밖에 없다. 이에 반해 비행기가 기본 타입 한 가지로만 구성된 항공사는 개별 시장으로 나눠지지 않고 모든 시장과 승객과 범위에 똑같이 적용된다. 그러면 운영이 쉬울 뿐만 아니라 시장 변화에 훨씬 빠르고 안정적으로 대응할 수 있다. 이는 4장에서 설명한 조합형 설계의 장점과 일맥 상통하다.

연결된 다양한 시스템은 각 부분이 밀접하게 상호작용하지 않는다면 관리와 통제가 가능하다. 이런 상호작용은 일정, 비용, 품질, 실행, 성능, 신뢰성, 현금 흐름, 고객 만족도, 유지율, 동기부여 등 다양한 측면에 의도하지 않은 결과를 초래하여 시스템의 안정성을 떨어뜨릴 수 있다.

이러한 변화가 완화되지 않으면 피드백 루프 형태로 더 많은 상호작용을 촉발하여, 과거에는 문제가 없었던 입력이나 상태가 시스템을 다운시킬 정도로 문제가 커지게 된다.

> **노트**   복잡도 요인은 기능적으로 분해된 시스템이 복잡하고 취약한 이유를 설명해 주기도 한다. 기능 분해는 모든 고객과 시점에 걸쳐 요구한 기능만큼이나 다양하다. 결과적으로 아키텍처의 엄청난 다양성은 통제 불가능한 복잡도로 이어진다.

---

15 https://en.wikipedia.org/wiki/Metcalfe's_law

크기, 복잡도, 품질

대규모 프로젝트가 실패하는 또 다른 원인은 품질과 관련이 있다. 복잡계는 연속된 작업(예, 프로젝트의 서비스나 활동 사이의 연속된 상호 작용)의 완료에 따라 결정되며, 그중 어느 한 작업이라도 실패하면 전체가 실패하고, 어느 하나의 품질 문제는 아무리 부분이 단순하더라도 심각한 부작용을 일으킨다. 이는 30센트짜리 O링이 30억짜리 우주 왕복선을 떨어뜨리게 한 1986년도 사건을 통해 확인됐다.

전체 품질이 모든 구성 요소의 품질에 의존할 때, 전반적인 품질은 개별 요소의 품질의 총합이 된다.[16] 그 결과 매우 비선형적인 감쇠 동작이 발생한다. 예를 들어, 작은 작업 10개로 구성된 복잡한 작업을 수행하는 시스템에서 각각의 작은 작업의 품질이 거의 완벽에 가까운 99%라고 하더라도, 전체 품질은 90%($0.99^{10} = 0.904$)에 불과하다.

가능한 모든 입력과, 연결된 구성 요소와 발생할 수 있는 모든 상호 작용과, 상태 변화에 대해 가능한 모든 피드백 루프와, 모든 종류의 배포 및 고객 환경 등에 대해 99% 범위로 소프트웨어 단위를 테스트하는 경우는 거의 없기 때문에, 품질이나 신뢰도가 99%라는 가정조차도 비현실적이다. 현실적인 단위 품질 수치는 그보다 낮을 것이다. 각 단위를 90% 수준에서 테스트해서 통과하더라도, 시스템 전체의 품질은 35%로 떨어진다. 구성요소마다 품질이 10%씩 떨어지면 전체 결과는 65%나 떨어지게 된다.

시스템의 구성요소가 많을수록, 그 효과는 더 악화되고, 시스템의 품질 문제에 대한 취약성은 더 떨어진다. 그래서 큰 프로젝트는 사용이 불가능할 정도로 품질이 떨어지는 일이 많다.

12.6.2 네트워크의 네트워크

대규모 프로젝트를 성공시키는 데 핵심적인 요인은 프로젝트 규모를 줄여서 복잡도를 높이는 요소를 억제하는 것이다. 프로젝트를 **네트워크의 네트워크**(network of networks)로 접근해야 한다. 거대 규모 프로젝트 하나로 진행하는 대신, 성공 가능성이 훨씬 높은 작고 덜 복잡한 프로젝트로 나누는 것이다. 적어도 비용은 조금 증가하겠지만, 실패 가능성은 크게 감소하게 된다.

---

16 Michael Kremer, "The O-Ring Theory of Economic Development," Quarterly Journal of Economics 108, no. 3 (1993): 551-575.

네트워크의 네트워크로 접근하면 프로젝트가 실현 가능하고, 어떻게든 이 방식으로 프로젝트를 만들 수 있다는 단서가 있다. 프로젝트가 실현 가능하다면, 네트워크가 밀접하게 결합되지 않고 하위 네트워크로 분리(세그먼테이션, segmentation)할 가능성이 높다. 그렇지 않다면 프로젝트는 실패할 운명에 처한다.

네트워크의 네트워크를 구축했다면, 개별 네트워크를 일반 프로젝트처럼 설계하고, 관리하고, 실행한다.

> **노트**   대규모 시스템을 슬라이스나 서브시스템의 집합으로 접근하는 방식(3장 참조)도 네트워크의 네트워크에 해당한다. 개별 슬라이스는 독립적이며 전체 시스템보다 훨씬 덜 복잡하다. 이러한 서브시스템의 집합은 개별 서브시스템이 전체 시스템에 비해 훨씬 적은 컴포넌트로 구성되어, 앞서 언급한 누적 품질 저하에 훨씬 덜 민감하다는 장점도 있다.

12.6.3 네트워크의 네트워크 설계하기

세그먼테이션이 가능한지 또는 네트워크의 네트워크가 어떤 형태가 될지 미리 알 수 없기 때문에, 네트워크의 네트워크를 탐색하는 목적의 미니 프로젝트를 진행해야 한다. 네트워크의 네트워크를 설계하는 방법은 여러 가지다. 실제로 다양한 형태와 구조로 만들 수 있으며, 다른 것보다 훨씬 다루기 쉬운 형태와 구조가 존재하므로 각각이 결코 동등하지 않다. 이처럼 다양한 옵션에 대해 반드시 비교와 대조를 해야 한다.

다른 설계 노력과 마찬가지로 네트워크의 네트워크로 접근할 때도 반복적으로 한다. 먼저 메가프로젝트 설계로 시작해서 크리티컬 패스를 따라 관리 가능한 개별 프로젝트로 쪼갠다. 여러 네트워크가 상호 작용하는 교차점을 찾는다. 이러한 교차점은 세그먼테이션을 하기 좋은 지점이다. 교차점을 찾을 때 의존성만 고려하지 말고, 시간도 고려한다. 어떤 활동 집합 전체가 다른 집합 이전에 완료된다면, 의존성이 엮여 있더라도 시간 교차점이 있는 것이다. 이보다 고급 기법으로, 네트워크의 네트워크에 대한 전체 순환 복잡도가 최소화되는 세그먼테이션을 찾는 것이 있다. 이때 P가 1보다 크면 총복잡도로 적당하고, 개별 서브네트워크는 P가 1이다.

그림 12-9는 메가 프로젝트의 예를, 그림 12-10은 이를 독립적인 서브네트워크 세 개로
나눈 것을 보여주고 있다.

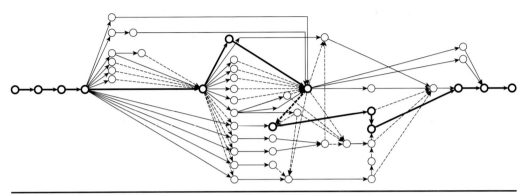

그림 12-9 메가 프로젝트 예

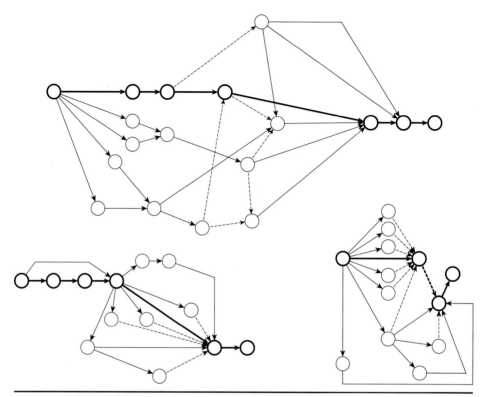

그림 12-10 네트워크의 네트워크로 나눈 결과

초기 메가 프로젝트가 너무 지저분해서 이렇게 접근하기 힘든 경우가 많다. 그런 경우라면 메가 프로젝트 설계를 좀 더 간결하게 만들고 개선하는 데 시간을 들이면 네트워크의 네트워크를 식별하는 데 도움이 된다. 계획 가정을 도입하고 메가 프로젝트에 제약 조건을 추가하여 복잡도를 줄일 방법을 찾는다. 특정 단계가 다른 단계의 시작 전에 완료되도록 한다. 요구사항을 가정한 솔루션을 제거한다.

그림 12-9에 나온 다이어그램은 그림에 나온 상태에 도달하기까지 복잡도 감소 반복을 여러 차례 거쳤다. 초기 다이어그램은 이해하기 힘들고 실행하기 힘들었다.

네트워크 분리

네트워크의 네트워크는 최소한 초반에 세그먼테이션을 불가능하게 하거나 모든 네트워크에 대한 병렬 작업을 방해하는 의존성이 존재하기 마련이다. 이러한 것들은 다음에 나오는 네트워크–분리 기법을 이용하여 해결할 수 있다.

- 아키텍처와 인터페이스
- 시뮬레이터
- 개발 표준
- 빌드, 테스트, 배포 자동화
- (단순 품질 관리가 아닌) 품질 보장

창의적인 솔루션

네트워크의 네트워크를 구성하기 위해 정해진 공식은 따로 없고, 가장 좋은 가이드라인은 창의력을 발휘하는 것이다. 세그먼테이션을 가로막는 기술 외적인 문제에 대해 창의적인 솔루션에 의존할 수밖에 없는 경우가 많다. 오히려 정치적인 알력으로 인해 메가프로젝트의 부분을 분산시키지 못하고 오히려 집중되기도 한다. 이런 경우에는 역학 구조를 파악하여 세그먼테이션이 가능한 상황을 모색해야 한다. 어쩌면 경쟁사를 포함한 타 기관에 관련된 이슈가 네트워크에 걸친 올바른 소통과 협업을 가로막고 프로젝트의 흐름을 순차적으로 만들 수도 있다. 또는 개발자들이 서로 다른 곳에 있어서 각 위치에서 일정한 작업을 기능적인 방식으로 제공하기를 경영진이 요구할 수 있다. 이러한 분해는 올바른 네트워크의 네트워크나 실질적인 기술이 있는 위치와는 아무런 상관이 없다. 이럴 때는 다른 우회 방법을 쓰기보다는, 네트워크의 네트워크를 조직에 반영하도록 인력 재배치를 비롯한 대규모 조직 개편이 필요할 수도 있다(여기에 대해서는 콘웨이 법칙에 대해 설명하는 다음 절에서 자세히 다룬다).

어쩌면 일부 레거시 그룹이 개인 취향에 의해 프로젝트에 포함되어야 할 수도 있다. 세그먼테이션 하지 않고 이렇게 되면 모든 것이 레거시 그룹 중심으로 돌아가기 때문에 프로젝트의 병목 지점이 발생한다. 한 가지 해결 방법은 레거시 그룹을 도메인 전문 테스트 엔지니어로 구성된 크로스 네트워크 그룹으로 전환하는 것이다.

마지막으로 여러 사람을 통해 네트워크의 네트워크를 여러 차례 렌더링해봐야 한다. 그 이유는 단순히, 일부는 다른 이들이 보지 못한 간결함을 볼 수도 있기 때문이다. 당면한 문제에 대해 모든 각도에서 검토해야 한다. 시간을 들여서 네트워크의 네트워크를 주의 깊게 설계한다. 절대 서두르면 안 된다. 다른 이들이 작업에 들어가고 싶어 안달이 나 있기 때문에 그렇게 하기가 더 어렵다. 하지만 프로젝트 규모 때문에 중요 계획과 구성 단계를 거치지 않으면 특정한 실패가 발생하게 된다.

콘웨이 법칙에 대응하기

1968년, 멜빈 콘웨이(Melvin Conway)는 시스템을 설계하는 조직은 항상 조직의 소통 구조와 동일한 설계를 도출해야 한다는 '콘웨이 법칙'을 발표했다.[17] 콘웨이에 따르면 중앙 집중적이고 하향식 조직은 중앙 집중적이고 하향식 아키텍처밖에 못 만든다. 절대 분산 아키텍처를 내놓을 수 없다. 마찬가지로 기능적 라인에 따라 구성된 조직은 시스템의 기능 분해밖에 생각 못 한다. 분명, 디지털 통신 시대에서는 콘웨이 법칙이 모든 곳은 아니더라도 흔히 적용된다.

콘웨이 법칙이 성공에 위협 요소가 된다면, 조직을 재구성하는 방식으로 대응하는 것이 현실적으로 바람직하다. 이를 위해 먼저 올바르고 적절한 설계를 만들고, 그 설계를 조직 구조와, 보고 구조와 통신 라인에 맞게 반영해야 한다. SDP 리뷰 때 설계 권고 사항의 일부로, 이런 조직 재구성을 주저하지 말고 제안해야 한다.

콘웨이는 원래 시스템 설계에 국한하여 법칙을 발표했지만, 프로젝트 설계와 네트워크 본질에도 잘 적용된다. 현재 프로젝트 설계에 네트워크의 네트워크가 있다면, 이러한 네트워크를 반영하도록 조직을 재구성한 설계도 함께 제공해야 할 수도 있다. 콘웨이 법칙에 어느 정도까지 대응해야 할지는 아무리 일반 규모의 프로젝트라도 케이스마다 다르다. 필요하다고 판단된다면 조직 역학 관계를 파악하여 올바른 구조를 고안한다.

---

17   Melvin E. Conway, "How Do Committees Invent?," Datamation, 14, no. 5 (1968): 28 – 31.

12.7 소규모 프로젝트

대규모 프로젝트의 대척점에는 **소규모 프로젝트**(small project)가 있다. 의외로 소규모 프로젝트도 신중하게 설계해야 한다. 소규모 프로젝트는 일반 규모의 프로젝트에 비해 프로젝트 설계 실수에 더 취약하다. 크기가 작아서 상태 변화에 더욱 민감하게 반응한다. 예를 들어, 인력 한 명을 잘못 할당했을 때 미치는 파급 효과를 생각해 보자. 15명이 한 팀인 경우, 가용 리소스의 7%가 프로젝트 설계 실수의 영향을 받는다. 팀원이 5명일 때는, 프로젝트 리소스의 20%가 영향을 받는다. 7%의 실수 정도로는 프로젝트에 큰 영향을 미치지 않더라도 20%는 심각한 문제를 초래하게 된다. 대규모 프로젝트는 실수를 만회할 리소스 버퍼가 있는 편이다. 소규모 프로젝트는 단 하나의 실수도 치명적이다.

소규모 프로젝트의 장점은 매우 단순해서 프로젝트 설계가 그리 힘들지 않다는 것이다. 예를 들어, 리소스가 단 하나뿐일 때, 프로젝트 네트워크는 활동이 길게 늘어지는 형태로 구성되며, 그 기간도 각각의 활동 기간을 합한 것과 같다. 최소한의 프로젝트 설계로 기간과 비용을 알 수 있다. 또한 시간–비용 곡선을 구축하거나, 위험을 계산할 필요도 없다(언제나 1.0이다). 대다수의 프로젝트는 스트링 한 두 개가 아닌 네트워크 형태로 구성되고, 서브크리티컬 프로젝트를 피해야 하기 때문에, 현실적으로 소규모 프로젝트라도 항상 설계해야 한다.

12.8 계층 기반 설계

이 책에서 소개한 프로젝트 설계 예제는 모두 각 활동 사이의 논리적인 의존성을 토대로 활동 네트워크를 제공했다. 이런 방식을 **의존성 기반 설계**(design by dependencies)라고 부른다. 하지만, 아키텍처 계층에 따라 프로젝트를 구축하는 방식도 있다. 이는 더 메서드의 아키텍처 구조를 이용할 때 굉장히 직관적인 프로세스다. 먼저 유틸리티를 구축하고, 리소스와 리소스액세스를 구축한 후, 엔진과 매니저와 클라이언트를 구축한다(그림 12–11). 이를 **계층 기반 설계**(design by layers)라고 부른다.

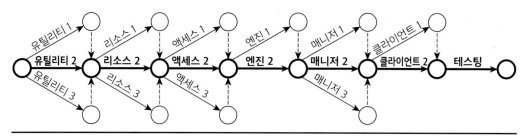

그림 12-11 계층 기반 프로젝트 설계

그림 12-11에 나온 것처럼, 네트워크 다이어그램은 기본적으로 일련의 펄스와 같으며, 각 각은 아키텍처의 계층에 대응된다. 이러한 펄스가 순차적이고 직렬화된 경우가 많지만, 내부적으로는 각각이 병렬적으로 구성된다. 더 메서드의 **닫힌 아키텍처 원칙**(closed architecture principle)에 따르면 이러한 병렬 작업을 펄스 내부에서 할 수 있다.

계층 기반 설계를 할 때 일정은 의존성 기반 설계와 비슷하다. 둘 다 계층에 걸친 아키텍처의 컴포넌트로 구성된 크리티컬 패스가 나온다.

> **주의**   계층 기반 설계에서 비구조적 활동(예, 명시적 통합, 시스템 테스팅)을 네트워크에 추가하는 것을 잊지 말기 바란다.

12.8.1 장점과 단점

계층 기반 설계의 단점은 위험이 증가한다는 것이다. 이론적으로 각 계층에 속한 서비스는 모두 기간이 같다면, 모두 중요하고 위험 수치도 1.0에 근접하게 된다. 그렇지 않더라도 어느 한 계층의 지연이 전체 프로젝트로 즉시 반영된다. 다음 펄스가 지연되기 때문이다. 반면, 의존성 기반 설계에서는 중요한 활동만 프로젝트 지연 위험을 발생시킨다. 계층 기반 설계에 따른 위험에 대처하는 가장 좋은 (그리고 거의 필수적인) 방법은 위험 분해를 적용하는 것이다. 거의 모든 활동들이 중요하거나 거의 중요하기 때문에, 프로젝트는 분해에 매우 잘 반응한다. 각 펄스의 모든 활동의 플로트가 증가하기 때문이다. 계층 기반 설계에 따른 암묵적인 위험에 대한 보상을 높이려면, 프로젝트 위험이 0.5 이하로, 혹은 0.4 수준으로 떨어지도록 프로젝트를 분해하는 것이다. 이 정도로 분해하면 계층 기반으로 설계한 프로젝트는 의존성 기반으로 설계한 프로젝트보다 더 오래 걸린다.

계층 기반 설계는 팀 규모를 높여서 직접 비용의 증가로 이어진다. 의존성 기반 설계를 할 때는 리소스를 최소한으로 사용하는 방안을 찾아서 리소스에 대한 플로트를 이용하여 크리티컬 패스를 문제없이 진행시킬 수 있다. 계층 기반 설계에서는 현재 계층을 완료하는 데 필요한 만큼 리소스가 필요할 수 있다. 팀은 각 펄스 안에서 모든 활동에 대해 병렬로 작업해야 하며, 다음 펄스가 시작하기 전에 모두 완료해야 한다. 현재 계층의 모든 구성 요소는 다음 계층에서도 필요하다고 가정해야 한다.

이러한 점을 염두에 두고, 계층 기반으로 설계하면 실행하기 매우 단순한 프로젝트 설계를 도출하는 장점을 분명히 느낄 수 있다. 복잡한 프로젝트 네트워크에 대한 최상의 예방책이며, 전반적인 순환 복잡도를 절반 이상 줄일 수 있다. 이론상, 펄스는 순차적이기 때문에 임의의 시점에 프로젝트 매니저가 지원 활동과 각 펄스의 실행 복잡도만 신경 쓰면 된다. 각 파동의 순환 복잡도는 대략 병렬 활동의 개수와 일치한다. 전형적인 메서드 기반 시스템에서 이러한 순환 복잡도는 4나 5 정도로 낮은 반면, 의존성 기반으로 설계한 프로젝트의 순환 복잡도는 50 이상이 될 수 있다.

소프트웨어 업계의 프로젝트 중 대다수는 일정 지연과 용량 초과를 어느 정도 감당할 수 있다. 따라서 진짜 문제는 기간이나 비용이 아닌 복잡도다. 가능하면 메서드 기반 시스템에서 위험하고 복잡한 실행을 피하기 위해 계층 기반 설계를 선호한다. 다른 것과 마찬가지로 프로젝트 설계에서도 계층 기반 설계를 위해서는 처음부터 올바른 아키텍처를 갖추는 것이 선행되어야 한다.

계층 기반 설계와 의존성 기반 설계를 합칠 수도 있다. 예를 들어, 11장에서 본 예제 프로젝트는 모든 인프라스트럭처 유틸리티를 프로젝트 초반으로 옮겼다. 논리적인 의존성에 따르면 그보다 훨씬 뒤에 있어도 됨에도 불구하고 말이다. 프로젝트의 나머지는 논리적인 의존성에 따라 설계했다.

> **노트**　계층 기반 설계와 의존성 기반 설계의 차이점은 초기 네트워크 의존성을 위한 설계 방법론 뿐이다. 나머지 프로젝트 설계 기법은 모두 정확히 똑같은 방식으로 적용된다.

12.8.2 계층과 구성

계층 기반으로 설계하고 구축하는 것은 4장에서 소개한 설계 규칙의 완벽한 예다. 기능은 구현이 아닌, 통합의 특징이다. 모든 계층을 완성하고 나서야 기능으로 통합할 수 있다. 따라서 계층 기반 설계는 여러 독립적인 서브시스템으로 구성된 대규모 및 복잡한 프로젝트보다는 일반 규모의 프로젝트에 적합하다. 다시 건축에 비유하면, 간단한 주택 건설은 항상 계층적이다. 일반적으로 토대, 배관, 벽체, 지붕 등으로 구성된다. 규모가 큰 고층 빌딩은 각 층마다 배관, 벽체, 천정 등과 같은 작업으로 구성된 별도 프로젝트로 구성된다.

마지막으로, 계층 기반 프로젝트 설계는 기본적으로 프로젝트를 소규모 서브프로젝트로 나눈다. 이러한 소규모 프로젝트는 순차적으로 진행하며, 시간 교차점으로 나뉜다. 이는 메가프로젝트를 소규모 네트워크로 쪼개서 실행할 때의 장점과 비슷하다.

13장
프로젝트 설계 예제

11장에서 예제 프로젝트를 살펴봤지만, 주요 목적은 프로젝트 설계 기법을 이용할 때의 사고 과정과 각 기법 사이의 상관관계를 보여주기 위한 것이었다. 엔드-투-엔드 프로젝트 설계를 보여준 것은 주목적이 아니었다. 이 장에서는 실전에서 프로젝트 설계 결정을 내리고 프로젝트 설계 기법을 선택하는 방법을 보여주는 데 집중한다. 여기서는 5장에서 본 예제 시스템인 **트레이드미(TradeMe)** 시스템을 구축하기 위한 프로젝트를 설계한다. 5장에서 본 시스템 설계 사례 분석과 마찬가지로, 이 장에서 언급하는 것도 IDesign이 고객을 위해 설계한 실제 프로젝트로부터 직접 도출한 것이다. 설계 팀은 IDesign 아키텍트 두 명(베테랑과 수습)과 프로젝트 매니저로 구성됐다. 예제에서 비즈니스 관련 세부 사항은 가렸지만 프로젝트 설계만큼은 그대로 남겨졌다. 시스템과 프로젝트 설계 모두 1주일 이내에 완성된 것이다.

이 장에서 소개하는 데이터와 계산은 모두 이 책의 부록 파일로 제공된다. 그런데, 이 장을 처음 읽을 때는 책과 부록 파일을 함께 읽지 않는 것이 좋다. 그보다는 그런 계산이 나오게 된 논리와 결과의 해석에 집중하기 바란다. 이런 내용을 파악했다면 데이터를 자세히 분석하면서 이해한 것이 맞는지 확인하고 그 기법을 직접 써먹어 보기 바란다.

> **주의** 이 장은 이전 장에 나온 내용을 다시 소개하지 않으며 프로젝트 설계 기법에 대해 자세히 설명하지 않는다. 이전 장에서 소개한 내용을 제대로 이해하고 있어야 이 장의 예제로부터 최대한 많은 것을 배울 수 있다.

13.1 추정

TradeMe 프로젝트 설계를 위해 개별 활동 추정(individual activity estimation)과 전체 프로젝트 추정(overall project estimation)이라는 두 가지 종류의 추정 작업을 수행했다. 개별 활동 추정은 프로젝트 설계 솔루션에서 사용했고, 전체 프로젝트 추정은 프로젝트 설계 결과를 검증하는 데 사용했다.

13.1.1 개별 활동 추정

개별 활동 추정을 위해 가장 먼저 할 일은 중요한 활동을 빠뜨리지 않도록 프로젝트에 있는 활동 타입을 나열하는 것이다. 팀은 TradeMe 활동을 세 가지 카테고리로 분류했다.

- 구조적 코딩 활동
- 비구조적 코딩 활동
- 코딩이 아닌 활동

활동 목록을 작성할 때, 설계 팀은 각 리스트마다 개별 활동과 이에 대한 추정 기간도 포함시켰다. 팀은 고객의 프로세스나 각자의 경험에 따라 각 활동마다 책임질 역할도 지정했다.

추정 가정

설계 팀은 모든 초기 제약조건이나 가정에 대한 추정을 문서에 명시했다. TradeMe 프로젝트는 다음과 같은 추정 가정을 따른다.

- **세부 설계**: 각 개발자는 세부 설계를 할 역량을 갖추고 있기에, 코딩 활동마다 나름대로 세부 설계 단계를 갖고 있다.
- **개발 프로세스**: 팀은 시스템을 빠르고 깔끔하게 구축하기로 했고, 이 책에서 소개하는 모범 기법을 따르는 데 주력한다.

구조적 활동

TradeMe의 구조적 활동은 시스템 아키텍처로부터 직접 도출된 것이다(그림 5-14). 이 활동은 유틸리티, 리소스, 리소스액세스, 매니저, 엔진, 클라이언트로 구성되며 대부분 개발자를 위한 작업이다. 이 아키텍처는 메시지 버스(Message Bus)와 워크플로 저장소

(Workflow Repository)라는 핵심 활동을 담당한다. 표 13-1은 이 프로젝트의 구조적 코딩 활동 중 일부에 대한 추정 기간을 나열한 것이다.

비구조적 코딩활동

TradeMe 설계 팀은 아키텍처에 직접 매핑되지 않은 코딩 활동도 몇 가지 밝혀냈다. 이러한 활동은 시스템 운영 개념과 회사의 개발 프로세스로부터 나온 것이다. 표 13-2는 이 프로젝트의 비구조적 코딩 활동에 대한 팀의 예상 기간을 나열한 것이다.

표 13-1 구조적 코딩 활동 중 일부에 대한 추정 기간

ID	활동	기간 (일)	역할
14	로깅	10	개발자
15	메시지 버스	15	아키텍트
16	보안	20	개발자
18	결제 DB	5	DB 아키텍트
…	…	…	…
23	워크플로 저장소	15	아키텍트
…	…	…	…
26	결제 액세스	10	개발자
…	…	…	…
35	검색 엔진	15	개발자
…	…	…	…
38	시장 매니저	10	개발자
…	…	…	…
45	거래소 앱	25	개발자

표 13-2 비구조적 코딩 활동에 대한 추정 기간

ID	활동	기간 (일)	역할
10	시스템 테스트 하네스	25	테스트 엔지니어
36	추상 매니저	30	개발자
40	회귀 테스트 하네스	10	개발자

추상 매니저(abstract Manager)는 시스템에서 나머지 매니저에 대해 기반이 되는 서비스다. 여기에는 여러 가지 워크플로 관리뿐만 아니라 메시지 버스 상호작용도 포함하고 있다. 상속 매니저(derived Manager)는 특정한 워크플로를 실행한다. 나머지 두 활동은 모두 테스팅과 관련되어 있다. 시스템 테스트 하네스(System Test Harness)는 테스트 엔지니어가 소유하지만, 회귀 테스트 하네스(Regression Test Harness)는 개발자가 소유한다.

코딩이 아닌 활동

TradeMe에는 코딩이 아닌 활동도 많이 있다. 이런 활동은 프로젝트 시작 또는 끝에 집중되는 경향이 있다. 코딩이 아닌 활동은 테스트 엔지니어, 테스터, 외부 전문가(예, UX 디자이너), 코어팀의 다양한 멤버가 소유하게 된다. 예를 들면 표 13-3과 같다. 이 표는 회사의 개발 프로세스와 계획 가정, 품질에 대한 노력에 의해 결정되었다.

표 13-3 코딩이 아닌 활동에 대한 추정 기간

ID	활동	기간(일)	역할
2	요구사항	15	아키텍트, 프로덕트 매니저
3	아키텍처	15	아키텍트, 프로덕트 매니저
4	프로젝트 계획	10	아키텍트, 프로젝트 매니저, 프로덕트 매니저
5	관리 교육	5	아키텍트, 프로젝트 매니저, 프로덕트 매니저
7	UX 설계	10	UX/UI 전문가
8	데브 트레이닝	5	아키텍트
9	테스트 계획	25	테스트 엔지니어
11	빌드와 셋업	10	데브옵스
12	UI 설계	20	UX/UI 전문가

13	매뉴얼	20	프로덕트 매니저
25	데이터 마이그레이션	10	개발자
46	매뉴얼 폴리싱	10	프로덕트 매니저
47	시스템 테스팅	10	품질 관리
48	시스템 롤아웃	10	아키텍처, 프로젝트 매니저, 프로덕트 매니저, 데브옵스

13.1.2 전체 프로젝트 추정

설계 팀은 20명으로 구성된 그룹에게 TradeMe 프로젝트 전체를 추정하도록 요청했다. 이때 주어진 입력은 오로지 TradeMe의 정적 아키텍처와 시스템의 운영 개념뿐이었다. 설계 팀은 브로드밴드 추정 기법을 이용하여 기간은 10.5개월이고 평균 인력은 7.1명이란 결과를 도출했다. 이는 총비용이 74.6 맨-먼스에 해당하는 수치다.

13.2 의존성과 프로젝트 네트워크

다음으로 설계 팀이 할 일은 다양한 활동 사이의 의존성을 파악하는 것이다. TradeMe에서 가장 먼저 할 일은 구조적 구성 요소 사이의 동작 의존성과 아키텍처다. 설계 팀은 코딩이 아닌 활동이나 아키텍처와 독립적인 코딩 활동과 같은, 동작이 아닌 의존성을 여기에 추가했다. 또한 프로젝트 설계 패턴과 적절한 복잡도 감소 기법을 이용하여 네트워크를 간결하게 하고, 향후 프로젝트 실행을 쉽게 했다. 그 결과로 나온 것이 프로젝트 네트워크의 첫 번째 반복이다.

13.2.1 동작 의존성

첫 번째 의존성 집합을 구축할 때, 설계 팀은 유스케이스와 이를 뒷받침하는 콜 체인을 검토했다. 각 콜 체인마다 그 체인에 있는 구성 요소를 모두 나열했다(주로 아키텍처 계층 구조 순서를 따른다. 예, 리소스가 첫 번째고 클라이언트가 마지막). 그리고 나서 의존성을 추가했다. 예를 들어, 'Add Tradesman' 유스케이스(그림 5-18)를 검토할 때, 설계 팀은 Membership Manager가 Regulation Engine을 호출하는 것을 발견하고는 Regulation Engine을 Membership Manager보다 앞에 추가했다.

이러한 유스케이스로부터 의존성을 정제하는 과정은 여러 번 거쳐야 한다. 왜냐하면 각 콜 체인마다 의존성이 다양하게 드러날 가능성이 있기 때문이다. 설계 팀은 심지어 콜 체인에서 놓친 의존성도 몇 가지 발견했다. 예를 들어, 5장의 콜 체인만 놓고 볼 때, Regulation Engine은 Regulation Access 서비스만 필요로 했다. 더 분석한 결과, 설계 팀은 Regulation Engine이 Projects Access와 Contractors Access도 의존하는 것을 발견했다.

추상 구조적 의존성

Abstract Manager는 공통 워크플로 관리 액션(예, 지속성, 상태 관리 등)을 캡슐화한다. 따라서 설계 팀은 Abstract Manager와 Workflow Repository 사이의 의존성을 추가했다. 다른 매니저는 Abstract Manager에 의존한다. 마찬가지로, Abstract Manager는 모든 매니저에 대해 Message Bus 의존성을 제공한다.

운영 의존성

일부 코드 의존성은 시스템 운영 개념에 따라 콜 체인에 암묵적이다. TradeMe에서 클라이언트와 매니저 사이(그리고 매니저와 매니저 사이)의 통신은 모두 메시지 버스를 통해 이루어져서 (구조적이 아닌) 운영 의존성을 생성한다. 이러한 의존성은 테스트와 배포를 위해 클라이언트가 매니저를 필요로 함을 의미한다.

13.2.2 동작이 아닌 의존성

TradeMe에는 시스템의 필수 동작이나 운영 개념으로는 직접 추적할 수 없는 의존성도 있다. 이는 코딩 활동과 코딩이 아닌 활동 모두 비슷하게 관여한다. 이러한 의존성은 대부분 회사의 개발 프로세스와 TradeMe의 계획 가정으로부터 나온 것이다. 예를 들어, 새로운 시스템은 오래된 시스템으로부터 레거시 데이터를 계속 제공해야 했다. 데이터 이전을 위해 새로운 리소스(데이터베이스)를 먼저 완성해야 했으므로, 데이터 이전 활동은 리소스에 의존했다. 마찬가지로 매니저의 완성을 위해서는 Regression Test Harness가 필요했다. 게다가 프로젝트를 설계할 당시, 몇 가지 남아 있는 프론트 엔드 활동도 계획에 포함시켜야 했다. 마지막으로 회사 자체적으로 릴리스 절차와 내부 의존성이 있어서, 최종 활동 사이의 의존성에 통합됐다.

13.2.3 몇 가지 의존성 뒤집기

TradeMe에서 코어 운영 개념은 메시지 버스를 사용하는 것이다. 올바른 메시지 버스 기술을 선택하고, 세부 설계와 메시지 및 계약에 대한 코딩 활동을 메시지 버스에 맞게 구성하는 것이 중요했다. 콜 체인으로부터 나온 의존성은 프로젝트에서 Message Bus 활동을 클라이언트와 매니저가 필요로 할 때까지 미룰 수 있다는 것을 보여줬다. 그런데, 이렇게 하면 개발팀이 선정한 메시지 버스가 설계나 구현에 대한 사전 결정을 뒤집을 수 있다는 위험이 있다. 그래서 팀은 Message Bus 활동부터 먼저 해결하는 것이 안전하다고 결정했다.

보안도 이와 같은 논리가 적용된다. 콜 체인 분석을 통해 클라이언트와 매니저만 명시적인 보안 액션을 취해야 한다는 것을 알아냈지만, 보안은 너무나 중요해서 프로젝트에서 모든 비즈니스 로직 활동보다 Security를 먼저 완성하도록 보장해야 했다. 이렇게 하면 모든 활동에서 필요할 경우, 보안을 보장할 수 있고, 보안이 뒤늦게 제공되거나 추가되지 않게 방지할 수 있다.

복잡도 줄이기

프로젝트 설계 팀은 향후 네트워크의 복잡도를 줄이기 위해 의존성을 변경하기도 했다. 그 중에서도 특히 다음과 같은 의존성을 변경했다.

- **인프라스트럭처 구현 먼저:** TradeMe의 활동은 대부분 Logging과 같은 유틸리티 컴포넌트에 의존한다. (Build에도 포함된) 인프라스트럭처를 프로젝트 시작으로 옮김으로써 의존성을 크게 줄였다. 이렇게 하면 인프라스트럭처를 모든 컴포넌트에서 필요로 할 때 사용 가능하다는 장점도 있다. 특히 콜 체인에서만 볼 때는 뚜렷한 필요성이 안 보이는 컴포넌트에게 그렇다.
- **마일스톤 추가:** 설계 팀은 프로젝트의 초기 단계부터 세 가지 마일스톤을 도입했다. SDP Review 마일스톤은 프론트 엔드 활동을 결론짓는다. 나머지 두 마일스톤은 Infrastructure Complete와 Managers Complete다. 모든 개발 활동은 인프라스트럭처 마일스톤에 의존하고, 모든 클라이언트는 매니저의 완성에 의존한다.
- **상속 의존성 통합:** 설계 팀은 의존성을 가능하면 상속 의존성과 통합했다. 예를 들어, 클라이언트에 Message Bus가 필요함에도 불구하고, 이러한 의존성은 매니저 의존성을 통해 상속될 수 있다.

13.2.4 확인 절차

초기 네트워크가 나온 뒤, 설계 팀은 다음과 같은 확인 절차를 거쳤다.

1. TradeMe 프로젝트에 시작 활동과 종료 활동이 각각 하나씩 있는지 검증했다.
2. 프로젝트의 모든 활동이 크리티컬 패스로 이르는 경로 끝에 있는지 검증했다.
3. 초기 위험 측정을 통해 상대적으로 낮은 위험 수치가 나왔는지 검증했다.
4. 아무런 리소스 할당 없이 프로젝트 기간을 계산했다. 그래서 7.8개월이 나왔으며 나중에 정규 솔루션의 중요한 검증 용도로 사용할 것이다.

13.3 정규 솔루션

회사는 다음과 같은 계획 가정을 제공했다.

- **코어 팀**: 코어 팀은 프로젝트 전반에 걸쳐 필요하다. 코어 팀은 아키텍트 한 명, 프로젝트 매니저 한 명, 프로덕트 매니저 한 명으로 구성된다. 코어 팀은 간헐적으로만 프로젝트에 직접 작업할 수 있다. 예를 들어 아키텍트가 수행하는 고위험 핵심 활동이나 사용자 매뉴얼 제작 등이 있으며, 이는 프로덕트 매니저가 할당한다.
- **전문가 활용**: 프로젝트에서 전문가(예, 테스트 엔지니어, DB 아키텍트, UX/UI 디자이너)를 활용했다.
- **할당**: 개발자와 서비스(또는 다른 코딩 활동)는 1:1로 할당했다. TradeMe에서는 가능하면 플로트 기반 할당뿐만 아니라, 작업 연속성을 관리했다(7장 참조).
- **품질 관리**: 프로젝트 시작부터 마지막까지 품질 관리 테스트 한 명이 필요했다. 이 테스터는 시스템 테스트 활동 기간 동안에만 직접 비용으로 취급했다. 시스템 테스트 활동을 위해 테스터가 한 명 더 필요했다.
- **빌드와 운영**: 프로젝트 시작부터 마지막까지 빌드와 설정, 배포, 데브옵스 전문가 한 명이 필요했다.
- **개발자**: 작업 사이의 개발자는 간접 비용이 아닌 직접 비용으로 취급했다. TradeMe의 품질 기대치가 높아서 시스템 테스트 동안 개발자가 필요 없었다.

표 13-4는 프로젝트의 각 단계마다 필요한 역할을 정리한 것이다.

표 13-4 프로젝트의 단계별 역할

역할	프론트 엔드	인프라스트럭처	서비스	테스트
아키텍트	X	X	X	X
프로젝트 매니저	X	X	X	X
프로덕트 매니저	X	X	X	X
테스터		X	X	X
데브옵스		X	X	X
개발자		X	X	

13.3.1 네트워크 다이어그램

다양한 활동에 리소스를 할당하면 프로젝트 네트워크에 영향을 미친다. 네트워크의 여러 지점에 리소스 의존성과 활동 사이의 논리적 의존성을 갖게 된다. 상속 의존성까지 통합한 뒤의 네트워크 다이어그램은 그림 13-1과 같다.

그림 13-1은 몇 가지(화살표 하나당 두 활동) 의존성이 제거되어 본질을 해치지 않으면서 다이어그램을 간소화한 것을 보여준다. 이 네트워크 다이어그램에서 가장 눈에 띄는 부분은 크리티컬 패스가 두 개 있다는 것이다.

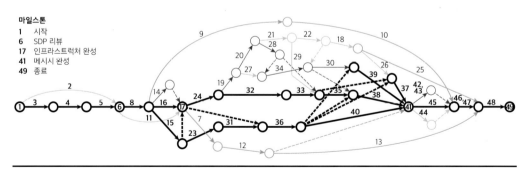

그림 13-1 네트워크 다이어그램의 논리적 의존성

13.3.2 예정된 진행

그림 13-2는 첫 번째 정규 솔루션의 예정 획득 가치(planned earned value)를 나타낸 것이다. 이 솔루션의 기간은 7.8개월로, 인력 할당이 크리티컬 패스까지 확장되지 않았다는 것을 보여준다. 그림 13-2에 나온 차트는 완만한 S 곡선의 일반적이지만 이상적이지는 않은 형태를 갖고 있다. 이 프로젝트는 시작은 무난했지만 후반부는 그리 완만하지 않다. 가파른 예정 획득 가치 곡선은 위험 값이 높아졌음을 의미한다. 활동 위험과 중요도 위험이 모두 0.7이다.

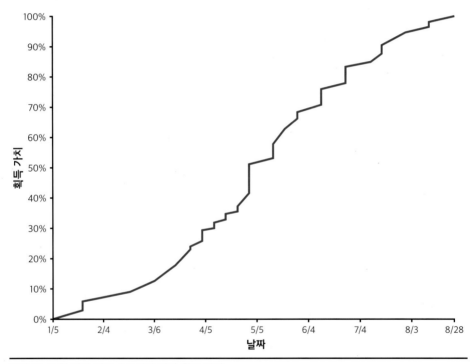

그림 13-2 첫 번째 정규 솔루션의 예정 획득 가치

13.3.3 예정 인력 분포

그림 13-3은 첫 번째 정규 솔루션의 인력 분포 차트를 보여주고 있다. 예정 획득 가치 차트와 마찬가지로, 그림 13-3에 나온 분포도 문제가 있다. 프로젝트 중간에 두드러진 정점

은 낭비가 발생했음을 나타내고 인력 탄력성(staffing elasticity)에 대한 기대치가 비현실적임을 의미한다(7장과 그림 7-10 참조).

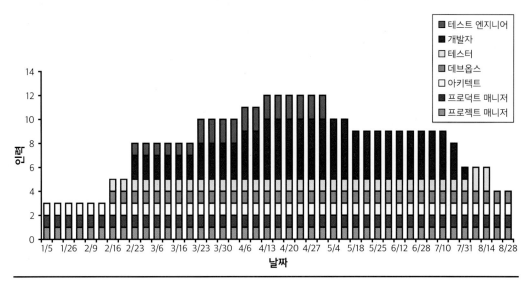

그림 13-3 첫 번째 정규 솔루션의 인력 분포

13.3.4 비용과 효율

인력 분포에 따르면 프로젝트의 총비용은 59 맨-먼스로 나온다. 그중 32 맨-먼스는 직접 비용이고, 27 맨-먼스는 간접 비용이다. 직접 비용이 간접 비용보다 높다는 것은 이 솔루션이 간접 비용이 여전히 낮은 시간-비용 곡선에서 왼편으로 치우쳤음을 의미한다.

프로젝트 효율의 계산 결과는 32%다. 현실적인 상한은 25%이므로, 이렇게 효율이 높다는 것은 의심스럽다. 이와 함께, 간접 비용보다 높은 직접 비용과, 인력 분포에서 두드러진 정점과, 높은 효율은 인력 탄력성에 대해 과도하게 공격적으로 가정했음을 의미한다. 이 솔루션은 모든 병렬 네트워크 경로에 대해 리소스가 항상 제때 제공되어 차질 없이 진행된다고 기대한다. 예정 획득 가치 차트가 다소 가파르게 표시된 것은 이러한 기대가 반영됐기 때문이다. 한마디로, 정규 솔루션에서 이러한 첫 번째 시도는 팀이 매우 효율적이라고 가정했는데, 너무 효율적이어서 현실성이 떨어진다.

13.3.5 결과 요약

표 13-5는 첫 번째 정규 솔루션에 대한 프로젝트 지표를 요약한 것이다.

표 13-5 첫 번째 정규 솔루션의 프로젝트 지표

프로젝트 지표	값
기간 (월)	7.8
총비용 (맨-먼스)	59
직접 비용 (맨-먼스)	32
최대 인력	12
평균 인력	7.5
평균 개발자 수	3.5
효율	32%
활동 위험	0.7
중요도 위험	0.7

13.4 압축 솔루션

다음 단계는 프로젝트 속도를 높이는 방법을 찾는 것이다. 크리티컬 패스가 두 개 있기 때문에, 가장 좋은 행동은 이 프로젝트를 병렬화해서 압축하는 것이다.

그림 13-1을 보면 매니저 서비스(활동 36, 37, 38, 39)가 Regression Test Harness(활동 40)와 함께 두 크리티컬 패스의 한계를 정하고 있다. 그래서 모든 매니저 작업이 끝나는 데 의존하는 클라이언트(활동 42, 43, 44, 45)는 프로젝트를 지연시킨다. 따라서 클라이언트와 매니저가 압축 대상으로 적합하다.

13.4.1 적합한 활동 추가하기

매니저 서비스에 대해 설계 팀은 다음과 같은 활동을 추가했다. 그래서 압축할 수 있다.

1. 클라이언트와 매니저를 분리하는 계약 설계 활동: 다양한 계약 설계 활동을 SDP 리뷰 이후에 시작할 수 있었지만, 인프라스트럭처가 완성된 후에 진행하는 것이 낫다고 판단했다. 계약 당 예상 작업 기간은 5일이다.

2. 매니저의 계약을 충분히 구현하는 매니저 시뮬레이터: 이 시뮬레이터는 클라이언트를 완전히 개발할 수 있어야 한다. 그래서 클라이언트가 실제 매니저 대신 시뮬레이터에 의존할 수 있게 된다. 이 시뮬레이터는 리소스액세스나 엔진과 같은 로우레벨 서비스에 의존하지 않는다. 이 시뮬레이터는 매니저 계약과 메시지 버스(Message Bus)만 있으면 된다. 이 계약 자체는 메시지 버스가 있는 인프라스트럭처에 의존한다. 시뮬레이터당 예상 작업 기간은 15일이다.

3. 매니저에 대해 클라이언트를 다시 테스트하고 통합하는 전용 활동: 통합 활동은 실제 매니저와 클라이언트의 작업 완료에 의존한다. 시스템 테스트 활동은 이제 클라이언트뿐만 아니라, 모든 매니저 통합이 끝나야 한다. 통합 활동 당 예상 작업 기간은 5일이다.

그림 13-4는 이렇게 간소화된 네트워크 다이어그램을 보여준다. 여기서 압축된 활동은 빨간색으로 표시했다. 압축된 네트워크에서 매니저는 거의 크리티컬에 가깝고 정규 솔루션과 비슷한 시간으로 개발됐다. (애초에 압축을 할 수 있게 만든) 가장 중요한 변화는 클라이언트가 한 달 빨리 마친다는 것이다. 그런데, 프로젝트 기간의 단축은 한 달 미만인데, 매니저 뒤에 통합 활동이 추가됐기 때문이다.

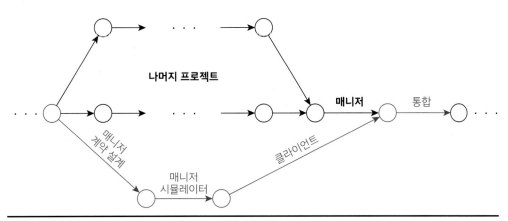

그림 13-4 압축 솔루션에 맞게 간소화된 네트워크 다이어그램

매니저의 예상 기간

매니저 자체에 대한 예상 기간은 그대로다. 정규 솔루션에서 각 매니저 활동마다 서비스 계약 설계에 대한 투자를 내부적으로 어느 정도 포함해야 한다. 이론상으로는 설계 팀이 매니저로부터 계약 설계를 도출하여 별도 활동으로 추출했다면, 각 매니저의 시간은 더 적게 걸려야 한다. 하지만, 현실에서는 이렇게 줄이기 힘들다. 활동을 나누는 것은 절대 100% 효율적이지 않다. 계약을 이해하고 내부 구현에 어떠한 영향을 미치는지 파악해야 하기 때문에 어느 정도 노력의 손실을 피할 수 없다. 이러한 단점을 보완하기 위해 설계 팀은 매니저의 예상 기간을 정규 솔루션과 동일하게 유지했다.

13.4.2 리소스 할당

압축 솔루션의 나머지 단계는 정규 솔루션과 거의 같다. 그런데, 설계 팀은 아키텍트가 개발 활동 하나를 맡고 스케줄을 1주 정도 늦추면 프로젝트 전체의 인력을 개발자 두 명으로 줄일 수 있다는 것을 발견했다. 회사는 개발자를 구하기 힘든 상황에서 약간의 일정 지연을 감수하더라도 인력을 줄이는 것이 적합하다고 판단했다. 압축 솔루션의 기간은 7.1개월로, 정규 솔루션의 7.8개월보다 3주(9%) 가량 단축됐다. 새로운 리소스는 플로트를 더 많이 소모했기 때문에, 프로젝트의 위험 수치는 0.74가 됐다.

13.4.3 예정 진행

그림 13-5는 압축 솔루션에 대한 예정 획득 가치를 보여주고 있다. 이제 프로젝트 후반의 기울기는 다소 줄어서 정규 솔루션보다 나아졌다.

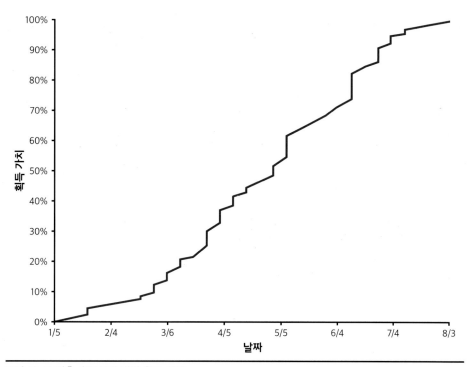

그림 13-5 압축 솔루션의 예정 획득 가치

13.4.4 예정 인력 분포

그림 13-6은 압축 솔루션의 인력 분포를 보여주고 있다. 인력 분포는 전반적으로 견고해 보인다. 초기에 3에서 12명으로 급격히 높이는 것이 다소 힘들어 보이지만, 실행 가능하다. 인력의 최대치는 정규 솔루션과 마찬가지로 12명이다. 정규 솔루션에서 7.5명이던 평균 인력은 8.2명이 됐다.

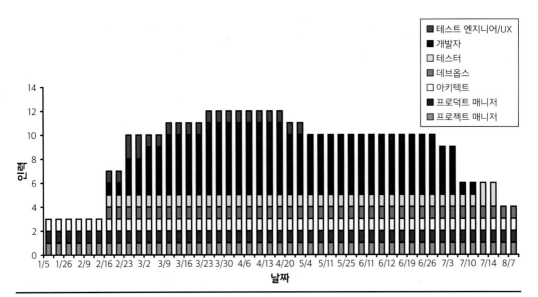

그림 13-6 압축 솔루션의 인력 분포

13.4.5 비용과 효율

압축 솔루션의 비용은 58.5 맨-먼스로 정규 솔루션의 비용인 59 맨-먼스보다 살짝 낮아졌다. 정규 솔루션에서 32 맨-먼스였던 직접 비용은 36.7 맨-먼스가 됐다. 이러한 프로젝트 설계 솔루션은 훨씬 빠르고 비용도 적게 들지만, 정규 솔루션과의 실질적인 차이는 기대 프로젝트 효율이 37%라는 것이다. 정규 솔루션에서 효율이 32%가 되려면 매우 효율적인 팀이 필요한데, 압축 솔루션의 팀은 거의 슈퍼 히어로들로 구성되어야 한다. 여기에 위험 수치가 0.74로 높아졌다는 것을 감안하면 압축 솔루션의 결과는 실망스러울 것으로 예상된다.

13.4.6 결과 요약

표 13-6은 압축 솔루션의 지표를 보여주고 있다. 압축 솔루션은 이미 어려운 프로젝트를(그림 13-1 참고) 더 어렵게 했고, 기대 효율이 비현실적으로 높아졌다. 하지만 가장 큰 문제는 실행 복잡도가 아니라 통합이다. 프로젝트 후반에 다중의 병렬 통합이 발생하여 여유가 없다. 그중 어느 하나라도 어긋나면 복구할 시간이 없다. 한 달도 안 되는 압축으로 실행 복잡도와 통합 위험이 동시에 발생하는 것은 그리 바람직하지 않다.

표 13-6 압축 솔루션의 프로젝트 지표

프로젝트 지표	값
기간 (월)	7.1
총비용 (맨-먼스)	58.5
직접 비용 (맨-먼스)	36.7
최대 인력	12
평균 인력	8.2
평균 개발자 수	4.7
효율	37%
활동 위험	0.73
중요도 위험	0.75

그렇다 해도 이렇게 압축한 시도는 시간 낭비가 아니다. 압축 솔루션이 의미 없음을 증명했기 때문이다. 압축 솔루션을 통해 설계 팀은 프로젝트를 좀 더 이해할 수 있었고, 시간-비용 곡선의 또 다른 면을 볼 수 있게 했다.

13.5 계층형 설계

첫 번째 정규 솔루션의 가장 큰 문제는 효율이 비현실적으로 높은 것이 아니라, 프로젝트 네트워크가 복잡하다는 데 있다. 이러한 복잡도는 (이미 간소화한) 그림 13-1의 네트워크 다이어그램만 살펴봐도 분명히 드러난다. 이 네트워크의 순환 복잡도는 33 단위다. 여기에 팀의 기대 효율이 높으면 실행 위험이 높아진다.

설계 팀은 높은 복잡도를 감수하기보다는 프로젝트를 활동 사이의 논리적인 의존성이 아닌, 아키텍처 계층에 따라 다시 설계하기로 했다. 이렇게 하면 활동 펄스가 일렬로 나열된다. 이러한 펄스는 프론트 엔드, 인프라스트럭처와 기반 작업, 리소스, 리소스액세스, 엔진, 매니저, 클라이언트와 릴리스 활동(그림 13-7) 등과 같은, 아키텍처의 계층 또는 프로젝트의 단계에 대응된다.

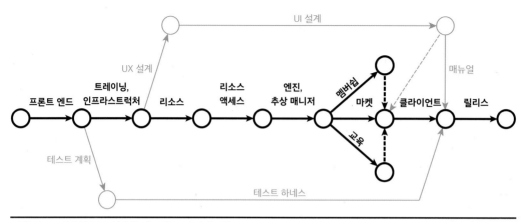

그림 13-7 계층형으로 설계한 네트워크 다이어그램

펄스가 순차적으로 나열됐지만, 내부적으로는 병렬로 진행한다. 그림 13-7에서 확장된 매니저 펄스를 제외한 모든 펄스는 붕괴됐다. 몇 개 남은 지원 활동(예, UI 설계나 테스트 하네스)은 펄스 나열에 포함되지 않았지만 플로트는 매우 높았다.

그림 13-7에서 두드러진 점은 네트워크가 그림 13-1에 비해 매우 간결해졌다는 것이다. 펄스가 시간 순으로 순차적으로 나열됐기 때문에, 프로젝트 매니저는 각 펄스와 지원 활동의 복잡도만 해결하면 된다. TradeMe에서 개별 펄스의 복잡도는 2, 4, 5, 4, 4, 4, 4, 2였다. 지원 활동의 복잡도는 1이고, 이 활동의 플로트가 매우 높았기 때문에 실행 복잡도에 실질적인 영향은 미치지 않았다.

13.5.1 계층형 설계와 위험

12장에서 설명했듯이, 계층형 설계는 프로젝트를 더 위험하게 만들었다. 설계 팀은 TradeMe에서 계층형으로 설계한 솔루션의 위험이 0.76로 (의존성에 따라 설계했던) 기존 정규 솔루션보다 0.7이나 높아졌다. 지원 활동의 높은 플로트를 무시하면 위험은 0.79로 더욱 높아졌다.

13.5.2 인력 분포

그림 13-8은 계층형 설계 솔루션의 예정 인력 분포를 보여준다. 인력 분포 차트의 전반적인 모양은 만족스럽다. 이 프로젝트는 개발자 4명만 필요하고 최대 인력도 11명이다.

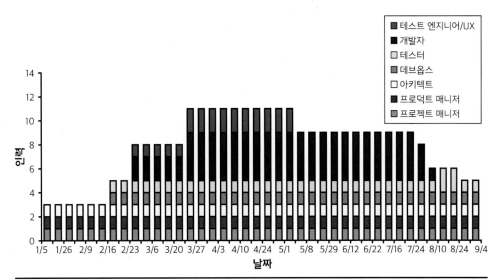

그림 13-8 계층형 설계의 인력 분포

13.5.3 결과 요약

표 13-7은 TradeMe의 계층형 설계에 대한 프로젝트 지표를 보여준다.

표 13-7 계층형 설계 솔루션을 위한 프로젝트 지표

프로젝트 지표	값
기간 (월)	8.1
총비용 (맨-먼스)	60.8
직섭 비용 (맨-먼스)	32.2
최대 인력	11
평균 인력	7.5
평균 개발자 수	3.4
효율	31%
활동 위험	0.75
중요도 위험	0.76

13.6 서브크리티컬 솔루션

계층형 설계 솔루션은 개발자 네 명을 필요로 했다. 회사는 네 명을 모두 확보하지 못할 때의 상황을 우려했다. 따라서 서브크리티컬 한 상황에 대한 조사가 중요했다. 계획 가정에 의하면 외부 전문가를 활용할 수 있었다.

이 프로젝트에서 개발자가 4명보다 적은 계층형 설계 솔루션은 서브크리티컬 하게 됐다. 따라서 설계 팀은 개발자 두 명으로 구성된 솔루션을 탐색했다. 이 개발자는 데이터베이스 설계에도 할당했다. 서브크리티컬 네트워크 다이어그램은 그림 13-7과 비슷하지만, 각 펄스 내부는 두 가지 병렬 활동 스트링으로만 구성됐다.

13.6.1 기간, 예정 진행, 위험

서브크리티컬 솔루션은 프로젝트를 11.1개월로 연장했다. 예정 획득 가치 곡선(그림 13-9)은 거의 직선에 가까워졌다. 이에 대한 선형 회귀 추이 결과, R2가 0.98로 나왔다.

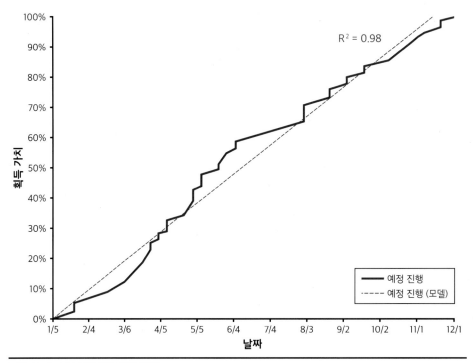

그림 13-9 서브크리티컬 예정 진행

솔루션의 서브크리티컬 한 속성은 리스크 인덱스 0.84에도 반영됐다. 회사가 이 방안을 택해야 한다면, 설계 팀은 이 프로젝트를 최소 한 달 이상 압축 해제해야 한다고 제안했다. 압축 해제를 통해 일정이 12개월 범위로 늘어나서 계층형 설계 솔루션에 비해 50% 이상 길어졌다.

13.6.2 비용과 효율

서브크리티컬 솔루션의 총비용은 74.1 맨-먼스, 직접 비용은 30.4 맨-먼스, 예상 효율은 더 나아진 25%가 됐다. (여기에 표시하지는 않았지만) 인력 분포 차트를 보면 서브크리티컬 솔루션에서 흔히 볼 수 있는 것처럼 중앙의 돌출 부분이 사라졌다(7장 참조).

13.6.3 결과 요약

표 13-8은 서브크리티컬 솔루션에 대한 프로젝트 지표를 보여주고 있다.

표 13-8 서브크리티컬 솔루션에 대한 프로젝트 지표

프로젝트 지표	값
기간 (월)	11.1
총비용 (맨-먼스)	74.1
직접 비용 (맨-먼스)	30.4
최대 인력	9
평균 인력	6.7
평균 개빌자 수	2
효율	25%
활동 위험	0.85
중요도 위험	0.82

서브크리티컬 솔루션의 시간과 비용 지표는 각각 11.1개월과 74.1 맨-먼스로 전체 추정치(10.5개월과 74.6 맨-먼스)에 비해 나아졌으며, 기간은 5% 정도, 비용은 1% 이하 정도만 차이가 난다. 이 상관관계를 통해 서브크리티컬 솔루션의 수치가 프로젝트에 적합하다는 것을 보여준다. 효율도 25%로 훨씬 현실적이기 때문에 서브크리티컬 솔루션을 신뢰할 수 있다.

13.7   대안 비교하기

표 13-5와 표 13-7의 분석 결과 몇 가지 주목할 점이 드러났다. 첫째, 설계를 계층형으로 하든 의존성으로 하든 프로젝트 기간은 그대로였다. 12장에서 설명했듯이, 이러한 유사성은 이미 예상했다. 결국 콜 체인 기반 의존성은 주로 계층의 산물이다. 그래서 프로젝트 기간이 계층 중에서 가장 긴 경로에 의해 결정된다. 또한 개발자에 대한 평균 인력 수준과 효율도 그대로다. 주된 차이점은 계층형 설계 솔루션은 실행 복잡도가 크게 감소하고 위험이 높다는 것이다.

정리하면 TradeMe에서 계층형 설계는 위험을 제외한 모든 면에서 첫 번째 정규 솔루션보다 좋거나 비슷하다. 계층형 설계 솔루션의 비용과 기간이 더 많이 소요된다 하더라도, 실행이 간결하기 때문에 TradeMe에게 적합한 솔루션이다. 또한 계층형 설계 솔루션은 이로부터 파생된 서브크리티컬 솔루션보다 훨씬 낫다. 서브크리티컬 솔루션은 비용이 더 들고, 기간도 길고, 더 위험하다. 설계 팀은 나머지 분석에 계층형 설계 솔루션을 정규 솔루션으로 도입했다.

13.8   계획과 위험

이 시점에서 설계 팀은 시스템 구축을 위한 네 가지 솔루션 즉, 압축 솔루션, 의존성 기반 정규 솔루션, 계층 기반 정규 솔루션, 계층형 설계 솔루션의 서브크리티컬 솔루션을 도출했다. 서브크리티컬 솔루션은 계층형 설계 솔루션의 대안으로 설계 팀은 위험 분석에서 이를 제외했다.

13.8.1   위험 압축 해제

계층형 설계 솔루션은 위험과 중요 펄스가 높아져서 설계 팀은 위험 압축 해제로 이를 만회하려 했다. 어느 정도의 압축 해제가 적절한지 알 수 없기 때문에, 설계 팀은 1주, 2주, 4주, 6주, 8주만큼 압축 해제하면서 위험 동작을 관찰했다. 표 13-9는 세 가지 설계 옵션에 대한 위험 값과 다섯 가지 압축 해제 포인트를 보여주고 있다.

표 13-9 옵션별 위험 값과 압축 해제 포인트

옵션	기간 (월)	중요도 위험	활동 위험
압축	7.1	0.75	0.73
의존성 기반 설계	7.8	0.70	0.70
계층형 설계	8.1	0.76	0.75
D1	8.3	0.60	0.65
D2	8.5	0.48	0.57
D3	9.0	0.42	0.46
D4	9.4	0.27	0.39
D5	9.9	0.27	0.34

그림 13-10은 이러한 옵션과 압축 해제 포인트를 시간 축에 따라 보여주고 있다. 중요도 위험은 예상대로 나왔고, 위험은 로지스틱 함수에 따라 압축 해제하면서 떨어졌다. 활동 위험 역시 압축 해제로 인해 떨어졌지만, 활동 위험 모델이 불균등한 플로트 분포에 잘 반응하지 않아서 두 곡선 사이에 차이가 발생했다. 표 13-9에 나온 값을 도출한 계산식은 11장에서 설명한 아웃라이어를 플로트 평균에 플로트 1 표준 편차를 더한 값으로 교체하는 방식으로, 플로트 아웃라이어를 조정하여 이 문제를 해결했다. 이 경우에는 이런 조정만으로 충분하지 않았다. 표준 편차의 절반만큼 플로트를 조정하면 곡선이 완벽히 일치한다. 하지만 설계 팀은 조정이 필요 없는 중요도 위험 곡선만 사용하기로 결정했다. 설계 팀은 위험 곡선이 안정되고 있기 때문에 D4 이상의 압축 해제는 불필요하다는 것을 확인했다.

표 13-9에 나온 값에 따르면 설계 팀은 위험 곡선에 대한 다항 상관관계 모델의 R2는 0.96 임을 알아냈다.

$$위험 = 0.09t^2 - 2.28t^2 + 19.19t - 52.40, \text{ t는 월 단위로 측정}$$

이 위험 모델에 따르면 최대 위험은 7.4개월 시점에 값이 0.78에 도달한다. 이 지점은 의존성 기반 설계 솔루션의 7.8개월과 압축 솔루션의 7.1개월 사이에 해당한다(그림 13-11). 설계 팀은 압축 솔루션을 고려 대상에서 제외했는데, 최대 위험 지점을 지났기 때문이다. 심지어 의존성 기반 설계 솔루션조차 위험의 경계선에 있었다. 7.8개월 지점에 위험은 이미

0.75로 최대 권장 값에 도달한 것이다. 계층형 설계 솔루션은 위험 값이 0.68로 안정적이었다. 최소 위험 지점은 9.7개월로 위험 값은 0.25였다.

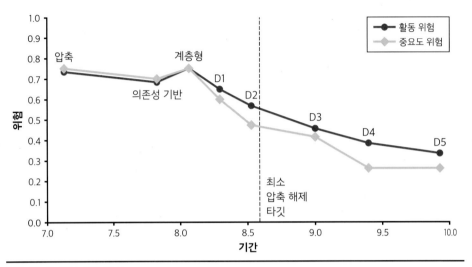

그림 13-10 이산 위험 곡선

표 13-10은 이러한 지점에 대한 위험 값을 정리한 것이고, 그림 13-11은 이 값들을 위험 모델 곡선으로 시각화한 것이다.

표 13-10 위험 모델 값과 관심 지점

옵션	기간 (월)	위험 모델
압축	7.1	0.75
최대 위험	7.4	0.78
의존성 기반 설계	7.8	0.74
계층형 설계	8.1	0.68
최소 직접 비용	8.46	0.56
D2	8.53	0.53
최소 압축 해제 타깃	8.6	0.52
D3	9.0	0.38
최소 위험	9.7	0.25

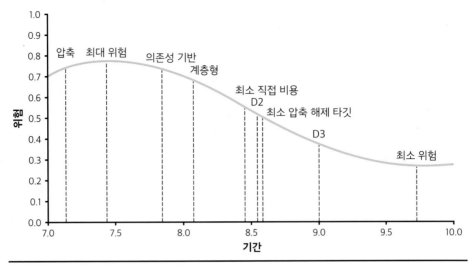

그림 13-11 위험 모델 곡선과 관심 지점

압축 해제 타깃 찾기

설계 팀은 12장에서 설명한 기법을 이용하여 8.6개월 지점에서 위험 값이 0.52가 되는 (위험 곡선의 2계 도함수가 0이 되는) 최소 위험 압축 해제 타깃을 계산했다. 이 지점은 D2와 D3 압축 해제 지점 사이에 있으며(그림 13-10 참조), 오른쪽으로 이동한 지점인 D3가 추천 압축 해제 타깃이 된다. 이 위험 모델에서 D3 기간의 위험은 0.38로, D3의 실제 값인 0.42보다 살짝 낮다. 압축 해제 타깃의 위험 값이 (이상적인 0.5에 비해 상당히) 낮아보이지만, 계층형 설계 프로젝트의 잠재 위험을 보완하기 위해 0.4로 압축 해제하라는 12장에서 권고와 일치한다.

압축 해제 타깃을 찾기 위해 적용할 수 있는 마지막 기법은 최소 직접 비용 지점을 계산하는 것이다. 그런데, 압축 해제 지점의 직접 비용은 알 수 없다.

설계 팀은 그림 13-8과 표 13-7을 살펴보고 개발자 네 명 중에서 세 명이 압축 해제 기간 동안에 필요하다고 보수적으로 추정했다. 이렇게 하면 설계 팀은 프로젝트를 D5 압축 해제 지점까지 프로젝트를 연장하는 경우에 대한 직접 비용을 계산할 수 있다. 설계 팀은 계층형 설계 솔루션에 대해 기존에 알려진 직접 비용에 추가 직접 비용을 더해서 직접 비용 곡선과 최적 상관 관계 모델을 도출했다.

$$\text{직접 비용} = 2.98t^2 - 50.42t + 244.53$$

설계 팀은 직접 비용 공식을 이용하여 D2의 바로 앞에 있는, 8.46개월에서 최소 직접 비용 지점을 발견했다. 8.46개월의 기간을 위험 공식에 대입하면 위험이 0.56으로 나온다. 직접 비용 모델의 최소 지점과 위험 모델의 2계 도함수가 0이 되는 지점 사이의 기간 차이는 1%로 D3가 압축 해제 대상으로 적합함을 확인할 수 있다. 또한 최소 직접 비용은 31.4 맨-먼스인 반면, D3 지점의 직접 비용은, 고작 3% 차이인 32.2 맨-먼스다.

13.8.2 비용 다시 계산하기

D3를 추천하려면 설계 팀이 그 지점의 총비용을 제공해야 한다. 이전 공식으로 직접 비용을 알고 있지만, 압축 해제 구간에 대한 간접 비용은 몰랐다. 설계 팀은 알려진 세 가지 솔루션에 대한 간접 비용에 대해 모델을 만들고, 다음 공식으로 간단한 직선을 구했다.

$$\text{간접 비용} = 7.27t - 30.01$$

설계 팀은 직접 비용과 간접 비용 등식을 모두 더해서 시스템의 총비용에 대한 공식을 다음과 같이 만들었다.

$$\begin{aligned}
\text{총비용} &= 2.98t^2 - 50.42t + 244.53 + 7.27t - 30.01 \\
&= 2.98t^2 - 43.5t + 214.52
\end{aligned}$$

이 공식으로 D3의 총비용을 구하면 67.6 맨-먼스다.

> **노트** 설계팀은 직접 비용과 위험 모델을 이용하여 프로젝트의 위험 크로스오버 지점을 찾았다. 너무 위험한 크로스오버 지점으로는 위험이 0.77이고 기간은 7.64개월인 지점으로 나왔고, 너무 안전한 크로스 오버 지점으로는 위험이 0.27이고 기간은 9.47인 지점으로 나왔다. 이 지점은 가이드라인으로 제시된 0.75와 0.3에 우연히도 잘 맞아떨어졌으며, 앞서 설명한 프로젝트 설계 포인트가 맞다는 것을 확인할 수 있다.

13.9 SDP 리뷰 준비하기

지금까지 본 프로젝트 설계 옵션 중에서 가장 좋은 것은 계층형 설계 솔루션에서 1개월 압축 해제한 D3다. 이 솔루션은 간결하고 달성 가능한 프로젝트를 줄어든 위험과 거의 최소에 가까운 직접 비용으로 제공한다. 다소 낮은 간접 비용을 통해 이 솔루션은 기간, 비용, 위험 측면에서 최적인 프로젝트 옵션이다.

설계 팀은 이러한 최적 지점뿐만 아니라, 의존성 기반 설계 솔루션도 회사의 의사 결정권자에게 제시했다. 일정을 줄이려는 시도는 모두 높은 복잡도와 비현실적으로 추정한 팀의 효율로 인해 설계 위험과 실행 위험을 급격히 증가시켰다.

잠재적인 리소스 부족 때문에 설계 팀은 서브크리티컬 솔루션을 적절한 압축 해제를 통해 포함시켜야 한다는 것을 깨달았다. 계층형 설계 솔루션에서 했던 것과 비슷한 단계를 반복하면, 압축 해제된 서브크리티컬 솔루션은 위험 값이 0.47이고 기간은 11.8개월이며 총비용 79.5 맨-먼스로 나온다. 이렇게 압축 해제한 서브크리티컬 솔루션은 프로젝트의 인력이 부족하게 되는 결과를 초래함을 보여줄 뿐만 아니라, 이 프로젝트는 필요에 따라 여전히 실현 가능하다는 것도 보여준다.

위험이 높기 때문에 계층형 설계와 서브크리티컬 솔루션에 대한, 압축 해제하지 않은 옵션은 고려할 이유가 없다. 표 13-11은 설계 팀이 SDP 리뷰에서 발표한 프로젝트 설계 옵션을 정리한 것이다.

표 13-11 가능한 프로젝트 설계 옵션

프로젝트 옵션	기간 (월)	총비용 (맨-먼스)	위험	복잡도
활동 중심	8	61	0.74	높음
아키텍처 중심	9	68	0.38	낮음
인력 부족	12	80	0.47	낮음

설계 팀은 발표 과정에서 "정규", "압축 해제", "서브크리티컬", "계층형" 등과 같은 프로젝트 설계 전문 용어를 피하기 위해 설계 옵션 이름을 변경했다. 표 13-11은 의존성 기반 설계를 "활동 중심"으로, 계층형 설계를 "아키텍처 중심"으로, 서브크리티컬을 "인력 부족"으로 표현했다.

이 표는 "높음", "낮음"과 같이 복잡도를 일반 용어로 표현했으며, 위험 값을 제외한 나머지는 모두 반올림했다. 이 표는 의사 결정권자를 압축 해제된 계층형 솔루션으로 자연스럽게 유도했다.

14장

결론

지금까지 프로젝트 설계에 대한 기술적인 측면 위주로 살펴봤다. 당연히 프로젝트 설계는 기술적인 설계 작업으로 볼 수 있다. 그러나 수십 년의 경험을 통해, 프로젝트 설계는 전문 지식이라기보다는 일종의 마음가짐임을 깨달았다. 단지 위험이나 비용을 계산한 것만으로 목적을 달성하려고 덤벼들어서는 안 된다. 프로젝트의 모든 측면을 완전히 장악하는 데 최선을 다해야 한다. 프로젝트에서 발생하는 모든 문제에 대해 대안을 마련해야 한다. 이는 기술이나 숫자의 문제를 넘어선다. 자신의 인격과 태도를 포함한 전체론적으로 접근해서 경영진과 개발자 사이에서 소통하고, 설계가 개발 프로세스와 프로덕트 생명 주기에 미치는 영향을 인지해야 한다. 지금까지 이 책에서 두 파트에 걸쳐 소개한 시스템과 프로젝트 설계에 대한 개념은 소프트웨어 공학의 우수성을 한 단계 더 끌어올릴 수 있는 문을 열어준 셈이다. 이 문을 계속 열어두고 지속적으로 발전하며, 이 개념을 개선하고 자신만의 스타일을 개발하여 적용하는 것은 여러분에게 달렸다. 이 장에서는 이러한 측면을 접근하는 방법과, 이 여정을 지속하는 방법이라는 더욱 중요한 주제에 대한 조언으로 이 책을 마무리한다.

14.1 프로젝트 설계 시점

프로젝트를 언제 설계할지에 대한 질문에 여러 가지로 답할 수 있다. 가장 직설적인 대답은 '언제든지'다. 대다수 소프트웨어 프로젝트가 처한 암울한 상황에 비춰볼 때, 프로젝트 설계가 제안하는 것은 상당히 매력적이다.

나는 엔지니어로서 "절대로"나 "언제든지"와 같은 극단적인 표현을 꺼린다. 프로젝트 설계 시점에 대해서는 ROI 측면에서 접근해야 한다. 프로젝트 설계에 대한 시간과 비용을 가장 빠르고 경제적이고 안전한 방식으로 시스템을 구축하는 것과 비교해야 한다. 프로젝트 설계는 며칠에서 몇 주만 투자하면 되기 때문에, ROI 관점에서 받아들이기 쉽다. 게다가 프로젝트 범위가 클수록 최적의 솔루션을 도출하도록 프로젝트 설계에 더 투자해야 한다. 비용과 규모가 큰 프로젝트라면 최적 지점에서 약간이라도 변경되면 절대적인 금액이 커질 뿐만 아니라 프로젝트 설계 비용도 초과할 가능성이 높다.

프로젝트 설계의 적절한 시점에 대한 질문에 "마감이 촉박한" 때라고 답변할 수도 있다. 압축하지 않더라도, 평범한 정규 솔루션의 크리티컬 패스에 효율적인 팀만 할당하는 것이 다른 접근 방법보다 나을 수 있으며, 특히 시스템을 반복적으로 구축하는 프로젝트에 비해 더욱 그렇다.

14.1.1 진짜 답변

프로젝트의 설계 시점에 대한 마지막 답변은 이 책 전체를 통틀어 가장 중요한 영역이다. 당장 출시하면 대박을 낼 수 있는, 차세대 킬러 앱에 대한 아이디어를 갖고 있다고 가정해 보자. 이 앱을 만들기 위해서는 인력 채용부터 클라우드 컴퓨팅 요금 지불에 이르기까지 다양한 비용을 지불할 자본이 필요하다. 지분의 상당 부분을 넘기면서 벤처 캐피털을 구해서 주당 60시간을 일하면서 몇 년 동안 실패 가능성이 높은 일에 뛰어들 수도 있다. 자기 자본으로 프로젝트 자금을 조달할 수도 있다. 집을 팔거나 연금 상품이나 적금을 해지하거나 친구나 가족으로부터 돈을 빌릴 수도 있다.

자기 자본을 투입하기로 했다면 프로젝트 설계에 투자할 것인가? 이 투자가 시간과 노력 측면에서 적을까? 아니면 클까? 아니면 프로젝트 설계할 시간이 없다고 생각할 것인가? 곧바로 만들기 시작하고 나중에 따져보기로 하는 게 나을까? 아니면 파산하지 않도록 모든 수단을 동원하여 프로젝트에 적당한 비용인지를 따져보기부터 할 것인가? 프로젝트 설계에 관련된 기법이나 분석 작업을 모두 생략할 것인가? 프로젝트 비용을 충분히 조달할 수 있더라도 위험 회피 영역을 식별하기 위한 프로젝트 설계를 하지 않을 것인가? 정확한 측정을 위해 모든 계산을 다시 한번 해볼 것인가? 집을 팔거나 직장을 그만 둘 정도로 충분한지 알아보도록 프로젝트 설계부터 할 것인가? 그렇다면 프로젝트에 삼백만 달러가 필요한데 이백만 달러만 조달할 수 있다면, 스타트업을 차릴 게 아니라 그냥 집을 보유하는 게 나을 것이다. 마케팅 기간이 1년뿐인데 프로젝트는 2년이 걸린다면, 시작하지 말아야 한다. 자체 조달할 경우, 개발자들이 자신만의 원칙을 실험하는 데 아쉬운 자금을 소비하기보다는, 프로젝트의 세부 지침을 따르며 작업하는 것을 선호하지 않을까?

그렇다면 이번에는 프로젝트에 대한 모든 실패의 책임을 매니저가 지는 프로젝트를 생각해보자. 매니저는 프로젝트가 성공할 경우 두둑한 보너스를 받지만, 실패할 경우에는 판매 손실까지는 아니더라도 프로젝트 비용의 초과분을 비롯한 모든 계약상 의무사항을 사비로 지불해야 한다고 하자. 이런 경우라면 매니저는 프로젝트 설계에 반대할까? 아니면 반드시 해야 한다고 주장할까? 매니저가 "우린 그런 식으로 일하지 않는다"며 프로젝트 설계에 반대할까? 아니면 팀의 산출물이 프로젝트 목표와 일치하도록 보장하는 시스템과 프로젝트 설계에 적든 크든 투자할까? 매니저는 죽음의 영역을 파악하는 작업을 피할까? 매니저는 프로젝트 설계 자체가 크게 변하지 않을 견고한 아키텍처를 포기할까? 매니저는 아무도 이렇게 일하지 않았다는 사실이 프로젝트 설계를 하지 않을 충분한 이유가 된다고 말할 것인가?

불협화음이 뻔히 보인다. 대부분은 회사의 지출에 냉담하고 무관심하고 안일한 반응을 보인다. 대부분 사람들은 그리 성공적이지 않은 업계에서 만연한 관행을 생각 없이 따르고 이를 남의 돈을 낭비하기 위한 명분으로 삼는 것이 훨씬 쉽기 때문에 깊이 생각하지 않는다. 대부분 그럴 시간이 없다거나 프로젝트 설계는 바람직하지 않은 프로세스라거나, 프로젝트 설계는 필요 이상의 작업이라고 변명한다. 그럼에도 불구하고 위기에 처하면 프로젝트 설계에 열광하는 모습으로 돌변한다. 이런 행동의 차이는 직업적 진실성이 부족하기 때문이다. 진정한 프로젝트 설계 시점은 진실성을 갖추고 있을 때다.

14.1.2 앞서 나가기

여러분의 진로에 대해 내가 줄 수 있는 최선의 조언은 다음과 같다.

회사 돈을 내 돈처럼 여겨라.

이보다 중요한 것은 없다. 대다수의 매니저는 뛰어난 설계와 끔찍한 설계를 구분하지 못한다. 그래서 아키텍처만 보고 승진과 보상을 결정하지 않는다. 하지만 회사 돈을 내 돈처럼 여긴다면, 프로젝트를 철저히 설계해서 가장 경제적이고 안전하게 시스템을 구축하는 방안을 찾는다면, 그래서 이를 벗어나는 모든 활동을 단호히 거부한다면, 윗선에서는 이를 알아차릴 것이다. 회사 자금에 대해 최고 수준으로 존중함으로써, 자신도 존중받게 된다. 존중은 상호적이기 때문이다. 반대로, 자신을 존중하지 않는 사람에게는 존중하지 않는다. 자신의 행동과 결정에 책임을 질 때, 경영진으로부터 얻는 신뢰는 급격히 늘어난다. 목적을 달성하는 일이 많아지면, 최상의 신뢰를 얻게 된다. 다음 기회가 올 때, 그들의 돈과 시간을 가장 존중할 것이라고 믿는 사람에게 그 기회를 줄 것이다.

이 조언은 내 경험에서 나온 것이다. 필자가 30살이 되기 전에, 전 세계 소프트웨어 업계 중에서 가장 경쟁이 치열한, 실리콘 밸리에 있는 포춘 100대 기업의 아키텍처 그룹을 이끌었다. 내가 높은 자리로 가는 데는 아키텍처 관련 기량과는 관련이 거의 없었다(앞서 말했듯이, 이 요인이 큰 비중을 차지할 가능성은 거의 없다). 하지만 난 시스템 설계에 프로젝트 설계도 반드시 포함시켰는데, 이것이 큰 차이를 만들었다. 나는 회사 돈이 내 돈이라고 생각했던 것이다.

금융 위기

규모가 큰 프로젝트라면 누군가 프로젝트 비용을 조달할 방법을 어떻게든 결정해야 한다. 프로젝트 매니저라면 프로젝트의 예상 소모율 내지는 현금 흐름까지 제시해야 할 수도 있다. 대규모 프로젝트일수록 더욱 중요하다. 이런 프로젝트에서 고객은 일반적으로 프로젝트 초반 혹은 막바지에 목돈을 지불하기 힘들기 때문에, 개발 조직은 일정한 지불 계획에 따라 자금을 조달해야 한다. 대부분의 경우, 프로젝트 흐름이나 프로젝트의 네트워크 설계에 대한 지식이 부족하기에, 추측과 희망과 지불에 대한 기능 분해(예, 기능별 일정 금액) 등이 뒤섞인 형태로 재무 계획을 마련하게 되는데, 그러면 처참한 결과로 이어지기 십상이다. 사실 프로젝트의 재정적인 면에 대해 추측할 필요가 없다. 아주 조금만 작업하면 프로젝트의 재정 분석에 맞게 프로젝트 설계를 확장할 수 있다.

여러분의 인력 분포로부터 프로젝트의 각 타임 슬라이스의 비용을 계산할 수 있다. 그런 다음, 이러한 비용을 절댓값이나 상대적인 비율(퍼센트)로 러닝 합을 제시한다. 심지어 시간에 따른 직접 비용과 총비용을 수치적으로나 그래프로나 표현할 수 있다(재무 계획의 경우, 노력 단위 대신 화폐 단위로 표현해야 한다. 따라서 현재 조직의 맨-먼스 비용을 알 필요가 있다).

재무와 전혀 관계없는 소프트웨어 설계에 대해 설명하는 이 책에서 프로젝트의 재무 계획 측면을 언급하는 이유는, 그 자체로 중요성이 크기 때문이다. 대다수의 소프트웨어 프로젝트에서 시스템이나 프로젝트를 설계하고, 최선의 방법에 투자하고, 목표를 달성하려는 사람들은 마치 다른 사람들이 모든 일을 최악의 방향으로 하는 듯한 어려움에 직면한다.

조직의 윗선에는 재무적인 결정을 내려야 하는 재무 계획 담당자나 임원이나 CIO가 있다. 이들은 상당한 권한을 행사하지만, 잘 모른 상태에서 그런 경우가 많다. 이러한 최고위 관계자들이 프로젝트의 재무적 세부 사항을 여기서 설명한 수준으로 설계할 수 있다는 사실을 인지한다면, 여러분에게 계속 그렇게 하기를 요구할 것이다. 물론 프로젝트의 비용과 현금 흐름을 창출할 수 있다는 것은 실행 가능한 프로젝트 설계를 바탕으로 하고 있다. 이는 올바른 아키텍처로부터 나온다. 갑자기 고위 관계자가 여러분이 올바르게 일하는 데 강력한 지원군이 된다.

14.2 일반적인 가이드라인

시계를 설계하지 말라.

소프트웨어 프로젝트에 대한 실망과 환상을 거치고 난 입장에서, 프로젝트 설계란 개념을 처음 접한 이들은 정확성과 엔지니어링 원칙에 매료된다. 그래서 모든 것을 정확히 계산하고 모든 가정과 추측을 정제하는 데 빠져서 건전한 프로젝트 설계의 핵심을 놓치게 된다. 프로젝트 설계를 통해 할 수 있는 것 중에서 가장 중요한 것은 프로젝트에 대해 합리적인 결정을 내릴 수 있다는 것이다. 계속 진행해야 할지, 그렇다면 어떤 옵션을 선택할 수 있는지 말이다. 여러분이 선택하는 프로젝트 설계 옵션은 현실과 차이 나기 마련이다. 실제 프로젝트 실행은 비슷하겠지만, 애초에 설계한 것과는 차이가 난다. 프로젝트 매니저는 본래 계획과 교정 활동을 통해 프로젝트의 현재 상황을 끊임없이 추적해서 프로젝트 설계를 잘 따라가야 한다(부록 A 참조).

최상의 프로젝트 설계 솔루션조차도 실행 기간 동안 싸울 기회를 줄 뿐이다. 그 이상은 아니다. 여기서 "최상"이란 말은 여러분의 팀이 만들어낼 수 있는 (시간과 비용과 위험 측면에서) 적합한 설계를 뜻하지, 최적의 설계여야 한다는 것은 아니다.

프로젝트 설계는 시계라기보다는 해시계다. 해시계는 아주 단순한 장치다(땅에 막대 하나만 박으면 된다). 하지만 분 단위 시간을 재는 데 충분하다(날짜와 위도를 안다면 말이다). 시계는 초 단위로 시간을 잴 수 있지만, 내부 장치 하나하나가 모두 정확히 조율되어야 제대로 작동하는, 훨씬 정교한 장치다. 비유하면 여러분의 프로젝트 설계 노력은 무엇을 실현할 수 있는지 충분히 알려줄 정도면 충분하다. 모든 세부 사항을 모두 완벽히 보여주는 정확하고 최적인 솔루션은 있으면 좋지만, 일반적이고 실행 가능한 솔루션은 반드시 있어야 한다.

14.2.1 아키텍처 vs 추정

변동성을 캡슐화하는 견고한 아키텍처 없이는 절대 프로젝트 설계를 하면 않된다.

올바른 시스템 아키텍처가 없다면, 시스템 설계는 언젠가 변하기 마련이다. 이런 변화는 프로젝트 설계를 무효로 만드는 다른 시스템을 만들게 된다는 뜻이다. 이런 변화가 발생하면 프로젝트 초반에 아무리 뛰어나게 프로젝트를 설계했더라도 의미 없다. 이 책의 1부에서 설명했던 것처럼, 변동성에 대처하도록 시간을 투자할 필요가 있다. 이는 더 메서드의 구조를 사용하여 대처하는지 여부와는 관계없다.

아키텍처와 달리, 추정이나 구체적인 리소스는 뛰어난 프로젝트 설계에 부차적이다. (아키텍처로부터 도출된) 네트워크 토폴로지는 프로젝트 기간을 명시하지, 개발자의 역량이나 개별 추정의 다양성을 알려주는 것은 아니다. 현실과 크게 다른 추정은 프로젝트에 큰 영향을 미친다. 하지만, 추정이 어느 정도 정확하다면, 실제 기간이 다소 크거나 작더라도 큰 상관없다. 어느 정도 규모가 되는 프로젝트라면 수십 가지 활동으로 구성되며 각각의 추정은 여러 방향으로 나올 수 있다. 전반적으로 이런 차이는 서로 상쇄되는 경향이 있다. 개발자 역량도 마찬가지다. 세상에서 가장 형편없는 개발자와 가장 뛰어난 개발자의 차이는 엄청나지만, 적절한 수준의 개발자를 확보하고 있다면 차이점은 상쇄된다. 프로젝트 설계 아이디어를 떠올리기 위해서는 창의력을 발휘하여 제약사항을 인식하고, 함정을 피해 가는 것이, 모든 추정을 정확히 하려는 것보다 더 중요하다.

14.2.2 설계 자세

이 책에 나온 개념을 절대적으로 적용하면 안 된다.

최종 결과를 해치지 않으면서 여러분이 처한 특수한 상황에 맞게 프로젝트 설계 도구를 적용해야 한다. 이 책은 무엇이 가능한지 찾고, 호기심을 자극하며, 창의력을 발휘하도록 격려하고 앞서 나가게 하기 위한 목적으로 집필됐다.

가능하다면 프로젝트를 비밀리에 설계하지 마라. 설계 아티팩트와 가시적인 설계 프로세스는 의사 결정권자의 신뢰를 얻는다. 이해관계자가 묻는다면 현재 하고 있는 일과 이런 방식으로 진행하는 이유를 잘 설명한다.

14.2.3 대안

경영진과 대안을 바탕으로 소통한다.

경영진과 대화할 때, **대안**(optionality)을 토대로 애기한다. 경영진이 선택할 수 있는 옵션을 간결하게 설명하고, 각 옵션을 객관적으로 평가할 수 있도록 돕는다. 이는 프로젝트 설계의 핵심 개념과 일맥상통한다. 유일하고 특별한 프로젝트는 없다. 어떤 시스템이라도 구축하고 배포하는 방법은 언제나 다양하게 있다. 각 옵션은 시간과 비용과 위험을 실행 가능하게 조합한 것이다. 따라서 경영진이 선택할 수 있도록 이런 옵션을 여러 개 설계해야 한다.

바람직한 경영의 핵심은 올바른 옵션을 선택하는 것이다. 사람들에게 옵션을 제공하는 것은 그들에게 힘을 준다. 다른 옵션이 정말 없다면 매니저의 존재도 필요 없다. 선택할 옵션이 부족한 매니저는 임의의 옵션을 도입하여 자신의 존재를 입증할 수밖에 없다.

프로젝트 설계 대안이 없다면, 그런 억지스러운 옵션은 항상 좋지 않은 결과를 초래한다. 이런 위험을 피하기 위해서는 여러분이 미리 선정한, 실행 가능한 다양한 프로젝트 설계 옵션을 경영진에게 제시해야 한다. 예를 들어, 11장에서 15가지 프로젝트 설계 옵션을 살펴본 적이 있는데, 정작 SDP 리뷰에서는 네 가지 옵션만 제시했다.

그럼에도 불구하고 대안을 과도하게 제시하면 안 된다. 옵션을 너무 많이 제시하면 사람들을 혼란스럽게 만들 수 있다. 선택의 역설이라는 곤경에 처할 수 있다.[18] 이 역설은 여러분이 선택한 옵션이 충분함에도 불구하고, 더 좋은 옵션을 놓치는 두려움에 기인한다.

제시할 옵션의 적절한 수에 대한 가이드라인은 다음과 같다.

- 두 가지 옵션은 너무 적다. 옵션이 없는 것과 비슷하다.
- 세 가지 옵션이 적절하다. 사람들은 대부분 세 가지 옵션 중에 하나를 선택하는 것을 쉽게 한다.
- 네 가지 옵션도 괜찮다. 그중 적어도 하나(또는 두 개)가 명백히 실수라도 말이다.
- 다섯 가지 옵션은 너무 많다. 모두 좋은 옵션이라도 그렇다.

14.2.4 압축

압축률은 30%를 넘지 않는다.

프로젝트를 어떤 방법으로 압축하더라도, 올바른 정규 솔루션에서 시작했다면 일정의 30% 압축이 최대치일 것이다. 이렇게 압축을 많이 한 프로젝트는 실행과 일정 위험이 매우 높아진다. 프로젝트 설계 도구를 시작하고 팀 내부에서 경쟁력을 갖췄다면, 압축률이 25% 이상인 프로젝트는 피한다.

프로젝트 이해하기

항상 프로젝트를 압축하라. 압축 솔루션을 실행할 가능성이 낮더라도 말이다.

압축은 프로젝트의 본질과 동작을 제대로 보여준다. 그래서 프로젝트를 더욱 이해할 기회를 제공한다. 압축을 통해 프로젝트의 시간-비용 곡선에 대한 모델을 만들고, 비용과 위험에 대한 공식을 만들면 일정 변경에 따른 효과를 평가하는 데 도움 된다. 변경 요청에 대한 결과를 빠르고 단호히 판단할 수 있는 능력은 엄청나게 가치가 있다. 그렇지 않으면 감에 의존하고 충돌이 발생할 수 있다.

---

18 Barry Schwartz, The Paradox of Choice: Why More Is Less (Ecco, 2004).

아무리 이성적이지 않은 요청이 들어오더라도, 권위와 힘이 있는 이의 요청을 거부하는 것은 여러분 경력에 도움 되지 않는다. 이럴 때 거절하기 위한 유일한 방법은 그들이 거부하게 만드는 것이다. 일정과 비용과 위험에 기반한 정량적인 효과를 제시함으로써 여러분이 직감으로만 느끼던 것들을 감정을 배제하고 객관적으로 토의하여 수면 위로 끌어올릴 수 있다. 숫자와 측정값이 없다면 다른 것이라도 동원한다. 현실에 대한 무지는 죄가 아니지만 과실은 죄가 된다. 의사 결정권자가 고객에 대한 약속과 상반되는 수치를 알고 있지만 여전히 그대로 추진한다면, 사기를 저지르는 셈이다. 이러한 범죄는 용납할 수 없기 때문에, 구체적인 수치가 있으면 본래 목표를 철회하거나 기존에 변경을 허용하지 않던 날짜를 바꿀 방법을 찾게 될 것이다.

최상급 리소스로 압축하기

최상급 리소스로 주의 깊고 신중하게 압축한다.

최상급 리소스에 의존할 때는 올바른 프로젝트 설계를 적용할 지점을 반드시 알아야 한다. 매력적으로 들리겠지만 최상급 리소스로 압축하는 데는 역효과가 발생할 수 있다. 우선, 최상급 인재는 흔치 않은 경우가 일반적이어서, 여러분이 목표를 달성하는 데 필요한 최상급 리소스를 확보하지 못할 수 있다. 이런 리소스를 기다리면 지연이 발생하여 압축의 목적이 무색해진다. 설사 확보하더라도 최상급 리소스를 통해 크리티컬 경로를 압축하면 새로운 크리티컬 패스가 발생할 수 있기 때문에 상황이 더 나빠질 수 있다. 리소스를 플로트와 역량 기반으로 할당하기 때문에 최악의 개발자가 새로운 크리티컬 패스에서 작업할 위험이 발생한다.

기존에 크리티컬 했던 활동에 할당되더라도, 최상급 리소스는 다른 활동이나 개발자의 작업이 끝나기를 기다리는 상태에 놓이는 경우가 많다. 이렇게 되면 프로젝트 효율이 떨어진다. 이런 상황을 방지하려면 다른 경로에 대해서도 병렬로 작업하여 압축할 수 있도록 팀 규모를 키워야 한다. 이렇게 팀 규모가 커지면 효율이 떨어지고 비용이 증가한다. 마지막으로 최상급 리소스로 압축하기 위해서는 두 명 이상의 영웅급 인력이 여러 크리티컬 패스나 준 크리티컬 패스를 압축해야 압축의 효과를 어느 정도 얻을 수 있다.

최상급 리소스를 할당할 때, (최상급 리소스를 현재 모든 크리티컬 활동에 할당하는 것처럼) 무턱대고 할당하면 안 된다. 주어진 리소스로부터 어떤 네트워크 패스가 가장 효과적인

지 평가하고, 다른 경로에 대한 효과를 결정하고, 여러 체인에 대해 조합해 보기도 한다. 크리티컬 패스의 변화에 따라 최상급 리소스를 여러 차례 재할당해야 할 수도 있다. 또한 활동 크기와 중요도도 고려해야 한다. 예를 들어, 규모가 크면서 크리티컬하지 않으면서 불확실성은 높은 활동이 존재할 수 있는데, 이런 활동은 프로젝트를 망치기 쉽다. 여기에 최상급 리소스를 할당하면 위험은 줄어들고 궁극적으로 본래 목표를 달성하는 데 도움이 된다.

불분명한 프론트 엔드 가지치기

프로젝트를 압축하기에 가장 쉬운 방법은 프로젝트의 초기 활동인 불분명한 프론트 엔드를 가지 치는 것이다.

어떤 프로젝트도 크리티컬 패스 이상으로 가속화할 수 없다면, 프론트 엔드에 적용될 수 있는 규칙도 없다. 준비 작업이나 평가 작업에 대해 프론트 엔드에서 병렬로 작업할 방법을 모색하라. 그러면 프로젝트의 나머지 부분에 대한 변경 작업 없이, 프론트 엔드(와 프로젝트 전체)를 압축할 수 있다. 예를 들어, 그림 14-1은 프론트 엔드가 긴 프로젝트(위쪽 차트)를 보여준다. 여기서 프론트 엔드에는 아키텍트가 프로젝트를 계속 진행하기 전에 결정해야 할 설계 옵션과 몇 가지 핵심 기술을 포함하고 있다. 이런 결정을 위해 외주 아키텍트를 추가로 고용하면, 프론트 엔드 기간이 ⅓ 가량 줄어든다(아래쪽 차트).

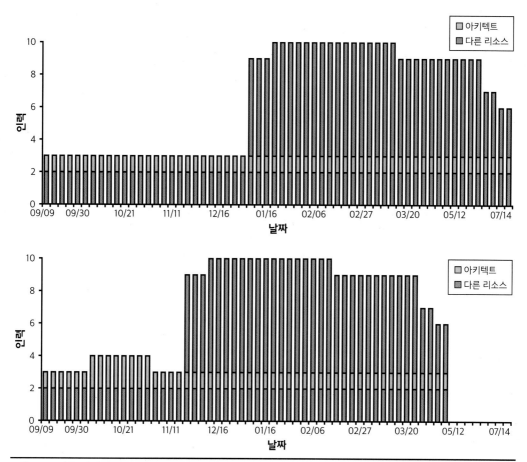

그림 14-1 다른 아키텍트를 통해 프론트 엔드 가지치기

14.2.5 계획과 위험

예상치 못한 일은 플로트로 선제적으로 대응한다.

위험 지표는 프로젝트가 첫 번째 장애물을 만나면 무너지는지, 또는 프로젝트가 이런 장애물을 개선의 기회로 삼아서 현실을 더 잘 나타내도록 설계를 개선하는지를 보여준다. (위험이 낮게 표시된) 플로트가 충분하면, 예상치 못한 일이 닥치더라도 살아남을 기회가 있다.

프로젝트에서 플로트를 필요로 하는 것은 물리적인 이유만큼이나, 심리적인 이유도 중요하다. 물리적인 필요는 명백하다. 변경에 대처하고 리소스를 이동시키는 데 플로트를 소비할 수 있다. 심리적인 필요는 모든 것에 대해 마음의 평화를 얻기 위해서다. 플로트가 충분한 프로젝트에서 사람들은 마음을 편하게 가질 수 있어서 일에 집중하고 결과를 제대로 낸다.

수치보다 동작

10장에서 최소 압축 해제 타깃으로 0.5를, 최소 위험 수준을 0.3으로 추천했다. 이러한 위험 가이드라인이 가치 있지만 프로젝트의 위험 곡선을 검토할 때 동작이 수치보다 훨씬 중요하다는 것을 명심해야 한다. 프로젝트를 압축 해제할 때, 0.5라는 값보다는 위험 티핑 포인트를 찾아야 한다. 전체 위험 곡선을 높거나 낮게 왜곡시킬 수 있지만, 위험에 대한 티핑 포인트는 여전히 존재할 수 있다. 특히 정규 솔루션의 위험이 이미 낮은 상태일 때 특히 그렇다. 프로젝트 압축을 해제할 필요가 있지만, 티핑 포인트 동작을 이용함으로써 그렇게 한다.

14.3 프로젝트 설계에 대한 설계

프로젝트 설계는 세부사항을 추구하는 활동이다. 프로젝트 설계 활동은 별도로 계획해서 설계해야 할 까다로운 작업으로 여겨야 한다. 다시 말해, 프로젝트 설계를 설계할 필요가 있으며, 심지어 그 과정에서 프로젝트 설계 도구도 사용해야 한다. 이러한 설계 노력은 시스템 설계부터 출발해서, 하나의 연속적인 설계 활동으로 프로젝트를 설계한다.

좀 더 쉽게 시작하도록 공통적인 설계 활동을 나열하면 다음과 같다.

1. 핵심 유스케이스를 수집한다.
2. 시스템을 설계하고 콜 체인과 컴포넌트 리스트를 작성한다.
3. 코딩이 아닌 활동에 대한 리스트를 작성한다.
4. 모든 활동에 필요한 리소스와 기간을 추정한다.
5. 브로드밴드와 도구를 활용하여 전체 프로젝트를 추정한다.
6. 정규 솔루션을 설계한다.
7. 제한된 리소스 솔루션을 탐색한다.
8. 서브크리티컬 솔루션을 찾는다.
9. 최상급 리소스로 압축한다.
10. 병렬 작업으로 압축한다.

11. 활동 변경으로 압축한다.

12. 최소 기간으로 압축한다.

13. 처리량, 효율성, 복잡도 분석을 수행한다.

14. 시간-비용 곡선을 생성한다.

15. 정규 솔루션의 압축을 해제한다.

16. 시간-비용 곡선을 다시 생성한다.

17. 시간-비용 곡선을 전체 프로젝트 추정과 비교한다.

18. 위험을 측정하고 위험 모델을 만든다.

19. 포함, 배제, 위험 영역을 찾는다.

20. 가능한 옵션을 찾는다.

21. SDP 리뷰를 준비한다.

여기 나온 활동 중 일부는 다른 활동과 병렬로 진행할 수 있지만, 시스템 설계와 프로젝트 설계 활동은 서로 의존 관계에 있다. 다음 논리적인 단계는 간단한 네트워크 다이어그램을 이용하여 프로젝트 설계를 설계하고, 이 작업에 드는 총기간도 계산한다. 그림 14-2는 프로젝트 설계의 설계에 대한 네트워크 다이어그램을 보여준다. 각 활동의 일반적인 기간을 통해 가능한 중요 경로를 찾을 수 있다. 프로젝트를 아키텍트 한 사람이 설계한다면, 이 다이어그램은 긴 스트링 형태가 될 것이다. 아키텍트를 도와주는 사람이 있거나, 아키텍트가 일정한 정보를 기다리고 있다면, 병렬 활동으로 구성할 수 있음을 이 다이어그램을 통해 알 수 있다.

(그림 14-2에서 파란색으로 표시한) 활동 6, 7, 8, 9, 10, 11, 12는 구체적인 프로젝트 설계 솔루션이다. 이를 다음과 같은 작업으로 더 쪼갤 수 있다.

1. 계획 가정을 파악한다.

2. 인력 요구사항을 수집한다.

3. 활동, 추정, 리소스에 대한 리스트를 검토하고 보완한다.

4. 의존성을 결정한다.

5. 제약 사항을 반영하도록 네트워크를 수정한다.

6. 복잡도를 줄이도록 네트워크를 수정한다.

7. 활동에 대한 리소스를 할당하고 네트워크를 다시 작업한다.

8. 네트워크 다이어그램을 그린다.

9. 완만한 S 곡선을 평가한다.

10. 인력 분포 차트를 평가한다.

11. 계획 가정을 수정하고 네트워크를 다시 작업한다.

12. 비용 요소를 계산한다.

13. 플로트를 분석한다.

14. 위험을 계산한다.

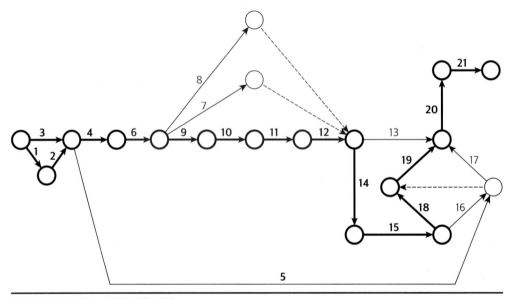

그림 14-2 프로젝트 설계에 대한 설계

14.4 관점

어떠한 시스템이든 노력과 범위의 차이를 구분하는 것이 중요하다. 소프트웨어 시스템의 아키텍처는 범위와 시간을 모두 포함해야만 한다. 필요한 컴포넌트를 모두 포함하고, 현재 시점뿐만 아니라 먼 미래에도 정확해야 한다(단, 비즈니스 속성이 변하지 않는다는 가정에서 그렇다). 잘못된 설계의 결과로 나타나는 비용은 너무 많이 들고 불안정한 변경은 반드시 피해야 한다. 노력 측면에서, 아키텍처가 굉장히 제한적이어야 한다. 이 책의 1부에서 견고한 변동성 기반의 분해를 큰 시스템이라도 며칠에서 일주일 사이에 마련하는 방법에 대해 설명한 적이 있다. 그렇게 하려면 올바르게 처리하는 방법을 알아야 하며, 연습과 경험을 통해 분명히 할 수 있다.

아키텍처에 비해 설계, 그중에서도 특히 서비스 상세 설계나 클라이언트 유저 인터페이스는 시간도 오래 걸리고 범위도 제한적이다. 상호 작용하는 서비스에 대한 세부 설계를 보완하는 데만 몇 주 가량 걸릴 수 있다.

마지막으로 코딩은 가장 시간을 많이 잡아먹고 범위도 제한적이다. 개발자는 한 번에 여러 서비스에 대한 코드를 작성하면 안 되며, 테스트와 서비스 통합에 상당한 시간이 든다.

그림 14-3은 소프트웨어 프로젝트에 대해 범위와 노력을 질적으로 비교한 것이다. 여기서 범위와 노력은 완전히 반대인 것을 볼 수 있다. 범위에서 더 넓은 것은 노력에서 좁고, 그 반대도 성립한다.

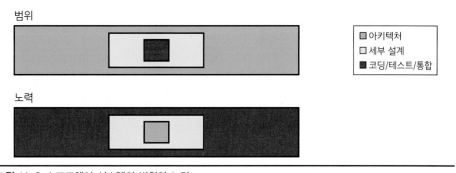

그림 14-3 소프트웨어 시스템의 범위와 노력

14.4.1 서브시스템과 타임라인

3장에서 서브시스템을 아키텍처의 수직 슬라이스에 매핑하는 개념에 대해 설명한 적 있다. 대규모 프로젝트라면 이런 서브시스템이 여러 개 있다. 이런 서브시스템은 서로 독립적이고 적절히 분리되어야 한다. 각 서브시스템마다 세부 설계와 구축 등과 같은 활동들이 있다. 순차적인 프로젝트라면 서브시스템은 그림 14-4처럼 연속적으로 구성된다.

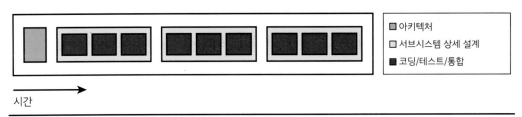

시간

그림 14-4 순차적인 프로젝트 라이프 사이클

여기서 서브시스템은 항상 기존 아키텍처 문맥에서 설계하고 구축된다는 점에 주목할 필요가 있다. 그림 14-4에서 노력 할당은 여전히 그림 14-3과 같다.

이 프로젝트를 압축해서 병렬로 진행할 수도 있다. 그림 14-5는 시간 축을 기준으로 서브시스템 개발을 병렬로 진행하는 두 가지 관점을 보여주고 있다.

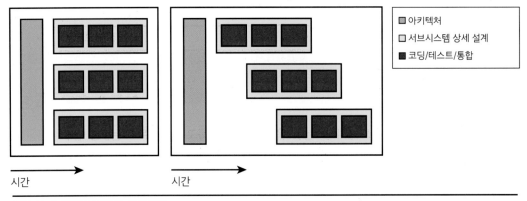

시간　　　　　시간

그림 14-5 병렬 프로젝트 생명 주기

여기서 어느 병렬 생명 주기를 선택하는가는 아키텍처를 구성하는 서브시스템 사이의 의존성 수준에 따라 달라진다. 그림 14-5에서 오른쪽 생명 주기는 서브시스템이 시간 축을 기준으로 겹치도록 쌓았다. 이 경우, 의존하는 서브시스템의 인터페이스 구현이 끝나면 그 서브시스템을 만들기 시작할 수 있다. 그리고 나서 나머지 서브시스템 구현을 이전 것과 병렬로 진행할 수 있다. 심지어 그림 14-5의 왼편처럼 완전히 병렬 파이프라인으로 생성할 수도 있다. 이 경우, 각 서브시스템을 최소한의 통합으로 서로 독립적이고 병렬적으로 구축할 수 있다.

14.5 핸드오프

팀 구성은 프로젝트 설계에 상당히 영향을 미친다. 여기서 **팀 구성(team composition)**이란 특히 시니어 개발자와 주니어 개발자의 비율을 의미한다. 대다수의 조직은(심지어 개인도) 경력의 연차에 따라 시니어를 정의한다. 내 정의에 따르면 **시니어 개발자**는 서비스의 세부 사항을 설계할 수 있는 능력을 갖춘 이들을 말하고, 그렇지 않으면 **주니어 개발자**라고 정의한다. 세부 설계는 시스템을 주요 아키텍처에 맞게 서비스로 분해한 후에 진행한다. 세부 설계는 각 서비스의 공용 인터페이스나 계약(contract), 메시지와 데이터 계약, 클래스 계층이나 보안과 같은 내부적인 세부 사항 등에 대한 설계 등으로 구성된다.

여기서 시니어 개발자의 정의에 세부 설계를 할 줄 알거나 그런 방법을 아는 사람이 아니라, 올바른 방법을 보여주면 세부 설계를 할 수 있는 능력을 갖춘 사람이라는 점에 주목할 필요가 있다.

14.5.1 주니어 핸드오프

현재 주니어 개발자만 있다면, 서비스에 대한 세부 설계를 아키텍트가 제공해야 한다. 이렇게 아키텍트가 개발자의 일에 투입되는 것을 **주니어 핸드오프(junior hand-off)**라고 정의한다. 주니어 핸드오프는 아키텍트의 작업량을 불균형적으로 증가시킨다. 예를 들어, 12개월짜리 프로젝트에서 3~4개월은 세부 설계에 쉽게 투자할 수 있다.

아키텍트의 세부 설계 작업은 프론트 엔드에서 발생할 수도 있고, 개발자가 서비스 중 일부를 구현하는 동안 진행할 수 있다. 어느 경우든 좋지 않다.

모든 서비스의 정확한 세부 사항을 미리 파악하기란 굉장히 어렵고, 각 세부사항이 전체 서비스에 걸쳐 어떻게 얽히는지 미리 알려고 하는 것은 무리다. 몇몇 서비스는 미리 설계할 수는 있겠지만, 모두 그러기는 힘들다. 진짜 문제는 프론트 엔드의 세부 설계가 너무 오래 걸린다는 것이다. 세부 설계의 중요성을 경영진이 이해할 가능성은 적고, 이를 위해 프론트 엔드가 길어지는 것을 꺼리게 될 것이다. 결과적으로 경영진은 아키텍처를 주니어 개발자에게 맡기게 되면서 프로젝트의 전망은 나빠지게 된다.

아키텍트가 이미 설계한 서비스를 개발하는 동안, 이와 병행하여 서비스 설계를 동적으로 진행하는 것도 가능은 하다. 하지만, 아키텍트가 세부 설계 업무의 부담을 안게 되면 병목 현상이 발생하여 프로젝트 진행 속도를 크게 떨어뜨리게 된다.

14.5.2 시니어 핸드오프

시니어 개발자는 세부 설계의 어려움을 해소하는 데 핵심적인 역할을 한다. 세부 설계를 직접 처리할 역량을 아직 갖추지 않고 있더라도, 적절한 훈련과 멘토링만으로 세부 설계를 처리할 수 있다. 이를 아키텍트와 개발자 사이의 시니어 핸드오프(senior hand-off)라고 한다.

시니어 핸드오프가 가능하다면, 아키텍트는 SDP 리뷰 직후에 설계를 넘길 수 있다. 이때 인터페이스에 대한 총체적인 용어를 이용하여 서비스에 대한 개략적인 아웃라인만 제공하거나 디자인 패턴만 제시하게 된다. 그러면 세부 설계는 개별 서비스의 일부로 진행되며, 아키텍트는 이를 검토해서 필요에 따라 수정하기만 하면 된다. 실제로 시니어 개발자를 추가로 고용하는 것은 시니어 핸드오프가 가능한 경우뿐이다. 시니어 핸드오프는 프로젝트의 진행 속도를 높이는 데 가장 안전한 방법이다. 크리티컬 패스를 변경하거나, 실행 위험을 높이거나, 병목 현상을 발생시키지 않으면서 일정을 압축하기 때문이다. 짧은 프로젝트일수록 비용이 적게 들기 때문에, 시니어 개발자는 주니어 개발자보다 드는 비용이 실질적으로 적다.

14.5.3 시니어 개발자를 주니어 아키텍트로

시니어 핸드오프의 문제점은 시니어 개발자가 부족하다는 것이다. 한두 명, 어쩌면 셋 정도는 있겠지만, 팀 전체는 아니다. 그런 상황이라면 그 한두 명뿐인 시니어 개발자를 개발자로 활용하면 안 된다. 그보다는 프로세스를 변경하여 시니어 개발자가 대부분의 세부 설계 작업을 담당하게 만들어야 한다. 그림 14-6은 그렇게 변경한 프로세스를 보여주고 있다.

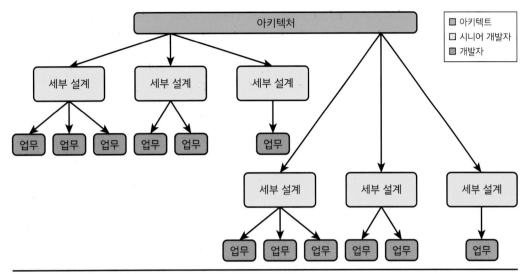

그림 14-6 주니어 개발자와 병렬로 작업하기

이 책의 1부에서 설명했듯이, 아키텍트는 반드시 포괄적이어야 한다. 아키텍처가 시스템의 생명 주기 동안 변경되면 안 되며, 개발도 그 아키텍처 문맥 안에서만 진행되어야 한다. 아키텍처 개발은 여전히 프로젝트의 프론트 엔드에서 진행한다. 프론트 엔드에 서비스의 전반부에 대한 세부 설계도 진행할 수 있다. 이러한 세부 설계는 시니어 개발자에 의해 진행되고, 아키텍처의 지도하에 훈련 및 교육 기회로 활용된다. 그러면 실질적으로 시니어 개발자가 주니어 아키텍트 역할을 하는 것이다.

서비스에 대한 세부 설계가 완료되면 주니어 개발자가 투입되어 실제 서비스를 개발할 수 있다. 그런데, 설계를 보완할 때는 아무리 사소한 것이라도 주니어 개발자는 그 서비스를 설계한 시니어 개발자와 상의해야 한다. 각 서비스 개발이 완료되면 주니어 개발자는 (동료 주니어 개발자가 아닌) 시니어 개발자와 코드 리뷰를 진행하고 나서, 다른 주니어 개발자와 통합과 테스트를 진행한다. 그러는 동안, 시니어 개발자는 다음 차례의 서비스에 대한 세부 설계를 진행한다. 각 설계를 주니어 개발자에게 넘겨주기 전에 아키텍트의 검토를 받는다.

이런 식으로 일하는 것이 주니어 핸드오프의 위험을 줄이는 가장 좋으면서도 유일한 방법이다. 그러기 위해서는 분명 프로젝트 설계를 잘해야 한다. 설계할 수 있는 서비스 수와 핸드오프와 개발 작업을 동기화하는 방법을 미리 파악해야 한다. 또한 서비스 세부 설계 활동을 명시적으로 추가하고, 통합 포인트도 추가해서 서비스로부터 세부 설계를 추출하는 위험을 해소해야 한다.

14.6 실전

시스템 설계와 마찬가지로, 프로젝트 설계도 연습이 필요하다. 변호사나 의사, 파일럿과 같은 전문직 종사자에게 기본적으로 기대하는 것은, 그 업을 제대로 이해하고 유지하는 것이다. 실전에 닥치면 훈련받은 수준만큼만 할 수 있다. 아쉽게도 시스템 설계와 달리 소프트웨어 아키텍트는 프로젝트 설계를 알고 있지도 않고 이에 대한 훈련도 받지 않은 경우가 많다. 프로젝트 설계가 프로젝트 성공에 중대한 영향을 주며, 7장에서도 설명했듯이 소프트웨어 아키텍트의 책임임에도 불구하고 말이다.

프로젝트 설계 훈련의 필요성과 관련하여 두 가지 이슈가 있다. 첫째, 프로젝트 설계는 방대한 주제다. 이 책은 최신 소프트웨어 아키텍트에게 필요한 핵심 지식인 시스템 설계와 프로젝트 설계만 다룬다. 페이지 수로 따지면 프로젝트 설계와 시스템 설계의 비중은 2:1 정도다. 여기까지 읽은 독자라면 이제 깊은 토끼굴을 들여다보는 기분일 것이다. 이 책에서 소개한 개념은 훈련과 연습 없이는 제대로 이해하고 정확하게 활용하기 힘들다. 실전에서 프로젝트를 설계하여 제대로 이해하기 위해서는 고생을 겪을 뿐만 아니라 상식을 벗어나는 경험도 할 것이다. 의대를 갓 졸업한 의사의 첫 번째 환자가 되고 싶은가? 첫 비행을 나서는 파일럿이 모는 비행기에 타고 싶은가? 여러분이 처음 만든 프로그램이 자랑스러운가?

둘째, 프로젝트 설계는 많은 경우 직관에 반하는 결과를 생성한다. 따라서 방대한 지식을 마스터해야 할 뿐만 아니라, 직관도 길러야 한다. 다행인 것은 프로젝트 설계 기술은 익힐 수 있는 것으로, 충분히 연습하면 프로젝트 설계의 품질을 빠르고 급격히 향상할 수 있으며 성공 확률도 높아진다.

2장에서는 시스템 설계 연습의 중요성을 강조했다. 시스템 설계 연습과 프로젝트 설계 연습을 항상 함께 해야 한다. 먼저 간단한 정규 솔루션으로 시작한다. 연습용 시스템에 대한 정규 솔루션이 어느 정도 익숙해질 때까지 충분히 연습한다. 그리고 나서 일정과 비용과 위험 측면에서 최적의 솔루션을 찾아 만들기 시작한다.

예전에 수행했던 프로젝트를 검토한다. 돌이켜 볼 때의 장점을 통해, 예전에 수행했던 프로젝트 설계를 재구성하여 당시 더 나은 판단을 했다면 어땠을지 비교한다. 계획 가정과 전형적인 실수, 올바른 결정을 모색한다. 가능하면 지금까지 찾아낸 모든 솔루션을 나열하여 SDP 리뷰를 대비한다. 현재 프로젝트 상태를 살펴본다. 활동을 나열하고, 현재 팀에서 하는 일을 기반으로 정확히 추정하고, 일정과 비용을 제대로 계산할 수 있는가? 현재 위험 수준은 어느 정도인가? 프로젝트를 분해하려면 어떻게 해야 하나? 압축은 어느 수준까지 가능한가?

제대로 하고 있다고 생각한다면, 기준을 좀 더 높여서 기존 설계를 개선할 방법은 없는지 살펴본다. 절대 현재에 안주하면 안 된다. 새로운 기술을 개발하고, 내 스타일을 보완하여 프로젝트 설계에 열정적인 전문가가 되어야 한다.

14.7 프로젝트 설계 보고

소프트웨어 업계에서 보고(debriefing)를 제대로 활용하지 못하고 있다. 환상적인 ROI에 효과적인 기법임에도 불구하고 말이다. 여러분이 한 프로젝트 설계 노력과 결과에 대해 보고하는 것은 중요하다. 그러면 프로젝트와 역할을 통해 배운 교훈을 공유하여 다른 사람의 경험으로부터 배울 수 있게 된다. 이를 위해 자기반성, 분석, 성장에 대한 열정만 있으면 충분하다. 프로젝트의 모든 구성원이 소프트웨어 개발 생명 주기에서 자신이 맡은 부분에 대해 서로에게 보고해야 한다. 각 프로젝트마다 전체에 대해 보고하고, 서브시스템이나 마일스톤 단위로도 보고한다. 여러분의 루틴의 일부를 보고할수록 실제로 얻게 되는 것도 많아질 가능성이 높다.

보고 주제는 여러분이 생각하기에 중요하고 개선의 필요가 있는 것이 무엇인지에 따라 달라진다. 예를 들면 다음과 같은 것이 있다.

• **추정과 정확성**: 각 활동마다 초반 추정이 실제 기간에 비해 얼마나 정확한지, 그 추정을 몇 번이나 수정하고 방향을 바꿨는지 확인한다. 추정에서 개선할 수 있는 패턴이 있는지 확인하여 향후 프로젝트에 반영할 수 있는지 검토한다. 초기 활동 리스트를 검토해서 놓친 것은 없는지, 과도한 것은 없는지 분석한다. 추정 오류가 서로 상쇄시킨 수준을 계산한다.

- **설계 효과와 정확성**: 초기 광범위한 프로젝트 추정의 정확도를, 세부 프로젝트 설계와 실제 비용 및 기간과 비교한다. 팀의 처리량을 얼마나 정확히 추정했는가? 위험 분해가 필요한가? 그렇다면 그 정도가 너무 큰가? 아니면 너무 작은가? 마지막으로 압축한 프로젝트가 실행 가능한가? 그 프로젝트 매니저와 팀은 복잡도를 어떻게 감당했는가?
- **개인과 팀 업무**: 팀원이 얼마나 잘 협력하는가? 팀워크에 악영향을 미치는 사람은 없는가? 더 좋은 도구나 기술을 이용하여 향후에 생산성을 더 높일 수 있는가? 팀원끼리 이슈에 대해 주기적으로 소통하는가? 각 팀원이 자신이 맡은 역할과 계획을 잘 이해하고 있는가?
- **다음에 피하거나 향상할 점**: 사람, 프로세스, 설계, 기술 등에 걸쳐 발생한 실수나 문제점을 모두 우선순위를 매겨서 리스트로 작성한다. 각 항목마다 더 빨리 그 문제를 발견할 수는 없었는지, 아니면 애초에 그런 일이 발생하지 않게 만들 수는 없었는지 분석한다. 문제를 발생시킨 액션과 당시 했어야 할 액션을 모두 나열한다. 또한 실제로 나쁜 일로 이어지지 않았지만 거의 발생할 뻔한 것도 나열한다.
- **이전 보고에 나왔던 문제가 다시 발생한 경우**: 개선을 위한 가장 좋은 방법 중 하나는 예전에 저지른 실수를 피하고 이미 알려진 문제가 발생하지 않게 막는 것이다. 같은 실수가 프로젝트마다 계속 반복해서 등장하는 것은 모든 이에게 해롭다. 동일한 문제가 반복해서 발생하는 이유는 분명히 있다. 그렇지만 아무리 힘들더라도 반복적인 실수는 반드시 제거해야 한다.
- **품질 추구**: 품질에 대해 어느 정도로 추구해야 하는가? 이것이 프로젝트 성공과 얼마나 밀접한 관계가 있는가?

본래 목표 달성에 성공한 프로젝트라도 분석하는 것이 중요하다. 단지 운이 좋아서 성공한 것인지, 아니면 실행 가능한 시스템 설계와 프로젝트 설계 덕분인지 반드시 알아야 한다. 프로젝트를 성공적으로 수행했더라도 더 잘할 수 있는 방법은 없었는지, 계속 성공하기 위해 필요한 것은 무엇인지 알아야 한다.

14.8 품질에 대하여

이 책의 내용을 한 마디로 요약하면 품질이다. 올바른 아키텍처를 갖추는 근본적인 이유는 시스템 복잡도를 최소화하기 위해서다. 그러면 테스트와 유지보수가 용이한 고품질 시스템을 만들 수 있다. 품질은 생산성에 직결되고, 제품에 결함이 많으면 일정과 예산을 맞출 수 없다. 팀원이 문제 해결에 소비하는 시간이 적을수록 가치를 높이는 데 투자할 시간이 많아진다. 제대로 설계된 시스템과 프로젝트만이 데드라인을 맞출 수 있다.

소프트웨어 시스템이라면 핵심적인 품질 관리 활동이 프로젝트의 핵심에 포함된 프로젝트 설계를 확보했느냐에 따라 품질이 결정된다. 프로젝트 설계는 반드시 품질 관리 활동을 시간과 리소스 관점에서 고려해야 한다. 프로젝트 설계 목표가 시스템을 빠르고 깔끔하게 구축하는 것이라면 절대 비용을 아껴서는 안 된다.

잘 설계된 프로젝트는 스트레스가 낮아지는 효과도 볼 수 있다. 프로젝트에 필요한 시간과 리소스가 충분하다면, 사람들은 자신의 능력과 프로젝트 리더를 신뢰할 수 있다. 일정이 현실적이고 모든 활동이 타당하다고 여긴다. 사람들은 스트레스를 덜 받을 때, 세부 사항에 집중하고, 위험에 빠지지 않아서 결과물의 품질이 높아지게 된다. 게다가 잘 설계된 프로젝트는 팀의 효율을 극대화한다. 이러한 점들은 팀원이 최소한의 비용으로 결함을 더 잘 찾고 분리하고 수정할 수 있게 만들기 때문에 품질이 높아지는 것이다.

시스템과 프로젝트에 대한 설계 노력은 팀으로 하여금 최상의 품질의 코드를 생성하도록 동기 부여해야 한다. 성공은 중독성이 있음을 알게 될 것이다. 제대로 작동하는 것을 직접 경험한 사람들은 자신이 하는 일에 자부심을 갖고 뒤를 돌아보지 않게 된다. 낮은 품질과 긴장감과 비난으로 가득 찬, 스트레스가 높은 환경을 좋아하는 사람은 아무도 없다.

14.8.1 품질 관리 활동

프로젝트 설계는 항상 다음과 같은 품질 관리 요소나 활동을 뒷받침해야 한다.

- **서비스-수준 테스트**: 각 서비스의 기간과 노력을 추정할 때, 서비스를 위한 테스트 계획을 작성하고, 그 계획에 따라 단위 테스트를 수행하고, 통합 테스트를 수행하는 데 필요한 시간도 반드시 포함해야 한다. 필요하다면 회귀 테스트에 통합 테스트를 수행하는 시간도 추가한다.
- **시스템 테스트 계획**: 자격을 갖춘 테스트 엔지니어가 테스트 계획을 수립하는 활동이 프로젝트에 명시적으로 포함되어야 한다. 여기에 시스템을 분해하여 제대로 작동하지 않음을 증명하는 방식을 모두 나열해야 한다.

- **시스템 테스트 하네스**: 자격을 갖춘 테스트 엔지니어가 테스트 하네스를 충분히 개발하는 활동도 프로젝트에 명시적으로 포함되어야 한다.
- **시스템 테스트**: 소프트웨어 품질 관리 테스트가 테스트 하네스를 사용하는 동안 테스트 계획에 따라 실행하는 활동이 프로젝트에 명시적으로 포함되어야 한다.
- **일일 스모크 테스트**: 프로젝트의 간접 비용의 일부로, 매일 시스템을 클린 빌드해서 구동하고, (비유하면) 파이프에 물을 내려 비워야 한다. 이러한 종류의 스모크 테스트를 수행하면 시스템 흐름에 발생하는 문제(예, 호스팅, 인스턴스화, 직렬화, 연결성, 타임아웃, 보안, 동기화 등과 관련된 결함)를 발견할 수 있다. 이러한 결과를 그 전날 스모크 테스트 결과와 비교하여 배관 문제를 빠르게 처리한다.
- **간접 비용**: 품질은 거저 얻는 것이 아니다. 결함은 엄청난 비용이 들기 때문에 품질에 투자할 가치가 있다. 품질을 위해 투자할 항목을 제대로 작성한다. 특히 간접 비용에 대해 투자할 때 더 주의한다.
- **테스트 자동화 스크립트**: 테스트 자동화를 프로젝트의 활동으로써 명시적으로 포함시킨다.
- **회귀 테스트 설계 및 구현**: 시스템, 서브시스템, 서비스를 비롯한 모든 상호 작용에 걸쳐 불안정한 변화가 발생하는 순간을 감지하는 포괄적인 회귀 테스트를 프로젝트에 반드시 포함시켜야 한다. 그래야 기존 결함을 수정하거나 단순 변경으로 인해 또 다른 결함이 새로 발생하는 파급 효과를 방지할 수 있다. 현재 진행 상태를 기반으로 회귀 테스트를 실행하는 것을 흔히 간접 비용으로 취급하는 경우가 많지만, 회귀 테스트를 작성하고 이를 자동화하는 활동을 프로젝트에 반드시 포함시켜야 한다.
- **서비스 수준 리뷰**: 9장에서 서비스 수준으로 철저히 동료 검토를 수행할 필요가 있다고 설명했다. 결함은 어디서나 발생할 수 있기 때문에 검토를 시스템 수준으로 확장해야 한다. 코어 팀과 개발자는 반드시 시스템 요구사항 스펙과 아키텍처, 시스템 테스트 계획, 시스템 테스트 하네스 코드, 부가적인 시스템 수준 코드 아티팩트 등을 반드시 검토해야 한다. 서비스와 시스템 리뷰에서 가장 효과적이고 효율적인 방법은 본질적으로 구조화되어 있으며, 지정된 역할(진행자, 소유자, 서기, 검토자)과 후속 조치를 통해 권장 사항이 시스템 전반에 적용될 수 있게 하는 것이다. 최소한 팀은 이러한 아티팩트를 한 명 이상의 동료와 살펴보는 비공식적인 리뷰를 수행해야 한다. 사용한 메서드에 관계없이, 이러한 리뷰는 품질을 추구한다는 팀 정신과 더불어 상당한 수준의 상호 참여가 필요하다. 고품질의 소프트웨어를 산출하겠다는 것은 현실적으로 팀 경기와 같다.

여기 나온 것은 일부분에 불과하다. 여기서는 필요한 품질 관리 활동을 모두 제공하는 것이 아니라, 프로젝트에서 품질 관리를 위해 반드시 해야 할 일을 생각해 보라는 의도로 나열한 것이다.

14.8.2 품질 보장 활동

프로젝트 설계는 언제나 품질 보장 활동을 뒷받침해야 한다. 이전 장(특히 9장)에서 이미 품질 보장에 대해 설명했지만, 프로젝트 설계와 프로세스에 다음과 같은 품질 보장 활동도 포함시켜야 한다.

- **훈련**: 개발자가 새로운 기술을 직접 찾아내지 않아도 된다면 비용이 훨씬 적게 들고 품질 면에서도 크게 도움 될 것이다. 개발자를 교육에 보내거나 내부적으로 교육시키면 학습 곡선과 경험 부족으로 인한 결함을 상당히 줄일 수 있다.
- **핵심 SOP 제작**: 소프트웨어 개발은 너무나 복잡하고 힘들기 때문에 단순히 운에 맡겨서는 안 된다. 핵심 활동에 대한 표준 운영 절차(SOP)가 마련되어 있지 않다면, 여기에 대해 연구하고 작성할 시간을 충분히 투자한다.
- **표준 도입**: SOP와 마찬가지로 설계 표준(부록 C)과 코딩 표준이 있어야 한다. 모범 기법을 따르면 문제와 결함을 예방할 수 있다.
- **QA 수행**: 품질 보장에 진심인 사람을 적극적으로 참여시킨다. 이런 사람이 개발 프로세스를 검토하게 하고, 품질을 보장하기 위해 프로세스를 보완하고, 효과적이면서 따르기 쉬운 프로세스를 만들게 한다. 이렇게 만든 프로세스는 결함의 근본 원인을 찾아내서 제거하는 활동을 지원하고, 나아가 애초에 문제가 발생하지 않도록 사전에 막아야 한다.
- **핵심 지표 수집 및 분석**: 지표를 통해 문제가 발생하기 전에 발견할 수 있다. 이러한 지표 중에서 개발에 관련된 것(예, 추정 정확도, 효율, 리뷰 중 발견된 결함, 품질 및 복잡도 추이)과 런타임에 관련된 지표(예, 업타임, 신뢰성)가 있다. 필요하다면 이러한 지표를 수집하는 도구를 만드는 활동을 고안하고, 이러한 지표를 정기적으로 수집해서 분석하는 간접 비용을 산정한다. 비정상적인 지표에 대응하는 SOP를 통해 이를 지원한다.
- **보고**: 앞 절에서 설명한 것처럼 여러분의 진행 상황을 보고하고, 작업이 끝나면 프로젝트 전반적인 상황도 보고한다.

14.8.3 품질과 문화

매니저는 대부분 팀원을 신뢰하지 않는다. 그런 매니저는 실망한 경험이 너무 많아서 팀의 노력과 기대하는 결과 사이의 관계가 거의 없다고 생각한다. 결과적으로 그런 매니저는 마이크로매니징에 의존하게 된다. 고질적인 신뢰 부족으로 발생하는 결과인 것이다. 개발자는 이러한 마이크로매니징으로 인해 좌절감과 무관심을 갖게 되며, 남아있는 책임감마저 잃게 된다. 이로 인해 신뢰는 더욱 떨어지면서 애초에 관리자가 가진 불신이 현실로 되어 버린다.

이러한 역할 관계를 바로 잡을 가장 좋은 방법은 팀에게 끊임없이 품질에 대한 집착을 주입시키는 것이다. 품질에 온전히 헌신하면, 모든 활동을 품질 관점에서 보게 되고, 잘못된 문화를 바로 잡고 엔지니어링의 탁월함을 추구하는 분위기가 형성된다. 이런 상태에 도달하기 위해서는 올바른 환경을 제공해야 한다. 실전에서 이 책에서 소개한 것 이상을 실천해야 한다는 뜻이다.

그러면 마이크로매니징에서 품질 보장으로 전환되는 결과를 볼 수 있다. 사람들을 신뢰하여 작업 결과에 대한 품질을 관리하는 것은 자율권의 핵심이다. 이런 분위기가 정착되면 품질만이 궁극적인 프로젝트 관리 기법이며, 팀의 생산성을 극대화하는 동시에 관리에 들어가는 노력은 거의 없음을 깨닫게 될 것이다. 그러면 관리자는 팀을 위한 올바른 환경을 제공하는 데 전념하고, 팀이 결함 없는 소프트웨어 시스템을 현재 예산으로 제때 만들어 낼 것이라고 신뢰하게 된다.

부록

부록 A

프로젝트 추적

역사에서 가장 잘못 인용된 문구 중 하나는 야전 사령관인 헬무트 폰 몰트케(Helmuth von Moltke)가 했던 "어떠한 전투 계획도 눈앞의 적에는 무력하다."일 것이다. 이 말은 본래 의도와 달리 무계획을 정당화하는 용도로 많이 사용되어왔다. 1870년 프랑코-프러시아 전쟁의 설계자로 알려진 폰 몰트케는 전투에 연달아 승리를 거둔 천재적인 군사 전략가였다. 폰 몰트케는 급변하는 상황에서 성공의 비결은 고정된 계획 하나에만 의존하지 않는 것임을 깨달았다. 그보다는 신중하게 마련한 여러 대안 중 하나로 빠르게 전환할 수 있는 유연성을 갖춰야 한다. 초기 계획은 가용 자원을 최대한 목표에 맞게 조정하여 전투 기회를 제공하는 것일 뿐이다. 그 이후부터는 초기 계획을 기준으로 지속적으로 상황을 추적하면서, 필요에 따라 계획을 보완하고, 현재 계획을 다양하게 변형하고, 미리 준비된 대안으로 전환하거나 새로운 대안을 마련해야 한다.

시스템 설계와 프로젝트 설계 관점에서 볼 때, 폰 몰트케의 통찰은 150년이 지난 현재에도 유효하다. 이 책에서 소개한 프로젝트 설계 기법은 두 가지 목표를 지향한다. 첫째, SDP 리뷰 동안 합리적인 결정을 유도하고, 의사 결정권자로 하여금 실현 가능한 대안을 선택하게 한다. 이런 옵션은 실행의 출발점으로 충분하며 전투 기회를 얻을 수 있다. 실행 과정에서 계획을 조정할 수 있다. 프로젝트 매니저는 현재 계획 상에 벌어지는 상황을 항상 추적해야 하고, 아키텍트는 현실을 반영하기 위한 프로젝트 설계 도구를 이용하여 설계를 보완해야 한다. 그래서 프로젝트 재설계 작업을 반복하는 형태로 진행한다. 큰 수정보다는 작은 수정의 반복을 통해 프로젝트를 원활하게 진행할 수 있다. 그러지 않으면 수정 범위가 너무 커서 프로젝트가 실패할 수 있다.

바람직한 프로젝트 계획은 한 번 결재한 후 서랍에 넣어 두고 다시는 빛을 보지 못하는 방식이면 안 된다. 바람직한 프로젝트 계획은 목표를 달성하기 위해 끊임없이 보완하는 살아 있는 문서다. 이를 위해 현재 계획에서 어느 지점에 있고, 어딜 향해 가고 있으며, 변화하는 환경에 어떤 활동으로 대처해야 할지 알아야 한다. 이것이 **프로젝트 추적**(project tracking)의 전부다.

프로젝트 추적은 프로젝트 관리와 실행의 일부분으로, 소프트웨어 아키텍트의 책임이 아니다. 따라서 프로젝트 추적을, 본문에서 다룬 프로젝트와 시스템 설계에 대한 부록으로 이 책에 추가했다.

A.1 활동 생명 주기와 상태

프로젝트 추적은 리소스와 활동을 기준으로 프로젝트가 어느 지점에 있는지 알려줄 수 있어야 한다. 앞에서 프로젝트 활동에 대해 설명할 때, 각각의 활동을 예상 비용과 기간과 함께 원자 단위로 살펴봤다. 그래서 각 활동의 내부와 무관하게 프로젝트를 설계할 수 있었다. 이 방법으로 프로젝트를 추적하기에는 부족하다. 프로젝트의 각 활동(서비스나 코딩이 아닌 활동 등)을 분해하여 각각 생명 주기와 내부 작업을 갖도록 구성한다. 이런 작업은 시간 축에 따라 순차적일 수도 있고, 교차할 수도 있고, 반복적일 수도 있다. 그림 A-1 은 서비스에 대한 생명 주기의 예를 보여주고 있다.

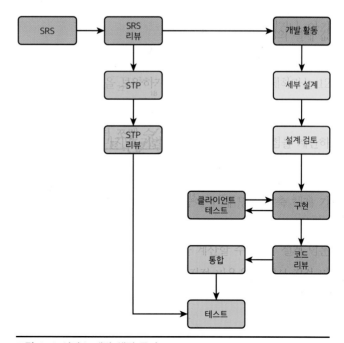

그림 A-1 서비스 개발 생명 주기

각 서비스는 SRS(service requirement spec)부터 시작한다. 이 문서는 몇 단락 정도로 간결하게 작성되어 서비스가 하는 일에 대해 개략적으로 설명한다. 아키텍트는 SRS를 검토해야 한다. SRS가 마련 됐다면, 개발자는 STP(service test plan)를 작성하여 나중에 서비스가 제대로 작동하지 않는 것을 보여주는 모든 방법을 여기에 나열한다. 시니어 핸드오프가 가능하고, 개발자가 서비스에 대한 세부 설계를 할 수 있더라도, 서비스 본질에 대한 통찰 없이 세부 설계에 들어가지 못할 수 있다. 이러한 통찰을 얻는 가장 좋은 방법은 일부를 만들어보면서 주어진 기술로 무엇을 할 수 있는지, 혹은 세부 설계 방안으로 어떤 것이 있는지에 대해 감을 잡는 것이다. 이렇게 얻은 통찰을 바탕으로, 개발자는 서비스에 대한 세부 설계를 진행하고, 아키텍트는 (다른 동료와 함께) 작성된 설계를 검토한다. 세부 설계가 통과됐다면 개발자는 서비스에 대한 코드를 구현할 수 있다. 서비스 구현과 동시에 화이트박스 테스트 클라이언트도 만든다. 이렇게 만든 테스트 클라이언트를 이용하면 개발이 진행 중인 코드에 대해 디버거를 호출하는 방식으로 모든 매개변수와 조건과 에러 처리 경로를 테스트할 수 있다. 코드가 완성되면 개발자는 다른 개발자와 아키텍트와 함께 코드를 검토하고, 다른 서비스와 통합하고, 마지막으로 테스트 계획에 따라 블랙박스 단위 테스트를 수행한다.

다이어그램에 있는 각 검토 작업은 반드시 성공적으로 완료해야 한다. 검토를 통과하지 못하면 개발자는 이전 내부 작업을 반복하게 된다. 간결한 표현을 위해 그림 A-1에서는 이러한 반복 작업을 표기하지 않았다.

A.1.1 단계 종료 기준

생명 주기 흐름의 종류에 관계없이, 대다수의 활동은 요구 사항(Requirements), 세부 설계(Detailed Design), 구현(Construction)과 같은 **내부 단계(internal phase)**로 구성된다. 각 단계는 그림 A-2에 나온 것처럼 한 개 이상의 내부 작업으로 구성된다.

예를 들어, 세부 설계 단계는 일부 구현과 세부 설계, 그리고 설계 검토로 구성된다. 구현 단계는 실제 구현, 테스트 클라이언트, 코드 검토 등으로 구성된다.

추적을 지원하기 위해서는 각 단계마다 **이진 종료 기준(binary exit criterion)**을 정의하는 것이 중요하다. 즉, 해당 단계가 완료됐는지 여부를 판단하는 데 사용되는 조건이 하나씩 있어야 한다. 그림 A-2에 나온 생명 주기를 토대로 검토와 테스트를 각 단계에 대한 이진 종료 기준으로 사용할 수 있다. 예를 들어, 모든 코드가 체크인 됐을 때가 아닌, 코드 검토를 마칠 때 구현 단계가 완료되는 것이다.

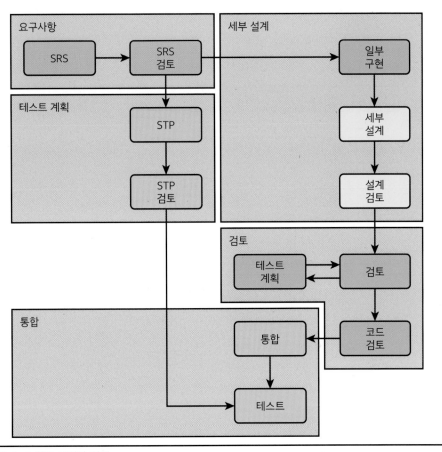

그림 A-2 활동 단계와 작업

A.1.2 단계 가중치

각 활동이 여러 단계로 구성된 반면, 각 단계는 해당 활동의 완료에 기여하는 정도가 다를 수 있다. 단계에 대한 기여도는 가중치 형태(여기서는 퍼센트)로 산정한다. 예를 들어, 표 A-1에 나열된 단계로 구성된 활동이 있을 때, 요구사항 단계는 해당 활동의 완료에 대한 기여도가 15%인 반면, 세부 설계 단계는 완료에 대한 기여도가 20%다.

단계에 대한 가중치는 다양한 방식으로 할당할 수 있다. 예를 들어, 각 단계의 중요도를 측정하거나, 해당 단계에 걸린 기간을 날짜 단위로 측정한 뒤, 모든 단계의 합으로 나눈다. 아니면 간단히 단계 수로 나누거나(예, 총 5단계일 때, 각 단계를 20%로 산정), 활동의 종류까지 감안하여 산정한다. 예를 들어, 요구사항 단계는 UI 활동에 대해서 40%로 가중치를 정하고, 로깅 활동에는 10%만 할당한다.

표 A-1 활동 단계와 가중치

활동 단계	가중치 (%)
요구사항	15
세부 설계	20
테스트 계획	10
구현	40
통합	15
전체	100

정확한 추적을 위해서는 전체 활동에 적용되는 기법만 일관되면, 각 단계에 대한 가중치를 할당하는 데 사용된 구체적인 기법은 중요하지 않다. 어느 정도 규모가 있는 프로젝트는 모든 활동에 대해 수백 단계로 구성될 것이다. 평균적으로 가중치 할당에 불일치가 있다면 서로 상쇄될 것이다.

A.1.3 활동 상태

앞에서 본 것과 같은 이진 종료 기준과 각 단계별 가중치를 갖췄다면, 임의의 시점에서 각 활동에 대한 진행 상태를 계산할 수 있다. 추적에서 **진행 상태(progress)**란 활동 하나 또는 프로젝트 전체의 진행 상태를 퍼센트로 표현한 것이다.

활동의 진행 상태를 구하는 공식은 다음과 같다.

$$A(t) = \sum_{j=1}^{m} W_j$$

- W_j: 활동의 상태 j에 대한 가중치
- m: 활동이 t 시각에 완료된 상태의 개수
- t: 시각

어떤 활동의 t 시각의 진행 상태는 그 시각까지 완료된 상태에 대한 가중치를 모두 더한 것과 같다. 예를 들어, 표 A–1을 적용할 때, 초반 세 단계(요구사항, 세부 설계, 테스트 계획)까지 완료됐다면, 그 활동의 진행 상태는 45%(=15 + 20 + 10)다.

활동의 진행 상태를 계산하는 것과 마찬가지로, 활동에 들어간 공수도 반드시 추적해야 한다. 추적에서 **공수(effort)**는 그 활동(또는 프로젝트 전체)에 투입된 직접 비용을 그 활동(또는 프로젝트 전체)에 대한 예상 직접 비용의 퍼센트 단위로 표현한 것이다. 활동에 투입된 공수를 구하는 공식은 다음과 같다.

$$C(t) = \frac{S(t)}{R}$$

- S(t): t 시각까지 활동에 투입된 누적 직접 비용
- R: 활동에 대한 예상 직접 비용
- t: 시각

여기서 공수는 진행 상태와 무관하다는 사실을 명심해야 한다. 예를 들어, 고정된 리소스로 10일 걸릴 것으로 예상되는 활동이 시작부터 15일이 지난 시점에 60%만 진행될 수도 있다. 이 활동은 이미 계획된 직접 비용의 150%의 비용을 썼다.

> **노트**   진행 상태와 공수는 모두 단위가 없다. 모두 퍼센트로 표현한다. 그래서 구체적인 값에 구애받지 않고 동일한 분석 안에서 비교할 수 있다.

A.2 프로젝트 상태

프로젝트의 진행 상태를 구하는 공식은 다음과 같다.

$$P(t) = \frac{\sum_{i=1}^{N}\left(E_i * A_i(t)\right)}{\sum_{i=1}^{N}E_i}$$

- E_i: 활동 i에 대한 예상 기간
- $A_i(t)$: t 시점에 활동 i의 진행 상태
- t: 시점
- N: 프로젝트에 있는 활동 수

t 시점의 프로젝트 전반의 진행 상태는 두 가지 예상치 합의 비율로 표현한다. 첫 번째는 각 활동마다 예상 기간에 해당 활동의 진행 상태를 곱한 값을 모두 더한 것이다. 두 번째 는 모든 활동 예상치를 더한 것이다. 여기 나온 간단한 공식만으로 프로젝트를 구성하는 모든 활동과 개발자와 생명 주기와 단계에 대한 진행 상태를 구할 수 있다.

A.2.1 진행 상태와 획득 가치

7장에서 획득 가치(earned value)라는 개념에 대해 설명한 적 있다. **예정 획득 가치 (planned earned value)**를 구하는 공식은 시간에 대한 함수로 표현하며, 프로젝트의 진 행 상태를 구하는 공식과 매우 비슷하다. 모든 활동이 계획대로 완료된다면, 시간에 따른 진행 상태는 예정 획득 가치와 프로젝트의 완만한 S 곡선과 일치할 것이다. 프로젝트 진행 상태는 지금까지 실제로 획득한 가치와 같다.

이 사실을 확인하기 위해 표 A-2와 같은 프로젝트를 살펴보자. t 시점에 UI 활동은 45% 만 진행됐다. 45%의 20%는 9%이므로, 지금까지 진행된 UI 활동은 프로젝트 완료 기준 으로 9%의 가치만 획득한 것이다. 이와 마찬가지로 t 시점의 프로젝트 전체 활동의 실제 획득 가치를 계산할 수 있다.

표 A-2 예제 프로젝트의 현재 진행 상태

활동	기간	가치 (%)	진행 상태 (%)	실제 획득 가치 (%)
프론트 엔드	40	20	100	20
액세스 서비스	30	15	75	11.25
UI	40	20	45	9
매니저 서비스	20	10	0	0
유틸리티 서비스	40	20	0	0
시스템 테스팅	30	15	0	0
전체	200	100	—	40.25

표 A-2에 나온 모든 활동에 대한 실제 획득 가치를 모두 더하면, 이 프로젝트는 t 시점까지 40.25%가 진행된 것을 알 수 있다. 이 값은 다음과 같이 진행 상태 공식으로 구한 값과 같다.

$$P(t) = \frac{40*1.0 + 30*0.75 + 40*0.45}{40+30+40+20+40+30} = 0.4025$$

A.2.2 누적 공수

프로젝트에 투입된 공수를 계산하는 공식은 다음과 같다.

$$D(t) = \frac{\sum_{i=1}^{N}(R_i * C_i(t))}{\sum_{i=1}^{N} R_i} = \frac{\sum_{i=1}^{N}\left(R_i * \frac{S_i(t)}{R_i}\right)}{\sum_{i=1}^{N} R_i} = \frac{\sum_{i=1}^{N} S_i(t)}{\sum_{i=1}^{N} R_i}$$

- R_i: 활동 i에 대한 예상 직접 비용
- $C_i(t)$: t 시각에 활동 i에 대한 공수
- $S_i(t)$: t 시각에 활동 i에 투입된 누적 직접 비용
- t: 시각
- N: 프로젝트를 구성하는 활동의 수

전체 프로젝트 공수는 모든 활동에 투입된 직접 비용을 더한 값을, 모든 활동에 대한 직접 비용 예상치를 모두 합한 값으로 나눈 것이다. 이렇게 하면 예정 직접 비용에 대한 전체 직접 비용 지출의 백분율로 공수를 표현할 수 있다.

이번에도 마찬가지로 프로젝트 공수와 예정 획득 가치 공식이 비슷하다. 각 활동이 어느한 리소스에 할당되고, 그 활동에 대한 비용이 예정대로 지출됐고 예정된 날짜에 끝났다면, 공수 곡선은 예정 획득 가치 곡선과 일치하게 된다. 각 활동마다 투입될 리소스가 하나 이상이거나 이하라면, 공수를 자체 예정 직접 비용 곡선을 기준으로 추적해야 한다. 하지만 대다수 프로젝트에서 두 곡선은 상당히 비슷하다. 간결함을 위해 여기(부록 A)에서는 각 활동마다 리소스 하나가 예정되었다고 가정한다.

A.2.3 누적 간접 비용

프로젝트의 간접 비용은 대부분 팀의 구조와 시간의 함수로 구성된다. 개별 활동의 진행상황이나 공수와는 무관하다. 지금까지 설명한 것과 비슷한 기법을 이용하여 간접 비용의 현재 상태를 구할 수 있다. 간접 비용에 기여한 팀원(코어 팀, 데브옵스, 테스터 등)을 식별하고, 이들이 프로젝트에 투입한 시간에서 직접 비용을 뺀 값을 관리해야 한다.

간접 비용은 프로젝트의 진행 상태나 공수와는 무관하므로, 간접 비용을 추적하는 것이 크게 도움 되는 것은 아니다. 보게 될 것은 단순히 올라가는 직선일 뿐이며 수정 작업을 제안하는 데 도움되지 않는다.

그런데 간접 비용 추적이 유용한 경우가 하나 있다. 현재까지의 프로젝트 총비용을 보고하려는데 직접 비용에 간접 비용을 추가해야 하는 경우에 유용하다. 이 장에서는 프로젝트를 추적하면서 계획과 비교할 때, 누적 직접 비용(공수)만 볼 것이다.

A.3 진행 상태와 공수 추적

프로젝트의 실제 진행 상태에 공수를 합치면 프로젝트의 현재 상태를 파악할 수 있다. 이 계산은 일정 주기마다 반복해서 계산해야 한다. 그러면 프로젝트의 진행 상태와 공수 비용이 프로젝트의 예정 획득 가치에 비해 어떻게 진행되는지 도표로 그릴 수 있다. 그림 A-3은 예제 프로젝트에 대해 이 방식으로 추적하는 예를 보여주고 있다.

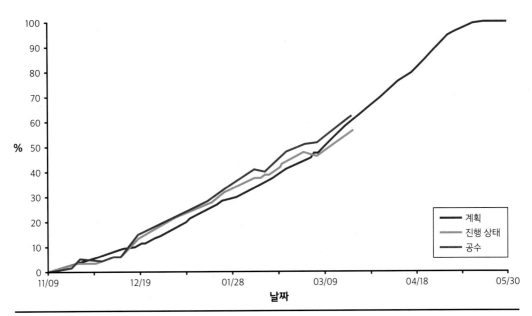

그림 A-3 예제 프로젝트 추적

그림 A-3에서 파란 선은 프로젝트의 예정 획득 가치를 표시한 것이다. 이 예정 획득 가치는 완만한 S 곡선이어야 바람직하다. 이 예제가 해당 형태에서 벗어난 이유에 대해서는 잠시 후 설명한다. 그래프에 표시된 시점까지 녹색 선은 프로젝트의 실제 진행 상황(실제 획득 가치)을 나타내고 빨간색 선은 투입된 공수를 나타낸다.

A.4 투영

프로젝트를 추적하면 현재 프로젝트가 어느 상태에 있고, 지금까지 어떤 식으로 진행됐는지를 정확히 볼 수 있다. 하지만 진짜 중요한 것은 프로젝트의 현재 상태가 아니라, 프로젝트가 진행되는 방향이다. 이를 확인하려면 진행 상태와 공수 곡선을 투영하면 된다. 그림 A-4와 같이 범용 투영 뷰를 살펴보자.

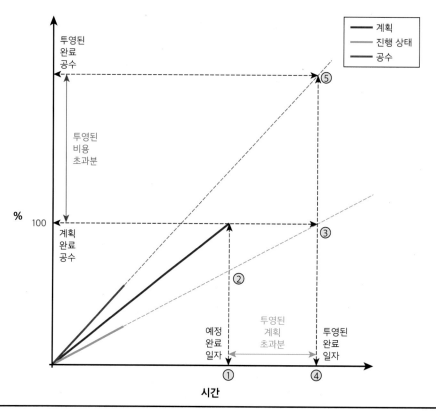

그림 A-4 진행 상태와 공수에 대한 투영

간결함을 위해 그림 A-4는 완만한 S 곡선 대신 (굵은 실선으로 표시한) 선형 회귀 추세선으로 표현했다. 파란 선은 프로젝트의 예정 획득 가치를 나타낸다. 이상적으로는 녹색 진행 상태선과 빨간색 공수 선이 파란 선과 일치해야 한다. 이 프로젝트는 예정 획득 가치가 100%에 도달할 때, 즉, 그림 A-4에서 1에 해당하는 지점에 다다를 때 완료될 것으로 예상된다. 그런데 (실제 진행 상태를 나타내는) 녹색 선은 예정보다 아래에 있다.

녹색 진행 상태선을 추정(extrapolate)하면, 그림 A-4의 점선으로 된 녹색 선을 구할 수 있다. 1 지점에 이르면 투영된 진행 상태선이 (그림 A-4의 2 지점인) 65%만 완료된 것을 볼 수 있다. 이 프로젝트는 투영된 진행 상태선이 100%에 도달힐 때, 즉 그림 A-4의 3 지점에 다다를 때 실제로 완료된다. 3 지점의 시각은 그림 A-4에서 4 지점이며, 4 지점과 1 지점의 차이는 투영된 일정 초과분에 해당한다.

마찬가지로 측정된 공수선을 투영해서 그림 A-4의 5 지점을 찾을 수 있다. 그림 A-4에서 5 지점과 3 지점의 공수 차이는 투영된 직접 비용 초과분(백분율)이다.

> **노트** 간접 비용은 일반적으로 시간에 대해 선형이므로, 투영된 일정 초과분에 대한 백분율은 투영된 간접 비용 초과분도 가리킨다.

이 프로젝트가 1년짜리라면 일주일 간격으로 측정한다. 프로젝트가 시작된 지 한 달이 지나면 이미 측정된 진행 상태와 공수에 최적화된 회귀 추세선을 실행하기에 충분한 4개의 기준점을 확보하게 된다. 7장에서 획득 가치 곡선의 기울기는 팀의 처리량을 나타낸다고 했다. 따라서 1년짜리 프로젝트에서 한 달이 지나면 팀의 실제 처리량에 최대한 맞춰진 투영을 통해 프로젝트가 현재 어디로 가고 있는지 어느 정도 파악할 수 있다. 초기 예정 획득 가치는 말 그대로 초기값일 뿐이다. 투영된 진행 상태와 공수선이 향후 상태를 제대로 보여준다.

그림 A-5는 그림 A-3에 대해 실제로 투영한 것을 보여준다. 이 투영을 토대로 프로젝트는 한 달(약 13%) 가량 일정이 지연되고, 공수는 8%가량 초과할 것으로 예상된다.

그림 A-3과 그림 A-5에서 예정 획득 가치는 줄어든 완만한 S 곡선이다. 이 프로젝트에 대한 추적을 SDP 검토 이후에 시작했기 때문이다. 의도적으로 계획의 매우 완만한 시작 부분을 제거함으로써, 선형 추세선 투영이 곡선에 더 잘 맞게 됐다.

> **노트** 이 책에서 제공하는 파일 중에서 템플릿 스프레드시트를 이용하면 프로젝트 진행 상태와 공수를 쉽게 추적하고 프로젝트 추세선을 자동으로 투영할 수 있다.

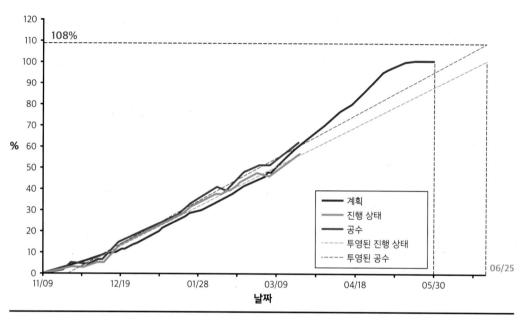

그림 A-5 투영된 진행 상태와 공수 예제

A.5 투영과 교정 조치

진행 상태와 공수를 투영하면 프로젝트의 현재 상태와 향후 방향을 볼 수 있는 놀라운 능력을 갖게 된다. 그러면 기준을 높이고 해결책을 논의할 수 있게 된다. 여기서 이슈가 발생할 때, 문제로부터 드러난 증상이 아닌, 잠재된 문제 자체를 처리하는 것이 중요하다. 예를 들어, 기한을 놓치거나 예상 공수를 초과하는 것은 문제의 증상이지, 잠재된 문제 자체는 아니다. 이 절에서는 우리가 흔히 겪는 증상들을 소개하고, 이를 처리하기 위한 교정 조치와 최선의 처리 방안을 제시한다.

A.5.1 순조롭게 진행 중

진행 상태와 공수가 그림 A-6과 같은 경우를 살펴보자. 이 그림에서 투영된 진행 상태와 공수선은 계획과 일치하며 프로젝트를 본래 계획대로 마칠 것으로 기대된다. 이런 상태라면 특별히 해줄 일은 없다. 더 이상 개선하거나 도움 받을 필요가 없다. 뭔가를 하지 않아도 되는 시점을 아는 것은 뭔가를 해야 할 시점을 아는 것만큼이나 중요하다.

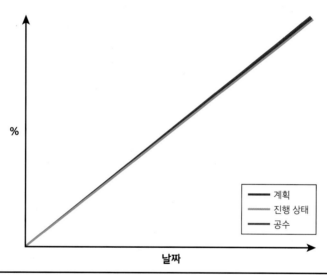

그림 A-6 순조롭게 진행 중인 프로젝트

계획대로 진행하기

어떤 프로젝트라도 진행 상태와 공수가 계획과 어느 정도 일치하는 것이 자연스러운 상태일 것이다. 그것만이 본래 목표를 달성하는 유일한 방법이기 때문이다. 일정에 맞게 끝내려면 어떻게 해야 하는지에 대해 잘못 생각하는 사람이 많다. 대부분 프로젝트 기간 동안 본래 목표에서 벗어날 수도 있고, 그러다가 영웅적인 처리와 결정으로 데드라인을 지킬 수 있다고 생각한다. 물론 가능하긴 하지만 확률은 높지 않으며 지속하기는 힘들다. 그런 영웅이 존재하는 프로젝트는 드물 뿐만 아니라, 급격한 변동을 견딜 수 있는 프로젝트도 적다.

프로젝트 관리에 관한 기본 규칙은 다음과 같다.

데드라인을 지키기 위한 유일한 방법은 프로젝트 진행 중에 항상 일정을 지키는 것이다.

본래 계획(또는 수정된 계획)은 저절로 지켜지는 것이 아니다. 프로젝트 매니저가 지속적으로 추적하고 프로젝트 실행 과정에서 수많은 교정 조치를 수행해야 한다. 투영 궤적으로 드러난 정보들에 적절히 대응하고 진행 상태와 공수와 계획 사이에 간극이 발생하지 않게 해야 한다.

A.5.2 과소 예측

그림 A-7에 나온 획득 가치와 공수에 대한 투영을 생각해 보자. 이 프로젝트의 진행 상태는 정상이 아님을 명백히 알 수 있다. 진행 상태는 계획 아래에 있는 반면, 공수는 계획 위에 있다. 이에 대해 프로젝트와 그 활동을 **과소 예측(underestimation)**했다고 해석할 수 있다.

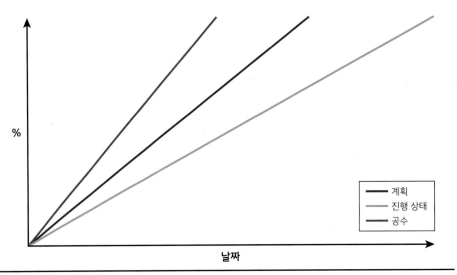

그림 A-7 과소 예측인 경우의 투영

교정 조치

과소 예측을 처리하는 데 적용할 수 있는 확실한 교정 조치로 두 가지가 있다. 첫 번째는 (이제 알게 된) 팀의 처리량을 토대로 예측치를 높이는 것이다. 실제로 투영된 진행 상태선이 100%에 도달하면, 그 시점이 새로운 프로젝트 완료일이 되는 것을 알 수 있다. 실질적으로 파란색 계획선이 녹색 진행 상태선에 닿을 때까지 밀어 내리게 된다. 이는 경쟁 제품이나 레거시 시스템 수준을 달성해야 하며, 핵심 기능을 빠뜨린 채 시스템을 출시하는 것은 의미 없는, 기능 중심(feature-driven) 프로젝트에 적용되는 전형적인 대처 방법이다.

하지만 지정된 날짜에 반드시 출시해야 하는 날짜 중심(date-driven) 프로젝트에는 데드라인을 미루는 방식으로 해결할 수 없다. 이럴 때는 두 번째 타입의 교정 조치인, 프로젝트 범위 줄이기로 해결해야 한다. 범위를 줄이면 팀이 그동안 생산한 획득 가치가 더 높아져서 녹색 진행 상태선이 파란색 계획선에 도달하게 된다.

물론 데드라인을 미루면서 범위도 줄이는 방법을 적용할 수 있다. 그러면 진행 상태 투영을 통해 적용한 해결 방법이 얼마나 효과적인지 정확히 알 수 있다. 어느 방식으로 대처하든지 프로젝트를 다시 설계할 필요가 있다.

안타깝게도 데드라인이나 범위를 건드리지 않고 싶어 하는 이들은 본능적으로 프로젝트에 더 많은 인력을 투입하는 식으로 대응하는 경우가 많다. 프레드릭 브룩스(Frederik Brooks) 박사가 관찰한 바에 따르면, 불난 곳에 기름을 쏟아부어서 끄려는 것과 같다.[1]

지연된 프로젝트에 인원을 투입하면 상황이 나빠질 수밖에 없는 이유는 여러 가지다. 첫째, 설사 인원 추가로 녹색 진행 상태선이 파란색 계획에 가까워졌더라도 빨간색 공수선이 치솟게 된다. 프로젝트의 어느 한 측면을 망가뜨리면서 다른 한 측면을 보완하는 것은 말이 안 된다(특히 그림 A-7처럼 프로젝트에 이미 예정보다 많은 사람이 투입되어 있다면 더욱 그렇다). 둘째, 새로운 사람을 뽑아서 훈련시켜야 한다. 그러면 다른 팀원의 업무에 영향을 미치게 된다. 영향 받는 팀원은 대체로 가장 실력 있으며, 크리티컬 패스에서 중요한 역할을 맡고 있을 가능성이 높기 때문에, 이들 업무가 중단되거나 지연되면 프로젝트에 지연이 발생하게 된다. 따라서 새로 투입된 인원의 적응 시간뿐만 아니라, 기존 팀원이 신규 인력을 지원하는 데 드는 시간을 모두 소비하게 된다. 마지막으로, 신규 비용이 없더라도 팀 규모가 커지기 때문에 효율이 떨어지게 된다.

이 규칙에 한 가지 예외가 있다. 바로 프로젝트 시작 시점에 대한 것이다. 처음에는 팀원 모두에 대해 적응 비용을 투자할 수 있다. 더 중요한 것은, 초기에는 인력을 추가하는 것이 가능하다. 좀 더 공격적이고 압축된 프로젝트 설계 솔루션으로 전환할 수 있기 때문이

1　Frederick P. Brooks, The Mythical Man-Month (Addison-Wesley, 1975).

다. 이런 솔루션은 대체로 병렬 작업으로 인해 리소스가 추가적으로 필요하다. 여기서 프로젝트를 압축하면 위험과 복잡도가 높아지게 되므로, 새로운 솔루션의 효과를 철저히 평가해야 한다.

A.5.3 리소스 누수

진행 상태와 공수 투영이 그림 A-8과 같은 경우를 생각해 보자. 이 프로젝트는 진행 상태와 공수가 모두 계획보다 아래에 있으며, 진행 상태는 공수보다 아래에 있다. **리소스 누수**가 발생할 때 흔히 이렇게 나타난다. 프로젝트에 인력이 투입됐지만, 다른 프로젝트 일을 하고 있는 것이다. 따라서 프로젝트에 필요한 공수를 투입하지 못해서 진행이 더욱 더뎌지게 된다. 리소스 누수는 소프트웨어 업계에 만연해 있으며, 공수의 50%까지 높아지는 경우도 목격한 적이 있다.

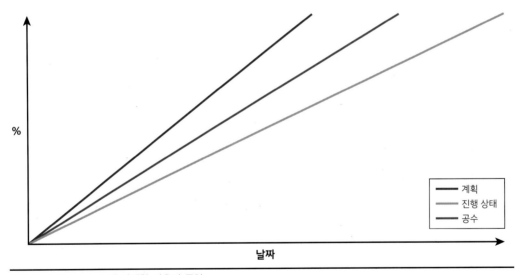

그림 A-8 리소스 누수가 발생한 경우의 투영

교정 조치

리소스 누수가 발견되면, 본능적으로 누수를 막으려고 한다. 하지만 누수를 막으면 역효과가 발생하는 경향이 있다. 즉, 다른 프로젝트를 자극하는 동시에 여러분이 걸림돌이 된다. 가장 좋은 해결책은 누수가 발생하는 프로젝트의 매니저와 본인, 그리고 그 둘을 모두 책임지는 차상위 관리자가 모두 참여하는 회의를 소집하는 것이다. (그림 A-8과 같은) 투영 도표를 보여주고 나서 프로젝트를 관리하는 매니저에게 두 가지 방안을 제시한다. 여러분의 프로젝트보다 다른 프로젝트가 더 중요하다면, 그림 A-8의 녹색 선은 여러분의 팀이 새로운 환경에서 생산할 수 있는 것을 가리키고, 이를 반영하도록 데드라인을 변경해야 한다. 하지만 여러분의 프로젝트가 더 중요하다면 다른 팀의 프로젝트 매니저는 즉각 여러분의 팀원에 대한 모든 소스 제어 접근을 중단하고, 필요하다면 다른 프로젝트의 최상위 리소스도 일부 여러분의 프로젝트에 투입하여 이미 발생한 피해를 보완해야 한다. 이러한 해결 방안을 제시하면, 매니저가 어떤 결정을 내리더라도 본래 목표를 달성할 기회를 얻을 수 있다.

A.5.4 과대 예측

진행 상태와 공수 투영이 그림 A-9와 같은 경우를 생각해 보자. 진행 상태가 계획보다 위에 있기 때문에 이 프로젝트가 아주 잘 진행되고 있는 것처럼 보이지만, 사실은 **과대 예측**으로 인해 위험에 처해 있다. 7장에서 설명했듯이, 과대 예측은 과소 예측만큼이나 치명적이다. 그림 A-9에 나온 프로젝트에서 발생하는 또 다른 문제는 이 프로젝트가 본래 계획이 요구하는 것보다 더 많은 공수를 소비한다는 것이다. 이는 프로젝트에 투입된 인원이 너무 많거나, 계획에 없던 병렬 처리 방식으로 프로젝트가 진행되고 있기 때문이다.

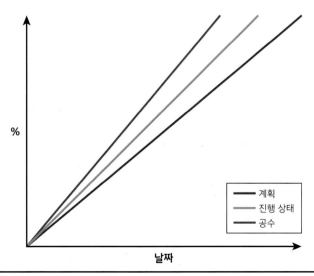

그림 A-9 과대 예측이 발생한 경우의 투영

교정 조치

과대 예측에 대한 교정 조치로 간단한 방법은 예측치를 하향 조정하여 데드라인을 맞추는 것이다. 그러면 그림 A-9의 파란 계획선은 녹색 진행 상태선에 맞게 올라가게 되며, 이를 위해 할 일이 어느 정도인지를 계산할 수 있다. 아쉽게도 데드라인을 맞추게 하는 방법은 단점만 있다. 시스템을 일정보다 일찍 인도해도 이득이 없는 경우가 많다. 예를 들어, 고객은 약속된 데드라인보다 일찍 대금을 지불하지 않거나, 서버가 마련되지 않았거나, 팀이 할 일이 없어지게 된다. 이와 동시에 기간이 줄어들면 팀의 부담이 높아진다. 이러한 부담에 대한 사람들의 반응은 일정하지 않다. 적절한 수준의 부담이라면 긍정적인 효과로 이어지지만, 과도한 부담은 의욕을 꺾는다. 부담이 커서 팀원이 포기하면 프로젝트는 망하게 된다. 어느 선이 적절한지 가늠하기 힘든 경우가 많다.

또 다른 교정 조치로, 데드라인은 그대로 두고, 예측치를 하향 조정하고 프로젝트 범위를 확대하여 본래보다 많이 완료하는 것이다. 할 일을 추가하면(예를 들어 다음 서브시스템에 대한 작업을 시작하면) 그림 A-9의 실질 획득 가치가 줄어들어 녹색 진행 상태선이 파란색 계획선에 맞게 내려온다. 가치가 증가하는 것은 언제나 좋지만, 과도한 부담이란 위험이 뒤따른다.

과대 예측에 대한 가장 좋은 교정 방법은 리소스 중 일부를 해제하는 것이다. 이렇게 할 때, 빨간 공수선이 내려가게 되는데, 팀 규모가 작을수록 비용이 줄어들기 때문이다. 녹색 진행 상태선도 내려가는데, 작은 팀은 처리량도 적기 때문이다. 작은 팀은 효율이 높을 것이다. 과대 예측을 일찍 잡아냈다면, 덜 압축된 프로젝트 솔루션을 선택할 수도 있다.

A.6 그 밖의 다른 고려 사항

투영을 통해 프로젝트가 어디로 향하고 있는지를, 잠재 문제가 더 심각해지기 한참 전에 분석할 수 있다. 그림 A-4를 다시 보면, 프로젝트가 그림의 2 지점에 도달할 때까지 기다리다가 파란 선에 맞게 교정하는 것은, 아주 치명적인 피해를 끼치지는 않겠지만 상당히 힘들다. 투영을 이용하면 추세를 훨씬 일찍 감지해서 두 선 사이의 간극이 더 커지기 전에 더 적은 부담으로 교정할 수 있다. 투영을 적용하는 시점이 빠를수록, 투영의 효과를 발휘할 시간이 많고 프로젝트의 다른 부분에 미치는 영향도 적고, 경영진을 통과하기도 쉬우며, 성공 가능성도 높아진다. 사후 대응보다는 선제적으로 나서는 것이 언제나 좋으며, 1온스의 예방이 1파운드의 치료만큼 가치 있는 경우가 많다.

자동차를 운전하는 것처럼, 프로젝트 실행도 작은 교정을 자주 수행하는 것이 큰 교정 몇 가지를 수행하는 것보다 좋다. 좋은 프로젝트란 예정 획득 가치나, 인력 분포 차트나 현재 예제처럼 진행 상태와 공수 선이 완만한 것이 무조건 좋다.

여기서 소개한 기법은 프로젝트의 자체가 아니라 추세를 분석한다는 점에 주의한다. 그래야 프로젝트를 제대로 진행할 수 있다. 다시 자동차에 비유하면, 바닥만 보거나 백미러만 보면서 운전하는 경우는 없다. 현재 자동차가 있는 지점 또는 지금까지 지나온 위치는 앞으로 가는 길과 관련이 적다. 운전할 때는 항상 차가 진행할 방향을 보면서, 투영에 맞추어 교정 조치를 수행하는 방식으로 진행한다.

A.6.1 프로젝트의 정수

"프로젝트"는 명사이기도 하고 (투영하다는) 동사이기도 하다. 이는 우연이 아니다. 프로젝트의 본질은 투영하는 데 있다. 투영하기 때문에 프로젝트라고 부른다. 반대로 투영할 수 없다면 프로젝트가 아니다.

A.6.2 조금씩 범위가 달라지는 것 처리하기

특이하게도 경영진은 프로젝트에 할당된 기간과 리소스는 그대로 둔 채, 프로젝트 범위만 변경하려는 경우가 있다. 그러면 프로젝트 목표 달성에 문제가 발생한다.

예상치 못한 프로젝트 범위 변경에 대처하는 최선의 방법은 프로젝트 설계에 투영을 결합하는 것이다. 누군가 프로젝트 범위를 키우거나 줄이고 싶어서 여러분의 동의를 구한다면, 정중히 답변을 보내는 것이 좋다. 변경으로 인한 영향을 제대로 측정하려면 프로젝트 설계를 다시 해야 한다. 변경 사항이 크리티컬 패스나 비용에 영향을 미치지 않고 팀의 역량으로 충분히 대처 가능하다면 재설계 부담은 적을 것이다. 투영을 이용하여 실제 처리량과 비용 관점에서 새로 변경된 계획에 따라 제때 인도할 수 있는지 가늠한다. 물론 변경 사항으로 인해 프로젝트 기간이 늘어나서 비용과 리소스 요구량이 높아질 수 있다. 또한 다른 프로젝트 설계 방안으로 교체하거나 심하면 프로젝트 설계 방안을 새로 마련해야 할 수도 있다.

경영진과 논의할 때는 변경을 반영했을 때의 기간과 총비용을 새로운 투영과 함께 제시하며 의견을 구한다. 새로 제시한 스케줄에 필요한 비용을 지원할 수 없다면, 변경할 수 있는 것은 없다. 만약 변경 계획을 승인한다면 스케줄과 비용을 새로 구해야 한다. 그러면 어떻게든 목표를 달성하게 된다. 그 목표가 프로젝트가 시작하던 당시와 다르더라도 계획을 변경한 것은 여러분이 아니다.

A.6.3 신뢰 구축

대부분의 소프트웨어 팀은 목표 달성에 실패한다. 이런 팀은 경영진의 신뢰를 얻을 만한 것을 제시하지 못하고, 반대로 신뢰할 수 없는 이유만 제공한다. 결과적으로 경영진은 불가능한 데드라인을 제시하면서 이들이 데드라인을 지키지 못할 것이라 생각한다. 7장에서 설명했듯이, 공격적인 데드라인은 성공 확률을 크게 떨어뜨려서 실패를 유도하는 예언처럼 작용하게 된다.

이러한 악순환을 깨뜨리기 위한 좋은 방법은 프로젝트를 추적하는 것이다. 투영 정보를 매니저를 비롯한 모든 의사 결정권자와 공유한다. 프로젝트의 현재 양호한 상태와 향후 추세를 지속적으로 제시한다. 문제가 실제로 발생하기 몇 달 전에 발견하는 능력을 보여준다. 교정 조치를 지속적으로 수행한다. 이러한 조치는 모두 여러분이 책임감 있고 신뢰할 수 있는 전문가란 인식을 형성하게 된다. 그러면 존경과 신뢰를 얻게 된다. 상사들의 신뢰를 얻으면 여러분이 주도적으로 일할 기회를 마련해 주고 성공 확률도 높아진다.

부록 B

서비스 계약 설계

이 책의 1부에서는 시스템 아키텍처에 대한 이슈를 다뤘다. 시스템을 컴포넌트와 서비스로 분해하는 방법과, 서비스로부터 필요한 동작을 구성하는 방법을 설명했다. 이것만으로 설계를 완성할 수 없으며 각 서비스마다 세부 사항을 설계하면서 프로세스를 이어나가야 한다.

세부 설계는 책 한 권을 따로 할애해야 할 만큼 방대한 주제다. 부록 B에서는 세부 설계 중에서도 서비스 설계의 가장 중요한 부분인, 클라이언트에게 제공하는 공용 계약만 다룬다. 서비스 계약에 대한 합의가 끝나야만 클래스 계층이나 관련 디자인 패턴 등과 같은 내부 설계를 구체화할 수 있다. 이러한 내부 설계 세부 사항과 데이터 계약과 운영 매개변수는 도메인에 따라 다르며, 여기서는 다루지 않는다. 하지만 여기서 소개한 서비스 계약에 대한 설계 원칙이 데이터 계약과 매개변수 수준에도 동일하게 적용된다.

부록 B는 서비스에 대한 계약 설계 처럼 여러분의 시스템에 특화된 작업조차도 특정한 설계 가이드라인과 지표가 서비스 기술이나 산업 도메인이나 팀을 초월한다는 것을 보여준다. 여기서 소개하는 개념은 단순하지만, 서비스를 개발하고 구축 작업을 구조화하는 데 상당한 영향을 미친다.

B.1 이것이 바람직한 설계인가?

서비스를 설계하는 방법을 이해하기 위해서는 먼저 좋은 설계와 나쁜 설계의 특성부터 알고 있어야 한다. 그림 B-1과 같은 시스템 설계는 거대한 컴포넌트 하나만 사용하여 시스템의 모든 요구사항을 구현한다. 이론적으로 어떤 시스템이라도 이런 식으로 구축할 수 있다. 코드를 모두 거대한 함수 하나에 넣어버리고, 인수는 수백 개를 받으며 중첩된 조건문을 수백 라인으로 구성하면 된다. 하지만 올바른 생각을 가진 사람이라면 이렇게 거대한 한 덩어리로 만드는 것이 바람직한 설계라고 생각하지 않을 것이다. 이렇게 하면 안 된다는 것을 보여주는 전형적인 예다. 4장에서 설명했듯이, 이런 설계는 검증할 수도 없다.

그림 B-1 모놀리식 시스템 설계

이번에는 그림 B-2와 같은 설계를 살펴보자. 시스템을 이렇게 설계하는 것이 바람직할까? 그림 B-2에 나온 시스템 설계는 수많은 작은 컴포넌트나 서비스로 시스템을 구현한다(보기 좋게 표현하기 위해 서비스 사이의 상호 작용하는 선은 생략했다). 이론적으로 요구사항마다 별도로 서비스를 만들면 시스템을 이렇게 구축할 수 있다. 이것 역시 바람직하지 않은 설계로 이렇게 하면 안 된다는 것을 보여주는 또 다른 전형적인 예다. 앞의 경우와 마찬가지로 이런 설계 역시 검증할 수 없다.

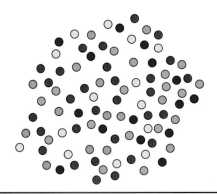

그림 B-2 너무 세밀한 시스템 설계

마지막으로 그림 B–3과 같은 시스템 설계를 살펴보자. 시스템을 이렇게 설계하는 것이 바람직할까? 그림 B–3이 올바른 설계라고 말할 수 없을지라도, 한 덩어리로 만들거나 너무 잘게 쪼개는 것보다는 나은 설계임은 분명하다.

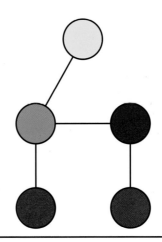

그림 B–3 모듈식 시스템 설계

B.2 모듈화와 비용

그림 B–3에 나온 시스템 설계가 앞에서 본 두 경우보다 낫다는 것을 판단하는 능력은 놀랍다. 시스템과 도메인과 개발자와 기술 등의 본질은 전혀 모르지만, 이것이 더 낫다는 것은 직관적으로 알 수 있다. 모듈식 설계를 평가할 때는 그림 B–4에 나온 것과 같은 심성 모형을 사용한다.

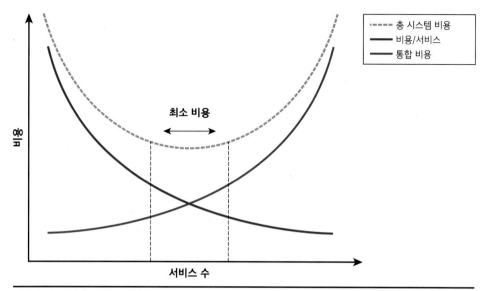

그림 B-4 비용에 대한 크기와 양적 효과 [그림 수정 인용: Juval Lowy, Programming .NET Components, 2nd ed. (O'Reilly Media, 2003); Juval Lowy, Programming WCF Services, 1st ed. (O'Reilly Media, 2007); Edward Yourdon and Larry Constantine, Structured Design (Prentice-Hall, 1979).]

서비스처럼 조그만 구성 요소로부터 시스템을 구축할 때, 두 가지 비용에 주의를 기울여야 한다. 하나는 서비스 구축 비용이고, 다른 하나는 이를 통합하는 비용이다. 시스템은 거대한 서비스 하나와 수많은 작은 서비스의 조합 사이의 어느 한 지점에 해당하는 형태로 구축할 수 있다. 그림 B-4는 시스템 구축 비용에 대한 분해 결정의 효과를 보여주고 있다.

> **노트**   이 책의 Part 2에서 시스템 비용을 시간에 대한 함수와 프로젝트 설계로 설명했다. 그림 B-4는 또 다른 관점인, 시스템 비용이 서비스 입도(granularity)와 시스템 아키텍처의 함수임을 보여주고 있다. 아키텍처마다 시간-비용-위험 곡선이 달라진다.

B.2.1 서비스별 비용

서비스별 구현 비용(그림 B-4의 파란 선)은 비선형적인 면이 있다. 서비스 수가 감소할수록 크기는 증가한다(최대 크기는 곡선의 왼쪽 끝의 거대한 모놀리스 하나). 문제는 서비스 크기가 증가할수록 복잡도가 비선형적으로 증가한다는 것이다. 다른 서비스보다 두 배

가량 큰 서비스는 네 배나 복잡하고, 네 배나 큰 서비스는 20배에서 100배가량 복잡해질 수 있다. 이렇게 증가한 복잡도로 인해 비용도 비선형적으로 증가한다. 그 결과 비용은 크기에 대한 복합, 비선형, 단조 증가 함수라고 볼 수 있다. 따라서 서비스 수가 줄어들면 서비스 크기는 증가하고, 각각의 크기가 증가하면 비용은 비선형적으로 증가한다. 이와 반대로 (그림 B-4의 맨 오른쪽처럼) 수많은 서비스로 구성하도록 시스템을 설계하면, 서비스별 비용은 거의 0에 가깝게 줄어든다.

B.2.2 통합 비용

서비스를 통합하는 비용은 서비스 수에 대해 비선형적으로 증가한다. 이것 역시 복잡도 때문에 나타나는 현상이다. 여기서 복잡도란 가능한 상호 작용의 복잡도를 말한다. 서비스가 많아질수록 발생 가능한 상호 작용도 많아지면서 복잡도가 증가한다. 12장에서 설명했듯이 연결성과 파급 효과에 의해 서비스 수(n)가 증가할수록 복잡도는 n^2에 비례하여 증가할 뿐만 아니라, 심지어 n^n에 비례할 수도 있다. 이러한 상호 작용 복잡도는 통합 비용에 직접적인 영향을 미치는데, 그 때문에 (그림 B-4의 빨간색 선과 같은) 통합 비용이 비선형 곡선을 이루는 것이다. 결과적으로 그림 B-4의 맨 오른쪽에서는 통합 비용이 서비스 수 증가에 비례하여 급격히 증가한다. 반면, 이 곡선의 맨 왼쪽에서는 거대한 서비스 하나만 있기 때문에 통합할 일이 없으므로 비용이 0에 가깝다.

B.2.3 최소 비용 영역

어떤 시스템이든 모든 비용(구현 비용과 통합 비용)에 대한 대가를 지불해야 한다. 그림 B-4의 초록색 점선은 이러한 두 가지 비용 요소를 더한, 총 시스템 비용을 나타낸 것이다. 여기서 볼 수 있듯이 어떤 시스템이든 최소 비용 영역이 존재하며, 여기에 해당하는 서비스는 너무 크지도 않고 너무 작지도 않으며, 너무 많지도 너무 적지도 않다. 시스템을 설계할 때마다 항상 최소 비용 영역에 머물러야 한다. 그렇다고 반드시 총비용 곡선에서 최소점에 있어야 한다는 말은 아니다. 총 시스템 비용이 상대적으로 평평한 최소 비용 영역에 있으면 된다. 이 곡선이 상승하기 시작하면 절대 최솟값을 찾는 비용은 시스템 비용의 모든 절약분을 초과하게 된다. 4장에서 설명했듯이, 모든 설계 노력에는 그정도로 충분한 지점, 즉, 한계 효용이 체감하는 지점이 존재한다.

여기서 반드시 피해야 하는 것은 도표의 양 극단으로, 이 부분은 비선형적으로 나빠지고 비용도 (수십 배에 이를 정도로) 훨씬 비싸다. 비선형적으로 비용이 증가하는 시스템을 구축할 때 힘든 부분은 각 조직에서 당장 사용할 수 있는 도구들은 근본적으로 선형적인 도구라는 것이다. 즉, 조직에서는 개발자 한 명을 투입한 후 다른 개발자 한 명을 더 투입하거나, 한 달을 추가한 후 다시 한 달을 더 추가할 수 있다. 이에 반해 내부 문제의 본질이 비선형적이면 영원히 따라잡을 수 없다. 최소 비용 영역 밖에 설계된 시스템은 코드 첫 줄을 쓰기도 전에 이미 실패한 것이다.

> **노트**   기능 분해 설계는 항상 그림 B-4의 양쪽 비선형 극단이란 결과를 초래한다. 2장에서 설명했듯이 기능 분해는 기능의 작은 영역이 폭증하거나, 기능에 대해 누적된 거대한 덩어리 몇 개라는 결과를 초래하며, 때로는 두 가지가 동시에 나타나기도 한다(그림 2-2 참고).

4장에서 설명했듯이, 변동성에 기반하여 잘 분해하면 (이미 파악된 것뿐만 아니라 아직 모르는 것과, 현재뿐만 아니라 미래의 것까지 포함하는) 모든 요구사항을 만족하기 위해 조립할 수 있는 구성 요소를 최소한으로 마련할 수 있다. 이렇게 분해하면 서비스 개수가 최소 비용 영역을 벗어나지 않지만, 그 형태는 알 수 없다. 이러한 분해가 '더 메서드'의 가이드라인을 따르는 것이더라도, 서비스가 최소 비용 영역에 머물게 하려면 각 서비스 계약을 정확히 설계해야 한다.

B.3 서비스와 계약

시스템을 구성하는 각 서비스마다 클라이언트에게 계약을 공개해야 한다. 여기서 **계약** (contract)이란 서비스가 호출할 수 있는 연산 집합을 말한다. 따라서 계약은 서비스가 세상에 제공하는 공용 인터페이스다. 많은 프로그래밍 언어에서 interface란 키워드를 사용하여 서비스 계약을 정의한다. 서비스 계약도 일종의 인터페이스지만 모든 인터페이스가 서비스 계약은 아니다. 서비스 계약은 그 서비스가 제공하는, 변하지 않는 공식 인터페이스다.

우리 삶에 비유하면, 인생은 공식 계약과 비공식 계약으로 가득 차 있다. 고용 계약은 고용주와 피고용인이 상호 지켜야 할 의무를 정의한다(법률 용어가 많이 나오기도 한다). 회사끼리 맺는 상업적인 계약은 각자가 서비스 제공자와 서비스 사용자로서 주고받는 것을 정의한다. 이런 것들은 인터페이스에 대한 공식적인 형태로서 계약 당사자는 계약을 어기거나 조항을 변경할 경우 심각한 결과를 초래하게 된다. 이에 반해 공유 택시 서비스를 호출할 때는 암묵적인 계약이 적용된다. 즉, 운전자는 손님을 목적지까지 안전하게 태워주고, 손님은 그 서비스에 대한 비용을 지불한다. 어느 누구도 이러한 상호 작용의 본질에 대해 정의하는 공식 계약서에 서명한 것은 아니다.

B.3.1 계약과 측면

계약은 단순히 공식 인터페이스에 그치지 않고, 외부 세계에 대한 지원 엔티티의 측면(facet)을 나타낸다. 예를 들어, 개인이 피고용인으로서 고용 계약에 서명할 수 있다. 그 사람은 또 다른 측면을 가질 수도 있지만, 고용인은 현재 측면만 바라보고 신경 쓴다. 개인은 부동산 임대차 계약, 결혼 계약, 대출 계약 등과 같은 다른 계약에도 서명할 수 있다. 각각의 계약은 그 사람의 한 측면, 즉, 피고용인, 임대인, 배우자, 집주인을 나타낸다. 마찬가지로 서비스도 여러 계약에 참여할 수 있다.

B.3.2 서비스 설계부터 계약 설계까지

제대로 설계된 서비스는 그림 B-4의 최소 비용 영역에 머물게 된다. 아쉽게도 이 영역에 있는 좋은 서비스를 만들기 위해 필요한 것이 무엇인지에 대해서는 제대로 대답하기 힘들다. 그저 원하는 답을 얻을 때까지 합리적인 수준으로 줄여 나가는 수밖에 없다. 첫 번째 감소는 서비스와 계약이 일대일 비율이라고 가정한다. 이 가정에 따르면 그림 B-4에서 '서비스'란 단어 대신 '계약'이란 단어로 레이블을 바꾸고 도표의 동작은 그대로 유지한다.

실제로 개별 서비스가 여러 계약에 참여하고, 특정한 계약에 여러 서비스가 참여할 수 있다. 이런 경우에 그림 B-4의 곡선은 왼쪽에서 오른쪽 또는 위에서 아래로 이동하는데, 동작은 그대로 유지한다.

B.3.3 좋은 계약의 속성

서비스와 계약이 일대일 대응이라고 가정하면 "좋은 서비스란 무엇인가"란 질문이 "좋은 계약이란 무엇인가"로 바뀌게 된다. 좋은 계약이란 논리적으로 일관성 있고, 응집도가 높고, 서비스의 여러 독립적인 측면으로 구성된 것이다. 이러한 속성은 일상생활에 비유하면 제대로 이해할 수 있다.

특정 주소에서 사는 동안만 회사에서 일할 수 있다고 명시한 고용 계약에 서명하겠는가? 아마도 서명을 거부할 것이다. 고용 상태가 주소지에 따라 결정된다는 것은 논리적인 일관성이 없기 때문이다. 계약된 업무를 기대 수준 이상으로 수행하기만 한다면 어디에 사는지는 상관없다. 좋은 계약은 언제나 논리적으로 일관적이다.

그렇다면 연봉이 명시되어 있지 않은 고용 계약에 서명할 것인가? 역시 아니다. 좋은 계약은 응집도가 높고 상호 작용에 대한 모든 측면을 더도 말고 덜도 말고 꼭 필요한 만큼 담고 있어야 한다.

고용 계약에 따라 결혼 계약을 맺겠는가? 이런 계약도 거부할 것이다. 계약의 독립성이 중요하기 때문이다. 각 계약 혹은 측면은 별개로 존재하며 서로 독립적으로 적용된다.

이러한 속성은 계약을 체결하는 과정에 영향을 미치기도 한다. 여러분의 아파트를 임대하는 계약서 작성을 부동산 전문 변호사에게 맡길 것인가? 아니면 인터넷에서 찾은 아파트 임대차 계약서 양식에 빈칸을 채우는 방식으로 계약서를 작성할 것인가? 특정 아파트뿐만 아니라, 다른 수백만 건의 임대차 계약에도 충분하다면, 여러분에게도 괜찮지 않을까? 이런 계약은 임대차에 관련된 모든 요소를 포함하고 모순되는 사항을 피하도록 개선되어 온 것이어야 한다. 또한 다른 계약과는 독립적이어야 한다. 즉, 완전히 독립적인 측면이어야 한다.

다른 사람이 사용하는 것보다 나은 계약이 필요 없다는 점에 주목할 필요가 있다. 다른 사람이 사용하던 것과 동일한 계약을 재사용하면 된다. 이렇게 재사용성이 뛰어나야 좋은 계약이기 때문이다. 정리하면 논리적으로 일관성 있고 응집도 높고 독립적인 계약은 재사용 가능한 계약이다.

여기서 재사용성(reusability)은 계약의 이분법적 특성이 아니다. 모든 계약은 재사용성이란 스펙트럼의 어느 한 지점에 놓이게 된다. 계약의 재사용성이 높을수록 논리적인 일관성과 응집도와 독립성도 높다. 서비스에 대한 계약이 그림 B-1과 같은 경우를 생각해 보자. 이런 계약은 거대할 뿐만 아니라 특정 서비스에 너무 종속되어 있다. 이는 분명 논리적인 일관성이 부족하다. 시스템이 하는 일을 모두 때려 박아 넣어 비대해져 있기 때문이다. 이런 서비스 계약을 재사용할 가능성은 없다.

이번에는 그림 B-2와 같이 조그만 서비스에 대한 계약을 생각해 보자. 이 계약은 너무 작고 특정 문맥에 극도로 특화되어 있다. 이처럼 너무 작으면 응집도가 없다. 이런 계약 역시 재사용할 가능성은 0이다.

그림 B-3에 나온 서비스는 그나마 희망이라도 있다. 여기 나온 서비스에 대한 계약이 모든 가능한 상호 작용을 포괄하도록 진화해 온 것일 수 있다. 상호 작용이 적다는 것은 독립적인 측면으로 구성됐음을 의미하기도 한다. 이런 계약은 충분히 재사용할 수 있다.

재사용 요소로서의 계약

여기서 중요한 점은 재사용의 기본 요소는 계약이지 서비스가 아니라는 것이다. 예를 들어, 내가 이 책을 집필하는 데 사용하는 컴퓨터 마우스는 다른 것과 차이가 있다. 각 부분은 재사용할 수 없다. 이 마우스에 특화되어 설계된 것이어서 상당한 비용을 들여 수정하지 않는 한, 다른 마우스로 바꿀 수 없다(물론 동일 모델을 새로 구입하는 방법은 있다). 하지만 "마우스 손"이라는 인터페이스는 재사용할 수 있다. 마우스를 조작하는 방식은 나뿐만 아니라 다른 사람 모두 같다. 여러분이 사용하는 마우스는 완전 똑같은 인테페이스를 지원한다. 다르게 표현하면, 여러분의 마우스는 인터페이스를 재사용하는 것이다. 수천 가지 종류의 마우스가 존재하지만, 모두 동일한 인터페이스를 갖고 있는데, 이는 좋은 인터페이스란 뜻이다. 실제로 "마우스 손"이란 인터페이스는 "도구 손"이라고 불러야 할 것이다(그림 B-5 참조).

그림 B-5 인터페이스 재사용 [그림 제공: Matt Ridley, The Rational Optimist: How Prosperity Evolves (HarperCollins, 2010). Images: Mountainpix/Shutterstock; New Africa/Shutterstock.]

인류는 선사시대부터 "도구 손" 인터페이스를 재사용해왔던 것이다. 돌도끼의 돌조각을 마우스에 재사용할 수는 없고, 마우스의 전자 부품을 돌도끼에서 활용할 수는 없지만, 둘 다 동일한 인터페이스를 재사용하고 있다. 좋은 인터페이스는 재사용할 수 있는 반면, 내부 서비스는 절대 그럴 수 없다.

B.4 계약 팩터링

서비스에 대한 계약을 설계할 때는 항상 재사용의 요소를 고려해야 한다. 아키텍처와 분해 이후에도 서비스가 최소 비용 영역에 머무르도록 보장하는 유일한 방법이다. 여기서 재사용 가능한 계약을 설계해야 한다는 의무는 실제로 그 계약을 재사용하는 것과는 관계없다는 점에 주목할 필요가 있다. 실제 재사용 수준이나 다른 측에서 그 계약을 요구하는 것은 전혀 중요하지 않다. 계약은 현재 여러분이 만드는 시스템뿐만 아니라, 다른 경쟁자의 시스템에서도 수없이 재사용될 것이라고 가정하고 설계해야 한다. 간단한 예제를 보면 이 말의 의미를 쉽게 이해할 수 있다.

B.4.1. 설계 예제

POS 기기를 구동하는 소프트웨어 시스템을 구현하는 경우를 생각해 보자. 시스템 요구사항으로는 제품 가격 조회, 재고 통합, 결제 처리, 포인트 처리 등이 있을 것이다. 모두 '더 메서드'에 적절한 '매니저'와 '엔진' 등을 활용하면 쉽게 처리할 수 있다. 예시를 위해 이 시스템은 바코드 스캐너와 연결해서 제품 ID를 읽는다고 하자. 이 바코드 스캐너는 시스템 입장에서 '리소스'에 불과하다. 따라서 이에 대응되는 '리소스 액세스' 서비스에 대한 계약을 설계해야 한다. 바코드 스캐너 액세스 서비스에 대한 요구사항으로는 제품 코드 스캔, 스캐닝 빔폭 조절, 스캐너에 대한 통신 포트 관리(열기 및 닫기) 등이 있다. 그래서 IScannerAccess 서비스를 다음과 같이 정의할 수 있다.

```
interface IScannerAccess
{
    long ScanCode();
    void AdjustBeam();
    void OpenPort();
```

```
    void ClosePort();
}
```

IScannerAccess 서비스 계약은 스캐너에 필요한 기능을 제공한다. 그래서 BarcodeService, QRCodeService 등과 같은 다양한 종류의 서비스 제공자를 통해 IScannerAccess 계약을 구현할 수 있다.

```
class BarcodeScanner : IScannerAccess
{...}
class QRCodeScanner : IScannerAccess
{...}
```

이렇게 하면 IScannerAccess 서비스 계약을 여러 서비스에 걸쳐 재사용할 수 있어서 만족스러울 것이다.

B.4.2. 하향 팩터링

시간이 지나 리테일러로부터 다른 서비스(숫자 키패드)로 제품 코드를 입력할 수 있으면 좋겠다는 의견을 받았다. 그런데 IScannerAccess 계약은 내부 장치로 광학 스캐너만 사용한다는 가정을 토대로 정의됐다. 따라서 숫자 키패드나 RFID(Radio Frequency IDentification) 리더 등과 같은 비광학 장치는 적용할 수 없다. 재사용 관점에서 보면, 실제로 읽기를 처리하는 방식을 추상화하여 스캐닝 연산을 읽기 연산이란 이름으로 변경하는 것이 좋다. 하드웨어 장치가 제품 코드를 읽는 데 사용하는 메커니즘은 시스템과는 무관하기 때문이다. 또한 계약 이름을 IReaderAccess로 변경하고 계약 설계에 특정한 종류의 코드 리더를 가정하지 않도록 하여 계약을 재사용할 수 있게 만든다. 예를 들어, AdjustBeam() 연산은 키패드에는 적용할 수 없다. 기존 IScannerAccess를 두 가지 계약으로 쪼개서 다음과 같이 연산을 제공하도록 좀 더 구체적으로 **하향 팩터링(factoring down)**하는 것이 좋다.

```
interface IReaderAccess
{
    long ReadCode();
    void OpenPort();
    void ClosePort();
}
interface IScannerAccess : IReaderAccess
{
    void AdjustBeam();
}
```

그러면 다음과 같이 IReaderAccess를 재사용할 수 있다.

```
class BarcodeScanner : IScannerAccess
{...}
class QRCodeScanner : IScannerAccess
{...}
class KeypadReader : IReaderAccess
{...}
class RFIDReader : IReaderAccess
{...}
```

B.4.3 수평 팩터링

이렇게 수정하고 나서 다시 시간이 흘러 리테일러는 POS 기기에 장착된 컨베이어 벨트를 제어하는 소프트웨어를 갖추기로 결정했다. 이 소프트웨어는 벨트를 구동하고 멈출 수 있어야 할 뿐만 아니라, 통신 포트도 관리해야 한다. 컨베이어 벨트가 읽기 장치와 동일한 통신 포트를 사용하는 동안에는 IReaderAccess를 재사용할 수 없다. 왜냐하면 계약에 따르면 컨베이어 벨트를 지원하는 내용이 없으며 벨트는 코드를 읽을 수 없기 때문이다. 게다가 이런 부가 장치가 상당히 많은데, 각각 나름대로의 기능을 갖추고 있어서, 모든 장치를 일일이 도입하려면 계약의 상당 부분이 중복되게 된다.

비즈니스 도메인의 변경 사항이 발생할 때마다 시스템 도메인에서 관련된 부분이 변경된다는 점을 주목할 필요가 있다. 이는 나쁜 설계의 대표적인 특징이다. 좋은 시스템 설계는 비즈니스 도메인의 변경에 영향을 받지 않는다.

근본 문제는 IReaderAccess 계약의 설계가 나쁘다는 것이다. 모든 연산을 리더가 지원해야 함에도 불구하고, ReadCode()는 OpenPort()나 ClosePort()와는 논리적인 관련이 없다. 읽기 연산은 장치의 한 가지 측면이고, 코드 제공자인 리테일러 비즈니스의 핵심적인 영역(아토믹 비즈니스 연산)인 반면, 포트 관리는 통신 기기가 가지는 특성이다. 이러한 관점에서 보면 IReaderAccess는 논리적인 일관성이 없다. 그저 서비스에 필요한 사항을 몽땅 담아둔 것에 불과하다. IReaderAccess는 그림 B-1에 나온 설계에 가깝다.

더 나은 방법은 OpenPort()와 ClosePort() 연산을 ICommunicationDevice라는 이름의 별도 계약으로 **수평 팩터링(factoring sideways)**하는 것이다.

```
interface ICommunicationDevice
{
    void OpenPort();
    void ClosePort();
}
interface IReaderAccess
{
    long ReadCode();
}
```

시스템을 구현하려면 다음과 같이 두 가지 계약을 모두 제공해야 한다.

```
class BarcodeScanner : IScannerAccess,ICommunicationDevice
{...}
```

BarcodeScanner 내부 작업을 모두 합치면 처음에 정의한 IScannerAccess와 정확히 일치한다. 그런데 통신 기능은 읽기 기능과는 독립적이기 때문에 다른 개체(예, 벨트)가 ICommunicationDevice 서비스 계약을 재사용해서 지원할 수 있다.

```
interface IBeltAccess
{
    void Start();
    void Stop();
}
class ConveyerBelt : IBeltAccess,ICommunicationDevice
{...}
```

이렇게 설계하면 통신과 관리 기능을 실제 장치 타입(바코드 리더 vs 컨베이어 벨트)과 분리할 수 있다.

POS 시스템에 대한 진짜 이슈는 읽기 장치의 특성에 있지 않고, 이 시스템에 연결된 장치의 타입의 변동성에 있다. 그래서 아키텍처를 변동성 기반 분해를 토대로 정의해야 한다. 지금까지 본 간단한 예제를 통해 원칙은 개별 서비스의 계약 설계에도 적용됨을 알 수 있다.

B.4.4 상향 팩터링

(IReaderAccess에서 ICommunicationDevice을 추출한 것처럼) 연산을 별도 계약으로 팩터링 하는 것은 계약의 연산 사이에 논리적인 관계가 약할 때 주로 발생한다.

때로는 서로 관련 없는 계약에 동일한 연산이 사용되는 것을 볼 수 있다. 이러한 연산은 각각의 계약에 논리적인 관련이 있다. 이를 계약에 포함시키지 않으면 계약의 응집도가 떨어진다. 예를 들어, 안전을 위해 시스템이 모든 장치를 즉시 멈춰야 한다. 게다가 모든 장치는 일종의 진단 기능을 제공하여 안전 수준을 준수하면서 작동되도록 보장해야 한다. 논리적으로 볼 때, 멈추는 기능은 스캐너 연산이 읽기 작업을 수행하고, 벨트 연산이 구동과 정지를 수행하는 것과 같다.

이런 경우에, 서비스 계약을 단순히 나누지 말고, **상향 팩터링(factoring up)**을 통해 계약 계층을 형성해야 한다.

```
interface IDeviceControl
{
    void Abort();
    long RunDiagnostics();
}
interface IReaderAccess : IDeviceControl
{...}
interface IBeltAccess : IDeviceControl
{...}
```

B.5 계약 설계 지표

세 가지 계약 설계 기법(파생 계약으로 하향 팩터링하기, 새로운 계약으로 수평 팩터링하기, 기본 계약으로 상향 팩터링하기)을 통해 계약을 재사용성이 더욱 높고 크기를 더 작게 미세조정할 수 있다. 재사용 가능한 계약이 많아질 때의 장점은 명백하다. 또한 비대한 계약으로 시작할 때는 계약을 더 작게 만들 필요가 있다. 하지만 좋은 것도 과하면 나쁘다. 앞서 언급한 기법을 계속 적용하다 보면, 그림 B-2처럼 너무 작고 파편화된 계약만 남게 될 위험이 있다. 따라서 서비스 계약을 구현하는 비용과 이를 통합하는 비용이라는 두 가지 상반된 속성 사이의 균형을 잘 이뤄야 한다. 그러기 위해서는 설계 지표를 사용한다.

B.5.1 계약 측정하기

계약을 측정해서 최악부터 최선까지 순위를 매길 수 있다. 예를 들어, 코드의 순환 복잡도를 측정 할 수 있다. 대규모의 복잡한 계약을 간단히 구현할 가능성은 적고, 과도하게 세밀한 계약의 복잡도는 끔찍할 것이다. 내부 서비스에 관련된 결함을 측정할 수도 있다. 나쁜 계약의 복잡도에 의해 서비스의 품질이 낮을 수 있다. 각 계약마다 시스템에서 재사용하는 횟수와, 계약을 체크아웃하고 변경한 횟수 등을 측정할 수도 있다. 재사용 사례가 많고 변경된 적이 없는 계약은 분명 좋은 계약이다. 이런 측정 결과에 가중치를 높이고 결과의 순위를 매긴다. 나는 다양한 기술 스택과 시스템과 업계와 팀에 걸쳐 수년 동안 이렇게 측정해 왔다. 다양성과 무관하게 계약의 품질을 가늠하는 데 중요한, 일정한 지표가 드러났다.

B.5.2 크기 지표

연산이 단 하나만 있는 서비스 계약도 가능하지만 그렇게 만들지 않는 것이 좋다. 서비스 계약은 개체의 한 측면으로서, 연산 하나로만 표현할 수 있다면 상당히 단조로운 것임에 틀림없다. 단일 연산을 검토하고 의심해 본다. 매개변수가 너무 많지 않은지, 입도가 너무 낮아서(coarse) 여러 연산으로 팩터링 할 수는 없는지, 그 연산을 기존에 있던 서비스 계약으로 팩터링 할 수는 없는지, 다음에 구축할 서브시스템에 넣는 것이 가장 좋은 것은 아닌지 등을 검토한다. 구체적으로 어떻게 수정해야 할지 말할 수는 없지만, 단일 연산으로 구성된 계약은 주의할 대상이며, 좀 더 심도 있게 검토해야 한다는 것만은 확실하다.

서비스 계약 연산의 최적의 수는 3에서 5 사이이다. 서비스 계약에 연산을 그보다 많이(가령 6에서 9 사이) 설계하더라도 그리 나쁜 것은 아니지만, 그림 B-4의 최소 비용 영역을 벗어나기 시작했다고 볼 수 있다. 연산을 살펴보고 다른 연산에 포함시킬 수 있는지 검토한다. 연산을 과도하게 팩터링 했을 가능성이 높기 때문이다. 서비스 계약에 연산이 12개 이상이면 나쁜 설계일 가능성이 농후하다. 연산을 별도 서비스 계약으로 팩터링 하거나, 계약을 계층으로 구성하는 방안을 모색한다. 연산이 20개 이상인 계약은 즉시 거부한다. 그런 계약이 적합한 경우는 없으며, 중대한 설계 실수를 묻어버릴 수 있다. 거대한 계약은 조금도 허용하면 안 된다. 개발 및 유지보수 비용이 비선형적으로 증가하기 때문이다.

흥미롭게도 우리가 사는 세상에서는 언제나 계약 크기 지표를 이용하여 계약의 품질을 평가한다. 예를 들어, 단 한 줄만 적힌 고용 계약에 서명하겠는가? 한 문장만으로 (또는 한 단락이라도) 피고용인의 모든 면모를 표현할 수 없다고 생각할 것이다. 이런 계약은 책임이나 해고와 같은 중요한 사항이 누락되어 있고 여러분이 알지 못하는 다른 계약을 담고 있을 수 있다. 아니면 이와 정반대로, 고용 계약서가 2000 페이지라면 어떨까? 아무리 좋은 내용이 담겨 있더라도 읽고 싶지 않을 것이다. 심지어 20 페이지짜리 계약서라도 의심스러울 것이다. 피고용인에 대한 내용을 나열하는 데 그렇게 많은 페이지가 필요하다면, 계약이 부담스럽거나 복잡할 가능성이 높다. 이에 반해 3-5 페이지 정도라면 설사 서명하지는 않더라도 주의 깊게 읽어볼 것이다. 재사용 관점에서 볼 때, 고용인은 다른 피고용인과 동일한 계약서를 제공할 가능성이 높다. 완전히 재사용하지 않는 나머지 경우는 주의가 필요하다.

B.5.3 속성 피하기

서비스 개발 스택 중에서 의도적으로 계약 정의에 속성 의미론을 담지 않는 경우가 많지만, 다음과 같이 속성과 유사한 연산을 추가하여 실질적으로 속성을 담는 경우가 있다.

```
string GetName();
string SetName();
```

서비스 계약 문맥에서 속성이나 속성 같은 연산을 피하는 것이 좋다. 속성은 상태와 구현 세부 사항을 내포한다. 서비스가 속성을 공개하면 클라이언트는 그런 세부 사항에 대해 알게 되고, 그 서비스가 변경되면 클라이언트도 덩달아 변경된다. 클라이언트가 속성을 사용하거나 이에 대해 알게 해서는 안 된다. 좋은 서비스 계약은 클라이언트로 하여금 실제 구현에 대해 알 필요 없이 추상 연산을 호출할 수 있다. 클라이언트는 연산 호출만 하고, 이에 대한 상태 관리는 서비스가 처리하게 한다.

서비스 제공자와 서비스 소비자 사이의 상호 작용은 항상 동작 중심적으로 이루어지는 것이 바람직하다. 이러한 상호 작용은 Abort()처럼 DoSomething() 형식으로 표현되어야 한다. 서비스의 구체적인 작동 방식은 클라이언트가 몰라야 한다. 이점 역시 실생활과 비슷하다. 즉, 묻는 것보다 말하는 것이 언제나 낫다.

속성을 피하는 것은 분산 시스템에서도 바람직하다. 데이터는 본래 자리에 유지하고 이에 대한 연산만 호출하는 것이 올바른 방식이다.

B.5.4 계약 수 제한하기

서비스가 지원하는 계약이 세 개 이상이면 안 된다. 계약은 서비스의 독립적인 측면이기 때문에 서비스가 지원하는 독립적인 비즈니스 특성이 세 가지 이상이면 서비스가 너무 비대해질 수 있다.

흥미롭게도 7장에서 소개한 예측 기법을 활용하면 서비스 당 적정 계약 수를 도출할 수 있다. 자릿수만 표현할 때, 서비스 당 계약 수가 1, 10, 100, 1000 중 어느 것이 좋을까? 분명 100이나 1000은 나쁜 설계이고 10도 매우 큰 편이다. 따라서 자릿수로는 서비스당 계약 수가 1이 좋다. **"2 계수" 기법**을 이용하면 범위를 더 줄일 수 있다. 계약 수가 1, 2, 4가 적절할까? 8은 좀 전에 제외한 10에 가까워서 바람직하지 않다. 따라서 계약 수는 1과 4

사이가 좋다. 아직 범위가 넓은 편이다. 불확실성을 줄이기 위해 PERT 기법을 이용하는 것이 좋다. 여기서 최저 예측치를 1로, 최대 예측치를 4로 지정하고 2를 중간으로 잡는다. 다음과 같이 PERT 계산을 통해 서비스 당 계약 수로 2.2가 적절하다고 나온다.

$$2.2 = \frac{1 + 4*2 + 4}{6}$$

내 실전 경험에 따르면 제대로 설계된 시스템이라면 서비스 당 계약 수가 하나 또는 둘이었고, 단일 계약인 경우가 가장 많았다. 계약이 두 개 이상인 서비스 중에서 추가된 계약은 거의 대부분 보안, 안전, 영속성, 인스트루먼트 등과 관련된, 비즈니스와 관련 없는 계약이었고, 다른 서비스에서도 재사용되는 것이었다.

> **노트**   서비스 남발을 방지하기 위한 좋은 방법은 서비스에 계약을 추가하는 것이다. 예를 들어, 아키텍처에서 필요로 하는 매니저 수가 3장에서 언급한 가이드라인에서 제시한 것보다 많은 8개라면, 매니저 중 일부를 다른 매니저의 부가적인 독립 측면으로 표현해서 매니저 수를 줄인다.

B.5.5 지표 활용하기

서비스 계약 설계 지표(service contract design metrics)는 평가 도구지 검증 도구는 아니다. 이러한 지표를 준수한다고 해서 설계가 좋은 것은 아니다. 하지만 지표에 어긋나면 나쁜 설계다. 예를 들어, IScannerAccess의 첫 번째 버전을 들 수 있다. 이 서비스 계약은 연산이 네 개로서 연산 개수 지표인 3~5의 딱 중간 값이지만, 계약에 논리적인 일관성이 없다.

이러한 지표에 맞게 설계하려고 하면 안 된다. 다른 설계 작업과 마찬가지로, 서비스 계약 설계도 본질적으로 반복적이다. 서비스에서 노출해야 할 재사용 가능한 계약을 찾는 데 충분한 시간을 투자하고, 지표에 대해서는 신경 쓰지 않는 것이 좋다. 지표를 벗어났더라도 올바른 계약을 찾을 때까지 그대로 진행한다. 진화하는 계약이 시스템 또는 프로젝트 전반에 걸쳐 재사용할 수 있는지 끊임없이 확인한다. 그 계약이 논리적으로 일관적이고, 응집도 있고, 독립적인 측면을 담고 있는지 확인한다. 이런 계약을 확보하고 나면 그 계약이 지표를 만족한다는 것을 알게 될 것이다.

B.6 계약 설계의 어려움

이 장에서 소개한 개념과 기법은 직관적이고 자명하고 단순하다. 계약 설계에는 숙련된 기술이 필요해서 많은 연습을 통해 더 빠르고 정확하게 처리할 수 있다. 하지만 "단순함"과 "극단적인 단순함"은 엄연히 다르다. 이 장에서 소개한 개념이 단순하지만 그렇다고 해서 극단적으로 단순한 것은 아니다. 실제로 일상생활에는 단순하지만 극단적으로 단순하지 않은 개념이 많다. 예를 들어, 건강을 유지하고 싶다는 생각은 단순하며 이를 위해 식단, 생활 습관, 일정, 심지어 직장까지 영향을 미친다. 어느 하나 극단적으로 단순하지는 않다.

재사용 가능한 서비스 계약을 확보하기까지 시간이 많이 걸리고, 생각을 굉장히 많이 해야 한다. 올바른 계약을 만들기 위해서는 엄청난 수고를 해야 한다. 그러지 않으면 (그림 B-4처럼) 문제가 비선형적으로 악화된다. 진정한 어려움은 (충분히 단순한) 계약 설계가 아니라, 이러한 수고에 대한 경영진의 지원을 확보하는 것이다. 대다수의 경영진은 정확하지 않은 계약 설계가 미치는 파급 효과를 모르고 있다. 서둘러 구현에 들어가면 프로젝트는 실패하게 된다. 특히 14장에서 본, 주니어 핸드오프인 경우가 그렇다.

시니어 개발자조차 계약을 제대로 설계하는 데 조언이 필요할 수 있다. 따라서 아키텍트는 이들을 가이드하고 교육시킬 수 있어야 한다. 그러면 각 서비스 생명 주기에 맞게 계약을 설계할 수 있다. 주니어 팀에게 계약을 재사용 가능하게 올바로 만들 것이라고 믿고 맡길 수는 없다. 이들은 그림 B-1이나 B-2와 같은 서비스 계약을 만들 가능성이 높다. 14장에서 소개한 방법대로 작업에 들어가기 전에 계약을 설계하는 데 시간을 좀 더 투입하거나, 더 바람직한 것은, 숙련된 시니어 개발자 몇 명을 투입하여 차기 서비스에 대한 계약을 설계하는 것과 현재 서비스 구축 작업을 동시에 진행하는 것이다(그림 14-6 참고). 이 장에서 소개한 개념과 그림 B-4를 참고하여 제대로 설계된 서비스를 출시할 수 있도록 매니저를 교육시켜야 한다.

부록 C
설계 표준

이 책에 소개된 개념은 소프트웨어뿐만 아니라 다른 공학 분야에도 적용될 수 있을 정도로 일관성 있고 단순하다. 하지만 시스템과 프로젝트를 설계하는 데 여기서 소개한 새로운 방식을 처음 적용할 때는 힘들 수 있다. 시간과 경험이 쌓이면 이러한 개념을 본능적으로 적용할 수 있다. 이러한 개념을 잘 숙달할 수 있도록, 이 장에서는 간략히 정리된 설계 표준을 제시한다. 이 설계 표준은 이 책에서 소개한 모든 설계 규칙을 체크리스트 형식으로 일목요연하게 정리한 것이다. 이 목록 자체는 큰 의미가 없다. 각 항목에 대한 문맥을 알아야 하기 때문이다. 그럼에도 불구하고 이 표준을 참조하면 중요한 속성이나 고려 사항을 놓치는 것을 방지할 수 있다. 그래서 이 표준은 여러분이 항상 모범 기법을 따르고 문제를 피하는 데 도움 되는, 성공적인 시스템과 프로젝트 설계를 위한 필수 요소라고 볼 수 있다.

이 표준은 준수 사항과 권장 사항이라는 두 가지 항목으로 구성된다. **준수 사항**(directive)은 절대 어겨선 안 되는 규칙으로서, 이를 따르지 않으면 프로젝트 실패로 이어진다. **권장 사항**(guideline)은 특별히 반대할 이유가 없다면 따르는 것이 좋은 조언을 말한다. 권장 사항을 따르지 않아도 프로젝트 실패로 이어지지 않을 수 있지만, 너무 많이 어기면 프로젝트가 실패할 수도 있다. 또한 준수 사항을 따르면 권장 사항에 어긋날 가능성도 없다.

C.1 핵심 준수 사항

요구사항에 어긋나게 설계하지 마라.

C.2 준수 사항

1. 기능 분해를 피하라.
2. 변동성 기반으로 분해하라.
3. 소합 가능하게 설계하라.

4. 기능은 구현이 아닌 통합의 측면으로 제공한다.

5. 반복적으로 설계하고, 점진적으로 빌드한다.

6. 시스템 구축을 위한 프로젝트를 설계한다.

7. 일정과 비용과 위험이 서로 다른, 가능한 옵션 중에서 노련하게 결정한다.

8. 프로젝트를 크리티컬 패스에 따라 구축한다.

9. 프로젝트 과정에서 항상 시간을 준수한다.

C.3 시스템 설계 권장 사항

1. 요구사항

   a. 필요한 기능이 아닌 필요한 동작을 수집한다.

   b. 필요한 동작을 유스케이스로 묘사한다.

   c. 중첩된 조건이 포함된 유스케이스를 모두 액티비티 다이어그램으로 문서화한다.

   d. 요구사항을 가장한 솔루션을 제거한다.

   e. 시스템 설계 검증을 통해 핵심 유스케이스를 모두 지원하는지 확인한다.

2. 수치

   a. 서브시스템이 없는 시스템에 매니저를 다섯 이상 두지 않는다.

   b. 서브시스템이 너무 많으면 안 된다.

   c. 서브시스템 당 매니저는 세 명을 넘지 않는다.

   d. 엔진과 매니저의 황금 비율을 맞추도록 노력한다.

   e. 필요하다면 리소스액세스 컴포넌트가 여러 리소스에 접근할 수 있게 한다.

3. 속성

   a. 변동성은 하향식으로 감소해야 한다.

   b. 재사용은 하향식으로 증가해야 한다.

   c. 비즈니스 본질에 대한 변경사항을 캡슐화하면 안 된다.

   d. 매니저는 거의 소모품 같아야 한다.

   e. 설계는 대칭적이어야 한다.

   f. 내부 시스템 상호 작용에 공용 통신 채널을 사용하면 안 된다.

4. 계층

    a. 오픈 아키텍처를 피한다.

    b. 반−폐쇄/반−개방 아키텍처를 피한다.

    c. 폐쇄형 아키텍처를 지향한다.

        i. 상향 호출 금지

        ii. 수평 호출 금지(매니저 사이의 큐 기반 호출 제외)

        iii. 한 계층 이상의 하향 호출 금지

        iv. 큐 기반 호출이나 비동기식 이벤트 게시로 아키텍처 개방 문제를 해결한다.

        v. 서브시스템을 구현하는 방식으로 시스템을 확장한다.

5. 상호작용 규칙

    a. 모든 컴포넌트는 유틸리티를 호출할 수 있다.

    b. 매니저와 엔진은 리소스액세스를 호출할 수 있다.

    c. 매니저는 엔진을 호출할 수 있다.

    d. 매니저는 다른 매니저에 대한 호출을 큐에 저장할 수 있다.

6. 상호작용에서 금지된 사항

    a. 클라이언트는 동일한 유스케이스에서 여러 매니저를 호출하면 안 된다.

    b. 매니저는 동일한 유스케이스에서 여러 매니저에 대한 호출을 큐에 저장하면 안 된다.

    c. 엔진은 큐에 저장된 호출을 수신하지 않는다.

    d. 리소스액세스 컴포넌트는 큐에 저장된 호출을 수신하지 않는다.

    e. 클라이언트는 이벤트를 게시하지 않는다.

    f. 엔진은 이벤트를 게시하지 않는다.

    g. 리소스액세스 컴포넌트는 이벤트를 게시하지 않는다.

    h. 리소스는 이벤트를 게시하지 않는다.

    i. 엔진, 리소스액세스, 리소스는 이벤트를 구독하지 않는다.

C.4 프로젝트 설계 권장 사항

1. 일반
   a. 시계를 설계하지 않는다.
   b. 변동성을 캡슐화하는 아키텍처 없이 프로젝트를 설계하지 않는다.
   c. 계획 가정을 수집하고 검증한다.
   d. 프로젝트 설계에 대한 설계를 따른다.
   e. 프로젝트에 대해 다양한 옵션을 설계한다. 최소한 정규, 압축, 서브크리티컬 솔루션을 설계한다.
   g. 다양한 옵션을 두고 경영진과 소통한다.
   h. 메인 작업을 시작하기 전에 항상 SDP 리뷰를 거친다.

2. 인력
   a. 아키텍트가 여러 명이면 안 된다.
   b. 처음부터 코어 팀을 배치한다.
   c. 크리티컬 패스에 대한 순조로운 진행을 위해 최소한의 필요 인력을 요청한다.
   d. 리소스는 항상 플로트 기반으로 할당한다.
   e. 인력 분포는 항상 정확해야 한다.
   f. 예정 획득 가치에 대해 항상 완만한 S 곡선을 이루어야 한다.
   g. 개발자와 이에 할당되는 컴포넌트 비율은 항상 1:1이어야 한다.
   h. 작업 연속성을 추구한다.

3. 통합
   a. 대량 통합 지점을 피한다.
   b. 프로젝트 막바시에 통합하면 안 된다.

4. 예측
   a. 과대 예측을 피한다.
   b. 과소 예측을 피한다.
   c. 정밀도보다는 정확도를 추구한다.
   d. 어떤 활동 예측도 항상 5일을 할당한다.
   e. 프로젝트 설계를 검증하거나 심지어 시작할 때는 프로젝트 전체에 대해 예측한다.

    f. 예측 불확실성을 줄인다.

    g. 필요하다면 예측 다이얼로그를 정확하게 유지한다.

5. 프로젝트 네트워크

    a. 리소스 의존성을 의존성으로 취급한다.

    b. 모든 활동이 크리티컬 패스에서 시작하고 끝나는 체인에 있는지 검증한다.

    c. 모든 활동에 리소스가 할당되어 있는지 확인한다.

    d. 노드 다이어그램을 피한다.

    e. 화살표 다이어그램을 선호한다.

    f. 신의 활동을 피한다.

    g. 거대한 프로젝트를 네트워크에 대한 네트워크로 쪼갠다.

    h. 크리티컬에 가까운 체인은 크리티컬 체인으로 취급한다.

    i. 순환 복잡도가 10에서 12 수준으로 낮게 유지한다.

    j. 계층형 설계로 복잡도를 줄인다.

6. 시간과 비용

    a. 압축보다는 빠르고 깔끔한 실행 기법으로 프로젝트 진행 속도를 높이는 것부터 한다.

    b. 죽음의 영역에 있는 프로젝트에 투입하지 않는다.

    c. 최상위 리소스를 사용하기보다는 병렬 작업으로 압축한다.

    d. 최상위 리소스로 압축할 때는 주의 깊고 신중하게 한다.

    e. 30% 이상 압축하지 않는다.

    f. 프로젝트 효율이 25% 이상이 되지 않게 한다.

    g. 압축된 솔루션이 필요할 가능성이 낮더라도 프로젝트를 압축한다.

7. 위험

    a. 중요도 위험 범위를 자신의 프로젝트에 맞게 커스터마이즈 한다.

    b. 액티비티 위험으로 플로트 아웃라이어를 조정한다.

    c. 위험 곡선에서 티핑 포인트를 지난 정규 솔루션은 압축을 푼다.

        i. 위험이 0.5가 될 때까지 압축을 푼다

        ii. 위험 티핑 포인드가 특징한 위험 수치보다 중요하다.

    d. 과도한 압축 해제를 피한다.

e. 계층형 설계 솔루션으로 압축을 적극적으로 해제한다.

f. 정규 솔루션의 위험을 0.7 이하로 유지한다.

g. 위험이 0.3보다 낮지 않게 한다.

h. 위험이 0.75보다 높지 않게 한다.

i. 프로젝트 옵션이 위험 교차 지점보다 위험하거나 안전하지 않게 한다.

C.5 프로젝트 추적 권장 사항

1. 활동의 내부 상태에 대해 이진 종료 기준을 도입한다.

2. 모든 활동에 대해 상태 가중치를 일관성 있게 할당한다.

3. 진행 사항과 노력을 주 단위로 추적한다.

4. 진행 보고를 기능 중심으로 하지 않는다.

5. 진행 보고는 통합 지점을 기준으로 진행한다.

6. 크리티컬에 가까운 체인에 대한 플로트를 추적한다.

C.6 서비스 계약 설계 권장 사항

1. 재사용 가능한 서비스 계약을 설계한다.

2. 서비스 계약 설계 지표를 따른다.

   a. 단일 연산으로 구성된 계약을 피한다.

   b. 서비스 계약 당 연산 수는 3에서 5 사이를 지향한다.

   c. 연산이 12개 이상인 서비스 계약을 지양한다.

   d. 연산이 20개 이상인 서비스 계약은 거부한다.

3. 속성에 가까운 연산을 피한다.

4. 서비스 당 계약 수를 1에서 2로 제한한다.

5. 주니어 핸드오프를 피한다.

6. 아키텍트나 유능한 시니어 개발자만 계약을 설계할 수 있게 한다.

올바른 소프트웨어 설계

1판 1쇄 발행 2024년 8월 2일

저　자 | 유발 로이
역　자 | 남기혁
발행인 | 김길수
발행처 | 영진닷컴
주　소 | (우)08507 서울특별시 금천구 가산디지털1로 128
　　　　　STX-V타워 4층 401호
등　록 | 2007. 4. 27. 제16-4189호

ⓒ 2024. (주)영진닷컴

ISBN | 978-89-314-7727-6